结合《民法典》及配套司法解释撰写

民商事审判
典型涉税争议评析

主　编／赵　森
副主编／马小朋　王　超　刘世君　林大蓼
高行锋　于　佳　刘颖杰

The Review of typical tax-related disputes
in civil and commercial trials

15 个分类专题
110 个典型争议
153 个参考案例

坚持问题导向　聚焦法税融合　看清交易本质
明晰裁判规则　助力争议解决　强化风控意识

中国财经出版传媒集团
中国财政经济出版社

图书在版编目（CIP）数据

民商事审判典型涉税争议评析 / 赵森主编. -- 北京：中国财政经济出版社，2021.4

ISBN 978-7-5223-0428-1

Ⅰ.①民… Ⅱ.①赵… Ⅲ.①税收-经济纠纷-民事诉讼-审判-中国 Ⅳ.①D925.118

中国版本图书馆 CIP 数据核字（2021）第048424号

责任编辑：陈志伟　　　　责任印制：史大鹏

封面设计：卜建辰

民商事审判典型涉税争议评析

MINSHANGSHI SHENPAN DIANXING SHESHUI ZHENGYI PINGXI

中国财政经济出版社 出版

URL：http://www.cfeph.cn

E-mail：cfeph@cfeph.cn

社址：北京市海淀区阜成路甲28号　邮政编码：100142

营销中心电话：010-88191522

天猫网店：中国财政经济出版社旗舰店

网址：https://zgczjjcbs.tmall.com

北京时捷印刷有限公司印刷　各地新华书店经销

成品尺寸：175mm×255mm　16开　27.5印张　530 000字

2021年5月第1版　2021年5月北京第1次印刷

定价：98.00元

ISBN 978-7-5223-0428-1

（图书出现印装问题，本社负责调换，电话：010-88190548）

本社质量投诉电话：010-88190744

打击盗版举报热线：010-88191661　QQ：2242791300

推 荐 语

（以姓氏笔画为序）

我从事税务工作到今年满40年。在长期的税务工作中，不管是在税务机关，还是在企业，或者是在第三方咨询机构，我有机会接触到需要解决税务问题的方方面面的人。赵森是我遇见的为数不多的能使我马上记住的税务工作者。他虽然年龄比我小很多，他的税务专业经历却已经覆盖了我，是典型的“三栖税务人”（征税人代表、纳税人代表、征纳第三方代表）。记得我跟赵森第一次见面的时间是2017年3月，在南京的新地中心。我们围绕地产业税务，讨论了很多话题。他几乎对每一个话题都有很深入的了解，都有自己从实务经历中总结出来的独立观点。他论述时，不疾不徐，非常沉稳，对一些尖锐问题，毫无情绪性表达，有理有据地讲出自己的看法。这个第一次交流，让我留下了深刻印象。为此，我还专门向他当时的领导重点介绍了我的观感。最近几年，赵森结合实务，把主要精力放在关注税务争议案例的研究。他结合案例交易背景，案例事件产生的法律关系以及争议双方的见解，总结出对实务有引导性、倾向性的、可落地的观点。他这种将交易以及交易衍生的经济关系、法律关系与税收关系密切联结的方法论，在如今越来越受重视的税务业界，难得一见。这对税务工作者的专业能力的发现与提升非常有益。相信赵森会在这样的路上越走越长，越来越有意义。

毛一平

标准中国税务创始人

市场经济多元化、精细化的发展必然导致民商事交易的灵活多变，民商事交易中的涉税事项亦因此而变得更加复杂且重要，其争议多有涉及民商事行为与税法行为交叉的法律适用问题，跨越民商事法律、税法、行政管理法等诸多领域。《民商事审判典型涉税争议评析》对这些争议中凸显的热点难点问题的深度分析和精准评点，展示了作者团队丰富的实务经验和深厚的理论素养。作者团队在书中所展示的研究方法和思维方式，无疑对法律等相应领域的工作者具有重要的启迪意义。

王小清

江苏省律师协会副会长

这是一部融税于法、融法于税、法税结合的精心之作，对于企业财务管理、风险防控、经营运作都大有裨益，书中典型案例博观约取、知宗而用，值得推荐。

刘森峰

新基业控股集团董事长兼总裁

彼时初遇森君，已在国内排名前三的大集团之最大的区域公司任职，温文尔雅但思维敏捷，听别人介绍是税务总局大比武的前几名，像一位武功高强但是极低调的“扫地僧（森）”。拿到《民商事审判典型涉税争议评析》这部著作的初稿，竟然爱不释手，首先是一本实用的工具书，税务行政诉讼在所有行政诉讼中的比例虽然很低，但是数量增长却很快，税务救济急需这样的“北斗星”式的著作来启发思路和拓宽方法论；其次，很佩服森君可以沉得住气编纂这本著作，分类和校注是要“呕心沥血”才行，若可以坚持下去，绝对是功德无量；第三，芥子虽小能纳须弥，期待读者可以从本书的案例中看到中国税收法定原则“蹄疾而步稳”的可喜态势，欢迎越来越多的专业人士成为真正的财、税、法闭环研究的爱好者、实践者和推动者。为此，强烈推荐之！

孙洋

中汇税务师事务所合伙人

于佳博士等一批专业人士，以实务操作为基础，以奉献大爱为初心，整理了 110 个典型涉税争议，颇有指导作用。介绍案例时有判词、有事实、有争议焦点，分析时严谨、透彻，有理有据，颇有权威性。本书对有兴趣的企业、个人大有裨益。

吴建斌博士

阳光控股执行董事/阳光城集团执行副总裁

税收关系以民商事行为为发生前提，纳税人如何在民商事交易中充分考虑税收成本，降低不确定性，作者在这方面做了有益的尝试。

张海武

碧桂园集团企业并购与税务部总经理

最高人民法院在 2020 年 7 月颁布的《最高人民法院关于统一法律适用加强类案检索的指导意见（试行）》要求同案必须同判，类似案件必须检索。而最近，中办、国办印发《关于进一步深化税收征管改革的意见》中也提出了要全面落实行政执法公示、执法全过程记录。鉴于在中国裁判文书网上，涉及到很多涉税诉讼案件裁判文书公开了，无论是税务机关胜诉还是败诉案件，各级法院对于相同或类似税务诉讼案件的司法审判意见，对于税务机关抑或纳税人以及法律工作者而言，都有很大的参考意义。本书作者花费了很大的精力，对中国裁判文书网公开的各类涉税诉讼案件按类别进行整理，梳理出具体案情，归纳出争议焦点，总结出裁判要旨，这必将成为从事法制、稽查案件审理的税务干部、税务律师案头必备的工具书。

赵国庆

中汇税务集团全国技术总监、合伙人

与税企之间的行政诉讼不同，《民商事审判典型涉税争议评析》聚焦的是民商事案例中的涉税争议，这一领域极易为业界人士所忽视。该书的出版，对于企业在从事交易活动时，如何科学、有效地前瞻和评估涉税因素影响，最大程度规划和维护好自己的合法权益，有着积极的现实意义。

赵善伟

花样年（中国）集团财务中心总经理

众所周知，中国实行的是复杂税制，税务制度纷繁复杂且税法地域性差异普遍存在，企业在日常经营过程中时常会遇到涉税争议，给企业的生产经营带来不少困扰。本书通过收集与分析具备代表性涉税案件裁判结论，从案件背景、要旨、案情、争点、裁判观点等多个角度层层抽丝剥茧，详细解读，其中有关涉税问题的分析结论对企业日常经营具有极好的参考与借鉴意义。阅读此书不仅能够让企业人员提前预防日常活动中的可能涉税风险，还能在有关涉税风险发生时有效预判结果的可能走向，真可谓一本不可多得的“涉税争议实操宝典”。

徐文兵

越秀地产股份有限公司财务（金融）管理中心副总经理

乍一看《民商事审判典型涉税争议评析》之书名，颇有“沧海拾贝”之惊艳，我国真正的涉税行政争议案件本就不多（相对于民商事审判案例），而且涉及具体税收实体争议的就更为稀少了，反而是在民商事审判中却牵涉了不少的涉税争议内容。本书作者拥有丰富的税收专业功底和涉税法律服务执业经历，其另辟蹊径，从浩瀚的民商事案件中精选涉税争议问题并进行分类、归纳、总结。全书分为15个专题，既包括收并购纠纷、与公司有关的纠纷、房屋买卖纠纷、侵权责任纠纷、涉税委托服务等民商事案件的涉税争议，也包括包税条款、税收政策调整、发票纠纷、税款追索、税收优先权及税收代位权与撤销权纠纷等涉税专门争议；在撰写体例方面，首先提出涉税争议问题，其次归纳、提炼裁判要旨，再次对基本案情、案涉争点、诉辩方观点及法院观点等进行介绍，最后是笔者自己的相关评析，精炼而不粗略。我相信本书的付梓，无疑会为广大的律师、会计师、税务师及税务机关工作人员处理涉税争议案件提供独特的视角。

雷霆

华润啤酒（控股）有限公司四川/贵州区域法务总监

推 荐 序

中梁控股集团副总裁　吴　渊

非常高兴拿到赵森的新著，本书案例鲜活，法理严谨，看到一篇篇精彩的评析，不禁勾起自己许多过往的税务工作回忆。作为一名长期在企业端从事涉税工作的老兵，我见证了税法、税制和税收征管体系的不断变迁、日趋完善，也拥有了很多与税务部门各级领导及一线税收执法人员打交道，与其他企业财务负责人磋商的宝贵经历。在此过程中，深感涉税争议不仅存在于“税企”之间，而且在“企企”之间也是屡见不鲜，解决这些争议，对当事各方都是不小的挑战。平心而论，税法的制定、修改、解释常滞后于新经济、新业态、新模式发展，加之我国地域辽阔，经济发展不均衡，同一个法规、同一句条文，传递到每个终端，其效力和内涵都会产生不同程度的衰减或演变。落实到具体情境，时常表现为不同主体对税法有各自不同的见解，也经常导致同样的经济业务在不同的时空条件下，民商事交易各方、征纳双方对涉税事项的认定及处理都有不同的理解和主张。当各方达不成一致意见，税收成本显著超出各自能够承受的范围时，涉税争议常会以法律争端的形式体现。

税务改革轮番上阵，税务政策变动频繁，交易各方执行不一，税收作为交易成本之一经常被带入民商事纠纷的讼争范围。交易各方无法形成稳定的税收成本预期，无法准确预测经济行为带来的税法适用后果，不利于其作出理性的经济决策。同时，税收成本的不确定性也可能给交易各方带来税收违法风险。涉税争议的解决往往需要耗费大量的人力财力物力，既增加交易各方的税法遵从成本，又消耗了有限的司法、行政资源。但从另一个角度看，涉税争议的解决过程也不断倒逼和启发交易各方，正视各自的问题，不断提升专业素养，完善经营管理。而且也能够直接或间接地督促立法部门和主管税务机关不断完善法律体系，细化征管规则，让税法跟上经济发展的步伐，更好地发挥税收本应起到的作用。

赵森是我从业以来遇到过的税收专业功底最强的同事，他对税收领域有着超出常人的热情，对我国税收法律法规体系的演变、不同税种的法理内涵及不同业务场景的应用均有着深刻的理解，在税局、企业、事务所长期的工作经历，既让他深谙涉税争议的高发问题和原因，又使他处理涉税争议时具备多维视角，能从税务机关端、企业端、涉税专业服务端给出不同的解读。此书基于作者自身的丰富经验，提炼出 110 个争议，对应精选 153 个判例，并对每个判例进行深度剖析，精炼裁判要旨、涉税案情、争议焦点和裁判观点等四个部分，通过一个个鲜活的案例，实现艰深晦涩法言法语的通俗化表达。让读者深入了解事件的来龙去脉、蕴藏在争议解决背后的法律依据和逻辑推演，对自身涉税事项的参照适用和处理，具有重要的参考价值。

我国税收制度改革不断深化，税收征管体制持续优化，近期，中共中央办公厅、国务院办公厅印发了《关于进一步深化税收征管改革的意见》，明确了“十四五”时期税收改革发展的指导思想、基本原则、目标任务和工作要求。在此背景下，此书发挥“以案说法、以案释法、以案普法”的作用，为民商事涉税争议、税企争议提供法理基础和解决方向，促进争议各方形成政策理解共识，使得市场秩序更为顺畅、征纳关系更加和谐，将有颇多助益。

我相信，本书会成为纳税人、税收执法者的“良师益友”，也会成为税收法治建设的“推进器”。希望更多的读者能从中得到启发，促使更多涉税争议事项公平公正圆满地解决，共同推动经济发展和法治进步，是为序。

序言

REFACE

融税于法，汇案成塔

宏伟壮阔的“十四五”大幕已徐徐拉开，党中央在“十四五”时期经济社会发展指导思想中明确提出——“加快构建以国内大循环为主体、国内国际双循环相互促进的新发展格局”。然而，要想使循环顺畅有序，就必须让经济社会活动遵循一定的规则，诺贝尔经济学奖得主斯蒂格勒教授曾指出，“法律如同其他社会制度，在经济学家的视野中，是社会生活组织的工具”。2021年1月1日，《中华人民共和国民法典》（以下简称《民法典》）已正式施行，毋庸置疑，这部共和国法制史上的里程碑，开启了依法治国征途上的新篇章。伴随着时代车轮的滚滚向前，如何将公法与私法衔接融通，从而保障经济社会生活的和谐运转，对国计民生均有着极其深远的意义。

众所周知，在属于私法范畴的民商法的大框架内，经济主体享有广泛的“自治权”。然而，这并不代表不受公法的制约，无论其主体是组织还是个人，从事经济社会活动必然涉及经济利益，所以时常会“涉税”。而广义的“税法”，则代表了国家对经济活动的规范和指引，对经济主体所取得经济利益的调节和分配，这些都是不以人的意志为转移的，如果在经济活动中不将其纳入考虑，待到木已成舟，跺足长叹甚至“交学费”自然不足为奇。

与普通民商事法律相较，“税法”是建立在财务知识体系和税收征管模式之上的一类特殊规则，并随着经济活动模式的日新月异而与时俱进。更值得一提的是，与司法审判领域主要依靠法律法规和司法解释不同，税务事宜在实际操作中，除了法律、行政法规意义上的“税法”，还要依赖大量的税务规范性文件（税务规范性文件，是指县以上税务机关依照法定职权和规定程序制定并发布的，影响纳税人、缴费人、扣缴义务人等税务行政相对人权利、义务，在本辖区内具有普遍约束力并在一定期限内反复适用的文件）。这就使得广义的“税法”呈现出“门槛高、内容杂、变化快”的特点，也使得民商事交易领域中的涉税问题或涉税因素，容易被忽视或误解，进而使得各方之间发生矛盾，甚至形成诉讼。

前车之鉴，后事之师。如何汲取经验、融税于法？案例无疑是最好的老师，因为法律的生命在于实践，体现于法律判决。胡云腾大法官曾指出，“真实的法治之路是由常案和奇案、良案和错案、名案和无名案等案例铺就的，法治大厦就是由形形色色的案例砌起来的。”虽然我国并非判例法国家，但是案例的影响力历来不容小觑，最高人民法院更是于2020年颁布了《关于统一法律适用加强类案检索的指导意见（试行）》，目的就是为深化司法责任制综合配套改革，健全完善类案检索制度，进一步统一法律适用。而《民法典》已于今年元旦正式施行，在国民经济领域，私法与公法的融合，已迈入了一个崭新的纪元。民商法与税法的衔接，也亟须回顾和前瞻。从案例中归纳探索出一般性的规则或法理，对于今后的各类社会经济活动以及司法实践均具有重要的指导价值，“一个案例胜过一沓文件”早已成为人们耳熟能详的金句，“一个案例胜过一沓法条”也几乎成了不争的事实。

歌德说：“理论是灰色的，生命之树长青”，理论与实践之间，本就不可避免地存在鸿沟与差异，何况几乎所有的法律法规和政策都具有滞后性。而伴随着科学技术的突飞猛进和思维习惯的更迭布新，社会经济活动千变万化，各种新型案例层出不穷，当没有现成的法律法规或习惯时，又该如何判断和处理？作为常年在“税”与“法”两个领域中游弋的编者，工作中常常渴求一本相关实务案例选编，以备不时之需。然而，目前市面上此类出版物似乎难觅踪影，惆怅之余，编者萌生了“自己动手、丰衣足食”的念头。

得益于国家法治进程的加速，中国裁判文书网为我们的研究提供了丰富而鲜活的素材。经过“海选”，本书汇集了近年来民商事活动中的涉税典型案例，按类型目别汇分，使读者一目了然。在这些案例中，有的聚焦热点，解疑答难；有的辨理精晰，一语中的；有的争议尚存，见仁见智。每篇案例均涵盖了事实概要、裁判要旨、评析及参考文献，值得反复咀嚼。本书既可作为业内人士实践操作的借鉴，也可作为学术达人辨理析义的参考。

本书的编撰以实用为先，不尚空谈，处处以司法实践、实务操作为基石。编著团队涵盖了注册会计师、税务师、执业律师等专业人士，均具有丰富的从业经验和扎实的专业素养，各有所长，各擅胜场。其中，有税务师事务所和律师事务所资深从业者、全国税务领军人才学员、税务机关多岗位历练者、上市公司优秀财税职业经理人……。面对海量的案例，团队成员以科学严谨的态度，进行了精心的遴选，力求每篇案例都具有代表性，品析之后能达到举一反三之效。案例评析内容均经过反复斟酌研讨，遇到确有争议的案例，我们始终保持不偏不倚、实事求是、客观公正的态度，提供中肯的意见和确凿的依据。

本书的顺利出版，得到了各方面的支持和帮助。感谢标准中国税务创始人毛一平先生、江苏省律师协会副会长王小清律师、新基业控股集团董事长兼总裁刘森峰先生、中汇税务师事务所合伙人孙洋先生、阳光控股执行董事/阳光城集团执行副总裁吴建斌博士、中梁控股集团副总裁吴渊先生、碧桂园集团企业并购与税务部总经理张海武先生、中汇税务集团全国技术总监、合伙人赵国庆先生、花样年（中国）集团财务中心总经理赵善伟先生、越秀地产股份有限公司财务（金融）管理中心副总经理徐文兵先生、华润啤酒（控股）有限公司四川/贵州区域法务总监雷霆先生对本书的热情推荐，感谢中国财政经济出版社尉敏主任及其编校团队的精心审校，感谢编者团队家人的无私奉献，感谢问晓税务师事务所张湄女士、孙飞先生的工作支持，感谢国家税务总局镇江市税务局公职律师蔡恒先生提出修改意见，感谢南开大学金融学院王筱筠、问晓税务师事务所李岚协助整理资料、校对书稿。

本书所撷各类素材，均来自公开资料，本书的编撰也完全出于探讨交流之目的，对其中所涉任何当事人，皆无贬损之意，特此予以声明。

虽然我们极尽所能，但由于水平所限，加之时间仓促，书中如有不当之处，欢迎读者朋友们批评指正，联系邮箱：zhaosenshou@ 163. com，我们将在再版时予以修正。

编者

2021 年 3 月

目录

CONTENTS

专题14 税收优先权纠纷 / 357

专题1 收并购纠纷

问题1：股权转让合同是否因规避法律关于土地使用权转让的禁止性规定而无效？

案例1：马某泉、马某坚与湖北瑞尚置业有限公司股权转让纠纷案[①]

【裁判要旨】

股权与建设用地使用权是完全不同的权利，股权转让与建设用地使用权转让的法律依据不同，两者不可混淆。当公司股权发生转让时，公司的资产收益、参与重大决策和选择管理者等权利由转让方转移到受让方，而作为公司资产的建设用地使用权仍登记在公司名下，土地使用权的公司法人财产性质未发生改变。公司在转让股权时，公司的资产状况，包括建设用地使用权的价值，是决定股权转让价格的重要因素。但不等于说，公司在股权转让时只要有土地使用权，公司股权转让的性质就变成了土地使用权转让，进而认为其行为是名为股权转让、实为土地使用权转让而无效。

【涉税案情】

2012年5月3日，马某泉、马某坚与湖北瑞尚置业有限公司（简称“瑞尚公司”）签订《股权转让协议》，约定：马某泉持有武汉乘风塑胶有限公司（简称“乘风公司”）98%的股权，马某坚持有2%的股权。因乘风公司经营的行业一直不景气，且公司银行债务压力大，公司经营长期亏损，目前处于半停产状态，马某泉、马某坚同意分别将所持乘风公司78%、2%的股权转让给瑞尚公司。马某泉、马某坚股权转让价款分别为3 900万元、100万元，总价款4 000万元。马某泉、马某坚对乘风公司的全部资产，包括但不限于土地房产、附属设施、机械设备、办公设备、绿化苗木等进行清点，编制资产清单，双方确认后作为本协议的附件，双方在本协议正式签订生效后10个工作日内，根据资产清单进行资产清点。股权变更登记完成后的10个工作日内，双方按资产清单进行资产交接，交接完后瑞尚置业作为法定代表人履行经营管理权。

---

① 最高人民法院民事判决书（2014）民二终字第264号。

同日，马某泉与瑞尚公司签订《股权转让补充协议一》约定：经双方友好协商，确定在2013年12月31日前，瑞尚公司或其指定的第三人对马某泉持有的剩余20%乘风公司股权以协议价格1 000万元进行收购。同日，马某泉与瑞尚公司签订《股权转让补充协议二》，对股权转让金额及支付方式等事宜作出约定。

马某泉、马某坚于2014年6月12日向法院提起诉讼，请求判令瑞尚公司继续履行合同、支付已到期的股权转让款，并向马某泉、马某坚支付违约金。瑞尚公司提起反诉，请求确认瑞尚公司与马某泉、马某坚签订的《股权转让协议》《股权转让补充协议一》《股权转让补充协议二》无效。

【争议焦点】

瑞尚公司（一审原告、反诉被告、二审上诉人）

以股权转让方式实现土地使用权转让目的的行为属于典型的规避法律的行为。一方面规避了我国税法对于土地使用权转让交易的税收规定：股权转让只需缴纳企业所得税或者个人所得税等少数税种，而避免缴纳了土地使用权转让交易中应缴的契税、营业税和土地增值税等税款。另一方面规避了房地产法对于不得非法转让土地使用权的规定：由于股权转让不涉及土地使用权权属变更，因此当事人无须办理使用权的变更登记，而只进行股东变更登记。因此，以股权转让方式实现土地使用权转让目的的行为，其内容实质性违法，应当认定其为无效。

马某泉（一审被告、反诉原告、二审被上诉人）

第一，股权转让与土地使用权转让是完全不同的法律制度，两者不可相互混淆。第二，本案不属于房地产开发用地使用权的转让，不应适用《城市房地产管理法》第37条、第38条的规定。且乘风公司股权转让时所拥有的建设用地使用权的用途是工业用地，并非房地产开发用地，与房地产开发没有任何关系。第三，根据税收法定的原则，股权转让时并不因为不缴纳营业税、土地增值税而无效。

【裁判观点】

股权转让与土地使用权转让是完全不同的法律制度。股权是股东享有的，并由《公司法》或公司章程所确定的多项具体权利的综合体。股权转让后，股东对公司的权利义务全部同时移转于受让人，受让人因此成为公司股东，取得股权。依据《物权法》第135条之规定，建设用地使用权，是权利人依法对国家所有的土地享有占有、使用和收益的权利，以及利用该土地建造建筑物、构筑物及其附属设施的权利。股权与建设用地使用权是完全不同的权利，股权转让与建设用地使用权转让的法律依据不同，两者不可混淆。当公司股权发生转让时，该公司的资产收益、参与重大决策和选择管理者等权利由转让方转移到受让方，而作为公司资产的建设用地使用权仍登记在该公司名下，土地使用权的公司法人财产性质未发生改变。乘风公司所拥有资产包括建设用地使用权（工业用途）、房屋所有权（厂房）、机械设备以及绿化林木等。股权转让后，乘风公司的资产收益、参与重大决策和选择管理者等权利，或者说公司的控制权已由马某泉、马某坚变为瑞尚公司，但乘风公司包括建设用地使用权在内的各项有形或无形、动产或不动产等资产，并未发生权属改变。当然，公司在转让股权时，该公司的资产状况，包括建设用地使用权的价值，是决定股权转让价格的重要因素。但不等于说，公司在股权转让时只要有土地使用权，该公司股权转让的性质就变成了土地使用权转让，进而认为其行为是名为股权转让实为土地使用权转让而无效。股权转让的目标公司乘风公司为有限责任公司，依据我国《公司法》的规定，依法独立享有民事权利及承担民事责任，公司股东的变更不对公司的权利能力和行为能力构成影响，不论瑞尚公司购买乘风公司全部股权是为将乘风公司名下的工业用地土地使用权性质变性后进行房地产开发或是其他经营目的，均不因此而影响股权转让合同的效力。

由于转让股权和转让土地使用权是完全不同的行为，当股权发生转让时，目标公司并未发生国有土地使用权转让的应税行为，目标公司并不需要缴纳营业税和土地增值税。如双方在履行合同中有规避纳税的行为，应向税务部门反映，由其进行查处。

【案例评析】

任何一种商业活动都有特定的交易模式和交易结构。当事人依据效率、风险及成本几方面的诉求与偏好进行选择和安排，不仅是正常的，也是正当的。[①] 收并购交易中很多股权转让合同最终目的就是以投资行为取得目标公司所拥有的建设用地使用权，甚至交易对价组成主要是基于特定建设用地使用权的价值。但因股权转让和资产转让两者在交易主体、交易客体及交易目的上存在显著不同，理应以股权转让合同法律关系判断和确定双方当事人之间的行为效力及法律责任。

国家税务总局曾以《国家税务总局关于以转让股权名义转让房地产行为征收土地增值税问题的批复》（国税函〔2000〕687号）、《国家税务总局关于土地增值税相关政策问题的批复》（国税函〔2009〕387号）、《国家税务总局关于天津泰达恒生转让土地使用权土地增值税征缴问题的批复》（国税函〔2011〕415号）等个案批复，对请示税务机关答复以转让100%股权名义转让房地产行为应征收土地增值税。上市公司恒立实业发展集团股份有限公司（股票代码：000622）曾于2019年10月8日发布公告，称分别于2016年11月、2017年7月，将岳阳恒通实业有限责任公司80%股权作价23 280.80万元转让给长沙丰泽房地产咨询有限公司，20%股权作价5 820.20万

---

① 谢玲丽等．案解股权转让规则适用及实务应对［M］．北京：法律出版社，2017：24.

元转让给长沙道明房地产有限公司，岳阳市主管税务机关认为上述转让是以股权转让名义的土地使用权转让，需按税法规定缴纳土地增值税，征收土地增值税 3 314.63 万元。[①]

《土地增值税暂行条例》规定，“转让国有土地使用权、地上的建筑物及其附着物（以下简称“转让房地产”）并取得收入的单位和个人，为土地增值税的纳税义务人，应当依照本条例缴纳土地增值税。”转让股权并不属于土地增值税应税范围，当事人不应承担土地增值税纳税义务。《税收个案批复工作规程（试行）》（国税发〔2012〕14 号）规定，“税收个案拟明确的事项需要普遍适用的，应当按照《税收规范性文件制定管理办法》制定税收规范性文件。”国家税务总局针对特定税务行政相对人的特定事项如何适用税收法律、法规、规章或规范性文件所做的批复，不具有普遍适用性。税务机关能否根据实质课税原则独立认定交易实质是以股权转让形式实质转移土地使用权的行为？在“陈建伟、福建省地方税务局税务行政管理（税务）再审审查与审判监督案”[②] 中，最高人民法院认为，“税务机关依据税收征收法律等对民事法律关系的认定，仅在税务行政管理、税额确定和税款征缴程序等专门领域有既决力，而当事人仍可依据民事法律规范通过仲裁或民事诉讼等方式另行确认民事法律关系。因而，在坚持税务机关对实质民事交易关系认定负举证责任的前提下，允许税务机关基于确切让人信服之理由自行认定民事法律关系，对民事交易秩序的稳定性和当事人权益并不构成重大威胁。当然，税务机关对实质民事交易关系的认定应当符合事实与税收征收法律规范，税务机关认为其他机关对相应民事法律关系的认定与其认定明显抵触的，宜先考虑通过法定渠道解决，而不宜迳行作出相冲突的认定。”

在法律没有禁止性规定的情况下，当事人选择特定的交易模式实现交易目的是正当的，理应得到法律的尊重和保护。[③] 如果转让合同虽冠名为股权转让，但合同约定的标的物是土地使用权（或土地使用权及其建成物），则应认定“名为股权转让实为土地使用权转让”，并根据土地使用权转让的规则评价合同效力。[④] 如果转让合同约定的标的物确系股权，并不直接指向土地使用权（或土地使用权及其建成物），即使转让的股权比例达到绝对控股甚至全部股权的，也不应以此为由认定为土地使用权转让合同，或者以合法形式掩盖非法目的的股权转让合同。正如最高人民法院在本案判决中所言，“股权转让与土地使用权转让是完全不同的法律制度，股权与建设用地使用权是完全不同的权利，股权转让与建设用地使用权转让的法律依据不同，两者不可混

① 《关于转让岳阳恒通实业有限责任公司股权转让完结后续会计核算的公告》，载巨潮资讯网：http://www.cninfo.com.cn/new/disclosure/detail?plate=szse&orgId=gssz0000622&stockCode=000622&announcementId=1206960271&announcementTime=2019-10-08，最后访问日期：2020 年 11 月 30 日。

② 最高人民法院行政裁定书（2018）最高法行申 209 号。

③ 谢玲丽等．案解股权转让规则适用及实务应对［M］．北京：法律出版社，2017：6.

④ 郇砚．房地产开发经营纠纷 214 个裁判规则深度解析［M］．北京：法律出版社，2020：91.

淆。”因此，以受让目标公司股权的方式间接取得建设用地使用权的，应当认定为股权转让行为，不构成以合法形式掩盖非法目的，应属有效。

问题2：股权转让协议约定转让方提供指定金额可计入项目开发成本发票，是否属于以合法形式掩盖违法目的？

案例2：海南恒道置业有限公司与海南鼎圣投资有限公司股权转让纠纷案①

【裁判要旨】

在房地产开发项目中，可用于抵扣土地增值税和企业所得税的项目和金额，交易未实际发生之前无法准确预估，在双方未明确约定交易项目和发票名目的情况下，仅从发票金额上推断出虚开发票的真实目的证据不足。从交易习惯上来看，提供发票相关约定目的是双方对交易成本的预估、控制和交易风险的分担，并非为了偷逃税收而专门约定。

【涉税案情】

2012年9月19日，海南恒道置业有限公司（简称“恒道公司”）、恒大地产集团海南有限公司（简称“恒大海南公司”）签订《海口新外滩开发有限公司股权转让合同》（简称《原合同》），合同约定：恒道公司从海口世纪海港城置业有限公司（简称“海港城公司”）分立出“项目公司”，并将原海港城公司位于海口市××区的面积分别约93.4亩、79.7亩的土地过户至“项目公司”，然后将“项目公司”100%的股权转让给恒大海南公司，转让对价以支付包干费的形式体现为人民币63 465.2312万元，合同就该包干费的支付条件、支付期限、双方的权利和义务、违约责任及争端解决方式作了详细约定。

2012年9月30日，双方签订《股权转让合同补充协议（一）》（简称《补充协议（一）》），约定恒道公司向恒大海南公司累计提供税务部门认可的，可作为项目公司土地增值税税前抵扣的土地成本发票调整为不少于人民币8亿元。另，双方签订的《海口新外滩开发有限公司股权转让三方协议补充协议一》（简称《三方补充协议一》）约定，如恒道公司未按照协议约定提供发票及相关的合同与资料，或未足额提供的，恒大海南公司有权按照差额部分的40%直接扣减后期包干费。

后因包干费支付争议，恒道公司提起诉讼，诉请恒大海南公司承担违约责任。恒大海南公司提出反诉，认为恒道公司未开具足额的经税务部门认可的、可计入项目公

---

① 海南省海口市中级人民法院民事裁定书（2018）琼01民初102号之一、最高人民法院民事裁定书（2019）最高法民申5309号。

司开发成本、可在项目公司企业所得税、土地增值税税前抵扣的开发成本发票，请求判令按照协议约定直接扣减后续包干费。

【争议焦点】

恒道公司（一审原告、反诉被告、二审被上诉人、再审申请人）

《补充协议一》《三方补充协议一》中关于恒道公司应提供8亿元发票的约定，以及关于恒道公司未足额提供发票时恒大海南公司有权扣减相应包干费的约定，属于以合法形式掩盖非法目的，违反法律、行政法规的强制性规定，应依法认定为无效。《补充协议一》第4条第2款“甲方（恒道公司）向乙方（恒大海南公司）累计提供税务部门认可的、可作为项目公司土地增值税税前抵扣成本的发票调整为不少于8亿元”的约定，从形式上看，未违反法律、行政法规的强制性规定，应属有效。但根据涉案土地的实际情况，包括土地使用权出让金552 113 833.44元、土地交易佣金5 521 138.33元、契税16 563 415元、印花税276 056.92元以及土地使用税1 384 900.92元，合计575 859 344.61元。按照上述金额的5%计算，项目公司可合法抵扣税款的财务费用为28 792 967.23元。以上土地成本与财务费用合计604 652 311.84元。因此，《补充协议一》中关于提供8亿元发票有约2亿元的金额不存在客观根据，该约定的实际意图是要求恒道公司设法为恒大海南公司取得金额高达2亿元的虚开发票。

恒大海南公司（一审被告、反诉原告、二审上诉人、再审被申请人）

恒道公司向恒大海南公司开具8亿元发票是明确约定的合同义务。该义务的约定并没有因违反法律、行政法规的效力性强制性规定而无效。在双方往来的函件中，恒道公司认可未足额提供发票的原因是拆迁未完成，恒道公司也一再承诺尽快补齐剩余发票。恒大海南公司并非要求恒道公司提供相等金额的发票，更不会违反法律规定要求恒道公司提供所谓的虚开发票。因此，考虑到发票金额会直接影响到项目公司的股权价值，故而对发票金额与包干费的价格调整作出约定。

【裁判观点】

首先，根据《补充协议一》的约定，恒道公司有负责完成涉案地块上余留的建筑物及构筑物拆迁工作的义务，且从双方的往来函件看，恒道公司自认未足额提供发票的原因是拆迁尚未完成，承诺尽快补齐剩余发票。因此，恒道公司合同义务中有可以取得抵扣发票的交易行为，目的并非是没有实际交易活动的虚开发票。

其次，根据《土地增值税暂行条例》《企业所得税法》中关于可扣除项目的相关规定，在房地产开发项目中，可用于抵扣土地增值税和企业所得税的项目和金额，交易未实际发生之前无法准确预估，在双方未明确约定交易项目和发票名目的情况下，仅从发票金额上推断出虚开发票的真实目的证据不足。

再次，根据《三方补充协议一》第4条第2款约定“甲方向乙方累计提供税务部门认可的、可作为项目公司土地增值税税前抵扣成本的发票调整为不少于8亿元”和包干费扣减及调整条款（3）“如甲方未按本协议约定向乙方提供发票及相关合同与资料或未足额提供的，发票总额未足5.75亿元则乙方按差额部分的50%直接扣减包干费，超出5.75亿元未足8亿元则乙方按差额部分的40%直接扣减包干费”的约定，《三方补充协议一》第5条“甲方负责向乙方或乙方指定公司提供不少于增加包干费金额89 169 371.61元的税务机关认可的可计入项目公司开发成本、可在项目公司企业所得税、土地增值税税前抵扣的开发成本发票金额，发票应当真实、合法、有效。甲方还应提供与上述发票相关的合同及资料。如甲方未按本协议约定向乙方提供发票及相关合同与资料或未足额提供的，乙方有权按差额部分的40%直接扣减原合同乙方应支付的包干费”的约定，恒道公司提供抵扣发票的数额和恒大海南公司需要向恒道公司支付的包干费数额密切相关。从交易习惯上来看，目的是双方对交易成本的预估、控制和交易风险的分担，并非为了偷逃税收而专门约定，不具有虚开发票的目的，且据实开具了发票，不存在违反法律、行政法规的强制性规定的情形。

【案例评析】

受房地产行业调控与土地供给的影响，开发商通过一级市场获取土地资源的难度和成本不断攀升，以股权收购的方式获得的土地资源已成为开发商增加土地储备的来源之一。因被收购方掌握稀缺的土地资源，为了顺利获取项目，收购方需要结合项目账面成本（可税前扣除成本）向被收购方支付程度不一的“收购溢价”，税收成本与“收购溢价”相伴而生。假设收购中主要资产为土地使用权，目标公司取得土地账面成本为2亿元，现在约定收购价格为5亿元，这部分溢价在交易中体现为股权溢价，但目标公司土地成本只能延续按照以前的2亿元进行税前扣除。尽管被收购项目账面利润丰厚，但收购方扣除收购溢价后项目投资收益可能面临亏损。

按通俗的说法，收购溢价指在房地产项目收购过程中所支付的实际交易价格超过项目账面可税前扣除的成本。对收购方而言，如采取股权转让，计算被收购项目增值税、土地增值税、企业所得税，高溢价意味着收购项目开发清算时较高的税负。溢价处理符合收并购双方的利益，双方配合处理溢价可以减少各自税负，常见处理方式就是双方约定针对溢价尽量开具可税前扣除的合规票据。业内常见的途径包括签署咨询服务、拆迁补偿、建筑物拆除、场地平整、园林绿化、水电安装、工程承包、设备采购等协议，收并购协议条款中常见下列表述：转让方应按约定金额、期限向受让方（或目标公司、或受让方指定公司）提供税务机关认可的可计入目标公司开发成本、可在目标公司企业所得税、土地增值税税前扣除（或受让方、受让方指定公司税前扣除）的合法、有效票据，如无法按约定金额、期限提供或提供的票据不符合税法规定，则按约定承担违约责任。

《刑法》第205条规定，虚开增值税专用发票或者虚开用于骗取出口退税、抵扣税款的其他发票，是指有为他人虚开、为自己虚开、让他人为自己虚开、介绍他人虚开行为之一的。“让他人为自己虚开”是指要求或者诱骗收买他人为自己虚开增值税专用发票、用于骗取出口退税、抵扣税款发票的行为。①

本案中，虽然恒道公司提供证据证明目标公司土地成本与财务费用合计604 652 311.84元，与股权转让合同约定的发票开具金额不少于8亿元相差近2亿元，但双方往来函件记载恒道公司自认未足额提供发票的原因是拆迁尚未完成，承诺尽快补齐剩余发票，由此可以看出双方在签约之时并不具有要求虚开或提供虚假发票的意思表示。故恒道公司的观点，即涉案股权转让合同中发票相关条款内容是虚开发票行为，符合以合法形式掩盖违法目的，且违反法律、行政法规的强制性规定，应为无效条款，难以获得人民法院支持。

提醒读者注意的是，原《合同法》第52条第3项规定，“以合法形式掩盖非法目的”签订的合同无效，《民法典》编纂时对此予以删除，主要是因为：一方面，“非法目的”表述容易引起争议，由于它是当事人的主观意图，很难判定；另一方面，即便当事人的目的非法，但是，其实施的民事法律行为本身是否要被宣告无效，需要具体分析。在审判实践中，“以合法形式掩盖非法目的”的案件类型很少。因此，《民法典》施行后，适用《民法典》裁判的民事案件中，“以合法形式掩盖非法目的”这一认定民事法律行为无效的事由就不会再出现。②《民法典》第146条对通谋虚伪表示作出了规定，“行为人与相对人以虚假的意思表示实施的民事法律行为无效。以虚假的意思表示隐藏的民事法律行为的效力，依照有关法律规定处理”。虚假行为，是指行为人与相对人通谋而为虚假的意思表示，特点是双方当事人进行通谋，通常具有不良动机，主观上是共同故意，意思表示上是双方的不真实，属于绝对无效。隐藏行为，是指行为人将其真意隐藏在虚假的意思表示中，至于其隐藏的真实意思表示行为是否有效，应当依照该行为的法律规定判断。符合该种法律行为的规定的认定为有效，否则为无效。以合法形式掩盖非法目的的民事法律行为只是隐藏民事法律行为的一种，此外，还有以非法形式掩盖非法目的的民事法律行为、以合法形式掩盖合法目的的民事法律行为以及非法形式掩盖合法目的的民事法律行为，都应当依照被隐藏的民事法律行为的法律规定适用法律。③ 比如针对让与担保，《民法典担保制度司法解释》第68条第3款规定：“债务人与债权人约定将财产转移至债权人名下，在一定期间

---

① 郎胜.《中华人民共和国刑法》理解与适用［M］.北京：中国民主法制出版社，2015：369.

② 最高人民法院民法典贯彻实施工作领导小组.中华人民共和国民法典总则编理解与适用（上）［M］.北京：人民法院出版社，2020：730－731.

③ 杨立新，李怡雯.中国民法典新规则要点［M］.北京：法律出版社，2020：131.

后再由债务人或者其指定的第三人以交易本金加上溢价款回购，债务人到期不履行回购义务，财产归债权人所有的，人民法院应当参照第二款规定处理。回购对象自始不存在的，人民法院应当依照民法典 146 条第 3 款的规定，按照其实际构成的法律关系处理。”

问题 3：交易双方约定对标的公司启动税务稽查，是否有效？

案例 3：湖北瑞尚置业有限公司与马某泉股权转让纠纷案[①]

【裁判要旨】

双方当事人将取得税务稽查报告作为民事法律关系中附条件的义务进行约定，而该约定涉及行政机关的行政执法行为，超出平等主体可约定的范畴，该约定无效，不产生法律效力。

【涉税案情】

2012 年 5 月 3 日，甲方马某泉及马某坚与乙方湖北瑞尚置业有限公司（简称“瑞尚公司”）签订《股权转让协议》《股权转让补充协议一》《股权转让补充协议二》，约定瑞尚公司收购马某泉、马某坚持有的武汉乘风塑胶有限公司（简称“乘风公司”）100% 的股权，瑞尚公司先收购马某泉 78%、马某坚 2% 的股权，马某泉所持剩余 20% 的股权在瑞尚公司支付剩余转让款后转让给瑞尚公司或者其指定的第三人。协议还约定瑞尚公司应于协议签订生效当日、2012 年 7 月 31 日前、2012 年 10 月 31 日前、2013 年 12 月 31 日前，分四期支付转让价款。

瑞尚公司与马某泉在股权转让系列协议签署后，就乘风公司相关税务事宜作出补充约定，马某泉向瑞尚公司出具《关于乘风公司相关税务事宜之具体安排》，具体约定如下：……二、关于国税、地税稽查报告事宜。如果乘风公司在 2012 年度纳入税务机关的稽查范围，则乘风公司需要在 2012 年 10 月 31 日之前完成税务稽查相关工作并取得书面稽查报告，税务稽查的期间包括此前未经过税务稽查认定的所有年度；同时在 2013 年 6 月底之前取得 2012 年度的国税、地税的税务稽查报告。如果乘风公司在 2012 年度未纳入税务机关的稽查范围，则乘风公司最迟于 2013 年 3 月启动税务稽查相关工作，税务稽查的期间包括此前未进行税务稽查的所有年度，并于 2013 年 6 月底之前拿到国税、地税的税务稽查报告。

2017 年 4 月，瑞尚公司向法院提出诉讼，要求马某泉履行对乘风公司进行税务稽

① 湖北省武汉市东西湖区人民法院民事判决书（2017）鄂 0112 民初 1649 号、湖北省武汉市中级人民法院民事判决书（2018）鄂 01 民终 6119 号。

查的相关义务。

【争议焦点】

瑞尚公司（一审原告、反诉被告、二审上诉人）

虽然税务稽查是税务机关的行政权，但法律并未规定企业不得主动申请税务机关对自身进行税务稽查，马某泉完全有能力申请税务机关启动对乘风公司的税务稽查程序，并拿到税务稽查报告。因此，合同对此作出约定，并不违反法律规定，马某泉依约负有于2013年3月启动税务稽查相关工作、2013年6月底之前拿到税务稽查报告的义务。

马某泉（一审被告、反诉原告、二审被上诉人）

双方关于税务稽查报告的约定，针对税务稽查行政行为。税务机关是否对某企业开展税务稽查，如何进行稽查，以及如何出具稽查报告等，应由行政机关依法定程序进行，不是当事人之间约定的范围。马某泉在经营乘风公司期间不存在税务违法行为，总不能为了兑现完成税务稽查并出具稽查报告的承诺而自己举报自己。

【裁判观点】

一审法院

根据《税务稽查工作规程》第2条的规定，税务稽查由税务局稽查局依法实施，稽查报告能否取得，取决于税务局稽查局是否启动税务稽查工作。双方当事人将取得税务稽查报告作为民事法律关系中附条件的义务进行约定，而该约定涉及行政机关的行政执法行为，超出平等主体可约定的范畴，该约定无效，不产生法律效力。基于对该约定的认定，瑞尚公司要求马某泉、乘风公司履行对乘风公司进行税务稽查的相关义务的诉讼请求，无事实及法律依据。

二审法院

因税务部门是否受理企业自行申报税务稽查、是否启动税务稽查程序、如何稽查、是否出具以及如何出具稽查报告，都是税务机关依法行政的事宜，且并没有文件规定，只要经企业或企业股东自行申报，税务机关就应当受理税务稽查，故瑞尚公司、马某泉约定启动税务稽查，超出作为民事主体的双方当事人可以约定的范围。马某泉虽然没有按照其出具的税务事宜具体安排，于2013年6月底前拿到国税、地税部门出具的税务稽查报告，但是，其并不因此对瑞尚公司构成违约。

【案例评析】

原《合同法》第45条第1款规定，当事人对合同的效力可以约定附条件。附条件的合同，自条件成就时生效。《民法典》第158条规定，民事法律行为可以附条件，但是根据其性质不得附条件的除外。附条件的民事法律行为，是指当事人在民事法律行为中特别规定一定的条件，以条件的成就（发生或出现）与否作为民事法律行为效力发生或终止的根据。民事法律行为所附条件应当符合下列要求：（1）必须是将来发生的事实；（2）必须是不确定的事实；（3）必须可能；（4）必须是合法的事实；（5）不得与附条件的民事法律行为的主要内容相矛盾。[①] 税务稽查的基本任务，是依法查处税收违法行为，保障税收收入，维护税收秩序，促进依法纳税。在本案当事人的眼里，税务机关成了指哪打哪、随叫随到的一支队伍。行政执法行为能否作为民事法律关系中附条件的义务进行约定？"青岛市崂山区国土资源局与青岛南太置业有限公司土地使用权出让合同纠纷案"中[②]，就崂山区国土资源局与南太公司在《国有土地使用权出让合同》中约定"本合同项下宗地出让方案尚需经山东省人民政府批准，本合同自山东省人民政府批准之日起生效"，最高人民法院认为，"在我国，政府机关对有关事项或者合同审批或者批准的权限和职责，源于法律和行政法规的规定，而不属于当事人约定的范围。当事人将法律和行政法规规定的政府机关对有关事项或者合同的审批权或者批准权约定为附条件的合同中的条件，不符合合同法有关附条件的合同的规定。当事人将法律和行政法规没有规定的政府机关对有关事项或者合同的审批权或者批准权约定为附条件的合同中的条件，同样不符合合同法有关附条件合同的规定。根据合同法规定精神，当事人在订立合同时，将法定的审批权或者批准权作为合同生效条件的，视为没有附条件。""新疆清春房地产开发有限公司与新疆建工集团第二建筑工程有限责任公司建设工程施工合同纠纷案"中[③]，最高人民法院认为，附条件法律行为中所附条件能否成就，无法通过民事证明方法确定的，不属于民事审判过程中所能解决的问题。

《税务稽查工作规程》（国税发〔2009〕157 号）第 2 条规定，税务稽查由税务局稽查局依法实施。《税务稽查案源管理办法（试行）》（税总发〔2016〕71 号）对案源信息的收集、案源的分类处理、案源的立案分配和处理结果的使用等作了明确要求。对纳税人是否启动税务稽查，税务稽查的期间，稽查的处理结果出具等，均需严格遵循法定程序。瑞尚公司、马某泉约定启动对乘风公司的税务稽查程序，并将拿到税务稽查报告作为办理目标公司交接事宜的条件，自然超出平等主体可约定的范畴，约定无效。从公序良俗的范畴，上述约定内容危害国家税收秩序。民法学说一般采用类型化研究的方式，将裁判实务中依据公序良俗裁判的典型案件，区别为若干违反公序良

① 王利明．中国民法典释评·总则编［M］．北京：中国人民大学出版社，2020：385－387.

② 参见《最高人民法院公报》2007 年第 3 期。

③ 辛正郁．附条件法律行为中所附条件的民事可证性要求——新疆清春房地产开发有限公司与新疆建工集团第二建筑工程有限责任公司建设工程施工合同纠纷上诉案．民事审判指导与参考．2007 年第 3 集（总第 31 集）．北京：法律出版社，2007：232－233.

俗的行为类型。法院或者仲裁机构在审理案件时，如果发现待决案件事实与其中某一个类型相符，即可判定行为无效，内容之一为危害国家政治、经济、财政、税收、金融、治安等秩序类型。[①]

当然，纳税人享有税收监督权，《国家税务总局关于纳税人权利与义务的公告》（公告2009年第1号）明确，“您对我们违反税收法律、行政法规的行为，如税务人员索贿受贿、徇私舞弊、玩忽职守，不征或者少征应征税款，滥用职权多征税款或者故意刁难等，可以进行检举和控告。同时，您对其他纳税人的税收违法行为也有权进行检举”。媒体曾报道，A股上市公司莱绅通灵董事长、总裁在微博上实名举报公司的两位董事涉嫌通过虚开巨额增值税发票侵占公司大量财产[②]。

问题4：标的公司股权变更后取得退税（变更前缴纳），税款归谁所有？

案例4：齐某放、王某荣与辽宁海诺置业有限公司、辽宁忠大铝业有限公司股权转让合同纠纷案[③]

【裁判要旨】

在股权转让协议及补充协议中，并没有关于涉诉退税款如何处理的约定，即应按“有约定从约定、没有约定按法定”的基本原则确定涉诉税款的归属。涉诉的退税款虽是在受让方受让标的公司100%股权之后，在新股东经营标的公司期间由税务机关予以退回，但所退税款确属目标公司原股东经营期间申报缴纳，现税务机关予以退回，故该笔退税款应属于标的公司的资产，相当于该公司的应收债权。

【涉税案情】

2017年6月7日，甲方（受让方）辽宁忠大铝业有限公司（以下简称“忠大铝业”）与乙方（转让方1）齐某武、齐某放、王某荣（系目标公司A辽宁海诺建设机械集团有限公司股东），乙方（转让方2）辽宁海诺建设机械集团有限公司、齐某放［系目标公司B辽宁海诺置业有限公司（简称“海诺置业”）、目标公司C辽宁海诺重工股份有限公司股东］签订《股权转让协议》，约定：乙方自愿向甲方转让其所持有及控制的目标公司A、目标公司B及目标公司C三公司的100%股权；双方同意甲方承接目标公司A的银行借款6.83亿元人民币的债务，而甲方向乙方支付股权转让价款人民币1.8亿元；……双方同意，目标公司A及目标公司B、目标公司C的债权与债

---

① 黄薇．中华人民共和国民法典总则编解读［M］．北京：中国法制出版社，2020：501.

② 李华清：《莱绅通灵内斗持续：董事长实名举报董事涉嫌虚开巨额增值税发票侵占公司财产》，载经济观察网：http：//www. eeo. com. cn/2021/0120/459211. shtml，最后访问日期2021年1月24日。

③ 辽宁省鞍山市中级人民法院民事判决书（2020）辽03民终1185号。

务，除本协议已作约定外，以甲方进驻目标公司日即2017年6月16日为基准日，之前发生的债权与债务由乙方负责，之后发生的债权与债务由甲方负责。甲方接受目标公司后，另立资金账号进行目标公司A和目标公司B的相应经营业务。

2019年9月23日，国家税务总局鞍山高新技术产业开发区分局出具《情况说明》，主要内容为“海诺置业2014年应纳税所得额 -5 145 065.68元，退企业所得税2 701 253.04元。2015年应纳税所得额0元，2015年应退企业所得税6 524 073.42元。2016年应纳税所得额0元，2016年应退企业所得税6 430 983.87元。2017年应纳税所得额0元，2017年应退企业所得税4 130 571.26元。2018年应纳税所得额0元，2018年应退企业所得税342 717.55元”。2019年9月24日，经海诺置业申请，国家税务总局鞍山高新技术产业开发区分局向海诺置业退税（2014 -2018年）共计20 129 599.14元。

【争议焦点】

齐某放、王某荣（一审原告、二审上诉人）

一、《股权转让协议》明确约定股权转让之前发生的债权归齐某放、王某荣所有。退税款是企业的债权，齐某放、王某荣是该笔债权的最终承接主体，这是根据《股权转让协议》中对债权（退税款项）约定的结果。

二、《股权转让协议》签订时间是2017年6月7日，且证据能够证明税务机关所退还的款项就是2014年起至2017年7月14日止企业预缴的企业所得税税款。从上述时间可以看出该笔退税款是《股权转让协议》签订之前发生的，退税款应属于齐某放、王某荣。

三、合同是双方意思自治的结果，涉案《股权转让协议》合法有效且已在履行，协议约定2017年7月14日之前的债权应归齐某放、王某荣所有，双方对受让股权之前的债权（退税款）的处理是认可的。

四、本案不应适用《公司法》的相关规定，应适用《合同法》第8条、第44条的规定。

海诺置业、忠大铝业（一审被告、二审被上诉人）

虽然涉案《股权转让协议》约定以2017年6月16日为基准日，之前发生的债权与债务由齐某放、王某荣负责，之后发生的债权与债务由忠大铝业负责，但该条约定并不能对外部产生效力，涉案债权系公司债权，不能直接归原股东所有。

【裁判观点】

一审法院

一、退税款系海诺置业缴纳，该笔退税系公司的债权。海诺置业作为有限公司，系独立的民事主体，拥有独立的财产，而齐某放、王某荣作为海诺置业的原股东将公司债权作为股东本身享有的债权，有意将公司财产与股东财产相混同，违反了《公司法》的法人独立地位的强制性规定。

二、齐某放、王某荣作为公司的原股东，要想把公司应得的退税款全部拿走，只能从公司可以分配的利润中获得，而本案税务机关之所以退税，是因为海诺置业在2014年至2018年期间无盈利收入，甚至有亏损。在未提供证据证明其在经营期间公司有利润可分配的情形下，要求分配利润无法律依据。齐某放、王某荣待双方进行清算后，如有利润可分配，可另行主张权利。

三、即使协议双方约定在签订协议的基准日前的债权归原股东，因涉案债权系公司债权，也不能直接归原股东所有。该条约定并不能对外部产生效力。

二审法院

涉案《股权转让协议》和《股权转让补充协议》是双方真实意思表示，不违反法律法规的强制性规定，合法有效。双方约定以2017年6月16日为基准日，之前发生的债权、债务由齐某放、王某荣等转让方负责，之后发生的债权、债务由受让方即忠大铝业负责，以及转让方在经营期间的涉税问题由转让方承担等。双方并没有关于涉案的退税款如何处理的约定，应按“有约定从约定、没有约定按法定”的基本原则确定涉诉税款的归属。退税款虽是在忠大铝业受让海诺置业100%股权之后由税务机关予以退回，但所退税款确属海诺置业原股东经营期间申报缴纳，该笔退税款应属于海诺置业的资产，相当于该公司的应收债权，应按照双方“以2017年6月16日为基准日之前的债权、债务归转让方”的约定，涉案的17 136 118.93元退税款归属于齐某放、王某荣、齐某武，现齐某武已经将其权利转让给齐某放、王某荣，故涉案退税款17 136 118.93元应属于齐某放、王某荣所有。

【案例评析】

收并购交易中，如果目标公司存在或有负债等，会造成股权受让方的损失，故历史税务问题的担保条款或承诺条款常见于股权转让协议，如“甲方（转让方）承诺，除已披露的合同、负债之外，股权转让前，目标公司无违法、违约事项，亦无其他任何拖欠税赋（包括但不限于目标公司应缴未缴税款、因交易基准日前的事项导致目标公司在交易基准日后承担税收滞纳金、税务行政处罚等），否则产生的所有费用和损失由甲方承担，目标公司实际承担后，甲方同意给予目标公司同等金额的补偿，如甲方未能及时向目标公司进行补偿的，可从目标公司应分配给甲方的利润或应归还甲方的股东借款中扣除相应金额。”目标公司在交易基准日后取得退税的情形较为少见，因涉案股权转让协议并未明确约定处置方法，故交易双方产生争议。

首先，目标公司交易基准日以前年度盈亏情况具有确定性。一审中，被告方辩称，“退税款不属于约定时该收未收的债权，因为签订协议时企业到底亏损还是盈利处于未知状态，具有不确定性，只有经核算为亏损且企业进行申报并申请，才有机会退还所得税”①。税务机关出具的《情况说明》明确载明海诺置业2014－2018年各年度盈亏情况，交易基准日以前年度目标公司盈亏并非处于未知状态。

其次，涉案退税款属目标公司所有。《企业所得税汇算清缴管理办法》（国税发［2009］79号）第11条规定，纳税人在纳税年度内预缴税款超过应纳税款的，主管税务机关应及时按有关规定办理退税，或者经纳税人同意后抵缴其下一年度应缴企业所得税税款。税务机关2019年9月根据海诺置业的退税申请，将其从2014年至2018年预缴的企业所得税予以退回，该退税款源于海诺置业经营期间缴纳，应属其收回的债权。此处案情有个细节，根据《税收征管法》第51条的规定，纳税人超过应纳税额缴纳的税款，税务机关发现后应当立即退还；纳税人自结算缴纳税款之日起三年内发现的，可以向税务机关要求退还多缴的税款并加算银行同期存款利息。海诺置业2019年9月提出退税申请，则2014年、2015年的企业所得税已超出纳税人自行发现多缴税款可申请退税期限，税务机关是否人性化执法，不得而知。本书创作期间，中国政府网刊登“包头市群众反映当地政府部门违规征税 国家税务总局协调督促地方有关部门清退预缴税款”② 一文，反映包头市周女士2012－2013年在包头市土右旗预缴税款2 000多万元多次申请退回无果，国家税务总局协调督促包头税务机关退还。看来，纳税人自行发现多缴税款，与税务机关主动发现多缴税款这两种途径并非界限分明。

再次，交易双方应根据涉案退税金额履行转让协议约定。该笔退税既然系海诺置业公司的债权，编者支持一审法院的部分观点，即“海诺置业作为有限公司，系独立的民事主体，拥有独立的财产，而本案的齐某放、王某荣作为海诺置业的原股东将公司债权作为股东本身享有的债权，有意将公司财产与股东财产相混同，违反了公司法的法人独立地位的强制性规定”。交易双方在股权转让协议中对目标公司交易基准日前债权、债务的约定，通常被称为“承债式股权收购”，虽不能对作为独立民事主体的目标公司产生效力，但约定并不违反法律法规的强制性规定，合法有效，交易双方应当遵守履行，故二审法院并未判决海诺置业负有返还涉案退税款义务，而是认定忠大铝业作为股权受让方应负有涉案退税款返还义务。因海诺置业曾于2018年10月16日出具担保书，为涉案转让协议中约定忠大铝业的所有义务提供担保，二审法院判决海诺置业对忠大铝业不能履行的部分应承担保证责任。实践中，目标公司债权、债务的披露情况很大程度上依赖于交易对手的配合，收购方的尽职调查并不能保证100%掌握目标公司的全部债权、债务情况。因此，在转让协议明确约定目标公司的债权、债

---

① 参见鞍山市立山区人民法院民事判决书（2019）辽0304民初4734号。

② 参见《包头市群众反映当地政府部门违规征税 国家税务总局协调督促地方有关部门清退预缴税款》，载中国政府网：http：//www. gov. cn/hudong/ducha/2020－11/06/content_ 5558431. htm，最后访问日期2020年11月29日。

务情况以及相关债务的承担方，同时兜底约定由转让方实际承担目标公司未披露的债务或其他或有负债的，可有效控制投资风险。

最后，忠大铝业如依判决履行返还涉案退税款义务后，交易双方应如何进行税务处理？编者认为，受让方忠大铝业应参照返还金额调整对海诺置业长期股权投资的计税基础；转让方齐某放等自然人，依据《股权转让所得个人所得税管理办法（试行）》（国家税务总局公告2014年第67号）第9条“纳税人按照合同约定，在满足约定条件后取得的后续收入，应当作为股权转让收入”之规定，应将忠大铝业返还的涉案退税款计入股权转让收入，由忠大铝业履行股权转让所得个人所得税扣缴义务。

问题5：转让方应否就标的公司被查补税款（并购交易前）向受让方承担赔偿责任？

案例5：舟山海星轮船有限公司与马某某股权转让纠纷案[①]

【裁判要旨】

双方所签订的《股权转让协议》约定股权转让的同时，相应的权利义务同步转让，而双方并未对如出现潜在债务情形下的责任承担问题作出约定，故应视为受让方对标的公司股权价值的认可，及对可能存在所受让股权价值贬损风险的自愿承担。

【涉税案情】

舟山海星轮船有限公司（简称“海星公司”）原系职工持股和国资参股的公司，于2007年1月决定由316名职工集资设立舟山远大海运有限公司（简称“远大公司”）。2010年海星公司被列入清理国有企业党员领导干部经商办企业的范围。根据政府的工作安排，由海星公司收购远大公司，海星公司遂委托浙江方舟资产评估有限公司对远大公司进行股权价值评估，评估确定股东全部权益价值为57 695 791.52元。参考上述评估结果，海星公司和马某某于2010年10月19日签订了《股权转让协议》，约定马某某将其名下远大公司2.9412%股权作价174万元转让给海星公司，后双方按约履行完毕了上述协议。2014年1月14日，舟山市地方税务局稽查局对远大公司进行税务稽查，查明远大公司存在账外收入等不规范财务行为，认定远大公司在2007年至2010年期间存在少缴营业税、企业所得税、未代扣代缴个人所得税等情况，该局于2015年9月29日作出税务处理决定，追缴税款、责成补扣个人所得税、按日加收税款滞纳金，于同日作出税务行政处罚决定，上述处理和处罚所涉金额共

---

① 舟山市普陀区人民法院民事判决书（2020）浙0903民初1074号。

计 19 051 473.26 元。

海星公司认为，海星公司在股权转让后因股权转让前的行为遭受的损失理应由马某某按其持股比例承担，并于 2018 年 12 月 7 日前向马某某寄送了催告函进行追偿，但未果，故诉至法院。

【争议焦点】

海星公司（原告）

税务机关对远大公司的两项处理决定源于马某某持股期间的纳税行为，海星公司在股权转让后因股权转让前的行为遭受的损失理应由马某某按其持股比例承担。

马某某（被告）

未到庭参加诉讼。

【裁判观点】

海星公司和马某某关于远大公司的股权转让系双方当事人的真实意思表示，未违反法律法规的强制性规定，属合法有效，对双方均有约束力。

远大公司系海星公司全体职工发起设立的公司，双方具有关联关系，且从远大公司管理人员的安排上来看，海星公司对远大公司处于控制地位，故海星公司对远大公司的经营、财务状况的获知并不存在任何障碍，特别是对其经营过程中的账外收入所导致的偷税漏税行为应属明知。海星公司在收购远大公司股权前，自行委托评估机构对远大公司的股权进行价值评估，在其掌握远大公司财务状况的前提下，未向评估机构提出将账外收入及可能导致的税款支出等纳入评估范围的要求，应视为海星公司自愿接受并承担远大公司因上述不规范财务行为将导致的风险。双方所签订的《股权转让协议》约定股权转让的同时，相应的权利义务同步转让，而双方并未对如出现潜在债务情形下的责任承担问题作出约定，故应视为海星公司对远大公司股权价值的认可，及对可能存在所受让股权价值贬损风险的自愿承担。

海星公司要求马某某对本案所涉的补缴税款及罚款按原持股比例承担责任缺乏事实和法律依据，不予支持。

案例 6：郑某某、李某股权转让纠纷案[①]

【裁判要旨】

标的公司被查补在收购交易发生前的税款，若双方在股权转让协议中明确由转让

---

① 广东省广州市中级人民法院民事判决书（2018）粤 01 民终 7211 号。

方承担股权转让前的债权、债务，或者出让方担保出让股权无瑕疵，则转让方需要承担赔偿责任。

【涉税案情】

广东省天马国际旅行社有限公司（简称“天马公司”）成立于1985年11月23日，公司原股东为郑某某等人。2008年12月3日，李某（受让方）与郑某某（转让方）签订《股权转让合同》，约定：郑某某同意将持有的天马公司55%股权作价143万元转让给李某；2008年12月3日前，受让方已将转让金额143万元全部付给转让方；至2008年12月3日止，公司债权、债务已核算清楚，无隐瞒，转让双方均已认可；公司红利的收益按本合同签订之日计算，转让方享有转让前的红利，受让方享有转让后的红利。

2011年8月23日，广州市地方税务局第二稽查局向天马公司作出《税务行政处罚决定书》，对天马公司2006年1月1日至2007年12月31日地方税纳税中的违法事实处以罚款304 187.49元。天马公司于2011年8月25日、2011年9月19日分别向税务机关缴纳税款731 232.21元、罚款304 187.49元，合计1 035 419.70元。因李某、郑某某对税款承担产生争议，李某和天马公司于2016年1月14日以天马公司原股东李某某、杨某某、蔡某某、郑某某、关某某为被告，以股东损害公司利益为由向法院提起诉讼。

【争议焦点】

李某（一审原告、二审被上诉人）

涉案税款产生于股权转让前天马公司的违规行为，且合同明确约定了债权、债务的责任承担。另外，《合同法》规定，买卖合同担保责任的损失应由股权转让人承担。郑某某须对天马公司被查补的税款按照原持股比例承担赔偿责任。

郑某某（一审被告、二审上诉人）

无须对天马公司被查补的税款按照原持股比例承担赔偿责任。一是涉案税款产生于天马公司的违法违规行为，而非天马公司对外经营产生的债权、债务，不适用股转协议中约定中关于“债权债务”的约定。二是涉案税款产生于天马公司的违法违规行为，与郑某某的股权没有任何直接关联，不适用股转协议中关于对股权保证责任的约定。三是税款和罚款都是由天马公司支付的，李某并未实际承担，李某无权向郑某某追偿。

【裁判观点】

一审法院及二审法院均支持李某关于郑某某须对天马公司被查补的税款按照原持

股比例承担赔偿责任的主张。理由主要有：

首先，当事人签订的股转协议及补充协议等均为其真实意思表示，内容不违反法律法规的强制性规定，合法有效，双方均应依约履行。

其次，虽然天马公司补缴税款及罚款时间为2011年，但涉案税收产生于2006年至2007年期间，涉案税款属于天马公司在股权转让前的经营期间应缴未缴的费用。根据股转协议中"工商登记变更前的上述天马公司债权、债务由郑某某依法承担，变更后的该公司债权、债务由李某依法承担""郑某某保证对所转让的股权，没有设置任何抵押、质押或担保，并免遭任何第三人的追索。否则，由此引起的所有责任，由郑某某承担"等约定，因郑某某所转让的股权存在瑕疵，并导致天马公司被追缴漏税，因此产生的后果应由其自行承担。

最后，无证据显示李某在受让涉案股权时已知悉该债务的存在、或认可由其承担该债务，且李某就天马公司补缴此前少缴的税款向易游公司作出了相应补偿。李某作为涉案股权的受让方，在天马公司对外补缴了税款后，主张郑某某按其原持股比例对上述税款承担赔偿责任，依约有据，符合合同相对性原则。

【案例评析】

两个案件情节相似，标的公司股权变更后，税务机关对标的公司进行税务检查，查出标的公司在股权变更前的涉税违法问题，并予以追缴税款、处以罚款，转让方与受让方就税款及罚款的补偿问题产生争议，但法院审理结果却截然不同，区别在于股权转让合同中是否对标的公司在股权变更前的税务风险（瑕疵）明确约定责任分担条款。

需要说明的是，纳税人补缴税款的责任认定时间以税款产生的时间判定，而不以税款、罚款实际缴纳的时间判定。以上述案件为例，舟山税务机关2015年对远大公司2007－2010年的涉税违法行为作出处理，广州税务机关2011年对天马公司2006－2007年的涉税违法行为作出处理，税务机关的行政行为虽然发生在标的公司股权变更后，但涉税违法行为发生在标的公司股权变更前。

对于拟收购标的公司，收购方应在交易方案最终确定前，通过税务尽职调查，充分识别标的公司存续期间的税务风险。税务尽职调查是对标的公司存续期间可能导致补缴税款和滞纳金、加收利息、被处罚款和罚金等法律责任的税收违法行为和/或不合法行为进行调查，并对前述法律责任进行定性和估值。税务尽职调查有别于法律尽职调查和财务尽职调查，应该独立于法律尽职调查和财务尽职调查。[①] 在做好税务尽职调查的基础上，收并购双方应通过协议约定标的公司税务风险的分担。相关条款建议

---

① 刘云刚．土地拓展模式法律和税务解析［M］．北京：法律出版社，2020：46.

包括以下内容：（1）目标公司存续期间涉税事项不违反我国税法及相关税收政策；（2）目标公司不会因涉税事项违法和/或不合法被税务机关追缴税款、滞纳金、加收利息和/或被处以罚款及被人民法院处以罚金；（3）目标公司的成本、费用、税金及损失等支出具有合法有效的凭证，可以依法在税前扣除；（4）目标公司的全部收入已经依法入账，并申报缴纳相应的税费；（5）目标公司取得的增值税专用发票、普通发票均真实、合法、有效；（6）目标公司不存在涉税违法行为；（7）目标公司无须补缴任何税款和滞纳金等。如果目标公司因上述第1－7项任一情形被主管税务机关追缴税款、滞纳金、利息和被处以罚款和/或罚金的，交易相对方应赔偿收购方遭受的损失。损失金额以目标公司因前述税收违法和/或不合法行为按主管税务机关要求缴纳的税款、滞纳金、利息、罚款和罚金之和为基数，根据并购协议约定的股权转让比例来确定。交易双方对目标公司税务风险分担另有约定的除外。如果无法就目标公司全部税务风险由转让方承担达成一致，则应具体约定各类税务风险的分担主体和方式。[①]

问题6：转让方未在转让合同中披露标的公司税务瑕疵，受让方可否拒绝支付转让款？

案例7：佛山市南海区石与金地产代理有限公司与广州碧花园房地产开发有限公司、揭阳市中萃房产开发有限公司股权转让纠纷案[②]

【裁判要旨】

税费承担的约定为只要有应缴未缴的税费即应当由转让方负担，并非没有披露的才由转让方负担。因此，即使转让方向受让方披露了有尚未缴纳的税费，除非受让方明确免除转让方的前述合同义务，否则转让方仍然有支付的义务。受让方有权行使抗辩权，暂不予支付余下股权转让款。

【涉税案情】

2016年1月21日，甲方广州碧花园房地产开发有限公司（简称“碧花园公司”）与乙方佛山市振鹏园林工程有限公司（简称“佛山振鹏公司”）、丙方佛山市南海区石与金地产代理有限公司（简称“石与金公司”）、丁方广东振鹏集团有限公司（简称“广东振鹏公司”）就标的公司湖北振鹏实业发展有限公司（简称“湖北振鹏公司”）的股权转让及股权转让后对湖北应城国家矿山公园风景区项目的合作开发事宜协商一致，订立并签订《股权转让暨合作开发合同书》，约定：“……标的公司现有全资子公

① 刘云刚．土地拓展模式法律和税务解析［M］．北京：法律出版社，2020：49－50.

② 广东省广州市花都区人民法院民事判决书（2017）粤0114民初4685号、广东省广州市中级人民法院民事判决书（2019）粤01民终9668号、广东省高级人民法院民事裁定书（2020）粤民申2148号。

司如下：湖北振鹏温泉酒店娱乐有限公司、湖北振鹏自来水有限公司、应城矿山公园管理有限公司、应城温泉四季养生岛有限公司。……2. 标的公司股权转让前的实际债权债务按以下规定分担……（4）除上述列明应由标的公司承担的债务外，2016 年 1 月 21 日前标的公司及本协议所列四家子公司的全部债务，由乙、丙方承担。甲方有权在应支付给乙、丙方的股权转让款中做相应的抵扣。（5）乙、丙方不得隐瞒标的公司及其下属四家子公司的对外债务（包含对外担保），若乙、丙方隐瞒债务的，乙、丙方均对该债务承担清偿责任。……佛山振鹏公司、石与金公司、广东振鹏公司对于本合同第一章的陈述不真实，致使标的公司或碧花园公司遭受损失的，该损失由佛山振鹏公司、石与金公司、广东振鹏公司承担责任，碧花园公司有权从佛山振鹏公司、石与金公司、广东振鹏公司应得款项中扣除。”

2016 年 5 月至 2017 年 9 月期间，湖北振鹏公司及其子公司多次收到税务局出具的《税务事项通知书》和《税务行政处罚决定书》，确认湖北振鹏公司及其子公司所欠税款合计 5 428 358. 43 元，罚款合计 51 613 875. 12 元，税款及罚款共计 57 042 233. 55 元。碧花园公司认为有权将税款和罚款在股权转让款中预留或扣除，双方为此产生纠纷。石与金公司提起诉请，要求碧花园公司支付剩余股权转让款及违约金，一审法院、二审法院均未予支持。石与金公司申请再审，广东省高级人民法院驳回其再审申请。

【争议焦点】

石与金公司（一审原告、二审上诉人、再审申请人）

碧花园公司无权从股权交易款中扣留标的公司及其子公司欠缴的税款及罚款。

一、碧花园公司主张石与金公司隐瞒税务问题完全与客观事实相悖。石与金公司在签订股权转让合同之前、股权转让合同书中均就税款问题作了明确披露和说明，签订股权转让合同当日，碧花园公司的法定代表人林某某还亲自参加了标的公司工作会议，着重讨论了税务问题。在 2016 年 1 月 2 日转让合同签订当天，碧花园公司董事长林某某、佛山振鹏公司代表陈某某、湖北振鹏公司法定代表人郭某某、总经理刘某某召开会议，在《湖北振鹏实业发展有限公司工作会议纪要》中明确记载：利用过节拜年时机，进一步做好政府和税务部门的协调工作，认真、妥善地解决应城市税务局税源管理二分局《税务事项通知书》中涉及的税务问题。有关春节慰问费用开支直接请示林某某董事长批准。

二、相对于碧花园公司支付剩余股权转让款一事，税务问题不是石与金公司应当先于履行的合同义务。碧花园公司履行支付剩余股权转让款的时间是 2016 年 6 月 30 日之前，税务部门于 2017 年 3 月才作出确认和决定，而该确认和决定文书至今没有执行，即税务承担问题至今属于未决事项，没有实际发生。

三、石与金公司有充分的新证据证明本案所涉税务问题是政府原因所致，标的公司无须就“应城市国家矿山公园项目”再缴纳任何税费，税务问题中石与金公司不存在过错。标的公司及其子公司的税务问题，是由于应城市地税局将应城市政府为履行税务优惠政策和承诺的土地回拨款认定为企业所得而引起的。实际上标的公司历年亏损，并不存在企业所得税，石与金公司及标的公司一直在与政府协调解决此事。碧花园公司主张的税务问题是政府原因造成的，非标的公司正常经营产生，石与金公司对此没有任何过错。根据约定，石与金公司只承担标的公司正常经营所产生的税费，政府原因或政策变化导致的税费等费用是不由石与金公司承担的。

碧花园公司（一审被告、二审被上诉人、再审被申请人）

合作合同书披露标的公司对外负债仅为2.2亿元银行贷款。然而，事实上在本案的股权转让之前，标的公司存在巨大金额的未缴税费。石与金公司认为不存在未缴税费，与事实不符。碧花园公司在一审提交的最高人民法院2015年第2026号民事裁定书[①]载明，股权转让方不披露对外债务，属于违约行为，受让方享有拒绝支付股权转让款的抗辩权。石与金公司恶意隐瞒标的公司巨额的应缴税费，基于这一事实，石与金公司在未清偿完毕隐瞒的税款之前，碧花园公司有权拒绝支付股权转让款。

【裁判观点】

石与金公司存在税款未予缴纳的情况，其依据为税务机关出具的《税务事项通知书》和《税务行政处罚决定书》，该两份证据由税务机关出具，更有高度可能性。根据涉案合同约定，除政府原因或政策变化外的正常经营所产生的应缴未缴税费、滞纳金（若有）等费用由乙、丙方，即佛山振鹏公司、石与金公司承担。据此，税费承担的约定为只要有应缴未缴的税费即应当由乙、丙方负担，并非没有披露的才由乙、丙方负担。因此，即使石与金公司向碧花园公司披露了有尚未缴纳的税费，除非碧花园公司明确免除石与金公司的前述合同义务，否则石与金公司仍然有支付的义务。根据《股权转让暨合作开发合同书》约定，该款项应当由石与金公司等负责。目前，该等税款并未支付，而纳税主体是目标公司，显然，石与金公司等交付的股权附加了该等负债，存在瑕疵。本案中，《税务事项通知书》和《税务行政处罚决定书》足以证明在涉案合同签订之前目标公司仍有未缴纳的税费，石与金公司对此存在重大过错，则碧花园公司主张应由石与金公司负担的诉求与合同约定一致。

至于石与金公司提出该税费的发生是政府原因所致的问题。石与金公司认为标的公司无须就“应城市国家矿山公园项目”再缴纳任何税费。经查，《税务事项通知书》和《税务行政处罚决定书》为有效文书，并未被撤销。而该等税费已经由国家税务部门依法作出决定，且从内容看，包括“未按照法律规定的申报期限、申报内容如实申

① 参见金某某、何某某股权转让纠纷案，最高人民法院民事裁定书（2015）民申字第2026号。

报”“仅对合同申报缴纳印花税，导致少缴印花税”“未依照法律行政法规的规定履行代扣代收税款的义务的行为”等，均与标的公司经营有关，并非石与金公司所称的由政府原因所致。

【案例评析】

并购合同中，交易各方对于交易标的的税务风险分担约定至关重要。本案中，转让方虽然提供了受让方法人代表参加讨论标的公司税务问题工作会议的证据等，以证明受让方清楚知道标的公司涉及的税务问题并充分理解和接受该事实。但因涉案税务问题未体现在转让合同附件标的公司负债清单中，且转让合同明确约定标的公司只要有应缴未缴税费均由转让方承担，故转让方关于不应承担已披露标的公司应缴未缴税费的辩解难以得到法院支持。标的公司在股权变更时如尚有未完结税务事项的，建议转让方可在合同条款中明确，未计入标的公司负债清单但已告知受让方的应缴未缴税费，转让方不承担清偿责任。转让方应将告知受让方、受让方收悉等环节的相关证据予以固定。

本案各方对于转让合同约定的“因政府原因或政策变化所产生的税费”适用范围亦有较大争议。转让方认为涉案税款产生的原因，主要是税务机关将地方政府为履行税务优惠政策和承诺的土地回拨款计入企业所得税应税所得导致，故争议税款属于合同约定的“因政府原因或政策变化所产生的税费”，不应由转让方负担。根据《税收征管法》第3条第2款，“任何机关、单位和个人不得违反法律、行政法规的规定，擅自作出税收开征、停征以及减税、免税、退税、补税和其他同税收法律、行政法规相抵触的决定”。标的公司地方政府无权作出土地返还款免征企业所得税的决定，且当地税务机关已下发《税务处理决定书》，要求标的公司针对此项财政拨款限期缴纳企业所得税，应缴未缴税费的事实毋庸置疑，法院不予支持转让方的解释。虽然转让方辩称“该确认和决定文书至今没有执行，即税务承担问题至今属于未决事项，没有实际发生”，但根据《民事诉讼法解释》第114条之规定，“国家机关或者其他依法具有社会管理职能的组织，在其职权范围内制作的文书所记载的事项推定为真实，但有相反证据足以推翻的除外。必要时，人民法院可以要求制作文书的机关或者组织对文书的真实性予以说明”，公文书证推定具有实质证据力，有争执的当事人要承担公文书证不真实的本证证明责任，即证明相反事实的存在。[①]

转让合同涉税条款中，交易各方都需要对地方政府税收优惠减免权限有清晰的认识，对税款范围的界定，应避免出现“宏观政策”“政府原因”“政府承诺”等字眼，明确为“按我国税收法律法规规定应缴纳的税（费）”。

---

① 沈德咏．最高人民法院民事诉讼法司法解释理解与适用（下）［M］．北京：人民法院出版社，2015：376.

先履行抗辩权的成立需具备以下条件：（一）当事人因同一双务合同互负债务；（二）当事人双方的合同义务有先后履行顺序；（三）双方所负债务已届清偿期、先履行一方到期未履行债务或未适当履行债务。① 股权转让合同中当事人的主要义务分别是交付股权和支付转让价款，如果对于合同义务的履行设定了必要的履行条件或履行顺序，那么，履行条件未成就或者相对方的前序义务未完成时，后序义务并未进入履行期限，相对方无权要求承担特定义务的当事人履行相应义务。本案中，涉案转让合同明确约定，“佛山振鹏公司、石与金公司、广东振鹏公司对于本合同第一章的陈述不真实，致使标的公司或碧花园公司遭受损失的，该损失由佛山振鹏公司、石与金公司、广东振鹏公司承担责任，碧花园公司有权从佛山振鹏公司、石与金公司、广东振鹏公司应得款项中扣除”。故法院判决碧花园公司在佛山振鹏公司、石与金公司、广东振鹏公司向税务部门支付所欠税款及罚款前，有权拒绝支付与税款、罚款等额的股权转让款。

问题7：标的公司虚增成本是否必然导致股权价值虚高，从而造成受让方损失？

案例8：山东烟草投资管理有限公司与烟台金山旅游开发有限公司股权转让纠纷案②

【裁判要旨】

《资产评估报告》中无形资产土地使用权价值是采用假设开发法进行评估认定，基本公式为“地价 = 不动产总价 - 开发建筑成本费 - 专业费 - 不可预见费 - 建设期管理费 - 预付资本利息税金 - 不动产的租售费用 - 开发商的合理利润”。土地评估价值所采用的假设开发法是在假设条件下对从开发项目预期总收入中扣除各项开发费用、税金、利润后倒算出土地在评估基准日的价格，通过该方法所得出土地的评估值，与标的公司虚开发票行为并无关联。

【涉税案情】

2010年6月28日，山东振泉资产评估有限公司出具《山东烟草投资管理有限公司拟收购莱阳弘丰置业有限公司股权项目资产评估报告书》，该资产评估报告书载明：评估采用资产基础法（成本加和法）；评估结论为：在评估基准日2010年5月31日和持续经营前提下，收购莱阳弘丰置业有限公司（简称“弘丰公司”）股权所涉及的资产评估价值为354 796 100元、负债评估价值114 912 600元、净资产评估价值为

---

① 韩松．合同法［M］．武汉：武汉大学出版社，2014：80-81.

② 山东省济南市中级人民法院民事判决书（2017）鲁01民初288号、山东省高级人民法院民事判决书（2018）鲁民终1826号。

243 497 700元。

2010 年 6 月 29 日，山东烟草投资管理有限公司（简称“烟草公司”）与烟台金山旅游开发有限公司（简称“金山公司”）签订《股权转让协议》约定：股权出让方金山公司（甲方），股权受让方烟草公司（乙方）；……甲方愿意以 332 419 000 元对价及本协议所规定的其他条款和条件将其持有的弘丰公司 100% 股权转让予乙方……截至 2010 年 8 月 2 日，烟草公司向金山公司支付了涉案股权转让价款。

2015 年 12 月 30 日，山东省地方税务局稽查局作出《税务行政处罚决定书》，认定弘丰公司 2010 年虚构经济业务，将税务机关开具发票的 132 524 531 元计入土地开发成本，根据《发票管理办法》第 37 条规定，对弘丰公司虚开发票的行为处 50 万元的罚款。

烟草公司知道金山公司虚构土地开发成本后，与金山公司多次协商赔偿事宜未果，遂起诉至法院，请求判令金山公司赔偿股权转让款损失。一审法院、二审法院均驳回烟草公司诉讼请求。

【争议焦点】

烟草公司（一审原告、二审上诉人）

涉案《资产评估报告》是双方商定股权价格数值的参考因素之一，决定股权价格的是目标公司的全部资产。《资产评估报告》所反映的股东权益是弘丰公司基准日即 2010 年 5 月 31 日之前的资产，而双方签订协议的时间是 2010 年 6 月 29 日，股权转让完成的时间是 2010 年 7 月 30 日。在此过渡期内，金山公司又将土地平整费作为流动资产计入弘丰公司的资产。截至双方签订合同时止，弘丰公司的资产既包括《资产评估报告》中所包括的资产，又包括过渡期内入账的流动资产。根据协议约定，股权转让价款包括的资产范围是股权转让完成时弘丰公司所有的财产，而不仅是《资产评估报告》中所反映的资产范围。金山公司通过虚构场地平整费、伪造财务资料的违约行为虚增公司资产，导致烟草公司对于股权价值产生错误认识，造成烟草公司股权转让价款损失及利息损失，并产生罚款损失和律师费损失，其应当承担损失赔偿责任。

金山公司（一审被告、二审被上诉人）

股权转让价格是在涉案《资产评估报告》的评估基础上打了个折扣，且在评估基准日时，涉案发票还没发生，没有列入评估范围，没有对弘丰公司的资产评估价值产生影响。烟草公司是以购买弘丰公司全部股权的方式购买弘丰公司名下土地及房地产开发项目，在确定土地价格时，只会考虑项目用地是否符合“三通一平”或“七通一平”建设用地条件，而不会考虑各项土地开发成本。

【裁判观点】

根据查明的事实，烟草公司与金山公司双方认可股权转让价格确定的依据是涉案

《资产评估报告》。该《资产评估报告》出具日期为2010年6月28日，评估基准日为2010年5月31日，而开具8张涉案发票的日期为2010年6月12日、2010年6月13日、2010年6月21日。从发票开具的日期和评估报告评估基准日来看，在评估基准日前发票尚未开出，且《资产评估报告》没有涉及和包括8张发票内容；从《资产评估报告》记载内容看，也没有将发票金额评估在内。因此，8张涉案发票记载的土地平整费用没有对《资产评估报告》结论产生影响，对股权转让价格的确定没有产生影响，也就不存在导致股权转让价格虚高的事实。

【案例评析】

本案交易双方均确认，标的公司股权转让价格是在涉案《资产评估报告》书的评估基础上打了个折扣，判断弘丰公司虚开发票是否会导致受让方烟草公司对于股权价值产生错误认识，我们需要了解关于资产评估的相关知识。

关于基准日。评估基准日是评估结论对应的时间基准，一般由委托方决定，评估基准日和交易日之间往往间隔一段时间。《资产评估执业准则——资产评估报告》（中评协〔2018〕35号）第10条规定，通常只有当评估基准日与经济行为实现日相距不超过一年时，才可以使用资产评估报告；第19条规定，资产评估报告载明的评估基准日应当与资产评估委托合同约定的评估基准日保持一致，可以是过去、现在或者未来的时点。本案中，评估基准日为2010年5月31日。

关于资产评估方法。《资产评估基本准则》（财资〔2017〕43号）第16条规定，确定资产价值的评估方法包括市场法、收益法和成本法三种基本方法及其衍生方法。《资产评估执业准则——不动产》（中评协〔2017〕38号）第16条规定："执行不动产评估业务，应当根据评估目的、评估对象、价值类型、资料收集等情况，分析市场法、收益法和成本法三种资产评估基本方法以及假设开发法、基准地价修正法等衍生方法的适用性，选择评估方法"；第26条规定："采用假设开发法评估不动产时，应当了解：（一）假设开发法适用于具有开发和再开发潜力，并且其开发完成后的价值可以确定的不动产；（二）开发完成后的不动产价值是开发完成后不动产状况所对应的价值；（三）后续开发建设的必要支出和应得利润包括：后续开发成本、管理费用、销售费用、投资利息、销售税费、开发利润和取得待开发不动产的税费等；（四）假设开发方式通常是满足规划条件下的最佳开发利用方式。"本案中，资产评估机构对弘丰公司的无形资产评估中，只包括"土地使用权"一项，评估价值为354 726 300元，采用假设开发法，其基本计算公式为"地价=不动产总价-开发建筑成本费-专业费-不可预见费-建设期管理费-预付资本利息税金-不动产的租售费用-开发商的合理利润"。

综合资产评估基准日和资产评估方法，可以发现，由于弘丰公司虚开土地平整费发票均发生在 2010 年 6 月，相关行为对《资产评估报告》结论不产生影响。民事诉讼中，当事人对自己提出的主张，有责任提供证据。烟草公司在本案中提供的证据材料，并不能证明弘丰公司虚开土地平整费用发票行为影响了标的资产的评估价值，更不能证明此行为给烟草公司造成股权转让款损失，故其请求判令金山公司赔偿股权转让款损失未获人民法院支持。

资产评估的独立属性提高了评估意见的公正性，资产评估的专业属性保证了评估结论的合理性，资产评估的服务属性提高了并购重组的成功率，资产评估的鉴证属性保证了资产评估的公信力。[①] 科学的资产评估结果为搭建多方博弈的基础平台奠定了基础，为收并购相关方交易价格的确定提供了客观的价值标尺，保障了各方利益分配的合理性。建议并购交易者关注接受资产评估服务、使用资产评估报告的必备知识，正确定位资产评估服务的功能和作用，促进交易达成，提高交易效率。

问题 8：税务机关调整纳税规则是否属于情势变更原则适用范围？

案例 9：上海申华房地产开发有限公司与陈某某、唐某股权转让纠纷案[②]

【裁判要旨】

在时间上，标的公司因税收政策的变化而补缴税费的事实发生在股权转让合同履行完毕之后，故合同关系因协议的履行完毕而归于消灭，因此本案不应适用情势变更原则。在结果上，标的公司的净利润虽因补交税费而减少，但该情形并不导致标的公司的重大损失，且交易双方均认可标的公司在补缴税费后仍有盈利，标的公司净利润虽因补交税费而减少，但该利润减少的事由系商业风险所致，亦不适用情势变更原则。

【涉税案情】

2009 年 3 月 12 日，重庆市高新技术产业开发区地方税务局二郎新区税务所作出《重庆盛吉置业发展有限公司‘高新时代’项目土地增值税核定征收审核说明》，载明：重庆盛吉置业发展有限公司（简称“盛吉公司”）“高新时代”项目前期土地折迁等费用的成本资料残缺，难以确定其成本核算及扣除的费用，因此根据国税发〔2006〕187 号文件之规定可以按核定征收办法征收土地增值税，即普通住宅按总收入的 1% 征收，商业用房按商业销售收入的 2% 征收土地增值税，该项目应补土地增值税1 092 876.81 元。

---

① 刘登清. 评估机构在上市公司并购重组中的作用 [J]. 中国资产评估，2014 (1).

② 重庆市高级人民法院民事判决书（2014）渝高法民终字第 00149 号。

重庆经纬投资有限公司（以下简称“经纬公司”）成立于2009年3月，公司注销前股东为唐某、陈某某。2010年4月1日，经纬公司将盛吉公司45%的股权转让给上海申华房地产开发有限公司（简称“申华公司”），转让价格为人民币900万元。经纬公司（甲方）与申华公司（乙方）另签订协议书，约定将盛吉公司累计的企业所得税后可分配的利润分次以1 300万元分二次支付给甲方，盛吉公司今后最终利润的具体实现与甲方无关。

2012年12月27日，重庆市工商行政管理局出具《准予注销登记通知书》，对经纬公司准予注销登记。

2013年5月15日，重庆市地方税务局稽查局对盛吉公司作出税务处理决定，载明对盛吉公司2008年至2011年的纳税情况进行了检查，追缴“高新时代”项目土地增值税11 600 001.81元，追缴其他税费196 451.96元。

【争议焦点】

申华公司（一审原告、二审上诉人）

2013年重庆市地方税务局作出补缴2008－2011年期间的相关税费的决定，其中大部分税款发生在2009年至2010年经纬公司为股东期间，故经纬公司向申华公司转让的股权存在未缴纳税费的瑕疵。依照《合同法司法解释（二）》的相关规定，合同成立以后客观情况发生了当事人订立合同时无法预见、非不可抗力造成的不属于商业风险的重大变化，继续履行合同对于一方当事人明显不公平或者不能实现合同目的的，当事人请求人民法院变更或解除的，人民法院应当根据公平原则，结合案件的实际情况确定是否变更或解除。

唐某、陈某某（一审被告、二审被上诉人）

本案股权转让不存在瑕疵，公司股东内部转让股份，股东之间对公司的经营状况是非常清楚的，不存在隐瞒事实，且股权转让合同已经履行完毕，故应驳回申华公司的诉讼请求。

【裁判观点】

情势变更原则，是指合同生效后，发生当事人不能预见并不能克服的客观情况，致使履行合同将对一方当事人没有意义或者造成重大损害的，该当事人可以与对方当事人就合同内容重新协商，协商不成的，可以请求人民法院或者仲裁机构变更或者解除合同的法律规则。本案中，经纬公司将其所持有盛吉公司股权转让给申华公司三年后，因税收政策变化导致盛吉公司需补交土地增值税等税费。该事实的发生虽然导致申华公司最终实现的净利润减少，但并不导致适用情势变更原则。理由是：在时间上，盛吉公司因税收政策的变化而补缴税费的事实发生在股权转让合同履行完毕之后，故合同关系因协议的履行完毕而归于消灭，因此本案不应适用情势变更原则。在结果上，盛吉公司的净利润虽因补交税费而减少，但该情形并不导致盛吉公司的重大损失，且申华公司及经纬公司全体股东均认可盛吉公司在补缴税费后仍有盈利，盛吉公司净利润虽因补交税费而减少，但该利润减少的事由系商业风险所致，亦不适用情势变更原则。故申华公司要求经纬公司股东唐某、陈某某对盛吉公司补缴的税费进行分担的理由不能成立。

【案例评析】

对于稽查局是否有权作出土地增值税清算处理决定，曾有纳税人提出质疑。“江苏大山房地产开发有限公司与江苏省宿迁地方税务局稽查局行政纠纷案”[①] 中，人民法院认为，根据《税收征管法》第14条、《税收征管法实施细则》第9条、《税务稽查工作规程》（国税发〔2009〕157号）第2条规定，税务局稽查局具有作出土地增值税相关税务处理决定的法定职权。但对于已按核定征收办法清算土地增值税的项目，税务机关能否追缴土地增值税，因本案裁判文书信息披露有限，编者不予评价。“江西怡馨置业有限公司诉萍乡经济技术开发区地方税务局税收征收方式变更决定行政纠纷案”[②] 中，纳税人诉税务机关随意撤销对开发项目的土地增值税核定征收方式决定，相关行政程序不合法，一二审法院均未支持纳税人诉讼请求。

情势变更制度，是指合同有效成立后，因不可归责于双方当事人原因发生了不可预见的情势变更，致使合同的基础动摇或者丧失，若继续履行合同会显失公平，因此允许变更合同或解除合同的制度。原《合同法司法解释（二）》第26条规定：“合同成立以后客观情况发生了当事人在订立合同时无法预见的、非不可抗力造成的不属于商业风险的重大变化，继续履行合同对于一方当事人明显不公平或者不能实现合同目的，当事人请求人民法院变更或者解除合同的，人民法院应当根据公平原则，并结合案件的实际情况确定是否变更或者解除。”《民法典》扩大了情势变更外延及适用范围，第533条规定：“合同成立后，合同的基础条件发生了当事人在订立合同时无法预见的、不属于商业风险的重大变化，继续履行合同对于当事人一方明显不公平的，受不利影响的当事人可以与对方重新协商；在合理期限内协商不成的，当事人可以请求人民法院或者仲裁机构变更或者解除合同。人民法院或者仲裁机构应当结合案件的实际情况，根据公平原则变更或者解除合同。”意思自治、契约自由、契约严守是合同法的基本原则，情势变更原则的适用应有十分严格的条件限制。情势变更的构成要件包括：（1）应有情势变更的事实；（2）情势变更的事实应发生在合同成立之后、合同义

---

① 江苏省宿迁市中级人民法院行政判决书（2014）宿中行初字第00045号．江苏省高级人民法院行政判决书（2015）苏行终字第00508号。

② 江西省萍乡市中级人民法院行政判决书（2015）萍行终字第25号。

务履行完毕之前；（3）当事人在订立合同时无法预见；（4）发生情势变更具有不可归责性；（5）继续履行合同对于当事人一方明显不公平。[①]

在时间上，2010 年 4 月 1 日，经纬公司与申华公司签订股权转让协议，协议签订后，申华公司即向经纬公司支付了 900 万元股权转让款，盛吉公司的股东也由申华公司和经纬公司两个股东变更为仅有申华公司一个股东。税务机关对盛吉公司作出补缴税费的处理决定发生在股权转让协议签订并履行完毕三年之后的 2013 年，客观情势的变化并未影响合同的履行，不会导致当事人之间权利失衡，无须法律介入进行调整。在结果上，本案审理法院将盛吉公司净利润因补缴税费而减少认定系商业风险所致。如何区分商业风险和情势变更，最高人民法院在 2009 年 7 月发布的《关于当前形势下审理民商事合同纠纷案件若干问题的指导意见》指出，商业风险属于从事商业活动的固有风险，情势变更是当事人在缔约时无法预见的非市场系统固有的风险，需从风险类型是否属于社会一般观念上的事先无法预见、风险程度是否远远超出正常人的合理预期、风险是否可以防范和控制、交易性质是否属于通常的"高风险高收益"范围等因素，并结合市场的具体情况，在个案中识别情势变更和商业风险。"任某某、张某采矿权转让合同纠纷一案"[②] 中，最高人民法院认为，"是否属于所谓情势变更还是商业风险，需要参照合同约定，并从可预见性、归责性以及产生后果等方面进行分析"。综上，本案情形认定为商业风险更为适宜。

问题 9：标的公司交割日后取得土地增值税清算结论，税款如何承担？

案例 10：恒大地产集团哈尔滨有限公司与浙江博美投资有限公司、祝某某股权转让纠纷案[③]

【裁判要旨】

标的公司交割日后取得土地增值税清算结论并补缴税款，转让方应负担超转让协议约定金额的税款，并承担违约责任。

【涉税案情】

2016 年 7 月 4 日，甲方浙江博美投资有限公司（简称"博美公司"）、祝某某、郑某与乙方恒大地产集团哈尔滨有限公司（简称"恒大哈尔滨公司"）签订《股权转让

① 最高人民法院民法典贯彻实施工作领导小组．中华人民共和国民法典合同编理解与适用（一）［M］．北京：人民法院出版社，2020：480－483.

② 最高人民法院民事判决书（2016）最高法民终 781 号。

③ 黑龙江省哈尔滨市中级人民法院民事判决书（2017）黑 01 民初 704 号、黑龙江省高级人民法院民事判决书（2019）黑民终 312 号。

协议》，约定甲方分别将其各自持有的众诚置业房地产开发有限公司（简称“众诚置业公司”）65%、29.6%、5.4%股权转让给乙方，乙方承担项目公司34 970万元的债务、承担拖欠的税款总额不超过39 441 205元，超出部分由甲方承担。甲方履行本协议约定义务，乙方取得项目公司100%股权并获得项目地块的全部权益，作为支付对价，项目公司将承担对外负债34 970万元，该笔债务由乙方负责协助项目公司偿还，在乙方取得项目公司100%股权后，项目公司放弃对甲方10 000万元预付账款的追索。交割日后，项目公司如出现因交割日前事由产生本协议未披露的债务（包括或有债务或税务等费用）或诉讼、仲裁等纠纷的，甲方应当承担所有经济法律责任及由此给乙方造成的损失（包括但不限于案件受理费、诉讼代理费、鉴定费等相关费用），并按债务和损失金额的30%向乙方支付违约金，并放弃对项目公司的追偿权。

2016年7月5日，恒大哈尔滨公司与博美公司、祝某某、郑某完成了涉案股权变更登记，取得了众诚置业公司的全部股权。

2015年11月26日，哈尔滨市松北区地税局向众诚置业公司下发土地增值税清算通知。2016年7月19日，众诚置业公司根据哈尔滨市松北区地方税务局出具的《税务事项通知书》缴纳了包括滞纳金在内的各类税款18 244 498.48元。2016年12月28日，哈尔滨市松北区地税局通过查账的方式清算审核后确认，众诚置业公司应补缴土地增值税26 707 215.84元，与其相附的是《土地增值税纳税申报表》，其税款所属时间是2010年5月20日至2016年10月31日。2016年7月4日《股权转让协议》签订后至2016年10月31日期间，众诚置业公司未对外销售。2017年3月31日，众诚置业公司缴纳土地增值税26 707 215.84元。上述各类税款共计44 951 714.32元。

恒大哈尔滨公司诉请博美公司、祝某某、郑某共同赔偿恒大哈尔滨公司已支付的超过合同约定金额的税费5 510 509.32元及违约金1 653 153.00元。

【争议焦点】

恒大哈尔滨公司（一审原告、反诉被告、二审被上诉人）

恒大哈尔滨公司与博美公司、祝某某、郑某于2016年7月4日签署《股权转让协议》，约定恒大哈尔滨公司取得众诚置业公司全部股权应支付的对价为承担众诚置业公司总额为34 970万元的债务，其中拖欠的税款总额不超过39 441 205元，同时约定交割日后如发现众诚置业公司的债务超出34 970万元，则超出部分应由博美公司、祝某某、郑某承担并由该博美公司、祝某某、郑某向恒大哈尔滨公司支付超出部分30%的违约金。交割日后，恒大哈尔滨公司逐渐发现博美公司、祝某某、郑某在签署《股权转让协议》时隐瞒了众诚置业公司的诸多债务，恒大哈尔滨公司向税务机关缴纳的税费为44 951 714.32元，比《股权转让协议》约定多出5 510 509.32元。

祝某某（一审被告、反诉原告，二审上诉人）

依据哈尔滨市松北区地方税务局的《税务事项通知书》，在众诚置业公司股权交割时，税款总额是明确的，得到了国家机关的证明。如果因为税收政策的原因导致税款增加，是众诚置业公司在交割日之后的固有商业风险，与博美公司无关。

【裁判观点】

涉案《股权转让协议》约定："甲方将其持有的众诚置业公司的全部股权转让给乙方，乙方承担众诚置业公司 34 970 万元的债务、承担拖欠的税款总额不超过 39 441 205 元，超出部分由甲方承担。"根据哈尔滨市松北区地方税务局出具的《税务事项通知书》《土地增值税清算通知》显示，众诚置业公司须缴纳在 2016 年 7 月 4 日签订《股权转让协议》之前欠付的各类税款共计 44 951 714. 32 元，比股权转让协议约定的应由恒大哈尔滨公司承担的 39 441 205 元多出 5 510 509. 32 元。按照《股权转让协议》的约定，该 5 510 509. 32 元应由博美公司、祝某某、郑某承担。涉案股权于 2016 年 7 月 5 日由众诚置业公司过户至恒大哈尔滨公司名下，根据股权转让协议约定，恒大哈尔滨公司主张博美公司、祝某某、郑某共同赔偿恒大哈尔滨公司已支付的超过合同约定金额的税费 5 510 509. 32 元的违约金 1 653 153. 00 元符合约定，本院予以支持。博美公司抗辩 5 510 509. 32 元增加系股权交割日之后的风险，与博美公司无关，不成立，本院不予采纳。

【案例评析】

由于房地产开发项目周期长，在未竣工结算前，无法确定成本，也就不能精确计算土地增值税，现行土地增值税的征缴管理存在特殊性，即《土地增值税暂行条例实施细则》确立的预征和清算的特别规定，第 16 条规定："纳税人在项目全部竣工结算前转让房地产取得的收入，由于涉及成本确定或其他原因，而无法据以计算土地增值税的，可以预征土地增值税，待该项目全部竣工、办理结算后再进行清算，多退少补。具体办法由各省、自治区、直辖市地方税务局根据当地情况制定。"根据《土地增值税清算管理规程》（国税发〔2009〕91 号）要求，清算管理包括前期管理、清算受理、清算审核等过程，待清算审核结束后，主管税务机关方将审核结果书面通知纳税人，并确定办理补、退税期限。

众诚置业公司 2015 年 11 月 26 日取得清算通知，2016 年 7 月 5 日发生股权变更。2016 年 12 月 28 日，税务机关出具审核结果，审核结果注明税款所属期为 2010 年 5 月 20 日至 2016 年 10 月 31 日。但因交割日（即 2016 年 7 月 5 日至 2016 年 10 月 31 日期间）众诚置业公司无对外销售行为，故补缴税款应属于交割日前标的公司债务，恒大哈尔滨公司可依照协议约定主张权利。

房地产开发企业收并购交易中，税务尽职调查应重点关注增值税、企业所得税、土地增值税等主要税种。对于土地增值税，应判断标的公司是否依法预缴；对已达可清算、应清算条件，但税务机关尚未下发清算通知，或税务机关已受理清算资料但尚未出具清算结论的，交易双方可委托涉税专业服务机构出具鉴证报告，并对预期清算结论载明税款与鉴证报告载明税款差异约定分担方式。

问题10：受让股权之前标的公司偷逃税款，转让方可否要求解除股权转让协议？

案例11：深圳前海深云实业有限公司、山东省生物制品研究所股权转让纠纷案①

【裁判要旨】

《股权转让合同》约定出让方对目标公司遭受的或然负债包括对外提供担保和偷、逃、漏税等负有赔偿责任，但并没有关于目标公司存在或然债务受让方即有权解除合同等类似内容的约定，受让方以其受让股权之前目标公司存在偷逃税款及对外债务等为由要求解除“股权转让合同”，没有合同依据。

【涉税案情】

2016年6月22日，深圳前海深云实业有限公司（简称“前海深云公司”）与山东省生物制品研究所等38名股权出让方签订《股权转让合同》，约定出让方将其持有的山东劲翔药械有限公司（简称“劲翔公司”）100%股权以1 800万元转让给受让方，出让方对目标公司遭受或然负债的保证赔偿期间为从股权转让基准日起36个月，但因目标公司对外提供担保和偷、逃、漏税款等保证赔偿期限为10年，超过该等待期限出让方不再承担赔偿责任，赔偿额不得超过受让方在本合同项下购买股权的价格。

2017年8月16日，劲翔公司委托泰安泰岳联合会计师事务所对劲翔公司2014年1月1日至2016年6月30日的库存商品进销存情况及相关会计资料进行审计，前海深云公司根据《专项审计报告》主张，劲翔公司存在虚开增值税发票逃避缴税等不法行为，将使劲翔公司面临1 865万元的行政处罚，甚至可能面临追究刑事责任的重大风险。2018年6月15日，泰安泰岳联合会计师事务所出具劲翔公司《专项审计报告》，审计意见是“无法进一步核实应缴纳增值税情况”。

2018年6月4日，泰安高新技术产业开发区国家税务局稽查局对劲翔公司2014年至2016年涉税情况进行检查，并调取了相关账簿资料。2019年10月16日，泰安市公安局因侦办案件向劲翔公司下发《调取证据通知书》，调取2014年5月至2015年5月

① 山东省高级人民法院民事判决书（2020）鲁民终718号。

劲翔公司与山东诺安诺泰药业有限公司之间发生业务往来的财务账证。

2016 年 7 月 4 日，目标公司进行工商登记变更，其股东变更为前海深云公司，前海深云公司接手经营劲翔公司。2017 年，劲翔公司股东变更为山东港泰隆医药物流有限公司。2018 年 9 月 5 日，股东又由山东港泰隆医药物流有限公司变更为前海深云公司，由前海深云公司继续经营。2018 年 10 月 22 日，前海深云公司提起本案诉讼，请求解除《股权转让合同》，出让方返还股权转让金并赔偿受让方经济损失（以审计报告为准）。

【争议焦点】

前海深云公司（一审原告、二审上诉人）

涉案《股权转让合同》的签订是基于 2016 年 4 月 19 日泰安天成资产评估事务所出具的《资产评估报告》，该评估报告是股权转让前由劲翔公司原股东委托，对 2016 年 3 月 31 日前劲翔公司资产价值所涉及的全部资产和负债进行市场价值评估。该评估报告存在明显不公，与 2017 年 8 月 16 日泰安泰岳联合会计师事务所出具的专项审计报告存在明显矛盾，该评估报告并没有对销售数据进行对比，没有核实劲翔公司应开具未开具发票数据，没有对劲翔公司发票进行核实。依据泰安泰岳联合会计师事务所出具的《专项审计报告》审计意见，劲翔公司存在虚开增值税发票、购买增值税专用发票等不法行为，足以推翻上述评估报告对劲翔公司 2016 年 3 月 31 日前市场价值的评估。

山东省生物制品研究所等 38 名股权出让方（一审被告、二审被上诉人）

受让方要求解除《股权转让合同》于法无据。涉案《股权转让合同》是双方真实意思表示，合法有效。2016 年 3 月受让方提出对劲翔公司股权进行收购，并委托评估事务所对该公司运营及资产情况进行调查，在双方确定股权转让价格后于 2016 年 6 月 22 日签订《股权转让合同》，于 6 月 28 日办理公司财产及财务的交接手续，于 7 月 4 日在工商局办理了股权变更登记，双方均按合同约定履行了各自的权利义务。

【裁判观点】

本案不存在合同约定解除情形。《股权转让合同》明确约定交割日之前目标公司所有债务由出让方承担，对目标公司遭受的或然负债包括对外提供担保和偷、逃、漏税等出让方负有赔偿责任，但并没有关于目标公司存在或然债务前海深云公司即有权解除合同等类似内容的约定。

本案不存在法定解除情形。前海深云公司签订合同的目的是取得目标公司的股权并参与目标公司经营，前海深云公司已实现其合同目的，其主张不符合《合同法》第 94 条第 4 项之规定。

本案《股权转让合同》在客观上也不宜解除。前海深云公司与出让方已对目标公司进行了交接，股权也进行了变更登记，前海深云公司已实际控制了目标公司并进行了经营管理。2017年，前海深云公司又将其股权转让给山东港泰隆医药物流有限公司，2018年9月5日，山东港泰隆医药物流有限公司又将股权回转给前海深云公司，由前海深云公司继续经营。以上可以证实，目标公司于《股权转让合同》签订之时的客观情况已发生变化。

案例12：褚某春、李某颖、褚某旭、梁某全、张某东、李某波与吕某丽、吕某学、赵某军、谭某东、吉林恒金药业股份有限公司股权转让纠纷案①

【裁判要旨】

转让方未能依约向受让方披露目标公司拖欠税款的情况，且该税款数额数倍于股权转让款价格，直接影响了目标公司的正常经营，导致受让方就股权转让协议的合同目的无法实现，转让方并未依约履行合同义务。依照《合同法》第94条之规定，当事人一方迟延履行债务或者有其他违约行为致使不能实现合同目的的，当事人可以解除合同。因此，受让方主张解除双方股权转让协议于法有据。

【涉税案情】

2016年8月8日，乙方褚某春等六人自甲方吕某丽、吕某学处受让其分别持有的吉林金泉宝山集团医药有限公司98%股权、2%股权，转让价款为200万元。《股权转让协议》中包含如下内容："……除本协议附件披露的债权债务外，甲方承诺目标公司成立至今无任何未结债权债务……无未缴纳税款；……在甲乙双方到工商管理局办理股权转让登记前，甲方应承担目标公司所有的债务（包括但不限于本协议签订之前，履行之中及履行完毕后发现的债务）和因目标公司经营等产生的税费等一切费用，享有所有的债权。在甲乙双方到工商管理局办理股权转让登记之日后，如发现未清偿的目标公司债权和未缴纳税款等，由甲方连带承担清偿责任，如因此给乙方造成损失的，乙方有权向甲方追偿，追偿的范围包括但不限于直接损失、预期收益以及实现债权的费用（包括但不限于差旅费、公证费、诉讼费、律师费等），甲方俩人对此相互承担连带责任……"

《股权转让协议》签订后，褚某春等六人于2016年8月9日按约向吕某丽、吕某学支付了全部股权转让款200万元，并于2016年8月9日完成了目标公司股权更名过户手续。2017年1月19日，长春市国家税务局第三稽查局向目标公司下发了《税务

① 吉林省高级人民法院民事判决书（2020）吉民再91号。

行政处罚决定书》，就目标公司在2012年5月1日至2014年8月期间欠税的违法行为进行了处罚，明确要求在2017年3月4日前结清欠缴税款7 912 756.33元，罚款2 000元，共计7 914 756.33元，税务机关多次下发文件催告。长春市国家税务局第三稽查局于2017年3月8日向目标公司下发了《税收强制执行决定书》，在目标公司建行人民广场支行账户中扣缴7 914 756.33元。

【争议焦点】

褚某春等六人（一审原告、二审上诉人、再审申请人）

《股权转让协议》签订后，经过前期不断的投入和培育，目标公司即将实现正常运转和盈利。但是，让人万万没想到的是目标公司存有欠缴税款的情形。股权转让协议已明确约定如出现欠缴税款即为转让方违约，应由吕某丽、吕某学负责结算，但其未予履行，已严重违反了《股权转让协议》约定，由于吕某丽、吕某学的违约行为，已使褚某春等六人经营目标公司、产生盈利的目的无法实现，故请求解除《股权转让协议》。

吕某丽、吕某学（一审被告、二审被上诉人、再审被申请人）

依据工商登记中记载，目标公司股东于2016年5月20日才变更为吕某丽、吕某学，吕某丽、吕某学经营管理目标公司时并没有欠缴税款，目标公司欠缴税款一事发生在2012年5月1日至2014年12月期间，吕某丽、吕某学在此期间不是目标公司的股东。2016年6月12日，吕某丽、吕某学因目标公司的住所地变更向税务机关提出过变更申请，梅河口市国家税务局核实吕某丽、吕某学不欠税后才同意迁出，故吕某丽、吕某学不存在恶意欺诈。另吕某丽、吕某学全面向褚某春等六人披露经营期间的债权债务，履行了合同约定的全面披露义务，吕某丽、吕某学不应对其欠缴税款承担责任。

【裁判观点】

一审法院

双方就股权转让合同的主要义务均已经全部履行完毕，目标公司已实际交付褚某春等六人实际经营，现无证据表明二人对存在虚开增值税发票之情形存在明知并故意隐瞒而未予披露之行为，且虚开增值税发票并非吕某丽、吕某学持有公司股权期间发生，基于双方在《股权转让协议》中就未披露的税款及债务约定了通过承担连带清偿责任、赔偿违约损失的方式解决，并未约定可以基此解除合同，不存在解除合同之法定及约定情形，故褚某春等六人解除合同诉请不予支持。

二审法院

在发现目标公司存在欠缴税款等债务时，褚某春等六人应依此约定所确定的行使追偿权前置条件和程序进行追偿，在吕某丽、吕某学不履行被追偿债务时，方可判定褚某春等六人是否可以行使《合同法》上的法定解除权。褚某春等六人未提交证据证明涉案的股权转让目标公司已实际缴纳股权变更登记后发现的欠缴税款 7 912 756.33 元及罚款 2 000 元，在此情形下，其尚不具有对被上诉人吕某丽、吕某学的追偿权，进而亦不具有涉案股权转让协议的法定解除权。

再审法院

褚某春等六人购买目标公司股权的目的，是为经营目标公司，吕某丽、吕某学在合同中已向褚某春等六人承诺目标公司无未缴税款，各方亦同时明确，该披露信息的真实，是褚某春等六人购买公司股权的前提。然而，据涉案《税务行政处罚决定书》所载，目标公司在 2012 年 5 月 1 日至 2014 年 8 月期间存在欠税的违法行为，且其应在 2017 年 3 月 4 日前结清欠缴税款 7 912 756.33 元，且该局向目标公司下发了《税收强制执行决定书》，目标公司在建行人民广场支行的账号被扣缴 7 914 756.33 元。由上可见，吕某丽、吕某学并未能依约向褚某春等六人披露目标公司拖欠税款的情况，且该税款数额数倍于股权转让款价格，直接影响了目标公司的正常经营，导致褚某春等六人就《股权转让协议》的合同目的无法实现，吕某丽、吕某学并未依约履行合同义务。依照《合同法》第 94 条之规定，当事人一方迟延履行债务或者有其他违约行为致使不能实现合同目的的，当事人可以解除合同。因此，褚某春等六人主张解除双方股权转让协议于法有据。

此外，双方虽在《股权转让协议》中有对褚某春等六人权利进行救济的约定，褚某春等六人依该约享有追偿权，并不能限制，亦不能排斥褚某春等六人在合同目的无法实现的情况下依法行使解除权。二审法院对此适用法律不当，本院应予纠正。撤销一审、二审判决；解除涉案《股权转让协议》。

【案例评析】

合同解除，是指在合同履行过程中，基于特定情形的出现，法律规定或者双方当事人约定可以终结该合同的权利合同解除。根据合同解除条件以及发生原因的不同，可以将合同解除分为三类：（1）法定解除，（2）约定解除，（3）协议解除。[①] 原《合同法》第 93 条第 2 款、第 94 条对约定解除和法定解除条件有明确规定；《民法典》在此基础上予以完善，《民法典》第 562 条规定："当事人协商一致，可以解除合同。当事人可以约定一方解除合同的事由。解除合同的事由发生时，解除权人可以解除合同。"《民法典》第 563 条规定："有下列情形之一的，当事人可以解除合同：

① 最高人民法院民事审判第二庭．《全国法院民商事审判工作会议纪要》理解与适用［M］．北京：人民法院出版社，2019：310.

（一）因不可抗力致使不能实现合同目的；（二）在履行期限届满前，当事人一方明确表示或者以自己的行为表明不履行主要债务；（三）当事人一方迟延履行主要债务，经催告后在合理期限内仍未履行；（四）当事人一方迟延履行债务或者有其他违约行为致使不能实现合同目的；（五）法律规定的其他情形。以持续履行的债务为内容的不定期合同，当事人可以随时解除合同，但是应当在合理期限之前通知对方。"

按照合同自由原则，当事人因协商一致而缔结合同，也有权对解除合同的事由作出约定。与约定解除相比，法定解除赋予了当事人单方消灭合同的权利。为了严格限制当事人滥用合同解除权，只有合同的履行达致缔约目的不可能获得实现，方能发生法定解除权，由此有助于杜绝合同被任意解除的可能性，很好地维护了"合同必须严守"这一合同法的基石。[①] 而且，通常情况下，合同只有在成立以后、履行完毕之前，才会发生合同解除的情形。

案例 11 中，《股权转让合同》仅约定了出让方因目标公司遭受或然负债应按约定向受让方履行赔偿义务，并未约定受让方因目标公司遭受或然负债可解除合同，前海深云公司已实际控制目标公司并进行经营管理，前海深云公司成为劲翔公司股东后，曾将股权出让给山东港泰隆医药物流有限公司，又从该公司处受让回股权，上述情形表明涉案股权合同目的已实现，本案既不符合约定解除的情形，也不符合法定解除的情形。

案例 12 情节可谓跌宕起伏，一、二审法院均认定交易双方对于目标公司未披露的税款及债务已约定了通过承担连带清偿责任、赔偿违约损失等救济途径，不支持受让方解除合同的诉请，再审法院则认定"当事人一方迟延履行债务或者有其他违约行为致使不能实现合同目的"，支持转让方解除双方股权转让协议主张。"汾州裕源土特产品有限公司与陕西天宝大豆食品技术研究所技术合同纠纷再审案"（最高人民法院民事判决书（2016）最高法民再 251 号）中，最高人民法院认为："我国合同法中，法定解除的认定标准是违约后果是否足够严重而非所违反的条款本身是否重要。虽然上述两者之间可能存在逻辑关联，但强调以违约结果的严重性作为法定解除认定标准的落脚点，本身就是对合同法定解除权的限制。故在判断违约行为是否足以导致合同法定解除时，不能简单地由所违反条款的性质推断根本违约，而必须讨论这一违约是否会产生合同目的落空的结果。"在履行不符合约定时，如果卖方交付的不符合约定的标的物价值占全部合同金额的大部分，一般可以认为构成违约导致不能实现合同目的。[②] 案例 12 中，目标公司股权转让价款为 200 万元，但目标公司拖欠税款约为 791 万元，

---

① 最高人民法院民法典贯彻实施工作领导小组．中华人民共和国民法典合同编理解与适用（一）［M］．北京：人民法院出版社，2019：640.

② 王利明．中国民法典释评·合同编·通则［M］．北京：中国人民大学出版社，2020：476.

已导致受让方无法继续经营目标公司，产生了巨额损失，可以认定为违约导致不能实现合同目的。

问题11：隐瞒真实交易价格偷逃税款，收购协议是否有效？

案例13：昆明安宁永昌物资经贸集团有限公司与香格里拉县博峰矿业有限责任公司、林某、程某某、拉茸某某、云南恒达华星矿业有限公司企业出售合同纠纷案①

【裁判要旨】

如果依照国家税收管理规定，当事人的转让行为应缴纳相关税费而未缴纳，其属于应受行政处罚手段调整的问题，构成犯罪的，应依法追究刑事责任，并不导致转让协议的无效。

【涉税案情】

2007年12月26日，昆明安宁永昌物资经贸集团有限公司（简称“永昌公司”）与香格里拉县博峰矿业有限责任公司（简称“博峰公司”）签订了《整体收购香格里拉县博峰矿业有限责任公司协议书》（简称《收购协议》），协议主要约定由永昌公司以总价款7 000万元收购博峰公司及其名下的小中甸镇和平铁矿100%矿权；协议签订生效之日起，永昌公司先预付定金500万元给博峰公司，余款6 500万元在2008年1月20日前全款汇到博峰公司指定的账户，其中1 000万元付给博峰公司，另外6 000万元付给恒达华星公司；双方都应对以上转让价格保密，如果任何一方透露此转让价，所造成的税收及由此造成的一切后果和费用由透密方承担；转让前的债权、债务由博峰公司承担，转让后的债权、债务由永昌公司承担。

2008年1月15日，林某、程某某、拉茸某某（甲方）与永昌公司（乙方）签订了一份《股权转让协议》，约定甲方以总价1 000万元向乙方转让其在博峰公司持有的100%的股份。该协议签订后，林某、程某某、拉茸某某与永昌公司签署了一份《股权转让完毕证明》。

2008年1月18日，永昌公司与博峰公司签订了一份《补充协议》，约定在该协议签订当日永昌公司向博峰公司预付1 000万元收购款，其余款项付款期延至2008年1月25日。

2008年1月25日，永昌公司又与博峰公司签订了一份《整体收购博峰公司补充协议》，其中载明永昌公司已通过银行汇款的方式将所有收购款按原协议全部付清。

---

① 最高人民法院民事判决书（2012）民一终字第98号。

永昌公司分别于2007年12月27日、2008年1月18日、2008年1月25日、2008年1月25日向对方支付了7 000万元转让款，其中1 000万元系直接打入博峰公司账户，其余6 000万元按照双方协议约定以及林某的指令打入了恒达华星公司的账户。各方均认可，博峰公司除其名下的小中甸和平铁矿探矿权外无其他任何资产。

后因探矿权有关争议，永昌公司起诉请求人民法院依法确认双方签订的《整体收购博峰公司协议》及其相关补充协议无效。

【争议焦点】

永昌公司（一审原告、二审上诉人）

收购协议签订后，考虑到探矿权转让在实体及程序上的法律规定，同时也为逃避巨额交易税收，林某、程某某、拉茸某某要求与永昌公司通过签订《股权转让协议》的方式，以1 000万元股权交易掩盖7 000万元探矿权交易的实际内容。双方于2008年1月25日签订了《股权转让协议》，并按照《股权转让协议》的交易内容对外办理税收手续。林某等与永昌公司签订的上述协议显然违反法律禁止性规定，应认定为无效。

博峰公司等（一审被告、二审被上诉人）

有关协议及履行不存在以合法形式掩盖非法目的的情形。《股权转让协议》所写1 000万元，目的并非为了逃避税收。

【裁判观点】

一审法院

虽然双方均认可实际履行的转让款为收购协议中所约定的7 000万元，但办理相关手续时系按照《股权转让协议》中载明的1 000万元，少缴了其余6 000万元部分的相关税款，但保密条款并非合同的效力条款，且依照《税收征管法》第63条规定，本案双方当事人的偷税行为属于应受行政处罚手段调整的问题，构成犯罪的，应依法追究刑事责任，并不因此导致合同无效。

二审法院

如果依照国家税收管理规定，当事人的转让行为应缴纳相关税费而未缴纳，其属于行政处罚调整的范围，并不导致转让协议的无效。故一审判决认定双方当事人签订的《整体收购博峰公司协议》《股权转让协议》及相关补充协议有效是正确的。永昌公司该项上诉请求法律依据不足，不予支持。

【案例评析】

在包括采矿权、股权、建设用地使用权等交易标的较大的各种流转行为中，“阴阳合同”现象常有发生，逃避税费是行为目的之一。本案中，真实转让价为《整体收购博峰公司协议》所约定的 7 000 万元，双方约定保密条款，在办理相关手续时则以《股权转让协议》载明的 1 000 万元作为转让价。根据原《合同法》第 52 条第 2 项“恶意串通，损害国家、集体或者第三人利益的合同无效”之规定，1 000 万元转让价格的约定应当认定为无效。《民法典》第 153 条第 2 款规定：“违背公序良俗的民事法律行为无效。”《中华人民共和国民法典总则编解读》一书认为，“公序良俗是公共秩序和善良习俗的简称，属于不确定概念。民法学说一般采用类型化研究的方式，将裁判实务中依据公序良俗裁判的典型案件，区别为若干违反公序良俗的行为类型。法院或者仲裁机构在审理案件时，如果发现待决案件事实与其中某一个类型相符，即可判定行为无效。这些内容包括但不限于：（1）危害国家政治、经济、财政、税收、金融、治安等秩序类型；（2）危害家庭关系行为类型；（3）违反性道德行为类型；（4）违反人权和人格尊重行为类型；（5）限制经济自由行为类型；（6）违反公正竞争行为类型；（7）违反消费者保护行为类型；（8）违反劳动者保护行为类型等。”[①] 涉案双方关于较低交易价格的约定，无疑扰乱了国家税收征管秩序。

原《合同法》第 56 条规定，合同部分无效，不影响其他部分效力的，其他部分仍然有效。《民法典》第 156 条规定，民事法律行为部分无效，不影响其他部分效力的，其他部分仍然有效。这实际上体现了民法尽可能尊重双方意思自治、承认民事法律行为效力的原则。在合同的实际履行中，应当综合考虑合同双方的真实意思表示和履行的实际情况来确定双方的权利义务。涉案双方所签订“阳合同”的行为不能与“阴合同”割裂开来，应当统一于转让协议主要目的之下，“阳合同”与“阴合同”关于博峰公司整体转让的约定是一致的，成立且产生法律效力，对双方具有约束力。“阳合同”价格条款内容无效，但不影响其余条款内容有效。交易双方在转让过程中应当依法缴纳各种税收，若存在逃税行为，税务机关可以依法追缴或进行相关处罚，并不会影响其基于真实意思自治订立的合同。

需要提醒纳税人的是，签订“阴阳合同”的方式逃避缴纳税款，虽然不一定必然导致民事法律行为无效，但可能面临行政处罚，甚至承担刑事责任。《国家税务总局台州市税务局第一稽查局税务文书送达公告（胡某某）》[②] 记载，“胡某某取得上述股权转让所得，为了少缴税款，通过签订‘阴阳合同’的方式，隐瞒股权转让收入，虽经主管税务机关评估调整，仍远远少于实际成交价，且在主管税务机关通知其办理纳税申报后，仍拒绝申报。属于《税收征管法》第 63 条第 1 款所列之偷税行为，决定对偷税行为，处少缴印花税、个人所得税税款一倍的罚款，计 14 918 130. 59 元。”“云浮天

① 黄薇. 中华人民共和国民法典总则编解读［M］. 北京：中国法制出版社，2020：501 – 502.

② 《台州市税务局第一稽查局：股权转让稽查案！罚款 1 倍！台税一稽告〔2020〕3 号胡芳铭税务文书送达公告（胡芳铭）》，载税乎网：https：//www. taxhu. com/index. php？ m = article&f = view&id = 175361，最后访问日期 2020 年 12 月 8 日。

成电力开发有限公司、卢某某、黄某某犯逃税罪案”[①] 中，法院认为：“云浮天成电力开发有限公司在转让云浮市益和电力有限公司的股权、土地等资产过程中，为逃避税款，在林某甲的策划、指挥及在被告人卢某某、黄某某等人的参与下，采取欺骗、隐瞒手段与资产受让方签订“阴阳合同”，将其中的 4 350 万元资产转让收入不入账，也不申报纳税，从而逃避企业所得税 10 869 431. 36 元，云浮天成电力开发有限公司的行为已构成刑法第二百零一条规定的逃税罪。被告人卢某某、黄某某为直接责任人员，根据刑法第二百一十一条的规定，应当追究其二人逃税罪的刑事责任。公诉机关指控云浮天成电力开发有限公司、被告人卢某某、黄某某逃税的犯罪事实清楚，证据确实、充分，云浮天成电力开发有限公司、被告人卢某某、黄某某逃税罪名成立。”

问题 12：受让方是否有权代扣代缴股权转让方个税？

案例 14：广州市奥新遮阳帘有限公司与游某某股权转让合同纠纷案[②]

【裁判要旨】

股权转让双方在股权转让合同中系处于平等地位的商事主体，双方的权利义务是对等的。被投资公司并非税务机关，并无权代为扣缴税款。在商事法律关系中，公司在没有得到个人授权的情况下，也无权代个人办理纳税申报。《个人所得税法》第 8 条的规定并不适用于平等商事主体之间的交易行为。

【涉税案情】

2008 年 2 月 20 日，游某某与罗某某等七人签订《合伙协议》，约定合伙出资成立经营广州市奥新遮阳帘有限公司（简称“奥新公司”）。2010 年 2 月 9 日，游某某与奥新公司签订《股权转让及支付协议》，约定奥新公司按现在实际资产股价 10 万元回购游某某 5 万元原始股份。协议签订后，奥新公司仅向游某某支付 5 万元股权转让款，双方确认已办理退股手续。奥新公司称其已代游某某缴纳股权转让所得的个人所得税，并提交广州电子缴税系统回单及扣缴个人所得税汇总报告表，显示奥新公司于 2010 年 4 月 1 日向广州地税天河区征收分局代缴个人所得税 38 634. 59 元。奥新公司称上述税款是奥新公司代缴的包括游某某在内的三名股东的股权转让收益个人所得税，其中涉及游某某的个人所得税为 11 161. 14 元。

经一审法院向天河区地税局查询，就本案股权转让收益无游某某申报或奥新公司

---

① 广东省云浮市云城区人民法院刑事判决书（2017）粤 5302 刑初 236 号。

② 刘敏．股权案件裁判要点与观点［M］. 北京：法律出版社，2016：345 -347.

代缴个人所得税信息。

游某某诉请奥新公司支付其股权转让金5万元。

【争议焦点】

游某某（一审原告、二审被上诉人）

奥新公司应支付尚未支付的股权转让金5万元，并支付违约付款利息。

奥新公司（一审被告、二审上诉人）

在得知游某某没有按国家规定办理纳税申报时，要求游某某申报个税后奥新公司才能按协议约定支付，或者由奥新公司扣缴申报应纳税款。经多次协商游某某拒不承认要缴纳个税，奥新公司无故意不履行《股权转让协议》，同意支付转让款5万元，但须扣缴游某某应缴个税1.3万元或者监督游某某去天河区地税局自行申报缴纳税款、罚款、滞纳金。

【裁判观点】

·审法院

涉案《股权转让协议》系双方真实意思表示，合法有效，对双方均具有约束力。奥新公司辩称应扣除股权转让收益的个税，但奥新公司现尚未代游某某缴纳个税，故奥新公司主张扣除相关税款无理，游某某有权要求奥新公司立即支付剩余股权转让款并承担违约责任。

二审法院

奥新公司与游某某在《股权转让合同》中系处于平等地位的商事主体，双方的权利义务是对等的。奥新公司并非税务机关，且无权代为扣缴税款。在商事法律关系中，奥新公司在没有得到游某某的授权下，也无权代游某某办理纳税申报。游某某在本案所主张的是股权转让的对价，而非从奥新公司处支取的劳动报酬。《个人所得税法》第8条的规定并不适用于平等商事主体之间的交易行为，奥新公司援引该规定对抗游某某系对法律规定的认知错误，奥新公司上诉理由不成立。

【案例评析】

本案判决对税务从业者的震动很大，颠覆了一贯奉为圭臬的关于扣缴义务人的认识。《税收征管法》第4条规定，法律、行政法规规定负有代扣代缴、代收代缴税款义务的单位和个人为扣缴义务人；《个人所得税法》第9条规定，个人所得税以所得人为纳税人，以支付所得的单位或者个人为扣缴义务人。扣缴义务人是税收法律关系中一方重要的当事人，在税收征收管理中具有重要地位。由纳税人以外的第三者代扣代缴、代收代缴税款，是税收征收管理的一种方法，称为源泉征收。实行源泉征收，主要是因为向纳税人直接征收税款有困难，或者确实能够并且高效率地征收税款，这样有利于保证国家及时、可靠地取得税收收入。从保证税款征收的角度出发，对纳税人以外的第三人设定代扣代缴、代收代缴税款过程中，纳税人与税务机关之间不发生直接关系，两者是通过扣缴义务人联系在一起的，纳税人不承担自己直接缴纳税款的义务，只承担向扣缴义务人给付相当于税款的金额的义务，而扣缴义务人则承担起直接向纳税人收取税款或扣除纳税人的应纳税款并向税务机关解缴的义务，也就是说，纳税义务转化为代扣代缴、代收代缴税款的义务，或者说，后者是纳税义务的延伸。代扣代缴义务系奥新公司的法定义务，不以纳税人的授权或同意为依据。《税收征管法》第 30 条规定，扣缴义务人依法履行代扣、代收税款义务时，纳税人不得拒绝。纳税人拒绝的，扣缴义务人应当及时报告税务机关处理。故对于二审法院“奥新公司并非税务机关，并无权代为扣缴税款”的观点，编者难以认同。《税收征管法》第 69 条规定，扣缴义务人应扣未扣、应收而不收税款的，由税务机关向纳税人追缴税款，对扣缴义务人处应扣未扣、应收未收税款百分之五十以上三倍以下的罚款。奥新公司如不按规定代扣代缴游某某个税，则可能面临税务行政处罚。如国家税务总局陕西省税务局稽查局拟对“西安华东万和城项目”股权转让交易中的扣缴义务人吴某某处应扣未扣、应收未收税款一倍的罚款 46 233 090 元。[①]

但是扣缴义务人不是行政机关，法律、行政法规也没有授权扣缴义务人对纳税人拒绝代扣、代收税款的处罚权。因此，扣缴义务人应当将纳税人拒绝的情况及时报告税务机关，由税务机关依法进行处理。对于奥新公司能否以依法负有代扣代缴义务从而行使不安抗辩权中止支付剩余股权转让款，本专题其他案例中再行论述。

对于扣缴适用的个人所得范围，本案二审法院疑似理解有误。在本案审理时仍属有效的《个人所得税代扣代缴暂行办法》第 4 条规定，“扣缴义务人向个人支付下列所得，应代扣代缴个人所得税：（一）工资、薪金所得；（二）对企事业单位的承包经营、承租经营所得；（三）劳务报酬所得；（四）稿酬所得；（五）特许权使用费所得；（六）利息、股息、红利所得；（七）财产租赁所得；（八）财产转让所得；（九）偶然所得；（十）经国务院财政部门确定征税的其他所得”。现行有效的《个人所得税扣缴申报管理办法（试行）》第 4 条规定，“实行个人所得税全员全额扣缴申报的应税所得包括：（一）工资、薪金所得；（二）劳务报酬所得；（三）稿酬所得；（四）特许权使用费所得；（五）利息、股息、红利所得；（六）财产租赁所得；（七）财产转让所得；（八）偶然所得。”所以无论奥新公司支付的是股权转让款，还是劳务报酬，其均负有代扣代缴义务。

---

① 《国家税务总局陕西省税务局稽查局税务行政处罚事项告知书》（陕税稽罚告〔2020〕3 号），载国家税务总局陕西省税务局网站：https：//shaanxi. chinatax. gov. cn/art/2020/9/23/art_ 5383_ 111407. html? × × gkhide = 1，最后访问日期 2020 年 12 月 9 日。

专题13：转让方可否自行申报缴纳股权转让个税？

案例15：中国石油天然气股份有限公司、谢某某股权转让纠纷案[①]

【裁判要旨】

根据《税收征管法》第47条“扣缴义务人应扣未扣、应收未收税款的，由扣缴义务人缴纳应扣未扣、应收未收税款。但是，扣缴义务人已将纳税人拒绝代扣、代收的情况及时报告税务机关的除外”及《个人所得税法》第13条第2款“纳税人取得应税所得，扣缴义务人未扣缴税款的，纳税人应当在取得所得的次年六月三十日前，缴纳税款；税务机关通知限期缴纳的，纳税人应当按照期限缴纳税款”的规定，对于未缴纳的股权转让个人所得税，不是必然由受让方缴纳。在应扣除的股权转让个人所得税数额不确定的情况下，不宜对未缴纳部分从股权转让款中进行扣除。对于未缴纳的股权转让个人所得税，由转让方自行主动缴纳。

【涉税案情】

2004年8月，谢某某与中国石油天然气股份有限公司（简称“天然气公司”）签订《股权转让合同》，约定谢某某转让80%新疆基钰投资有限公司（简称“基钰投资公司”）股权，转让价11 040万元，转让涉及税费由双方各承担50%。2015年4月，谢某某以天然气公司未履行合同义务导致合同目的不能实现为由，提起诉讼，请求解除合同。2016年6月，谢某某以其与中石油天然气公司已达成和解为由申请撤回起诉。

2016年4月，谢某某与天然气公司签订《补充协议》，约定由中石油新疆销售有限公司（简称“中石油新疆公司”）收购谢某某持有的基钰投资公司20%股权和基钰石油有限公司2%股权，股权转让款为4 960万元，转让涉及税费由双方各承担50%。2016年5—8月，谢某某与中石油新疆公司多次往来函件，约定就谢某某与天然气公司转让基钰投资公司80%股权、谢某某与中石油新疆公司转让基钰投资公司20%股权和基钰石油公司2%股权相关涉税问题，在剩余股权转让款4 960万元中对账后扣减和清算（交易总价款16 000万元，已支付10 040万元）。

2017年4—6月，中石油新疆公司与谢某某多次对股权转让过程中谢某某应承担的税费进行协商，但未能达成一致。中石油新疆公司与基钰投资公司分别于2017年6月23日、6月28日缴纳个人所得税，合计13 327 008.70元。

---

① 最高人民法院民事判决书（2019）最高法民终828号。

谢某某诉至法院，称其已按《股权转让协议》的约定完全履行了义务，但中石油新疆公司未按约定履行支付股权转让款的义务。请求判决中石油新疆公司支付股权转让款 4 960 万元，赔偿因违约造成的损失。

【争议焦点】

中石油新疆公司（一审被告、二审上诉人）

股权转让款的付款条件为相关债权债务以及税费承担进行对账扣减后支付，双方未对账，付款条件未成就。其作为股权转让个人所得税的代扣代缴义务人，股权转让个人所得税未缴纳部分是必然发生的税款，应当从股权转让款中扣减。

谢某某（一审原告、二审被上诉人）

不认可中石油新疆公司提交的《转让股权中涉及个人所得税的审核报告》，该审核报告系中石油新疆公司单方委托，须由中石油新疆公司支付谢某某股权转让款 4 960 万元，中石油新疆公司应承担 50% 个人所得税。

【裁判观点】

双方约定中的股权转让过程中涉及的税费，不包括股权转让个人所得税。股权转让个人所得税是针对自然人所取得的财产性收入征收的税款，纳税义务人为转让人谢某某，谢某某认为中石油新疆公司应承担 50% 个人所得税，无事实和法律依据。对于未缴纳的股权转让个人所得税，不是必然由中石油新疆公司缴纳。中石油新疆公司申请对两次股权转让的个人所得税进行核算，已无必要，不予准许。在本案应扣除的股权转让个人所得税数额不确定的情况下，不宜对未缴纳部分进行扣除。对于未缴纳的股权转让个人所得税，由谢某某自行主动缴纳。

【案例评析】

谢某某分别与天然气公司、中石油新疆公司签订股权转让协议，《个人所得税法》规定“以支付所得的单位或者个人为扣缴义务人”，即便当事各方约定股权交易涉税问题均由谢某某与中石油新疆公司协商解决，天然气公司、中石油新疆公司仍负有相应扣缴义务。但审判实践中，亦有观点认为股权受让方无权从转让款中代出让方扣缴税款，详见本专题“广州市奥新遮阳帘有限公司与游某某股权转让合同纠纷案”分析。

《税收征管法》第 69 条规定：“扣缴义务人应扣未扣、应收而不收税款的，由税务机关向纳税人追缴税款，对扣缴义务人处应扣未扣、应收未收税款百分之五十以上三倍以下的罚款。”《国家税务总局关于贯彻〈中华人民共和国税收征收管理法〉及其实施细则若干具体问题的通知》（国税发〔2003〕47 号）规定：“负有代扣代缴义务的单位和个人，在支付款项时应按照征管法及其实施细则的规定，将取得款项的纳税人应缴纳的税款代为扣缴，对纳税人拒绝扣缴税款的，扣缴义务人应暂停支付相当于纳税人应纳税款的款项，并在一日之内报告主管税务机关。”扣缴义务人代扣税款虽然是一项法定义务，但是扣缴义务人不是行政机关，代扣税款行为不是行政执法行为，而且法律、行政法规也没有授权扣缴义务人对纳税人拒绝代扣、代收税款的处罚权。实践中，股权转让方为自然人的股权交易，普遍存在扣缴义务人完整履行扣缴义务较为困难的情况。《个人所得税扣缴申报管理办法（试行）》规定的8项应税所得中，除“利息、股息、红利所得”和“偶然所得”在计算应纳税款时不得扣除任何金额外，其他6项在计算应纳税款时，必须以扣除税法规定的可以扣除项目金额后的余额为应纳税所得额。而在这6项之中，唯有财产转让所得扣除金额的计算，税法只规定了扣除项目而没有确定扣除的金额或扣除金额的计算方法（也无法确定）。即如果扣缴义务人要完整履行扣缴个人所得税的法定义务，必须依赖纳税人的积极配合。这不仅是财产转让所得中扣缴义务人履行扣缴义务的主要障碍，更应该是税务机关追究扣缴义务人法律责任的阻却事由。①本案中，交易双方就核对账目等事宜未能达成一致，涉案股权转让个人所得税金额无法准确计算。

《税收征管法》第30条规定：“扣缴义务人依法履行代扣、代收税款义务时，纳税人不得拒绝。纳税人拒绝的，扣缴义务人应当及时报告税务机关处理。”收并购交易中，扣缴义务人确因转让方选择自行申报缴纳、拒绝提供计税信息，或受让方未掌握应扣税款计算方法等情形导致无法履行扣缴义务的，受让方可及时报告主管税务机关，以避免税务行政处罚风险。

问题14：转让方未按约定提供指定金额发票，是否应赔偿受让方损失？

案例16：武汉市江夏区江南实业有限公司与湖北万豪置业集团有限公司股权转让纠纷案②

【裁判要旨】

《股权及项目转让协议书》明确约定转让方未提供相应合法票据的情况下，受让方的损失应该是经税务部门确认应缴应罚的数额，而受让方主张的税款损失数额系单方计算未经税务部门确认，不符合合同约定的条件。

① 丁少柏．个人财产转让所得税扣缴义务人法律责任探析［J］．西部财会．2020（5）：14－15.

② 最高人民法院民事判决书（2016）最高法民终516号。

【涉税案情】

2014年1月2日，武汉市江夏区江南实业有限公司（简称“江南实业公司”）与湖北万豪置业集团有限公司（简称“万豪公司”）、武汉江南春房地产开发有限公司（简称“江南春”公司）以及江南实业公司的担保人潘某顺、潘某、冯某某、刘某某签订《股权及项目转让协议书》。协议约定江南春公司股权及项目一期作价5.2亿元转让给万豪公司，江南实业公司负责在2014年5月30日前，提供项目一期不少于42 000万元的可进入江南春公司开发建设项目成本的合法有效票据及相关资料，超出42 000万元的部分由江南春公司在后续开发中依法处理。如江南实业公司无法足额提供或提供的票据不符合税务清算要求，由此造成的相关损失（经税务部门确认应缴应罚）由江南实业公司承担，万豪公司（或完成股权转让后的江南春公司）将直接从协议约定的应付江南实业公司二期、三期的收益款中扣减。

江南实业公司后未按协议约定向万豪公司开具可计入开发成本的票据。江南实业公司向法院起诉，请求：解除江南实业公司与万豪公司签订的《股权及项目转让协议书》；万豪公司向江南实业公司返还江南春公司100%的股份；判令万豪公司向江南实业公司支付违约金。万豪公司反诉请求：江南实业公司依约向万豪公司提供可进入建设开发项目成本的、票面金额为22 137.1804万元的合法票据；如江南实业公司不能提供，则向万豪公司赔偿税款损失10 515.1607万元。

【争议焦点】

江南实业公司（一审原告、反诉被告、二审上诉人）

万豪公司未支付股权转让款，违约的事实已毋庸置疑，江南实业公司可依约、依法行使合同解除权。江南实业公司有能力在解除合同后恢复原状。

万豪公司（一审被告、反诉原告，二审上诉人）

万豪公司受让江南春公司的股权后，已对江南春公司进行了增资，并对目标公司房地产项目进行了大量的后续投入，《股权及项目转让协议》已无法恢复到履行之前的状态。江南实业公司应履行合同义务向万豪公司提供合法票据，否则应当判令其承担不能提供合法票据所对应的违约责任。

【裁判观点】

万豪公司作为股权受让方，在江南实业公司起诉前已基本履行《股权及项目转让协议书》中关于股权受让方的义务，江南实业公司也配合万豪公司在工商行政管理部门完成了股权变更登记。万豪公司向江南实业公司、欣诚开公司、潘某某及江南实业公司指定的第三方累计支付的首期股权转让款比例高达97%。

《股权及项目转让协议书》明确约定江南实业公司未提供相应合法票据的情况下，万豪公司的损失应该是经税务部门确认应缴应罚的数额，而万豪公司主张的税款损失数额系单方计算未经税务部门确认，不符合合同约定的条件，万豪公司应待税务部门确认应缴应罚数额后另行向江南实业公司主张权利。

【案例评析】

本章案例11深圳前海深云实业有限公司、山东省生物制品研究所股权转让纠纷案解析中，编者已就合同解除制度作简要剖析，本节不再赘述。

关于违约责任承担方式的规定，《民法典》第577条与原《合同法》第107条的规定内容相同，“当事人一方不履行合同义务或者履行合同义务不符合约定的，应当承担继续履行、采取补救措施或者赔偿损失等违约责任。”损害赔偿是最重要的违约责任形式，并且其他任何责任形式都可以转化为损害赔偿。[①] 在房地产项目收并购协议中，为规避高溢价带来的高额税负，受让方一般会要求转让方提供足额可计入目标公司开发成本且可在目标公司企业所得税、土地增值税税前扣除的合法票据。原《合同法》第114条第1款、《民法典》第585条第1款规定了当事人可以约定损失赔偿额的计算方法。预定损害赔偿额对于可能的受损害方来说，可以减轻甚至避免损害赔偿额的证明负担；对于可能的违约方来说，也可以有效锁定风险，甚至达到在一定程度上减轻责任的效果。[②] 本案中，协议约定“如江南实业公司无法足额提供或提供的票据不符合税务清算要求，由此造成的相关损失（经税务部门确认应缴应罚）由江南实业公司承担”，这样的约定超出作为民事主体的双方当事人可以约定的范围，税务部门何时确认、确认多少金额都存在极大的不确定性，故人民法院认定万豪公司主张的税款损失数额系单方计算未经税务部门确认，不符合合同约定的条件，应待税务部门确认应缴应罚数额后另行向江南实业公司主张权利。

实务中，为避免损失赔偿金额的相关争议，在约定关于出让方未足额提供票据或提供的票据不能用于目标公司开发成本税前扣除的违约条款时，建议就损失赔偿的计算方法或方式进行明确，或者约定具体赔偿数额。在举证责任的道路上，居于优势地位并熟悉法律的债权人，可以通过约定违约损害赔偿的计算方法，绕开举证路上的绊脚石，越过举证路上的陷阱。从另一方当事人角度来说，利用约定违约损害赔偿的计

---

① 最高人民法院民法典贯彻实施工作领导小组．中华人民共和国民法典合同编理解与适用（二）［M］．北京：人民法院出版社，2020：719.

② 王利明．中国民法典释评·合同编·通则［M］．北京：中国人民大学出版社，2020：612.

算方法，可以给债权人举证设置拦路虎和陷阱。①

问题15：转让方未实际扣缴税款，可否行使不安抗辩权中止支付剩余股权转让款?

案例17：甘肃万达房地产开发有限公司与郝某某股权转让纠纷案②

【裁判要旨】

《股权转让协议》中并未约定出让方应缴纳的个人所得税由受让方代扣代缴并冲抵股权转让款，亦未将出让方缴纳个人所得税作为受让方支付股权转让款的条件，受让方以此主张不安抗辩权与前述法律规定不符。在双方未将税款的缴纳或代扣代缴作为合同义务进行约定的情况下，出让方是否申报并缴纳个人所得税，受税收行政法律关系调整，不属于本案民事诉讼管辖范围。

【涉税案情】

2017年5月5日，郝某某、刘某与甘肃万达房地产开发有限公司（简称“万达公司”）签订《股权转让协议》，将持有的甘肃中健房地产开发有限公司股权全部转让给万达公司，其中郝某某转让价款27 144 000元（转让份额60%），刘某转让价款18 096 000元（转让份额40%），总计4 524万元。协议约定出让方应在每收到受让方出让金款项后十日内向受让方开具相关财务收据，不提供发票，并送达受让方。万达公司于2017年5月11日向郝某某、刘某支付1 000万元股权转让定金。2017年5月25日郝某某、刘某将甘肃中健房地产开发有限公司公章、财务印章、发票专用章移交给万达公司。2017年9月6日，郝某某、刘某与万达公司签订《谅解协议》，协议约定将原股权转让协议中关于股权转让价款支付方式的第二款内容变更为“1. 本补充协议签订之日，乙方再次向甲方支付人民币1 500万元；2. 2017年9月30日之前，乙方向甲方支付尾款人民币2 024万元，乙方向甲方付清全部转让款后双方办理财产移交及变更股权转让手续。出让方应在收到受让方出让金款项后十日内向受让方开具相关财务收据，不提供发票，并送达受让方。”之后万达公司分别于2017年9月8日、2017年9月28日、2018年2月13日支付股权转让款1 500万元、500万元、300万元，尚欠1 224万元未付。因万达公司未能如期足额支付完毕股权转让款，郝某某、刘某遂诉至法院，要求万达公司付清转让款并承担违约责任。

---

① 崔建远．违约金的边缘问题［J］．江汉论坛，2015（11）．

② 甘肃省高级人民法院民事判决书（2018）甘民终786号、最高人民法院民事裁定书（2019）最高法民申3972号。

【争议焦点】

万达公司（一审被告、二审上诉人、再审申请人）

万达公司对涉案税款予以代扣代缴，既是行使法定权利，也是履行行政强制性义务。万达公司享有法定代扣代缴税款的权利，若郝某某及刘某对此持有异议，应当通过行政诉讼程序解决。在涉案税款实际完成缴纳之前，万达公司就剩余股权转让款525.80万元享有不安抗辩权，有权不予支付。因郝某某及刘某申请财产保全，万达公司及兰州亚太公司的全部账户均被冻结，无法实际完成税款代缴。根据《税收征管法》第69条的规定，如万达公司不履行代扣代缴义务，将可能被处以巨额罚款。因郝某某及刘某拒不缴纳个人所得税，还恶意保全冻结万达公司及兰州亚太公司全部银行账户以阻止万达公司履行代扣代缴义务，可能导致万达公司遭受重大损失。故万达公司就剩余股权转让款享有不安抗辩权，不予支付该笔款项不构成违约。

郝某某、刘某（一审原告、二审上诉人、再审被申请人）

万达公司怠于履行税款代缴义务，并非因郝某某与刘某申请保全导致。万达公司并未在《股权转让所得个人所得税管理办法（试行）》规定的期限内履行纳税申报及扣缴义务，直至郝某某、刘某于2018年4月10日提起本案诉讼并申请诉前财产保全，万达公司于2018年6月14日向税务机关提交《扣缴个人所得税报告表》，但至今仍未实际代缴。

根据《个人所得税法》第9条、第12条的规定，个人所得税可由纳税人自行缴纳，也可由扣缴义务人代扣代缴。涉案《股权转让协议》中并未约定由万达公司代扣代缴个人所得税并冲抵转让款，故郝某某与刘某未缴纳个人所得税不能成为甘肃万达公司不履行付款义务的理由。况且，郝某某、刘某已于2019年1月10日依法缴纳了股权转让个人所得税、股权转让违约金个人所得税共计8 787 076元。涉案个人所得税已全部缴清，万达公司无须再予以代扣代缴。涉案《股权转让协议》中并未对纳税申报、代扣代缴及前述事项的履行顺序作出约定，不符合《合同法》第68条规定的不安抗辩权行使的法定情形。

【裁判观点】

本案系股权转让合同纠纷，双方的权利义务由合同约定。涉案《股权转让协议》中并未约定出让方郝某某、刘某应缴纳的个人所得税由受让方代扣代缴并冲抵股权转让款，亦未将郝某某、刘某缴纳个人所得税作为受让方支付股权转让款的条件。即税款的缴纳与万达公司支付股权转让款并非双方在合同中约定的先后义务。万达公司以此主张不安抗辩权与法律规定不符。另，即使双方约定万达公司有代扣代缴义务，但至本案一审起诉后，万达公司方才申报代扣代缴税款，而未实际缴纳。万达公司以自己未履行义务而主张不安抗辩，与法律规定不符，亦有违日常生活逻辑、法律逻辑和诚实信用原则。郝某某、刘某是否申报并缴纳个人所得税，受税收行政法律关系调整，不属于本案民事诉讼管辖范围。

【案例评析】

不安抗辩权指双务合同成立后，应当先履行的当事人有确切证据证明对方不能履行义务，或者不履行合同义务的可能性较高时，在对方恢复履行能力或者提供担保之前，有权中止履行合同义务。不安抗辩权的成立，要具备以下要件：一是当事人需基于同一双务合同互负债务；二是当事人互负的债务有先后履行顺序；三是后履行的当事人发生了丧失或者可能丧失债务履行能力的情形。[①] 原《合同法》第68条、《民法典》第527条皆规定，当事人没有确切证据中止履行的，应当承担违约责任。“有无确切的证据证明”直接决定中止履行行为是正当行使不安抗辩权，还是属于违约行为。本案中，双方在合同中并未约定万达公司在支付股权转让价款时应扣除代扣代缴税款，扣除代扣代缴税款并非万达公司支付股权转让价款的前提条件。在无约定的情形下，受让方理所当然地将税法上的纳税义务人纳税申报义务作为合同当事人的义务之一，最终导致其承担高额违约金。

本案中，交易各方在签订涉案《股权转让协议》时，虽然没有约定由万达公司代扣代缴税款并冲抵股权转让款，但万达公司是法律规定的扣缴义务人，必须履行代扣代缴义务。如果在自然人股东起诉前，甚至是在诉讼过程中，万达公司据实代扣并且足额缴纳税款，当然可以行使抵销权，冲抵股权转让款。可事实是，万达公司一直拖延履行法定的扣缴义务，其既没有依法及时申报缴纳税款，也没有依约足额支付转让款，所谓扣缴义务，只是万达公司迟延履行债务的借口，加之合同并未对此作出约定，万达公司当然无权行使不安抗辩权。基于这一特殊情况，人民法院作出“万达公司尚未履行代扣代缴义务，其可在履行了代缴义务后，从应当支付的股权转让款中相应予以扣除，或者在执行中由一审法院协助扣缴”的认定，不仅并无不妥，且加快了诉讼进程，节省了诉讼资源。如日后万达公司就税款扣缴产生争议，完全可以另案解决。

收并购交易中，股权转让方为自然人和非居民企业的，受让方应关注税法对代扣代缴义务的规定。为避免受让方同时面临行政处罚和违约的被动局面，建议转让合同中明确约定税款代扣代缴条款，包括交易标的转让收入和成本、扣缴税款金额的确认、申报和解缴税款期限、税款扣缴与转让价款支付之间的关系、未按约定扣缴税款的违约责任、转让方未提供完税凭证导致股权变更登记无法办理的违约责任等内容。

---

① 黄薇．中华人民共和国民法典合同编解读［M］．北京：中国法制出版社，2020：222－224.

问题16：受让方支付转让价款后代缴转让方个税，能否向转让方追偿税款？

案例18：刘某某与恒大地产集团有限公司追偿权纠纷案①

【裁判要旨】

无论扣缴义务人是否按照法律规定的代扣代缴程序，在支付纳税义务人收入之前即予以扣缴个人所得税，抑或在向纳税义务人支付了全部收入后又代为向税务机关垫付个人所得税，都不能产生改变该税负法定纳税义务人的法律后果。不能认为在扣缴义务人未经抵扣即向纳税义务人支付相应收入后，即当然丧失向纳税义务人追偿的权利。

【涉税案情】

2007年10月6日，甲方湖南雄震投资有限公司（简称“雄震公司”）的三位股东刘某某、刘某江、刘某与乙方恒大地产集团有限公司（简称“恒大公司”）签订《股权转让协议》。该协议由刘某某代表雄震公司全部合法股东签订，协议抬头部分甲方为刘某某、刘某江、刘某，但文本末尾的甲方只有刘某某签字。《股权转让协议》的主要内容为：甲方将其拥有的雄震公司100%股权过户到乙方，乙方按协议支付包干费，包干费按照雄震公司取得的土地用地面积312.56亩，单价135.32万元/亩计算，包干费总额42 295.62万元；“包干费”是指根据协议约定，乙方取得雄震公司100%股权，乙方履行协议应向甲方支付的全部款项，包括该地块全部的土地出让合同价款、征地补偿费、甲方及有关单位在该地块上已发生的全部工程费投入、协议约定的相关款项、协议履行过程中甲方的收益（经双方在本协议及其补充协议认可的除外）。

2007年10月16日，转让方刘某江、刘某分别与受让方刘某某签署《股份转让协议》，将其在雄震公司的3 000万元股份、500万元股份以3 000万元、500万元的价款转让给刘某某。2009年12月8日，雄震公司举行股东会，同意刘某某在公司的4 900万元股份（占公司注册资本的49%）全部转让给恒大公司，并退出公司股东会，股份转让协议另签。2010年5月5日，雄震公司股东变更为恒大公司。

2011年3月11日，律师事务所向刘某某发函，主要内容为：恒大公司与刘某某、刘某江、刘某于2007年10月6日签订的股权转让协议合法有效，经相关部门核查，股权转让方应缴纳的个人所得税为50 330 639元，要求刘某某在三个工作日内到雄震公司主管税务机关依法履行纳税义务并提交完税凭证给恒大公司。

---

① 最高人民法院民事判决书（2014）民一终字第43号。

主管税务机关出具的《代扣代缴税款报告表》《税款通用缴款书》显示：2011 年 3 月 16 日，雄震公司作为扣缴义务人和缴款单位缴纳税款 50 330 639.20 元，代扣代缴税种为个人所得税，纳税人名称为刘某某，应税项目为股权转让所得，备注栏标明：代恒大公司代缴刘某某股权转让所得个人所得税。

恒大公司起诉请求判令刘某某归还恒大公司代其缴纳的个人所得税款项人民币 50 330 639.20元，并按照中国人民银行同期逾期贷款利率向恒大公司支付上述款项自 2011 年 3 月 16 日至实际清偿全部款项之日止的利息。

【争议焦点】

刘某某（一审被告、二审上诉人）

合同约定的股权转让价款是总包干，实行总包干制表明税费不应由转让方承担。本案 5 000 余万元的个人所得税是由雄震公司代恒大公司交纳的，而非以刘某某的名义缴纳。依据税法的相关规定，个人所得税应当以纳税人名义而不能以扣缴义务人名义缴纳，本案税务机关征收存在错误，恒大公司无权向刘某某追偿。

恒大公司（一审原告、二审被上诉人）

恒大公司直接向刘某某购买了雄震公司 100% 的股权，并代刘某某交纳了个人所得税，刘某某作为与恒大公司股权转让交易的唯一转让方和全部转让对价的所得者，在股权转让协议未明确约定应由恒大公司承担个人所得税的情况下，刘某某作为法定纳税义务主体，应当承担该税费。恒大公司在代缴前曾经专门通知刘某某向税务机关自行纳税，在刘某某拒不缴纳的情况下，恒大公司代其缴纳仅是依照相关法律规定履行自身法定义务，并非默认自己是税费承担人。纳税凭证清晰记载，代刘某某缴纳个税的主体是法定扣缴义务人恒大公司，雄震公司仅是受恒大公司委托代恒大公司向税务机关付款，从法律关系上看，并不是雄震公司代刘某某缴纳税款，因而恒大公司享有就代垫税款向刘某某追偿的权利。

【裁判观点】

协议明确约定，“包干费”是指根据协议约定，恒大公司取得雄震公司 100% 股权应向刘某某支付的全部款项，包括该地块全部的土地出让合同价款、征地补偿费、刘某某及有关单位在该地块上已发生的全部工程费投入、协议约定的相关款项、协议履行过程中刘某某的收益。协议对包干费的列举解释，未明确该费用为扣除应缴个人所得税后刘某某所能获得的纯收益，因此，刘某某所持“包干费”应理解为其根据协议获得的股权转让款为税后价格的主张，缺乏合同依据。

根据税收法律法规的规定，恒大公司并非案涉股权转让个人所得税的纳税义务人，而应为扣缴义务人，对税收征管机关负有代扣代缴案涉个人所得税的法定义务，不能依据上述规定认为，在扣缴义务人未经抵扣即向纳税义务人支付相应收入后，即当然丧失向纳税义务人追偿的权利。换言之，无论扣缴义务人是否按照法律规定的代扣代缴程序，在支付纳税义务人收入之前即予以扣缴个人所得税，抑或在向纳税义务人支付了全部收入后又代为向税务机关垫付个人所得税，都不能产生改变该税负的法定纳税义务人的法律后果。

刘某某虽然主张按照交易习惯，恒大公司全额向其支付股权转让款的行为即表明其放弃要求刘某某承担股权转让个人所得税的权利，但就该主张，刘某某未提交相应证据证明在相关交易领域，存在类似的交易习惯。并且，恒大公司在代刘某某缴纳个人所得税前，已经书面通知刘某某应按照征税机关的要求缴纳该税费，故刘某某所持上述主张，缺乏事实依据。

【案例评析】

原《合同法》第125条第1款对合同争议条款的解释作了专门规定，即："当事人对合同条款的理解有争议的，应当按照合同所使用的词句、合同的有关条款、合同的目的、交易习惯以及诚实信用原则，确定该条款的真实意思。"相关规定已经被吸收进《民法典》第142条第1款，即："有相对人的意思表示的解释，应当按照所使用的词句，结合相关条款、行为的性质和目的、习惯以及诚信原则，确定意思表示的含义。"根据上述规定，对本案"包干费"条款的争议，首先要按照意思表示所使用的词句进行解释；如果按通常的理解对所使用的词句进行解释比较困难或者不合理的，则应当结合其他条款、当事人作出该意思表示时所追求的目的、当事人所知悉的生活或交易习惯、诚信原则，确定意思表示的含义。一审法院认为双方对本次股权转让应纳的个人所得税的承担未另行约定，则应当认为恒大公司支付完毕协议约定的包干费以后，无须再另行承担缴纳个人所得税的义务。虽然刘某某主张按照交易习惯，恒大公司全额向其支付股权转让款的行为即表明其放弃要求刘某某承担股权转让个人所得税的权利，但刘某某未就该主张提交相应证据证明在相关交易领域，存在类似的交易习惯。原《合同法司法解释（二）》第7条规定："下列情形，不违反法律、行政法规强制性规定的，人民法院可以认定为合同法所称'交易习惯'：（一）在交易行为当地或者某一领域、某一行业通常采用并为交易对方订立合同时所知道或者应当知道的做法；（二）当事人双方经常使用的习惯做法。对于交易习惯，由提出主张的一方当事人承担举证责任。"在运用习惯进行解释时，双方当事人应当对运用的习惯是否存在以及其内容进行举证证明，在当事人未举证的情况下，人民法院也可以主动适用习惯进行解释。[①] 故刘某某对"包干费"条款的理解难以得到法院支持。

---

① 黄薇．中华人民共和国民法典总则编解读［M］．北京：中国法制出版社，2020：459.

虽然本案中一、二审法院认为，即使扣缴义务人未经抵扣即向纳税义务人支付相应收入，并不丧失向纳税义务人追偿的权利，编者仍建议，股权转让交易各方在合同的订立、履行等过程中，对代扣代缴问题给予足够关注，在合同中明确约定税费的种类和承担主体、是否需代扣代缴、由谁代扣代缴、未履行相关约定应承担的违约责任等。

专题2 包税合同纠纷

问题17：包税条款约定是否有效？

案例19：山西嘉和泰房地产开发有限公司与太原重型机械（集团）有限公司土地使用权转让合同纠纷案①

【裁判要旨】

虽然我国税收管理方面的法律法规对于各种税收的征收均明确规定了纳税义务人，但是并未禁止纳税义务人与合同相对人约定由合同相对人或第三人缴纳税款。税法对于税种、税率、税额的规定是强制性的，而对于实际由谁缴纳税款没有作出强制性或禁止性规定。故关于税费负担的约定并不违反税收管理方面法律法规规定。

【涉税案情】

2002年3月26日，甲方太原重型机械（集团）有限公司（简称“太重公司”）与乙方山西嘉和泰房地产开发有限公司（简称“嘉和泰公司”）就某地块合作事宜签订《协议书》，其中约定太重公司负责办理土地出让手续。

2002年4月2日，甲方太重公司与乙方嘉和泰公司签订《补充协议》，约定嘉和泰公司按每亩94万元向太重公司支付土地补偿金，94万元/亩中的流转税按太重公司76%、嘉和泰公司24%的比例承担。嘉和泰公司承担的24%流转税款按原《协议书》约定在嘉和泰公司支付每期土地补偿金的同时一并支付，最终以实际交付的税款按双方约定比例多退少补。除此以外，原《协议书》履行过程中的所有税费均由嘉和泰公司承担。如以上各项税费以太重公司名义缴纳的，须由嘉和泰公司如数支付给太重公司。

2002年9月24日，太重公司与太原市国土资源局签订《转让合同》，取得了该宗土地的使用权。2002年12月，太重公司与嘉和泰公司签订《转让合同》。2003年1月15日，太重公司与嘉和泰公司取得国有土地使用权转让鉴证单，双方办理了权属变更

① 最高人民法院民事判决书（2007）民一终字第62号。

登记手续，嘉和泰公司于2003年1月取得该宗土地的国有土地使用证。

2006年1月16日，太重公司向一审法院起诉称，太重公司按约履行了合同，而嘉和泰公司尚欠太重公司土地补偿金、相关税费等，嘉和泰公司应支付欠款并对其违约行为按照合同约定承担违约责任。请求依法判令嘉和泰公司立即支付土地补偿金、相关税费及违约金。

【争议焦点】

太重公司（一审原告、二审上诉人）

《协议书》《补充协议》是双方的真实意思表示，不违反国家法律法规，是合法有效的合同。

嘉和泰公司（一审被告、二审上诉人）

《补充协议》就税费负担所作的约定，违反了税法的强制性规定。即使有效，增值税的负担约定也显失公平。增值税的纳税主体是转让人而非受让人，所以《转让合同》变更增值税由太重公司承担。

【裁判观点】

《补充协议》是对《协议书》约定转让土地使用权的税费承担所作的补充约定，明确了转让土地使用权的税费如何承担及由谁承担的问题。虽然我国税收管理方面的法律法规对于各种税收的征收均明确规定了纳税义务人，但是并未禁止纳税义务人与合同相对人约定由合同相对人或第三人缴纳税款。税法对于税种、税率、税额的规定是强制性的，而对于实际由谁缴纳税款没有作出强制性或禁止性规定。故《补充协议》关于税费负担的约定并不违反税收管理方面的法律法规的规定，属合法有效协议。

【案例评析】

包税条款在民商事交易中较为常见，因现行法律对此约定没有明确定义，有观点将其表述为"税费转嫁承担条款"[①]"非纳税义务人承担税收的合同条款"[②]"税收之债中的第三人代缴"[③]。郭昌盛认为，可以将包税条款定义为：在民商事交易活动中，交易当事人约定由税收法律规定的纳税义务人以外的其他主体承担基于该交易产生的税费负担的条款[④]。

---

① 徐战成．拍卖公告中税费转嫁负担条款的合法性与操作性之张力．第八届中国破产法论坛暨《企业破产法》实施十周年纪念研讨会论文集．

② 雷盟，雷江林．非纳税义务人承担税收的合同条款［J］．税务研究，2019（8）．

③ 蒋寒林．税收之债中的第三人代缴研究［D］．华东政法大学，2011年硕士学位论文．

④ 郭昌盛．包税条款的法律效力分析——基于司法实践的观察和反思［J］．财经法学，2020（2）．

（一）包税条款未违反税收法律法规的规定

《税收征管法实施细则》第3条第2款规定："纳税人负有依法纳税的义务，其缔结的协议或合同抵触税收法律法规的无效。"包税条款并未改变交易当事人与税务机关的行政法律关系，而是对税款实际负担主体的确认，约定由非纳税义务人承担纳税义务人的应缴纳税款，并未改变纳税义务人的权利义务。《税收征管法》以及各税种单行法律法规中，均无禁止由纳税人以外的其他人承担税款的规定。

现行税收规范性文件亦有对包税条款交易的规定，如《国家税务总局关于雇主为雇员承担全年一次性奖金部分税款有关个人所得税计算方法问题的公告》（国家税务总局公告2011年第28号），该公告规定了雇员取得全年一次性奖金并由雇主负担部分税款有关个人所得税计算方法的问题；《国家税务总局关于非居民企业所得税源泉扣缴有关问题的公告》（国家税务总局公告2017年第37号）第七条，规定了合同约定扣缴义务人实际承担应纳税款条件下，应将非居民企业取得的不含税所得换算为含税所得。

（二）包税条款未违反民事法律禁止性规定

原《合同法》第52条第4项和第5项分别规定"损害社会公共利益"和"违反法律、行政法规的强制性规定"的合同无效，《民法典》第153条规定："违反法律、行政法规的强制性规定的民事法律行为无效。但是，该强制性规定不导致该民事法律行为无效的除外。违背公序良俗的民事法律行为无效。"包税条款并未造成国家税收流失，更无"抵触税收法律法规"的行为。当事人遵循自愿原则，在无虚假的意思表示、无相应的民事行为能力等无效情形，以及无基于重大误解、欺诈、胁迫、显失公平等可撤销情形的前提下，该约定处理的是当事人之间的民事权利义务，合法有效，当事人应当按照合同约定各自履行。

（三）包税条款的司法实践

由于山西嘉和泰房地产开发有限公司与太原重型机械（集团）有限公司土地使用权转让合同纠纷案判决系最高人民法院作出，且被载入《最高人民法院公报》，相关观点对后续审判实践产生了广泛影响，最高人民法院后续部分案例观点如下："法定纳税义务人通过民事合同方式与他人约定由合同相对人缴纳税款，或者第三人代替纳税义务人缴纳税款，属于民事法律关系，民事合同当事人的这种约定和安排，并没有导致国家税收的流失，因此，这种代为缴纳税款的行为并不能被认定为无效"①，"在股权转让场合，转让方依法负有的缴纳个人所得税等纳税义务，系其作为纳税义务人所负有的法定义务，不得通过约定改由他人承担。但税费作为一种金钱之债，却可通过

① 最高人民法院（2015）民一终字第199号民事判决书。

约定由他人代为履行"[①]。经检索类案，各地法院大都沿用了最高人民法院的裁判观点，但也有若干法院认定包税条款无效，如"纳税义务是根据宪法和法律规定，公民必须履行的向国家缴纳一定税款的责任，双方虽在房屋租赁合同中明确约定政府所征收的税费全部由承租人承担，因该约定违反法律规定，不受法律保护"。[②]

（四）理论界观点

肖太寿[③]认为，包税合同约定的税款负担条款并非是约定谁负有法律上的纳税义务，而是对税款（作为履约成本）实际负担主体的确认，实现纳税主体的转移；雷盟、雷江林[④]认为，非纳税义务人负担税款的约定不违反法律行政法规强制性规定，属有效合同条款。

周序中、李岱云[⑤]认为，民事主体之间的税费承担转移条款因违反了税收法定原则而应被认定为无效，可以从税收立法上建立一种制度规范，引入税收债务加入制度，使税费承担转移既能符合税收法定主义的基本要义，又能解决民商交易活动中的现实需求。郭昌盛[⑥]从税法功能、税法属性、规范性文件以及可操作性四个视角进行探讨，认为应明确包税条款为无效条款，并在《税收征管法》修订中加以落实。

（五）税务机关观点

税务机关在面对包税合同条款时，也遵循最高人民法院的裁判观点，即以税法规定的纳税主体为准，纳税主体与实际负担税费方之间的约定，不在税务机关的职权管辖范围之内。"北京金兆宏业投资有限公司等与国家税务总局北京市顺义区税务局破产债权确认纠纷案"[⑦] 中，空港天瑞公司通过淘宝网司法拍卖网络平台竞得北京金兆宏业投资有限公司名下不动产，北京金兆宏业投资有限公司以司法拍卖公告和成交确认书明确载明税费由买受人承担为由，坚称其不应承担税费和滞纳金，顺义区税务局认为，"在法定义务人确定不可更改的情况下，法律并没有禁止纳税义务人与合同相对方约定税费的具体承担主体。因此，司法拍卖成交确认书、拍卖公告和拍卖须知中对税费承担的约定是人民法院根据法律原则确定的金兆宏业与空港天瑞公司之间关于税费承担的具体约定，没有违反税务的强制性规定，此约定不改变纳税义务人应向税务机关承担的法定纳税义务。"

需要注意的是，税法对纳税义务人的规定属于公法领域，包税条款约定属于私法领域，两者各行其道、互不干扰，包税条款约定对税务机关没有拘束力，如果税费没

---

① 最高人民法院（2016）民终51号民事判决书。

② 吐鲁番市中级人民法院（2016）新21民终695号民事判决书。

③ 肖太寿．包税合同条款的法律效力和涉税分析［J］．财会学习，2012（1）．

④ 雷盟，雷江林．非纳税义务人承担税收的合同条款效力探究［J］．税务研究．2019（8）．

⑤ 刘天永．中国税务律师评论第7卷［M］．北京：法律出版社，2020：75－91．

⑥ 郭昌盛．包税条款的法律效力分析——基于司法实践的观察和反思［J］．财经法学，2020（2）．

⑦ 北京市第三中级人民法院民事判决书（2019）京03民终12171号。

有依法缴纳，税务机关可以根据法律规定对纳税义务人采取相应的行政措施。

问题18：司法拍卖公告约定买受人负担双方一切税费，是否有效？

案例20：深圳市日新盛龙物流有限公司、宋某某、深圳市恒威俊业贸易有限公司等执行复议案①

【裁判要旨】

涉案房产《竞买公告》及《竞买须知》中均明确载明，成交价不包含转让时双方的一切税、费等，过户时所产生的转让双方的一切税、费等均由买受人承担。其中“过户时所产生的转让双方的一切税、费等均由买受人承担”的内容虽与《网络司法拍卖规定》第30条所规定的“因网络司法拍卖本身形成的税费，应当依照相关法律、行政法规的规定，由相应主体承担；没有规定或者规定不明的，人民法院可以根据法律原则和案件实际情况确定税费承担的相关主体、数额”有不一致之处，但买受人自愿参加竞买，应当清楚知悉并属于自愿接受拍卖公告规定的相关条件，并应当按照该条件参加竞买，承担相应费用。

【涉税案情】

深圳市中级人民法院（简称“深圳中院”）在执行申请执行人中国光大银行股份有限公司深圳分行与被执行人深圳市日新盛龙物流有限公司、宋某某、深圳市恒威俊业贸易有限公司（简称“恒威公司”）、深圳市富海通投资管理有限公司、深圳市万荣达投资管理有限公司、深圳市兴达富投资管理有限公司金融借款及担保合同纠纷一案过程中，拍卖了被执行人恒威公司名下不动产。深圳中院于2018年1月3日在淘宝网阿里拍卖司法拍卖网络平台发布关于拍卖涉案房产的《竞买公告》，该《竞买公告》第10条载明，“拍卖成交时，成交价不包含转让时双方的一切税、费、应补地价、土地使用费等；过户时所产生的转让双方的一切税、费（包括但不限于所得税、土地增值税、营业税及其附加、印花税、契税等）、应补地价、土地使用费等均由买受人承担。”在《竞买公告》所附的《竞买须知》第十二条中亦载明，“标的物转让登记手续由买受人自行办理，交易过程中产生的一切税费均由买受人承担”，竞买人宝能美公司以人民币57 429 394元竞得并付清款项。

2018年3月19日，深圳中院作出《执行裁定书》，裁定书第3项：宝能美公司可持本裁定书向登记机关办理相关产权过户手续，财产过户时转让双方应缴交的一切税、费及其他费用均由买受人宝能美公司负担。宝能美公司不服裁定书第3项内容，向深圳

① 广东省高级人民法院执行裁定书（2020）粤执复390号。

中院提出书面异议，请求将裁定书第 3 项内容变更为“深圳宝能美实业有限公司持本裁定书向登记机关办理相关产权过户手续，财产过户时买卖双方的税费依法各自承担”。

【争议焦点】

宝能美公司（利害关系人、复议申请人）

《竞买公告》及《竞买须知》虽明确载明税费的承担方，但其所述违反了法律、行政法规的强制性规定，《税收征管法实施细则》第 3 条“任何部门、单位和个人作出的与税收法律、行政法规相抵触的决定一律无效，纳税人应当依照税收法律、行政法规的规定履行纳税义务。”申请人替卖方垫付的税款，为卖方所缴税款，应从拍卖款中支付给申请人。深圳中院以《竞买公告》《竞买须知》已载明为由，认定上述税款应由申请人负担，属认定事实错误。

《网络司法拍卖规定》第 6 条第 3 项规定的是人民法院应当“确定拍卖保留价、保证金数额、税费负担”，第 13 条第 9 项规定的是人民法院应当在拍卖公告发布当日通过网络司法拍卖平台公示“拍卖财产产权转移可能产生的税费及负担方式”等信息，故应根据《网络司法拍卖规定》第 30 条和税法相应条款的规定来确定税费如何承担。

深圳中院（执行法院）

根据《网络司法拍卖规定》第 6 条规定，“实施网络司法拍卖的，人民法院应当履行下列职责……（三）确定拍卖保留价、保证金的数额、税费负担等……”第 13 条规定，“实施网络司法拍卖的，人民法院应当在拍卖公告发布当日通过网络司法拍卖平台公示下列信息：……（九）拍卖财产产权转移可能产生的税费及承担方式……”本案中，深圳中院在涉案房产《竞买公告》及《竞买须知》中均明确载明，成交价不包含转让时双方的一切税、费等，过户时所产生的转让双方的一切税、费等均由买受人承担。即上述税、费之负担应归入竞买人竞得涉案房产的成本之中，该公告载明的税费负担信息符合司法解释的规定，且与国家相关税收规定并不冲突。异议人参加拍卖活动，即应接受《竞买公告》的约束。异议人在竞得房产后，又申请变更执行裁定书中有关税、费承担之裁定内容，请求从其竞买款中退还相关费用，该主张无法律依据。

【裁判观点】

深圳中院在涉案房产《竞买公告》及《竞买须知》中均明确载明，成交价不包含转让时双方的一切税、费等，过户时所产生的转让双方的一切税、费等均由买受人承担。其中“过户时所产生的转让双方的一切税、费等均由买受人承担”的内容虽与《网络司法拍卖规定》第 30 条所规定有不一致之处，但买受人自愿参加竞买，应当清楚知悉并属于自愿接受拍卖公告规定的相关条件，应当按照该条件参加竞买，承担相应费用。如不接受拍卖公告规定的条件其可选择不参加竞买。在买受人竞买成功后，如果再以税费过高、不应由其承担为由撤销该项执行行为，将导致该司法拍卖条件发生重大改变，即在拍卖前和拍卖后分别设定两种不同的拍卖条件，对其他未参加竞买的潜在竞买人而言有失公平，也不利于司法拍卖的稳定。

案例21：刘某某、泊头市市场监督管理局无因管理纠纷、不当得利纠纷案①

【裁判要旨】

法律、法规对于纳税义务人的规定与税款的实际承担者是两个不同的概念，法律、法规在明确纳税义务人的同时，并不意味着禁止其他主体代为缴纳，其他主体应当根据相关约定代为缴纳相关税款。《拍卖须知》明确记载，买受人自行办理建筑物确权手续，自行承担办理确权手续所产生的一切费用，买受人在《拍卖须知》上签字予以认可。因此，买受人请求委托拍卖人返还其缴纳的税款无事实依据。

【涉税案情】

2014年3月2日，经公开竞拍，刘某某购得泊头市市场监督管理局位于泊头市车站北街红旗批发市场的国有房产。竞拍确认后，刘某某支付房产购置费972 900元，并缴纳了房产过户的各种税费，其中包括应由泊头市市场监督管理局缴纳的营业税、印花税、土地增值税、城市建设税、教育附加税共计10 363.9元。

【争议焦点】

刘某某（一审原告、二审上诉人）

房产买卖是双务合同，买卖双方都应履行各自的义务。协助过户、依法纳税是卖方应尽的义务。过户时，买受人多次催促被上诉人履行上述义务，但委托拍卖人以各种理由推脱，替委托拍卖人缴纳税费是无奈之举，因为我国税法明确规定，委托拍卖人应缴纳相关税费。

泊头市市场监督管理局（一审被告、二审被上诉人）

《拍卖须知》明确约定了“如买受人自行办理确权手续，所产生的一切费用及问题由买受人自行承担和自行解决”，且该须知有买受人签字确认。买受人办理本案所涉及的房屋确权手续时，并未通知任何人，一切事宜均系其自行办理的，税费也是在任何人不知情的情况下由其自行缴纳的，由此事实也可以看出买受人在缴纳税费时对拍卖须知中的约定是明确认可的，并且其也对约定进行了履行。原泊头市工商行政管理

---

① 河北省泊头市人民法院民事判决书（2018）冀0981民初1804号、河北省沧州市中级人民法院民事判决书（2018）冀09民终6886号。

局所委托拍卖的房屋所得属于房屋被拍卖后的净价所得，所谓净价所得是指：该拍卖款项中不包含任何手续费及税费等，仅指房屋现状的自身价值。该房屋被拍卖后，原泊头市工商行政管理局所得价款中不包含任何手续费及税费。

【裁判观点】

《拍卖须知》明确记载，买受人自行办理建筑物确权手续，自行承担办理确权手续所产生的一切费用；买受人在《拍卖须知》上签字予以认可。法律、法规对于纳税义务人的规定与税款的实际承担者是两个不同的概念，法律、法规在明确纳税义务人的同时，并不意味着禁止其他主体代为缴纳，其他主体应当根据相关约定代为缴纳相关税款。因此，买受人请求委托拍卖人返还其缴纳的税款无事实依据。

【案例评析】

网络司法拍卖最早出现于2010年，自出现之日起，就体现出相对于传统拍卖模式的诸多特性：一是市场超地域化；二是拍卖快捷化；三是拍卖虚拟化；四是交易成本低廉化；五是拍卖信息透明化。上述特点使得司法拍卖变得更公开、更高效、更便捷。[①] 网络司法拍卖作为一种新事物，实践中存在拍卖模式多样、拍卖主体多元、操作规程不一等现象。对此，最高人民法院于2016年8月2日发布《最高人民法院关于人民法院网络司法拍卖若干问题的规定》（简称《网络司法拍卖规定》），自2017年1月1日起施行。

《网络司法拍卖规定》第30条规定，“因网络司法拍卖本身形成的税费，应当依照相关法律、行政法规的规定，由相应主体承担；没有规定或者规定不明的，人民法院可以根据法律原则和案件实际情况确定税费承担的相关主体、数额”。《最高人民法院关于人民法院网络司法拍卖若干问题的规定理解与适用》一书认为，“拍卖公告”中载明买受人承担正常买卖过程中应由出卖人（即被执行人或拍品原所有人）支付的各项税负没有法律效力。[②]

《网络司法拍卖规定》实施后，各地司法拍卖公告中仍有买方承担全部税费条款出现。如厦门第一高楼厦门国际中心《竞买公告》中约定[③]，“过户时所产生的转让双方的一切税、费（包括但不限于所得税、土地增值税、增值税及其附加、印花税、契税等）、应补地价、土地使用费等均由买受人承担。买受人在承担后不得据此主张拍卖

---

① 《最高法院举办网络司法拍卖司法解释发布会》，载最高人民法院网：http：//www. court. gov. cn/zixun－xiangqing－24331. html，最后访问日期2020年11月24日。

② 最高人民法院执行局编．最高人民法院关于人民法院网络司法拍卖若干问题的规定理解与适用［M］．北京：中国法制出版社，2017：398.

③ 《鲁能29.12亿底价拿下厦门第一高楼》，载界面新闻网：https：//www. jiemian. com/article/5253885. html，最后访问日期2020年11月24日。

无效或向管理人索偿”。

针对不动产司法拍卖中税费征缴问题，国家税务总局在 2020 年 10 月 19 日对十三届全国人大三次会议第 8471 号建议的答复中明确：“您提出的拍卖不动产的税费按照规定由‘买卖双方各自负担’的建议，是一种较为合理的做法。我局和最高人民法院赞同您关于税费承担方面的建议，最高人民法院将进一步向各级法院提出工作要求：一是要求各级法院尽最大可能完善拍卖公告内容，充分、全面地向买受人披露标的物瑕疵等各方面情况，包括以显著提示方式明确税费的种类、税率、金额等；二是要求各级法院严格落实司法解释关于税费依法由相应主体承担的规定，严格禁止在拍卖公告中要求买受人概括承担全部税费，以提升拍卖实效，更好地维护各方当事人合法权益。”

由于税费缴纳是不动产所有权变更登记的先决条件，转让过程中往往涉及巨额税费，买受人由于对缴纳税款有着错误的预期，往往导致在面临缴纳税款时与卖方、法院或者税务机关产生税务纠纷。对于买受人来说，公告中无论是税费各付还是买家包税，都会最终体现在成交价中。但如果按照各付的制度执行，对买受人比较有利，也避免了买受人对税费情况调研不清所容易忽视的高额成本。“上海华滨工业有限公司与上海金矗实业有限公司拍卖合同纠纷案”①，竞买人上海金矗实业有限公司因对标的物交易税费发生了“错误认识”，导致被法院判决解除已达成的拍卖合同，已缴纳的保证金 4 000 万元不予退还。

司法实践中，各地法院对于司法拍卖税费承担具体方式的认定上，存在不一致的观点，大多数法院不支持对包税条款的执行异议，但也有相反的做法，如“杨某某买卖合同纠纷执行复议案”② 中，法院以兰州市中级人民法院拍卖公告规定“一切税费均由买受人承担”违反《网络司法拍卖规定》第 30 条规定为由，支持了对有关包税条款的执行异议；“杨某、四川峨眉山农村商业银行股份有限公司金融借款合同纠纷执行复议案”③ 中，法院认为《竞买公告》及《竞买须知》中要求办理产权过户过程中所涉及的买卖双方所需承担的一切税、费和所需补交的相关税、费，均由买受人承担的内容，不符合《网络司法拍卖规定》的规定。

基于以上分析，买受人在司法拍卖前应仔细阅读执行法院拍卖公告关于税费承担的条款。如果是买方负担全部税费，需要详细了解各税种征收政策和税率，全面测算司法拍卖税费成本。司法拍卖过程中，涉税争议众多，争议发生后可能出现买方税费负担过高、拍卖物无法办理过户、执行人无法顺利拿到拍卖款等众多风险。为顺利解决问题，当事人需要与拍卖人、委托人、税务机关、司法机关等沟通，沟通无效时需要使用执行异议之诉、行政复议、行政诉讼、民事诉讼等救济手段维权。此过程中当

---

① 浙江省瑞安市人民法院民事判决书（2019）浙 0381 民初 9869 号。

② 甘肃省高级人民法院执行裁定书（2020）甘执复 14 号。

③ 四川省乐山市中级人民法院执行裁定书（2020）川 11 执复 13 号。

事人可以寻求专业人士帮助，以尽快解决争议，推进交易完成。

问题19：当事人对包税交易税费金额产生误判，是否构成重大误解？

案例22：陈某某与南平市建阳区市场监督管理局、福州九鼎拍卖有限公司拍卖合同纠纷案①

【裁判要旨】

竞买人未能知晓涉案房产土地使用权的真实信息，进而使其对成交后所应缴纳的税费金额产生误判。涉案房产交易的税费远远超出一般情形，大幅度地提高了交易成本，完全超出了竞买人对交易成本的预判，继续履行将造成其较大损失，故认定竞买人构成重大误解。

【涉税案情】

2018年9月7日，南平市建阳区财政局批复同意建阳区市场监督管理局（简称“建阳监督管理局”）拍卖西桥新村两套房产。2018年9月26日，建阳监督管理局委托福州九鼎拍卖有限公司（简称“九鼎公司”）对拍卖标的进行拍卖。2019年9月27日，福建立信价格鉴定评估有限公司出具价格评估意见书，其中说明该地块性质为集体用地，至于拍卖后的使用性质，在评估过程中没有考虑在价格要素之内。

2018年10月9日，九鼎公司发布《拍卖公告》，参考价25.5万元。2018年10月15日，陈某某填写《竞买报名登记表》，报名竞买。同日，陈某某向九鼎公司出具《竞买人认可书》。九鼎公司2018年10月23日拍卖会特别规定中载明，拍卖标的过户所产生的各项税、费均由买受人承担。2018年10月23日，陈某某与九鼎公司签订《拍卖成交确认书》，以239 000元竞得拍卖标的。

陈某某称九鼎公司在拍卖期间始终没有保障竞拍人应当享有的知情权，未告知涉案房屋的土地性质为划拨用地，变更权属需要缴纳土地出让金及土地增值税费等，误导陈某某误认只承担正常交易税费而参加竞拍取得涉案房屋，诉请法院判令解除《拍卖成交确认书》，返还拍卖成交款及土地出让金。

【争议焦点】

陈某某（一审原告、二审被上诉人）

在拍卖前对于涉案房产系集体划拨地并不知情，且在竞买过程中亦未见到不动产

---

① 福建省南平市建阳区人民法院民事判决书（2019）闽0703民初1412号、福建省南平市中级人民法院民事判决书（2019）闽07民终1213号。

权证和评估意见书，拍卖方并未告知房产的土地信息，如知道房产土地为集体划拨地，其绝不会参与竞买。

建阳区监督管理局、九鼎公司（一审被告、二审上诉人）

九鼎公司在拍卖中已告知拍卖标的的信息，陈某某亦确认收取所有拍卖材料，且承诺不以任何形式反悔，故可认定陈某某对于拍卖房产为划拨地是知情的，不存在误解。同时，陈某某在参与拍卖前已租用该房屋多年，其对房屋为集体用房应是知情的。此外，九鼎公司在《拍卖公告》中向社会公开拍卖房产并告知买受人承担过户中产生的各项税费，陈某某完全可向有关部门了解具体的税费明细，其选择举牌应价，应承担相应的法律后果。

【裁判观点】

按常理，竞买者对于竞买房产可能产生的税收、费用应当要有基本的预判。但是，涉案房产的土地使用权性质并非常态下的出让地，而是划拨地。虽然陈某某在《竞买报名登记表》中签字确认“本人已充分了解并认可拍卖标的的现状”，但是客观上而言，并未见九鼎公司在《拍卖公告》《竞买报名登记表》《九鼎公司2018年10月23日拍卖会特别规定》等材料中明示涉案房产土地使用权的性质，也无证据证实陈某某通过其他渠道获得了前述信息。换言之，陈某某是在没有全面了解拍卖标的的情况下就作出了前述确认。个中缘由可能有九鼎公司工作上的瑕疵，也有陈某某自身的大意，但所导致的结果就是，陈某某未能知晓涉案房产土地使用权的真实信息，进而使其对成交后所应缴纳的税费金额产生误判。从实际情况来看，基于涉案房产土地使用权为划拨地，陈某某已经缴纳了10 356元土地出让金，且根据法律规定及税收政策，后续还应缴纳价格不菲的土地增值税等。由此判断，涉案房产交易的税费将远远超出一般情形，而涉案房产成交价仅为239 000元，所应缴纳税费可以说大幅度地提高了交易成本，完全超出了陈某某对交易成本的预判，继续履行将造成其较大损失。故认定陈某某构成重大误解。

案例23：广州市昕瑞贸易有限公司、李某某房屋买卖合同纠纷案[①]

【裁判要旨】

作为具有完全行为能力的买受人应当知道签订合同、参与市场经济活动的一般规则、程序和后果，况且即使加上需缴纳的税款，涉案房屋整体价格亦低于正常市价范围，没有对买受人造成重大损失，不存在因税费过高超出正常房屋买卖整体价格的情

① 广东省清远市中级人民法院民事判决书（2017）粤18民终2019号。

形。涉案《房屋买卖合同》条款的表述完整，不存在歧义，没有导致买受人对合同条款的理解产生偏差。买受人在与对方签订合同时清楚涉案房屋的产权现状和物理现状，购买涉案房屋的行为不存在与买受人意思表示相悖的情形，更没有造成其重大损失。因此，本案的情形不符合我国法律关于重大误解的法律构成要件。

【涉税案情】

广州市昕瑞贸易有限公司（简称“昕瑞公司”）从清远农商银行手中购得涉案房产，该房屋以清远农商银行名义办理了房地产权证，昕瑞公司购得后未以其名义办理权属变更登记。

2016年3月，李某某为买方与出卖人昕瑞公司签订《房屋买卖合同》，双方同意该物业出售成交价为250 000元整。双方约定250 000元的成交价是净收价，该物业买卖的所有过户税、费（包含但不限于一次及/或多次的买卖双方应交的营业税金及附加、堤围防护费、企业所得税、个人所得税、印花税、契税、土地增值税、土地出让金等）均由买方承担。标的涉及的其他一切费用（包含但不限于欠缴的水费、电费、管理费、房产税、土地使用税、土地闲置费等）均由买方承担。合同签订后，李某某付清了购房款250 000元。

2016年7月28日，昕瑞公司通知李某某：根据《房屋买卖合同》约定，包括本次过户在内的两次过户（清远农商银行过户到昕瑞公司、昕瑞公司过户到李某某）所需的一切税费均由你方承担。

李某某以合同约定其需承担的税费过高为由主张双方对合同存在重大误解，诉请昕瑞公司退还相应购房款及逾期利息。

【争议焦点】

李某某（一审原告、二审被上诉人）

昕瑞公司明知要多次过户才能将房屋过户至李某某名下，在交易时没有注明且故意隐瞒房产证产权（相关产权证并没有出示及本方确认）仍在清远农商银行名下，导致李某某一直认为产权证及相关产权为昕瑞公司名下。在合同及相关资料中并没有向本方明确解释或注明，明显属于隐瞒相关事实，有意误导李某某。

昕瑞公司（一审被告、二审上诉人）

李某某清楚涉案房屋的现状和物理现象，购买涉案房屋的行为亦不存在与其意思表示相悖的情形。而且涉案房屋的售价本已显著低于市场价，即使加上需缴纳的税款，整体价格亦在正常市价范围内，完全没有造成李某某的任何损失。故本案的情形不符合我国法律关于重大误解的法律构成要件。

【裁判观点】

一审法院

涉案房屋 804 房与欧某余所购得的 806 房是相邻房屋，欧某余所购房屋过户需缴纳两次税费，第一次税费代上一手买卖双方共交纳税费 217 112.65 元，该税费与购房款相比为 96.49%。同理，通过相邻房屋的类比，涉案房屋过户至李某某名下需交纳两次税费，第一次税费为代上一手买卖双方缴交，第二次税费为案件的买卖双方缴交，税费与房价相比，税费比重很大，超出正常房屋买卖税费的理解。涉案合同是昕瑞公司提供的格式合同，双方在合同中没有明确约定税费的交纳权重比例，李某某仅在备注中叙述"该物业买卖的所有过户税、费（包含但不限于一次及/或多次……）均买方承担"，该条款是格式条款，昕瑞公司没有证据表明对李某某尽合理提示及解释说明义务，双方对过户税费的负担有重大误解，该合同属可撤销合同。现李某某以重大误解为由诉求撤销合同，符合法律规定，予以支持。

二审法院

构成重大误解须具备行为人因对行为的性质、对方当事人、标的物的品种、质量、规格和数量等存在错误认识，使行为的后果与自己的意思相悖，并造成较大损失等条件。经审查，涉案房屋的交易对方是明确的，双方也在合同中明确指明了交易标的的所有权证书编号，且售价显著低于市场价，作为具有完全行为能力的李某某应当知道签订合同、参与市场经济活动的一般规则、程序和后果，况且即使加上需缴纳的税款，整体价格亦低于正常市价范围，没有对李某某造成重大损失，不存在因税费过高超出正常房屋买卖整体价格的情形。李某某称不清楚涉案房屋过户须缴交两次税费，但并未提供相关证据予以佐证。本案的情形不符合我国法律关于重大误解的法律构成要件。一审法院认定本案的情形存在重大误解错误，予以纠正。判决撤销一审判决，驳回李某某的诉讼请求。

【案例评析】

重大误解，是我国民法中自《民法通则》和《合同法》出台以来一直沿用的概念。关于基于重大误解实施的民事法律行为的效力，原《合同法》第 54 条第 1 款规定，"因重大误解订立的合同"，当事人一方有权请求人民法院或者仲裁机构变更或者撤销；《民法典》第 147 条规定，"基于重大误解实施的民事法律行为，行为人有权请求人民法院或者仲裁机构予以撤销"。对于如何界定重大误解，原《民法通则意见》第 71 条规定："行为人因对行为的性质、对方当事人、标的物品种、质量、规格和数量等的错误认识，使行为的后果与自己的意思相悖，并造成较大损失的，可以认定为重大误解。"根据这一规定，认定重大误解需满足以下几个条件：一是行为人主观上存在错误认识；二是行为的结果与行为人的意思相悖；三是行为人的错误认识与行为后果之间存在因果关系；四是行为人在客观上遭受了重大损失。[①]

案例22中，买受人未能知晓涉案房产土地使用权的真实信息，未能意识到涉案房产土地为划拨用地而非出让土地所造成的土地增值税差异，且法院认为提高的交易成本将对继续履行造成较大损失，故支持买受人解除成交确认书的诉请；案例23中，买受人虽称不清楚涉案房屋过户须缴交两次税费，但并未提供相关证据予以佐证，且二审法院考虑市场价格因素，认定加上需缴纳税款后的涉案房产整体交易价格未对买受人造成重大损失，从而纠正了一审法院关于涉案情形存在重大误解的判决。

《民事诉讼法》第64条第1款规定，当事人对自己提出的主张，有责任提供证据；《民事诉讼法司法解释》第90条规定，当事人对自己提出的诉讼请求所依据的事实或者反驳对方诉讼请求所依据的事实，应当提供证据加以证明。实践中，部分买受人在进行拍卖决策时，仅考虑到竞拍价格，而忽略了交易中涉及的税费问题。如综合考虑税费成本结合成交价超出买受人预期，预计产生较大损失，买受人可考虑提供证据以重大误解为由诉请撤销拍卖合同。

问题20：包税条款约定不明，双方责任如何承担？

案例24：张某某、李某与吉林市春发实业有限责任公司买卖合同纠纷案[②]

【裁判要旨】

双方交易时并未就房屋产权变更登记税费由谁承担进行约定，依照有约定从约定，无约定从法定的原则，应由我国相关税法规定的纳税义务人缴纳其应承担的税费。

【涉税案情】

2006年9月，张某某、李某与吉林市春发实业有限责任公司（简称“春发实业公司”）就春发实业公司所有的吉林市西春发商场、吉林市河南街新兴园饺子馆、吉林市新兴园食品有限责任公司的房屋和土地使用权以4 280万元达成转让协议。后双方因上述合同效力及合同标的物“是否包含地下室和六楼”等问题发生争议，诉至法院。

经多轮诉讼，2013年7月2日，张某某、李某向税务机关缴纳了相关税费，该局

---

① 黄薇．中华人民共和国民法典释义（上）［M］．北京：法律出版社，2020：290.

② 吉林省高级人民法院民事裁定书（2018）吉民抗55号、吉林省高级人民法院民事判决书（2019）吉民再21号。

为张某某、李某开具了四份发票，纳税人名称为春发实业公司的完税证有两份，其中印花税（二手房卖方印花税）为21 400元，营业税（非住宅买卖）为214万元，城建税（市区城建税）为149 800元，教育费附加为64 200元，地方教育附加为42 800元，土地增值税为2 568 000元，合计4 986 200元。纳税人名称为张某某、李某的完税证有两份，其中契税（非住房买卖）为214万元，印花税为（二手房买方印花税、证照）21 405元，合计2 161 405元。上述变更登记的费用均由张某某、李某缴纳，因双方未就变更登记的税费承担进行约定，故张某某、李某依据法律规定向春发实业公司主张应由春发实业公司缴纳相关费用合计4 986 200元。

【争议焦点】

张某某、李某（一审原告、二审被上诉人、再审被申请人）

李某为春发实业公司出具的承诺中明确承诺了办理公司分立手续的费用由其承担，但没有承诺承担房屋产权变更登记税费。双方买卖涉案房屋时，张某某、李某支付的是正常的市场交易价格，之后涉案房屋价值大幅上涨不能作为买受人张某某、李某承担房屋产权变更登记税费的根据。房屋出让方春发实业公司是房屋产权变更登记税费的法定纳税主体，税务机关开具的完税发票上的纳税主体即是春发实业公司，因春发实业公司拒绝支付税费，张某某、李某为尽快办理产权变更登记，先行垫付房屋产权变更登记税费，春发实业公司应当给付张某某、李某垫付的税费。

春发实业公司（一审被告、二审上诉人、再审申请人）

在双方对房屋产权变更登记税费承担没有约定的情况下，根据房产交易习惯，结合李某在公司分立中出具的承诺内容，认定李某有明确的房屋产权变更登记税费承担的意思表示符合实际，符合公平原则。张某某、李某违反了诚实信用的基本原则，购买的涉案房屋完全低于当时的市场价格，春发实业公司不应承担房屋产权变更登记税费。

【裁判观点】

双方交易时并未就房屋产权变更登记税费由谁承担进行约定，依照有约定从约定，无约定从法定的原则，应由我国相关税法规定的纳税义务人缴纳其应承担的税费，税务机关开具的完税证显示，纳税人应为春发实业公司的税种有：印花税（二手房卖方印花税）21 400元，营业税（非住宅买卖）214万元，城建税（市区城建税）149 800元，教育费附加64 200元，地方教育附加42 800元，土地增值税2 568 000元，合计4 986 200元。而春发实业公司作为纳税义务人并未缴纳该笔费用，系未完全履行房屋所有权和土地使用权买卖合同的附随义务，已构成违约，应承担相应责任。张某某、李某替春发实业公司承担该笔税费后要求春发实业公司给付于法有据，应予支持。

案例25：固始县人民政府招待所与河南省佳旺房地产开发有限公司建设用地使用权转让合同纠纷案[①]

【裁判要旨】

双方《产权交易合同》对涉案土地使用权交易产生的相关税、费进行了约定，但该约定中仅列举了契税和权证变更办理费，未明确约定土地增值税的负担，由此导致双方在履行合同中对合同项下相关税费负担的理解发生争议。据此认定“产权交易合同”对土地增值税的负担约定不明，双方均负有一定责任，故按公平原则，判决由双方各自负担50%的土地增值税。

【涉税案情】

固始县人民政府招待所（简称“固始县招待所”）与河南省佳旺房地产开发有限公司（简称“佳旺公司”）签订了一份《产权交易合同》，合同约定固始县招待所将一宗国有土地使用权转让给佳旺公司。合同同时约定，此宗土地交易过程中所产生的税费中土地出让金和营业税由固始县招待所承担，其他一切税费均由佳旺公司承担。合同还约定了其他权利义务关系等。后期为办理土地移交和过户手续，固始县招待所先行支付了部分税款。当固始县招待所向佳旺公司主张垫付的部分税款时，佳旺公司一直未付。固始县招待所提起诉讼，请求判令佳旺公司支付其垫付的税款686万元及利息。

【争议焦点】

固始县招待所（一审原告、二审被上诉人、再审申请人）

固始县招待所提交的《出售须知》《竞买须知》及《产权交易合同》等证据，证明双方对税费的约定明确。《产权交易合同》第8条第1款采用列举的方式，约定固始县招待所应承担的税种为不动产营业税，第2款采用排除的方式约定佳旺公司承担除固始县招待所承担的不动产营业税和出让金外一切相关税费。争议的土地增值税和企业所得税应当包含在一切相关税费中。佳旺公司作为专门从事房地产开发的企业，对于土地交易过程中的税费问题理应清楚，因此，即便双方对土地增值税没有明确约定，固始县招待所亦没有责任。

① 最高人民法院民事裁定书（2015）民申字第1734号。

佳旺公司（一审被告、二审上诉人、再审被申请人）

固始县招待所主张的税款具有专属性，与佳旺公司不相关，因此让佳旺公司承担主张的税费缺乏事实依据。合同条款使用了列举式，而列举的税费佳旺公司已经全部交纳，未列举的应视为没有约定。至于列举内容之后的“等”字，属于约定不明。根据法律规定，约定不明亦视为没有约定。

【裁判观点】

涉案土地增值税的法定纳税义务人属固始县招待所，双方《产权交易合同》对涉案土地使用权交易产生的相关税、费进行了约定，但该约定中仅列举了契税和权证变更办理费，未明确约定土地增值税的负担，由此导致双方在履行合同中对合同项下相关税费负担的理解发生争议。《产权交易合同》对土地增值税的负担约定不明，双方均负有一定责任，故按公平原则，判决由双方各自负担50%的土地增值税。

【案例评析】

如上述两个案例，包税条款对税费范围约定常见列举式或排除式两种方法，采取列举式但未列举全面时，容易引起交易各方争议。编者认为案例25中法院观点值得商榷，司法实践中法院多采用与案例24同类表述，即“有约定从约定，无约定从法定，应由我国相关税种规定的纳税义务人缴纳其应承担的税费”。

原《合同法》第61条及62条、《民法典》第510条及511条，规定了合同没有约定或者约定不明的补救措施，即先协议补充，不能达成补充协议的，按照合同有关条款或者交易习惯确定，仍不能确认的，对于履行费用的负担不明确的，由履行义务一方负担。原《合同法司法解释（二）》规定了对交易习惯的举证责任承担问题。案例24中，房屋转让方应缴纳的营业税及附加税费、土地增值税、印花税可视为涉案合同的履行费用，春发实业公司虽主张按照交易习惯应由买受方承担房屋产权变更登记税费，但其未举证证明交易时双方均知道或应当知道房屋产权变更登记税费为买受一方承担，故法院对其主张不予支持。

为避免因税费约定不明出现纠纷，给当事人造成诉累，当事人可以在合同中约定，税费应当依照相关法律、行政法规的规定，由相应主体承担；对税费负担另有约定的，应列举出非纳税义务人应承担的税款种类，并明确实际负担税费一方违反约定情况下的违约责任，使得守约方的权益更有保障。

问题 21：合同注明卖方“净拿”，买方能否拒付卖方个人所得税？

案例 26：周某某与黄某房屋买卖合同纠纷案[①]

【裁判要旨】

涉案协议条款中“净”应理解为纯粹之意，“净拿”应理解为最终纯得之意，买方的理解明显缩限该词含义，亦与目前房屋交易习惯不符，故结合双方协议中约定的“甲方净拿壹佰零肆万元整”以及当前房屋买卖交易习惯，应理解为买方承担交易中产生的契税、个人所得税等费用。

【涉税案情】

2017 年 2 月 16 日，黄某（甲方）与周某某（乙方）在海门市贴心房屋信息咨询服务部（简称“贴心中介”）签订《售房协议书》，其中约定：甲方将涉案房屋并附车库等一并出售给乙方，总价 104 万元，合同第 13 条附说明：“甲方净拿壹佰零肆万元整”；过户费用由乙方负责，中介费由乙方支付。合同签订当日，周某某已支付定金 5 万元，并支付中介费 8 000 元。

合同签订后，双方就合同履行事宜多次通过短信、微信协商，因个人所得税的负担问题多次发生争执。

【争议焦点】

周某某（一审原告、反诉被告、二审上诉人）

双方合同中约定的“净得”应该是承担全部交易过程中的契税后，净付给出卖人 104 万元。个人所得税一般由得利者个人自行缴纳，这既是法律规定，更是交易惯例，要推翻这种规定或者惯例，应该通过明确无误的条款写明。涉案合同并非买方提供，因合同对个人所得税约定不明产生的责任不应由买方承担。

黄某（一审被告、反诉原告、二审被上诉人）

法律虽然规定个人所得税由出卖人负担，但本案双方在合同中约定出卖人净得 104 万元，签订合同时买方亦明知出卖人有两套房，可能要多交个人所得税，一审庭审中买方亦认可个人所得税应当由其负担，买方行为构成违约，应当承担相应违约责任。

---

① 江苏省如皋市人民法院民事判决书（2018）苏 0682 民初 2087 号、江苏省南通市中级人民法院民事判决书（2019）苏 06 民终 147 号。

【裁判观点】

依法成立的合同，受法律保护。合同生效后，对合同履行过程中部分权利义务没有约定或者约定不明的，双方可以协商，协商不成的，按照合同有关条款或者交易习惯确定。《合同法》第125条规定，当事人对合同条款的理解有争议的，应当按照合同所使用的词句、合同的有关条款、合同的目的、交易习惯以及诚实信用原则，确定该条款的真实意思。本案中，所涉购房协议合法有效，双方均应当按照协议约定履行各自义务，合同履行过程中双方对贷款方式、个人所得税由谁负担产生争议，之后虽曾就贷款方式达成一致意见，但因个人所得税由谁负担仍存争议，导致合同未能全面履行。对于双方争议应当根据协议有关条款、法律规定、交易习惯等因素作出解释，从而确定责任主体。关于个人所得税由谁负担的问题，买方认为协议中约定的“净拿”应当理解为买方承担交易中契税后，净付给房屋出售方104万元，个人所得税由房屋出售方负担。本院认为，涉案协议条款中“净”应理解为纯粹之意，“净拿”应理解为最终纯得之意，买方的理解明显缩限该词含义，亦与目前房屋交易习惯不符，故结合双方协议中约定的“甲方净拿壹佰零肆万元整”以及当前房屋买卖交易习惯，应理解为买方承担交易中产生的契税、个人所得税等费用，房屋出售方最终纯得104万元。

【案例评析】

原《合同法》第125条、《民法典》第142条、第466条皆有规定，当事人对合同条款的理解有争议的，应当按照所使用的词句，结合相关条款、行为的性质和目的、习惯以及诚信原则，确定意思表示的含义。习惯与惯例是在人们长期反复实践的基础上形成的，在某一地域、某一行业或某一类经济流转关系中普遍采用的做法、方法或规则，能够被广大的合同当事人所认知、接受和遵从。一些与现行法律、法规等规范性文件不相抵触、经国家认可的某些习惯，还常常成为民事法律的渊源。因此，在合同解释中，参照一定的习惯与惯例，不仅符合合同当事人的利益和愿望，而且符合社会正义和法律的要求。[1]

根据个人所得税相关法律、法规，个人所得税的纳税人固然应当是房屋出售方，但根据交易习惯，二手房房屋买卖合同中广泛存在买卖双方对个人所得税的实际承担人进行约定的情况，社会公众对“净拿”概念亦有普遍的共同认知，即由买方承担所有的交易费用，故本案一审、二审法院均支持“净拿”应理解为买方承担交易中产生的契税、个人所得税等费用。

---

① 崔建远. 合同解释三原则. 国家检察官学院学报［J］，2019（3）.

关于“净得”的含义，南通市中级人民法院在“周某与吴某某、海安鼎鼎房产营销策划有限公司买卖合同纠纷案”① 中作了更深层次的阐释。该案中，房屋买卖合同约定卖方净得房屋成交价 695 000 元，买卖行为产生的费用和所有税收由买方承担。交易后，卖方认为所涉房屋原先的银行贷款亦应由买方承担，由此双方对合同内容的理解发生争议，卖方拒绝过户引发诉讼。对此，法官认为：“语言效力受语境限制，从哲学角度而言，真理本身是相对的，没有绝对的、永恒不变的真理，语言在一定时空中彰显可信度，但超越时空真理就可能变为谬误。房屋交易中，约定买卖行为产生的费用和所有税收由买方承担，但从社会公众的正常认知来看，这样的语言表达并不意味着买方需承担卖方的贷款。如果双方真有此约定，作为对涉案房屋价格有重大影响的因素，应当在合同中作特别约定，且亦应标明合同的总价款。若超出社会公众的一般认知理解，相应的语言也会失去价值和社会认可度。原《合同法》第 6 条规定，当事人行使权利、履行义务应当遵循诚实信用原则。合同约定成交价 695 000 元，并未约定合同总价款除此成交价外，还需包括银行贷款部分。从双方约定的付款方式统计，买方支付给卖方的总费用应为 695 000 元。且从社会公众的一般认知理解来看，房屋买卖合同中的‘卖方净得’不存在需要买方承担卖方贷款的交易惯例，故卖方该归还的贷款不包括在总的房价中。”②

问题 22：合同约定一方当事人负担全部“费用”，税款是否属于“费用”？

案例 27：胜利油田泰恒实业总公司与东营瑞康房地产开发有限公司建设用地使用权转让合同纠纷案③

【裁判要旨】

涉案《合作开发协议书》约定，在土地具备过户条件时，过户至受让方名下，过户费用由受让方承担。从涉案建设用地使用权流转费用的分担构成看，营业税属于过户费用的范畴，故根据上述约定，应由受让方负担。

【涉税案情】

2007 年 7 月 23 日，甲方胜利油田泰恒实业总公司（简称“泰恒公司”）与乙方东

---

① 江苏省南通市中级人民法院民事判决书（2020）苏 06 民终 32 号。

② 万承源，沈高轩：《买房遇“文字游戏”：约定税费由买方承担，卖方说这包括贷款!》，载扬子晚报网 http：//news. yangtse. com/content/892406. html，最后访问日期 2020 年 12 月 28 日。

③ 山东省高级人民法院民事判决书（2014）鲁民一终字第 214 号、最高人民法院民事裁定书（2015）民申字第 943 号。

营瑞康房地产开发有限公司（简称“瑞康公司”）签订《合作开发协议书》，约定：合作开发“恒瑞”商品住宅楼，……乙方负责地上新建住宅楼及双方确认的配置标准的投资在土地具备过户条件时，过户至乙方名下（并将相关文件原件交给乙方），过户费用由乙方承担。……《合作开发协议书》签订时所指的5 885.9平方米占地包括土地三宗，分别为4 520.7平方米商业用地、151.3平方米商业用地、1 184.1平方米工业用地。

协议签订后，瑞康公司陆续取得涉案土地的建设用地使用权，瑞康公司为泰恒公司垫付交纳转让土地营业税50万元。

【争议焦点】

瑞康公司（一审被告、二审上诉人、再审申请人）

如果法院认定涉案合同是“建设用地使用权转让合同纠纷”，根据《营业税暂行条例》的规定，“在中华人民共和国境内提供本条例规定的劳务、转让无形资产或者销售不动产的单位和个人，为营业税的纳税人，应当依照本条例缴纳营业税。”泰恒公司为营业税的纳税人，该营业税50万元应由泰恒公司缴纳。

泰恒公司（一审原告、二审被上诉人、再审被申请人）

涉案《合作开发协议书》明确：在土地具备过户条件时，过户至瑞康公司名下。过户费用由瑞康公司承担，这些税就包含在过户费用里面。

【裁判观点】

涉案《合作开发协议书》约定，在土地具备过户条件时，过户至瑞康公司名下，过户费用由瑞康公司承担。从涉案建设用地使用权流转费用的分担构成看，50万元营业税属于过户费用的范畴，故根据上述约定，应由瑞康公司负担。

《营业税暂行条例》第1条规定：“在中华人民共和国境内提供本条例规定的劳务、转让无形资产或者销售不动产的单位和个人，为营业税的纳税人，应当依照本条例缴纳营业税。”该条规定系从国家税收征缴角度对营业税缴纳人的规定，其目的是确保国家税收得到足额的缴纳，维护国家税收安全。对该规范所确定的纳税主体，该规范的意思为提供劳务、转让无形资产或者销售不动产的单位和个人，而非最终确定该部分费用即由“缴纳”人负担。签订劳务合同、转让合同的当事人当然可以通过合意方式变更该部分费用的最终负担，其当事人之间的该种变更最终负担主体的意思表示，并不违反法律、行政法规的强制性规定，属于合法约定。在本案当事人瑞康公司与泰恒公司已经对过户费用有明确约定的情况下，根据《合同法》第8条的规定，该约定对瑞康公司与泰恒公司具有法律约束力，合同当事人均应依约履行。

案例28：赵某某、宋某某、宋某1、宋某2与绵阳市佳福特莱斯豪汽车贸易有限公司、谢某某、杨某建设用地使用权转让合同纠纷案①

【裁判要旨】

土地转让协议中没有对税、费的缴纳作出明确的界定，应当属于协议约定不明之情况，对于约定不明的责任应当属于双方过失所造成，其责任在签订协议的双方，为此对税金的承担应该由国家税务机关确认的纳税人自行交纳。

【涉税案情】

2003年12月31日，谢某某、宋某、另一人达成《合伙购买土地兴办企业的协议》，约定三方合伙购买涉案土地一块，用于兴办企业。甲方谢某某和乙方宋某各出资26万元，丙方另一人出资16万元。鉴于土地使用证不能同时填写三人的名字，三方商定在土地使用证上只填写谢某某一人的名字，土地使用权属三人共有。该宗土地于2004年2月11日办理了土地使用权登记，土地使用权人为谢某某。

2009年11月1日，宋某与宋某某（宋某之父）签订《股权赠与协议》，约定将前述土地宋某所占40%的股份自愿赠与宋某某。同年11月25日，谢某某、宋某某、另一人作为甲方与乙方绵阳市佳福特莱斯豪汽车贸易有限公司（简称“莱斯豪公司”）签订《土地转让协议》，协议约定：土地总价为人民币364万元整。……乙方负责在半年内办理完成相关过户手续，并承担转让过户期间产生的一切费用……。

【争议焦点】

莱斯豪公司（一审原告、二审被上诉人）

双方在合同中没有对税款进行约定，对其应当按照法律规定各自分担。

赵某某（一审被告宋某某之妻、二审上诉人）、宋某华（一审被告宋某某之女、二审上诉人）、宋某1（一审被告宋某某之子、二审上诉人）、宋某2（一审被告宋某某之子、二审上诉人）

协议约定莱斯豪公司承担“转让过户期间产生的一切费用”包括税金，再根据《小企业会计准则》也规定费用中包含税金，那么莱斯豪公司就应当负担土地交易中需缴纳的所有费用和税金。

【裁判观点】

土地转让协议中没有对税、费的缴纳作出明确的界定，应当属于协议约定不明之

① 四川省高级人民法院民事判决书（2015）川民终字第659号。

情况，对于约定不明的责任应当属于双方过失所造成，其责任在签订协议的双方，为此对税金的承担应该由国家税务机关确认的纳税人自行交纳；加之，从该土地交易行情分析，宋某某等于2003年购得该宗土地价格为68万元（约12.1万元/亩），该土地在2009年交易时的价格升值为65万元/亩，明显高于2011年基准地价24万元/亩的两倍以上，其交易时的价格中应当包含了出让方应当缴纳的土地增值税等税金，再结合莱斯豪公司单方委托的税务所核算的该土地应缴纳税费分析：该土地交易双方应补缴税金共计1 976 541.12元（其中转让方应补缴税金1 829 121.12元，受让方应补缴税金147 420元），如由莱斯豪公司承担出让方应缴税金，则会导致交易总价格约100万元/亩，从而形成该宗土地交易价格明显高于同地段工业用地的交易价格，依据《合同法》第5条“当事人应当遵循公平原则确定各方的权利和义务”及第125条第1款“当事人对合同条款的理解有争议的，应当按照合同所使用的词句、合同的有关条款、合同的目的、交易习惯以及诚实信用原则，确定该条款的真实意思”之规定，该土地转让协议中约定的“一切费用”就不应当包含税金，该宗土地出让方和受让方均应按照税务机关确认的纳税人自行缴纳各自的税金。

【案例评析】

以建设用地使用权转让纠纷中常见涉案协议约定“行政收费”（包括政府费用、行政费用等其他表述）由一方承担约定为例，如参照《行政事业性收费标准管理办法》（发改价格规〔2018〕988号）的规定，即“行政事业性收费，是指国家机关、事业单位、代行政府职能的社会团体及其他组织根据法律法规等有关规定，依照国务院规定程序批准，在实施社会公共管理，以及在向公民、法人和其他组织提供特定公共服务过程中，向特定对象收取的费用”，则涉案协议约定的“行政收费”不应当包括税金。再从税法角度观察“费用”的定义，《企业所得税法》第8条规定：“企业实际发生的与取得收入有关的、合理的支出，包括成本、费用、税金、损失和其他支出，准予在计算应纳税所得额时扣除。”《企业所得税法实施条例》第30条规定：“企业所得税法第八条所称费用，指企业在生产经营活动中发生的销售费用、管理费用和财务费用，已经计入成本的有关费用除外。”

从司法实践的角度分析，法官对“费用”涵盖的范围，观点不一。有从广义解释（包括税和费）和狭义解释（专指费）区别出发，支持广义解释的，如“李某某与青岛三鑫房地产评估有限公司建设用地使用权转让合同纠纷案”[①]，法院认为，“过户费一般指资产交易成交后买卖双方为变更权属登记所支付的包括各种税、费等费用，并非仅指权属变更的登记费”；亦有从格式条款的规定出发，认为应当作出不利于提供格

---

① 山东省高级人民法院民事判决书（2014）鲁民提字第282号。

式条款一方的解释，如“周某某与郑某某房屋买卖合同纠纷案”[①]，法院认为：“根据合同条文的字面意思理解，郑某某只需支付购房款200 000元即可，其余的全部办证费用（含税金）应由周某某承担。此外，该合同是周某某提供的格式合同，合同中约定办房产证的费用由周某某支付。现周某某提出合同约定的办证费用不包含税金，而郑某某认为办证费用包含税金。《合同法》第41条规定，对格式条款的理解发生争议的，应当按照通常理解予以解释，对格式条款有两种以上解释的，应当作出不利于提供格式条款一方的解释。按照前述法律规定进行判断，也应认定《合作建房合同》中约定的办房产证的费用包含了税金。”

老子云：图难于其易，为大于其细。天下难事，必作于易；天下大事，必作于细。合同签订中如涉及税费负担范围约定，当事人应注意合同内容的用词准确、表达无歧义、约定无死角。

问题23：包税条款适用范围是否包括企业所得税？

案例29：甘肃省供销合作储运总公司与兰州市轨道交通有限公司建设用地使用权转让合同纠纷案[②]

【裁判要旨】

我国现行关于税收征收方面的法律、法规虽均明确规定了纳税义务主体，但并未禁止纳税义务主体与合同相对人约定由合同相对人承担税款，即对于实际由交易双方中的哪一方承担税款并未作出强制性或禁止性规定。故涉案土地转让收入所发生的任何应缴纳税、费，应由受让方承担的约定未违反法律规定，亦不存在无效事由，合法有效。

关于“任何应缴纳税、费，由轨道公司全部承担”的理解问题。本款在签订合同时未采用列举式表述，亦未另行约定排除税费承担的种类，“任何应缴税费”即为因土地转让收入而产生的一切应缴税费，并无讨论企业所得额和企业所得税定义、构成之余地，更无将“任何应缴税费”限定在土地流转税等必要性税费内之可能。

【涉税案情】

兰州市轨道交通有限公司（简称“轨道公司”）因兰州市轨道交通1号线一期工程东岗车辆段建设需要，需占用甘肃省供销合作储运总公司（简称“储运公司”）取

---

① 湖南省永州市中级人民法院民事判决书（2016）湘11民终2444号。

② 甘肃省兰州市中级人民法院民事判决书（2019）甘01民初518号、甘肃省高级人民法院民事判决书（2020）甘民终171号、最高人民法院民事裁定书（2020）最高法民申5661号。

得合法使用权的土地。2014 年 11 月 26 日，储运公司作为甲方，轨道公司作为乙方，就土地使用权转让事宜签订了《土地转让协议》。其中第二条约定，甲乙双方商定，甲方转让的土地每亩税后人民币 360 万元整（转让总价以第一条约定的计算面积为准），由乙方全额支付给甲方（此转让价格含地上建筑物及附着物的安置补偿费及拆除费用），甲方取得土地转让收入每亩 360 万元所发生的任何应缴纳税、费，由乙方全部承担。

2015 年 5 月 25 日，双方签订了《补充协议（一）》，第二条约定，双方确认土地总价款为人民币 480 244 000 元，其中：土地证记载面积 126.619 亩，每亩税后价 3 600 000 元，土地价款为 455 828 400 元；代拆规划道路面积 7.876 亩，双方协商由储运公司负责代拆地上建筑物及平房住户的安置补偿工作，拆迁安置补偿费用每亩税后价 3 100 000 元，拆迁安置补偿费用为 24 415 600 元。

2019 年 5 月 21 日，国家税务总局兰州市税务局稽查局作出的《关于甘肃省供销合作储运总公司 2018 年企业所得税汇算清缴调表调账说明》载明，储运公司 2018 年度应纳企业所得税 61 358 570.47 元。2019 年 6 月 5 日，国家税务总局甘肃省税务局作出《延期缴纳税款申请审批表》，储运公司 2018 年度企业所得税延期缴纳税额为 61 358 570.47 元，延期缴纳期限为 2019 年 8 月 31 日。2019 年 8 月 29 日，储运公司向国家税务总局兰州市城关区税务局缴纳了上述企业所得税。

2019 年 4 月 16 日，储运公司委托税务师事务所办理轨道公司征用土地搬迁补偿收入涉及的企业所得税搬迁清算项目服务涉税业务。2019 年 5 月 7 日，税务师事务所作出审核结论认为，关于兰州市轨道交通建设征用土地搬迁用地的行为，属于企业政策性搬迁中的由政府组织实施的交通基础设施的需要。储运公司本次政策性搬迁的搬迁收入合计为 494 341 805.72 元，搬迁支出合计为 84 077 305.59 元，本次搬迁所得为 410 264 500.13 元。

储运公司向法院提出诉讼请求：判令轨道公司依约向储运公司支付因储运公司向轨道公司转让土地使用权而产生的企业所得税 61 358 570.47 元、税务服务费，支付储运公司为按期缴纳应纳税款向第三方借款产生的利息损失。

一审法院支持储运公司诉请，轨道公司不服判决，提起上诉。二审法院驳回上诉、维持原判。轨道公司不服判决，申请再审，最高人民法院驳回轨道公司的再审申请。

【争议焦点】

储运公司（一审原告、二审被上诉人、再审被申请人）

双方约定，储运公司取得土地转让收入每亩 3 600 000 元所发生的任何应缴纳税、费，由轨道公司全部承担。协议签订后，储运公司依约履行。基于此次土地使用权转让，储运公司取得土地转让收入应当缴纳企业所得税 61 358 570.47 元。同时，因落实推进此次土地使用权转让事宜，产生税务师事务所税务代理服务费678 000元。上述款项，依据双方约定，均应由轨道公司承担。其间，储运公司虽多次向轨道公司催要，但均无果。轨道公司未向储运公司支付企业所得税款项的违约行为，导致储运公司对外借款，形成新的损失。

轨道公司（一审被告、二审上诉人、再审申请人）

依据合同约定，轨道公司应承担税费范围仅涵盖储运公司取得土地转让收入，不包括取得土地转让后产生的企业所得税。实际履行中，储运公司是以每亩360万元的合同对价，作为其缴纳企业所得税前的收入进行的纳税申报、缴纳税款。将每亩360万元合同对价，认定为缴纳企业所得税后的收入，缺乏证据证明，且与合同约定及履行情况明显不符。双方的往来函件、会议纪要，均系储运公司单方提出由轨道公司承担企业所得税后，在上级部门协调下，双方为实际解决争议进行的磋商记录。

将轨道公司支付给储运公司的补偿款所产生的利息14 094 805.72元计入“搬迁收入”中，造成应纳所得税额增加352万余元。轨道公司就相关问题向相关税务部门进行了咨询，税务部门答复“搬迁收入中不包含补偿款的利息收入，相关利息收入应按照一般企业所得税的规定进行申报缴纳”，故因土地补偿收入产生的银行利息所对应的税费，不应由轨道公司承担。

【裁判观点】

本案《土地转让协议》《补充协议（一）》中明确约定：储运公司取得土地转让收入所发生的任何应缴纳税、费，由轨道公司承担。该条款基于双方当事人之间真实意思表示作出。我国现行关于税收征收方面的法律、法规虽均明确规定了纳税义务主体，但并未禁止纳税义务主体与合同相对人约定由合同相对人承担税款。涉案土地转让收入所发生的任何应缴纳税、费，应由轨道公司承担的约定未违反法律规定，亦不存在无效事由，合法有效。

“任何应缴纳税、费，由（轨道公司）全部承担”条款在签订合同时未采用列举式表述，亦未另行约定排除税费承担的种类，“任何应缴税费”即为因土地转让收入而产生的一切应缴税费，并无讨论企业所得额和企业所得税定义、构成之余地，更无将“任何应缴税费”限定在土地流转税等必要性税费内之可能。

税收系行政行为，企业何时缴纳、缴纳何种税费及税费金额均由国家税务机关核定后予以确定。国家税务总局兰州市税务局稽查局对储运公司2018年企业所得税汇算清缴进行调整，储运公司应纳企业所得税为61 358 570.47元，国家税务总局兰州市税务局同意储运公司延期缴纳税款，亦能够确认该调整行为。涉案土地使用权交易后产生的税收种类和税收金额均由国家税务机关核定，轨道公司以税收实际发生情况倒推储运公司是否营利、申报程序违法的抗辩逻辑在事实上不能成立。同时，储运公司已经将该税费交清，其以合同约定主张轨道公司偿付，于法有据。

涉案税务师事务所费用为储运公司委托其处理土地增值税及各种税种审核项目、企业所得税搬迁清算项目所产生的费用，代理费已实际发生，且已由储运公司支付。合同履行过程中，双方关于选定税务师事务所、相应费用承担等相关事宜进行了协商、沟通，对于储运公司要求轨道公司支付税务师事务所费用的诉讼请求予以支持。

轨道公司未向储运公司支付企业所得税款项的违约行为，导致储运公司对外借款，形成新的损失。储运公司主张该部分利息的诉讼请求，符合法律规定，应以支持。

【案例评析】

税费负担条款能否涵盖企业所得税？编者认为应从企业所得税的税制特点讨论起。

《企业所得税法》第5条规定："企业每一纳税年度的收入总额，减除不征税收入、免税收入、各项扣除以及允许弥补的以前年度亏损后的余额，为应纳税所得额。"第22条规定："企业的应纳税所得额乘以适用税率，减除依照本法关于税收优惠的规定减免和抵免的税额后的余额，为应纳税额。"企业所得税在征收方式方面，除了常见的查账征收外，居民企业存在核定应税所得率征收或者核定应纳所得税额征收；非居民企业存在按收入总额核定应纳税所得额、按成本费用核定应纳税所得额、按经费支出换算收入核定应纳税所得额等不同征收方式。其中涉及的各项金额都是纳税人一方所掌握的信息，对这些信息处理的正确与否是纳税人一方自负的风险，似乎和交易相对人无关。但是，包税条款的存在使相对人的命运也被裹挟进来。[①] 亦有观点认为，既然当事人一方明确承诺一切税费均由自己负责，那么令其承担风险有何不可？和企业所得税类似，包税条款交易下的个人所得税经营所得项目亦可能无法准确计算单项交易所对应的税款。

"固始县人民政府招待所与河南省佳旺房地产开发有限公司建设用地使用权转让合同纠纷案"[②] 中，最高人民法院认为，"企业所得税是指对在我国境内的企业就其生产经营所得和其他所得所征收的一种税种，企业是企业所得税的纳税主体。据此，本案争议的企业所得税应是固始县招待所因转让本案土地使用权而取得收入后，其应向税务机关缴纳的税费，而非土地使用权交易中必须缴纳的税费。原审判决认定该税费不是完成本次土地产权交易必须缴纳的税费，固始县招待所作为法定纳税义务人，应当由其自行承担该税费，符合法律规定。""浙江浣美门窗工业有限公司与浙江诸暨一百物流有限公司建设用地使用权纠纷、买卖合同纠纷案"[③] 中，法院则基于涉案企业所

① 班天可．涉税的重大误解——兼论"包税条款"之效力［J］．东方法学，2020（6）．

② 最高人民法院民事裁定书（2015）民申字第1734号。

③ 浙江省诸暨市人民法院民事判决书（2013）绍诸民初字第1733号、浙江省绍兴市中级人民法院民事判决书（2013）浙绍民终字第1432号。

得税的税率和应纳税额均存在不确定性，客观上难以进行比较精确的计算等因素，认定可以按重大误解处理，酌情确定涉案企业所得税和滞纳金由纳税人自行承担25%，其余75%由另一方当事人承担。

本案中，最高人民法院裁定二审法院认定涉案土地使用权转让而产生（含补偿款所生利息）的企业所得税及相关费用（委托税务师事务所审核费用、向他人借款缴纳税款所产生的利息）由轨道公司承担并无不当，予以维持。另外，编者提醒读者注意的是，本案由轨道公司负担的企业所得税属于“价内税”，其计税依据包含轨道公司实际负担的税款，故在计算企业所得税时应当将储运公司的“到手价”换算成“含税价”，储运公司在诉请中少计税款补偿金额，详细内容可参考专题13“税款追索纠纷”中问题96。

为了避免所得税包税条款的相关争议，交易双方应约定计算方法或公式，以减少合同所涉税款的不确定性，有效控制因包税条款而负担无法预知的税费风险。

问题24：拍卖公告约定买受人负担双方一切税费，是否包括土地增值税？

案例30：林某与中国工商银行股份有限公司莆田分行、中国工商银行股份有限公司莆田秀屿支行、福建天友拍卖有限公司房屋买卖合同纠纷案[①]

【裁判要旨】

讼争的土地增值税是因买受人与委托人之间的房地产交易转让而产生的，理所当然包含在《拍卖规则和注意事项》所列的一切税费之中。《土地增值税暂行条例》只规定转让房地产并取得收入的单位和个人是土地增值税的纳税人，并没有规定该税费不能约定由买受人承担。该交易是双方当事人的真实意思表示，不违反法律规定，合法有效。

【涉税案情】

福建天友拍卖有限公司（简称“天友拍卖公司”）受中国工商银行股份有限公司莆田分行（简称“工行莆田分行”）的委托，于2009年11月17日在《湄洲日报》上刊登拍卖公告，公开拍卖八宗房地产，第五宗属中国工商银行股份有限公司莆田秀屿支行（简称“工行秀屿支行”）名下。林某以2 140 000元成交价竞得第五宗拍卖标的，并与天友拍卖公司签订了《拍卖成交确认书》。截至2009年12月10日，林某分期付清拍卖成交款和拍卖佣金，工行莆田分行也将上述房地产及其权证等相关资料移交林某。后因交纳税费产生争议。2013年3月26日，工行莆田分行完成本宗房地产交

① 福建省莆田市中级人民法院民事判决书（2014）莆民终字第1116号。

易的纳税申报，于同月29日缴清本宗房地产交易产生的营业税、城市维护建设税、土地增值税、教育费附加、地方教育费附加、印花税等税费共计848 380元和滞纳金共计97 397.29元。2013年10月10日，工行莆田分行、工行秀屿支行诉至本院，要求林某支付代缴税费。

【争议焦点】

工行莆田分行、工行秀屿支行（一审原告、二审被上诉人）

《拍卖规则和注意事项》第10条中特别说明："拍卖成交后，买受人应在付清拍卖成交款及佣金后的三个月内自行到房产及土地管理部门办理相关权证过户手续及相关权证的办证手续，交易过程中所产生的一切税费（含卖方多次税费）、土地出让金均由买受人承担，"并附《拍卖标的目录》。《拍卖标的目录》中对本案房地产应缴税费亦作了明确说明，即"一切费用及土地出让金、税金均由买受人缴纳"。讼争的房地产土地增值税是因房地产交易转让而产生的，理所当然包含在《拍卖规则和注意事项》所列的一切税费之中。《土地增值税暂行条例》只规定转让房地产并取得收入的单位和个人是土地增值税的纳税人，并没有规定该税费不能约定由买受人承担。故工行莆田分行已向税务机关缴纳营业税、城市维护建设税、教育费附加等税费848 380元，可以依照约定向买受人追偿。

林某（一审被告、二审上诉人）

土地增值税不属于交易特定环节产生的税费，应当由委托人自行缴纳，委托人主张由买受人承担土地增值税缺乏事实与法律依据。

【裁判观点】

讼争的房地产土地增值税是因买受人与委托人之间的房地产交易转让而产生的，理所当然包含在本案《拍卖规则和注意事项》所列的一切税费之中。《土地增值税暂行条例》只规定转让房地产并取得收入的单位和个人是土地增值税的纳税人，并没有规定该税费不能约定由买受人承担。该交易是双方当事人的真实意思表示，不违反法律规定，合法有效。

案例31：河南京开置业有限公司、王某某追偿权纠纷案①

【裁判要旨】

土地增值税是房地产经营单位或个人，有偿转让国有土地使用权及在房屋销售过

① 河南省平顶山市中级人民法院民事判决书（2020）豫04民终975号。

程中获得的收入，扣除开发成本等支出后的增值部分，按照一定的比例向国家缴纳的一种税费。京开置业公司是土地增值税的纳税义务人，缴纳土地增值税是其负有的法定义务。土地增值税是扣除了与转让房地产有关的其他税金的税金，是国家针对出让人取得的收入课税，其清算时间可以是在房地产开发项目全部竣工、完成销售等情形下，由纳税人进行土地增值税的清算，也可以是纳税人符合取得销售（预售）许可证满三年仍未销售完毕等情形下，主管税务机关要求纳税人进行土地增值税的清算。因此，土地增值税与交易过程中产生的城市维护建设税、教育费附加税、印花税等税种的课税原因、性质均不同，其不属于交易特定环节产生的税费。

【涉税案情】

刘某与王某某、舞钢市华兴房地产开发有限公司、河南京开置业有限公司（简称“京开置业公司”）、舞钢市九龙旅游开发有限公司、舞钢九龙湖旅游开发有限公司民间借贷纠纷一案，经协商，双方达成调解，舞钢市人民法院于2015年10月29日作出《民事调解书》。

后王某某、舞钢市华兴房地产开发有限公司、京开置业公司、舞钢市九龙旅游开发有限公司、舞钢九龙湖旅游开发有限公司均未按照调解书履行还款义务，刘某申请执行并于2017年7月3日10时至2017年7月4日10时在淘宝网司法拍卖网络平台参加拍卖，通过公开竞价成交，最终签订《拍卖成交确认书》，以最高价竞得拍卖标的物，成交价为1 706万元人民币。《拍卖成交确认书》第六条约定，对拍卖标的的过户、过户费用、其他所有涉税费用等均由买受人自行承担。

2017年7月7日，舞钢市人民法院作出《执行裁定书》，裁定解除对被执行人京开置业公司名下标的物的查封，标的物过户到买受人刘某名下。刘某于2017年10月20日办理了拍卖房屋的不动产权证书。舞钢市地方税务局于2017年12月21日开具纳税通知书，通知京开置业公司全额缴纳增值税及其附征、企业所得税、印花税、土地增值税事项税费。京开置业公司未缴纳上述事项税费，刘某代京开置业公司缴纳上述事项税费共计2 820 638.46元。

刘某向法院起诉，请求判令京开置业公司、王某某连带返还刘某代缴纳的税款及至起诉之日的利息，并继续以未返还税款为基数按照中国人民银行同期同类贷款利率支付利息至款项返还完毕之日。

【争议焦点】

刘某（一审原告、二审被上诉人）

涉案追偿的税款系京开置业公司应当缴纳而拖欠的税款，依据税法等相关法律规定应由也只能由京开置业公司承担。刘某作为拍卖房屋的竞买人代为缴纳了拖欠税款，自代缴之日理应取得追偿权。

针对办理拍卖房屋不动产权证书的时间之所以早于缴纳税款，是由于：根据舞钢市人民法院的《拍卖成交确认书》和《执行裁定书》，须30日内办理相关产权过户登记手续。刘某要求不动产登记部门和税务部门必须办理，逾期不办理，要求相关部门承担责任，不动产登记机关和税务部门就按照规定办理了不动产权证书。其中，由刘某承担的税费，按照要求由刘某缴纳，由京开置业公司承担的税费，税务部门向京开置业公司下达缴纳通知书，但京开置业公司一直未缴纳相关税费。后来在税务部门的要求下，刘某代缴了相关税费。

京开置业有限公司、王某某（一审被告、二审上诉人）

在交易过程中，双方可以约定应缴纳税款由非纳税义务主体承担。拍卖公告中明确了买卖双方的一切税费都由买受人承担，买受人既然参加了竞拍行为，就应当遵守约定，这种方式并没有改变纳税义务人的身份，改变的只是税费的实际承担者。因此，在司法拍卖中，拍卖价格通常不含税费，可以认为让买受人承担的全部税费其实也是房价的一部分。倘若支持刘某垫付税款后再进行追偿，将会导致新的债权债务发生，又会出现新的诉讼、执行纠纷，本案将无休无止。

刘某出示的涉案不动产登记证显示颁发日期为2017年10月20日，但其提交的完税凭证显示交税时间为2017年12月21日，显然是先办证，后交税，即使涉案税费不缴纳也不影响刘某办理不动产登记。刘某在过户后自愿补缴税费，理应认为其自愿履行《拍卖成交确认书》的协议义务。

【裁判观点】

一审法院

涉案《拍卖公告》内含税收法定原则即依照税法等相关法律规定，买受人仅承担本次交易过程中产生的税费，但该公告内容并不能得出被执行人在拍卖前所欠税费由买受人承担的意思表示。故京开置业公司在不动产拍卖前已欠税费依法不应由买受人刘某承担。对于京开置业公司在拍卖前已欠缴的税费，人民法院应协助税务机关从拍卖款中依法缴付。本案中，法院未依法在拍卖款中缴付京开置业公司拍卖前已欠缴的税费2 820 638.46元，刘某为取得不动产权证书，代京开置业公司缴付该欠付税费2 820 638.46元亦无不妥。故京开置业公司应当返还刘某代缴税费。

二审法院

涉案标的物的土地增值税及滞纳金是刘某在取得涉案房屋所有权后代京开置业公司缴纳的税金，按照涉案《拍卖公告》《拍卖成交确认书》的内容，刘某仅承担涉案标的交易、过户过程中的税费，由于涉案土地增值税及滞纳金不属于交易、过户过程中产生的税费，故涉案土地增值税及其滞纳金共计1 386 310.24元应当由京开置业有限公司承担。刘某代京开置业公司缴纳的上述 1 386 310. 24 元税款应予返还。除土地增值税及其滞纳金之外的其他涉案税款 1 434 328. 22 元依据拍卖公告及拍卖成交确认书的约定由刘某承担。

【案例评析】

鉴于司法实践中法院存在不同观点，为免产生不必要的争议，在拍卖及其他房产交易的实际操作过程中，作为拍卖人、委托人，在发布拍卖文件时，建议在《拍卖公告》或《拍卖须知》等拍卖文件中载明由买方承担税费的具体范围；作为竞买人，在参与竞拍或交易时，务必仔细阅读《拍卖公告》等文件，确认除成交价、佣金之外需要由买受人承担税费的具体范围，尤其是是否包含土地增值税，如约定不明确，应积极与拍卖人沟通确认，以便全面考虑参与竞拍的成本。

问题 25：拍卖公告约定买受人负担双方一切税费，是否包括欠缴税费？

案例 32：山东平原农村商业银行股份有限公司、德州超飞公路工程建设有限公司合同纠纷案[①]

【裁判要旨】

《竞买须知》及《资产转让协议》中均对涉案土地使用权可能存在的瑕疵和风险予以披露，欠缴税费属于资产瑕疵范围。受让方在《资产转让协议》承诺，自愿受让该资产，并已于本协议签订前对转让资产的现状及其权源文件进行了核验和勘察，同意根据其核验和勘察后认知的情况受让该转让资产，对该转让资产的成新、质量、欠付税费、附属设备设施、权源等存在或可能存在的各种瑕疵不持任何异议，承诺不因上述瑕疵向转让方主张任何权利或要求转让方承担任何责任。《资产转让协议》有效，受让方对欠付税费等瑕疵情况均系明确知晓，应当按照合同约定承担涉案土地使用权过户前已欠税款的缴费义务。

【涉税案情】

2014 年 6 月 26 日，山东平原农村商业银行股份有限公司（简称“平原农商行”）通过接收抵债资产的执行裁定书取得了涉案资产的所有权，但并未办理过户。

2018 年 12 月 16 日，平原农商行委托山东兆丰国际招标拍卖股份有限公司（简称“兆丰公司”）拍卖接收的抵债资产。兆丰公司于 2018 年 12 月 19 日在《德州日报》

---

① 山东省平原县人民法院民事判决书（2020）鲁 1426 民初 2675 号、山东省德州市中级人民法院民事判决书（2020）鲁 14 民终 3855 号。

刊登《拍卖公告》，定于2019年1月2日在中国拍卖行业协会网络平台采用网上竞价方式公开拍卖，德州超飞公路工程建设有限公司（简称“超飞公司”）参与竞拍并最终以200万元拍得此抵债资产。平原农商行（甲方）与超飞公司（乙方）于2019年1月2日签订《资产转让协议》，转让协议约定：……自交付之日起，该转让资产毁损、灭失的风险由乙方承担，与该资产有关的一切费用（包括但不限于水费、电费），同时转由乙方负担；与该不动产过户有关的一切税、费及其他费用，均由乙方自行承担……

因该抵债资产存在欠缴房产税及城镇土地使用税情况，2020年7月27日及8月21日平原农商行向税务部门缴纳了涉案资产自2014年7月1日至2018年12月31日的房产税、城镇土地使用税749 734.02元及相应的滞纳金499 010.48元，总计1 248 744.50元。现平原农商行诉至法院，要求超飞公司支付该税款。

【争议焦点】

平原农商行（一审原告、二审上诉人）

平原农商行不否认2014年7月1日至2018年12月31日期间内产生的房产税和土地使用税的纳税义务主体是平原农商行，但是平原农商行已经通过约定较低的转让价格的方式将该税费的承担责任转移给了超飞公司。涉案土地的转让价格200万元是平原农商行考虑了涉案土地存在的历史税费等问题后确定的价格，一审判决后平原农商行提交新证据说明土地使用权的正常市场价值委托评估是519万元，远远高于200万元，平原农商行让渡的经济价值是为了让超飞公司自行解决税费等问题。因此平原农商行的缴纳行为属于替超飞公司垫付，超飞公司应当承担最终的付款责任，向平原农商行返还垫付税费。

《竞买须知》也在多个条款明确提示抵债资产可能存在欠缴税费等相关情形，超飞公司对其购买的抵债资产存在欠缴税费的情况是知晓的，其购买的抵债资产与自己原有的厂区一墙之隔，对该资产抵债的历史十分清楚。《资产转让协议》第2条约定：“乙方自愿受让该资产，并已于本协议签订前对该转让资产的现状及其权源文件进行了核验和勘察，同意根据其核验和勘察后认知的情况受让该转让资产，对该转让资产的成新、质量、欠付税费、附属设备设施、权源等存在或可能存在的各种瑕疵不持任何异议，乙方承诺不因上述瑕疵向甲方主张任何权利或要求甲方承担任何责任。”因此，超飞公司应当自行查勘抵债资产，买卖自愿，其完全可以先到税务机关落实资产欠缴税费的情况再决定是否购买，平原农商行既没有隐瞒资产情况，也没有义务帮超飞公司查清税费具体是多少。双方在合同中约定超飞公司承担一切税费足以表达清楚意思，不存在模糊笼统。

从公平角度来说，平原农商行转让涉案资产收入200万元，垫付税费1 248 744.50

元，净收入仅为70多万元，这明显不符合常理及双方交易的本意，对平原农商行明显不公，平原农商行给予超飞公司的转让价格优惠完全成了超飞公司的不正当获利。

超飞公司（一审被告、二审被上诉人）

平原农商行的请求及理由无事实和法律依据。

【裁判观点】

一审法院

平原农商行作为金融机构对应缴纳上述税费是明知的，但其在取得了涉案资产的所有权后一直未缴纳，产生了本案中其缴纳的巨额税费和滞纳金，在拍卖该抵债资产之前，平原农商行明知该抵债资产存在欠缴税费的情形，而不具体说明，在涉案资产转让时也未明确约定，只是在《竞买须知》及《资产转让协议》中使用笼统的“可能存在欠缴税费”“一切税费”等用语，因此对于用词模糊笼统而产生的后果，平原农商行应自行承担。且平原农商行在为超飞公司办理过户前，其自行缴纳了所诉的房产税及城镇土地使用税，因此可认定其在《竞买须知》及《资产转让协议》中约定的税费不包含房产税及城镇土地使用税。故平原农商行主张超飞公司承担欠缴的税费无法律依据，法院不予支持。

二审法院

平原农商行在《竞买须知》及《资产转让协议》中均对涉案土地使用权可能存在的瑕疵和风险予以披露，欠缴税费属于资产瑕疵范围。超飞公司在《资产转让协议》承诺，自愿受让该资产，并已于本协议签订前对转让资产的现状及其权源文件进行了核验和勘察，同意根据其核验和勘察后认知的情况受让该转让资产，对该转让资产的成新、质量、欠付税费、附属设备设施、权源等存在或可能存在的各种瑕疵不持任何异议，承诺不因上述瑕疵向平原农商行主张任何权利或要求平原农商行承担任何责任。《资产转让协议》有效，超飞公司对欠付税费等瑕疵情况均系明确知晓，应当按照合同约定承担涉案土地使用权过户前已欠税款的缴费义务。现平原农商行已经缴纳欠缴税款，超飞公司应向平原农商行支付该诉请款项。

案例33：赵某某、王某与仪征市刘集镇惠民农贸市场有限公司、黄某某等民间借贷纠纷执行复议案[①]

【裁判要旨】

《竞买公告》中虽然公告了“该房产预登记在被执行人名下，未办理房产证、土

① 江苏省高级人民法院执行裁定书（2018）苏执复113号。

地证，办理相关权证需要一定时间，因没有办理初始登记，可能涉及税费较高”“交易过程中所产生的一切税费由买受人承担”等内容，但该公告内容并不能得出被执行人在前次交易中欠缴的税费由买受人承担的意思表示。被执行人在前次交易中欠缴的税费并非本次交易过程中所产生，故不应由买受人承担。对于被执行人在前次交易行为中产生的欠缴税费，人民法院应协助税务机关从拍卖款项中依法缴付。

【涉税案情】

王某与仪征市刘集镇惠民农贸市场有限公司（简称“刘集农贸市场”）、黄某某、郭某民间借贷纠纷一案，扬州仲裁委员会于2014年3月17日作出裁决书已发生法律效力，依该裁决：刘集农贸市场应偿还王某欠款900万元并支付利息，黄某某、郭某对该还款义务承担连带清偿责任。执行过程中，江苏省扬州市中级人民法院（简称“扬州中院”）依法对被执行人郭某名下涉案房产启动评估拍卖程序。2018年1月17日，赵某某通过淘宝网司法拍卖平台以217万元竞买成功。

赵某某竞买成功后在规定时间内全额支付了拍卖款，于同年2月11日取得执行裁定书。但在办理房产过户的过程中，发现房主在当初购房时欠契税未缴纳，与经办法官沟通，经办法官以《竞买公告》第六条：交易过程中所产生的一切税费由买受人承担”为由，要求其承担出卖人购房时所欠国家契税。

赵某某请求重新认定，将拍卖款优先缴纳出卖人购房契税。

【争议焦点】

赵某某（异议人、复议申请人）

被执行人前次房产交易过程中应缴纳的税费，是被执行人之前发生房产交易时就已经产生的税费，而非本次交易过程中所发生的税费。拍卖网站公示的《扬州司法交易税费表》中，在买家及卖家所需承担的税费中均未提及被执行人所欠缴国家的税费。网站公示的税费表格中列举的税费是经过法院认真审核认可后公布的，已涵盖所有需要缴纳的税费，被执行人于前次交易中所欠国家的税费应视为被执行人的欠款，在拍卖款中优先偿还。

《竞买公告》中说明的“房产预登记在被执行人名下，未办理房产证、土地证”与被执行人欠国家税费由谁承担没有因果关系，不能因此认定应由买受人承担被执行人前次欠缴的税费。《竞买公告》第六条“交易过程中所产生的一切税费由买受人承担”，但被执行人购房时所拖欠国家税费并非本次交易过程中发生，不应由买受人承担。

【裁判观点】

扬州中院在《竞买公告》中虽然载明了“该房产预登记在被执行人名下，未办理房产证、土地证，办理相关权证需要一定时间，因没有办理初始登记，可能涉及税费较高”“交易过程中所产生的一切税费由买受人承担”等内容，但该公告内容并不能得出被执行人在前次交易中欠缴的税费由买受人承担的意思表示。结合涉案房产预登记在被执行人名下，未办理房产证、土地证的情况，被执行人如果依法及时办理了相关权证，本次交易需要缴纳更高的税费，买受人将《竞买公告》理解为本次交易过程本身会产生更高的税费，并无不妥。而被执行人在前次交易中欠缴的税费并非本次交易过程中所产生，故不应由买受人承担。

案例34：安徽闵达电气科技股份有限公司与安徽省富士龙木业制品有限公司对外追收债权纠纷案[①]

【裁判要旨】

买受人应承担标的物过户所应交的税费，并未明确买受人承担被执行人所欠的一切税费，买受人系购买被执行人的土地及其附属物，而非收购被执行人。故被执行人向买受人主张其前期所欠税款无事实和法律依据，不予支持。

【涉税案情】

2018年1月11日，安庆市迎江区人民法院应申请执行人江某、陈某某的申请，对安徽闵达电气科技股份有限公司（简称“闵达公司”）位于安徽省怀宁县高河镇新县城工业园建筑面积为29 428.14平方米的工业房产及66 183.50平方米的工业土地使用权进行网络司法拍卖（整体拍卖）并发布《竞买公告》。本次拍卖标的物过户的一切税费及其可能存在的物业费、水、电、煤气、管网费等欠费均由买受人承担。

上述拍卖公告期限届满后，仅富士龙公司报名参加竞卖，富士龙公司分别以起拍价4 000 000元、21 157 648.64元竞买成功。拍卖成交后，法院裁定买受人富士龙公司可持裁定书到有关管理部门办理产权过户登记手续。

闵达公司破产债权申报期间，国家税务总局怀宁县税务局（安徽省怀宁县地方税务局）于2018年5月11日向管理人提交书面债权申报书，载明：截至2018年3月31日，闵达公司欠缴地方各税4 970 597.82元及滞纳金3 143 023.09元。2019年1月15日，闵达公司第二次债权人会议表决通过《安徽闵达电气科技股份有限公司破产财产分配方案》，并经人民法院认可。根据该分配方案，方某某、朱某某应分配门卫看管费134 000元；国家税务总局怀宁县税务局税款182 951.17元及普通债权清偿款320 542元，共计503 493.17元。

---

① 安徽省安庆市中级人民法院民事判决书（2019）皖08民初212号。

闵达公司提起诉请，要求方某某、朱某某申报的门卫看管费及国家税务总局怀宁县税务局申报的闵达公司两块土地及厂房所欠的税款共计637 493.17元，由富士龙公司支付。

【争议焦点】

闵达公司（原告）

根据法院《拍卖公告》，拍卖标的物可能存在的物业费、水、电费、煤气费、管网费等欠费均由买受人承担。方某某、朱某某申报的门卫看管费，及国家税务总局怀宁县税务局申报的闵达公司两块土地及厂房所欠的税款，应当由富士龙公司支付。

富士龙公司（被告）

《拍卖公告》描述了"本次拍卖标的物过户的一切税费及其可能存在的物业费、水、电、煤气、管网费等欠费均由买受人承担"。该公告的标的物情况中对于买受人应当承担的费用做了列举式的提示，即买方税费：契税、印花税、交易税、测绘费、权属登记费及取证费；卖方税费：印花税、交易税、营业税、个人所得税；其他费用情况：未知。富士龙公司承担的是拍卖标的物过户的一切税费，且已经全部缴清。闵达公司主张是其在破产前经营活动中所产生的欠税，但《拍卖公告》及《标的物情况说明》已将税和费区分开来，从文意解释不能得出闵达公司主张的经营活动所产生的欠税应由富士龙公司承担的结论。

闵达公司主张的税款系城建税、印花税、房产税、土地使用税，均是企业经营活动过程中产生的，应由闵达公司承担。

按照《国家税务总局关于人民法院强制执行被执行人财产有关税收问题的复函》第4条规定，闵达公司所欠税款，应当由人民法院协助税务机关在闵达公司被拍卖、变卖财产的收入中征收。

【裁判观点】

《拍卖公告》明确约定了"本次拍卖标的物过户的一切税费及其可能存在的物业费、水、电、煤气、管网费等欠费均由买受人承担"。首先，从该条款的表述顺序来看，该条款前段部分系对买受人承担的税款进行的说明，即买受人应承担标的物过户所应交的税费，并未明确买受人承担闵达公司所欠的一切税费，而后段部分系对其他欠费进行的列举描述。其次，从权利和义务相一致的原则出发，富士龙公司系购买闵达公司的土地及其附属物，而非收购闵达公司。故闵达公司向富士龙公司主张其前期所欠税款无事实和法律依据，不予支持。

【案例评析】

司法拍卖中，编者认为被执行人前期欠缴税费属于被执行人与税务机关形成的税收债权，无论拍卖与否，欠缴税费均已存在，与拍卖行为无关，不应属于交易环节税款。《税收征管法》第45条规定，纳税人欠缴的税款发生在纳税人以其财产设定抵押、质押或者纳税人的财产被留置之前的，税收应当先于抵押权、质权、留置权执行。《国家税务总局关于人民法院强制执行被执行人财产有关税收问题的复函》（国税函〔2005〕869号）第4条规定："鉴于人民法院实际控制纳税人因强制执行活动而被拍卖、变卖财产的收入，根据《中华人民共和国税收征收管理法》第五条的规定，人民法院应当协助税务机关依法优先从该收入中征收税款。"对于被执行人前期欠缴税款，其承担方式为：在拍卖的财产上设定担保的，如果欠税发生在担保前，税收应该从拍卖所得中优先扣除，欠税具有优先权；如果欠税形成在担保后，担保债权优先于欠税受偿。司法实践中，多地法院明确，强制执行过户案件中，被执行人欠缴税费由税务部门负责追缴，如福建省高级人民法院与福建省税务机关联合下发的《关于建立法院与税务机关执法协作机制工作方案》[①] 规定："被执行人财产依法拍卖成交后，如需申请税务机关代开发票的，税务机关应在收到税（费）款后三个工作日内开具；税务机关在收到交易税款后，应当积极协助执行法院办理相关过户手续，不得以被执行人欠缴非本次交易环节的税费为由，拒绝办理过户手续。"上海市高级人民法院执行局与上海市税务机关有关处室制定的《关于落实本市人民法院与税务部门衔接机制建设相关问题的意见》规定："在法院强制执行过户案件中，对属于被执行人原先经营过程中所产生的相关历史欠缴税费，由税务部门负责追缴，不作为本次交易过户的前置要件。税务部门对该历史欠缴税费，可以在人民法院处置相关被执行人财产后依法申请参与分配受偿。"

非司法拍卖的情形，编者认为买卖双方可分别采取有利于己的诉讼策略。对于委托人，拍卖标的有关欠缴税费，可视为拍卖标的的瑕疵。《拍卖法》第18条规定："拍卖人有权要求委托人说明拍卖标的的来源和瑕疵。拍卖人应当向竞买人说明拍卖标的的瑕疵。"第27条规定："委托人应当向拍卖人说明拍卖标的的来源和瑕疵。"民事主体从事民事活动，应当遵循自愿、公平、诚信原则。如果委托人已充分披露拍卖标的存在欠缴税费的情况，并以合理的方式履行提示和说明义务，约定由竞买人承担，竞买人在此前提下自愿竞拍标的，则说明竞买人明确知晓拍卖标的的瑕疵，应当按照约定承担拍卖标的的欠缴税费。对于买受人，可以只承担拍卖标的物过户的一切税费，而不包括委托人经营所欠税款为由，拒绝承担委托人前期欠缴税费。

竞买人需要注意的是，根据《不动产登记暂行条例实施细则》第15条，不动产

---

① 《福建高院与税务机关协作助执行》，载福建省高级人民法院网：http：//www. fjcourt. gov. cn/Page/Court/News/ArticleTradition. aspx? nrid = f09b2993 - 271e - 4c04 - a97b - 31de047eefa3，最后访问日期2020年12月17日。

登记机构受理不动产登记申请后，应当对法律、行政法规规定的完税或者缴费凭证是否齐全进行查验。如果被执行人或者委托人前期欠税，则存在税务机关以欠税未缴纳为由不同意出具完税证明，从而导致买受人无法办理拍卖标的不动产登记的风险。

问题26：包税条款下的增值税“销售额”如何认定？

案例35：绍兴富强泓云新材料有限公司、绍兴富强皮塑有限公司合同纠纷案[①]

【裁判要旨】

通常情形下，销售方向购买方出售货物或提供应税劳务时，商品或劳务价款=商品或劳务销售额+销项税额，销项税额包含在购买方所支付的价款之中，即所谓的“含税价”。本案中，标的物成交价在拍卖成交之时方可确定，故成交价应为标的物销售额，不包含应收取的销项税额。

【涉税案情】

浙江省绍兴市柯桥区人民法院于2016年4月29日裁定受理绍兴富强皮塑有限公司（简称“富强皮塑”）破产清算一案，并指定绍兴宏泰会计师事务所有限公司为管理人。2016年9月28日，法院裁定宣告富强皮塑破产。2017年3月9日，富强皮塑管理人委托法院拍卖其位于绍兴市柯桥区福全街道富强村厂区的全部资产，绍兴富强泓云新材料有限公司（简称“泓云新材料”）以44 131 100元的价格竞得。因成交资产增值税发票开票事项，泓云新材料向法院提起诉讼，法院作出（2018）浙0603民初8854号民事判决（简称“8854号判决”），判令富强皮塑向泓云新材料开具销售额为44 131 100元的增值税专用发票，判决同时明确拍卖所产生的税费应由泓云新材料负担，44 131 100元的成交价为不含税价，对应的税率及销项税额可由富强皮塑在开具增值税专用发票时由税务机关进行计算明确。

2018年8月23日泓云新材料提起诉讼，要求富强皮塑立即开具并交付票面金额为44 131 100元的增值税专用发票，法院经审理于2018年11月22日作出判决，判令富强皮塑向泓云新材料开具并交付销售额为44 131 100元的增值税专用发票，判决同时确认“因本次拍卖所产生的税费应由泓云新材料负担44 131 100元的成交价为不含税价”。

富强皮塑依据该判决向泓云新材料开具相应增值税专用发票，产生销项税费

---

① 浙江省绍兴市柯桥区人民法院民事判决书（2019）浙0603民初3459号、浙江省绍兴市中级人民法院民事判决书（2019）浙06民终2988号。

5 087 704.88元。泓云新材料于2018年12月27日向富强皮塑管理人发函，确认已于当月21日收到十五份增值税专用发票，但认为发票金额与实际交易金额不符，要求富强皮塑管理人开具红字发票。2019年4月18日，泓云新材料就上述判决向绍兴市中级人民法院提出再审申请。

【争议焦点】

富强皮塑（一审原告、二审被上诉人）

8854号民事判决判令富强皮塑向泓云新材料开具销售额为44 131 100元的增值税专用发票，同时明确拍卖所产生的税费应由泓云新材料负担、44 131 100元的成交价为不含税价、对应的税率及销项税额可在开具增值税专用发票时由税务机关进行计算明确。现富强皮塑已开具全部增值税专用发票，发票项下的销项税额5 087 704.88元应由泓云新材料承担并支付富强皮塑。

泓云新材料（一审被告、二审上诉人）

《拍卖公告》仅规定税费由买受人承担，不是指销项税额由买受人承担，而是成交后办理产权过户过程中产生的一切税费由买受人承担。这里的税费是指实际应缴纳的税费，不是开票的销项税，富强皮塑若要主张，应凭其缴纳税款的完税凭证。富强皮塑申报纳税时已经使用留抵税额，实际应纳税额为零，故泓云新材料无须承担增值税。

司法拍卖具有特殊性，不能依普通交易做法评判。若本案不存在留抵税额，在泓云新材料支付了销项税额后，富强皮塑申报纳税时又实际承担应纳税额（销项－进项），是否可以要求泓云新材料再次承担应纳税额？

经向税务部门咨询所知，司法拍卖的成交价除特别约定不包括增值税，税务部门均认定为含增值税价。柯桥区人民法院司法拍卖存在大量资产拍卖，若依照富强皮塑主张，此前的所有司法拍卖均少交了销项税额，应当进行补交。

【裁判观点】

泓云新材料主张“销项税额”并非“应纳税额”，买受人承担的税费应是实际缴纳税费，且买受人承担的税费不包含增值税。富强皮塑辩称生效判决已经确认拍卖成交价为不含税价，销项税额应作为标的物最终售价由买受人承担。通常情形下，销售方向购买方出售货物或提供应税劳务时，商品或劳务价款＝商品或劳务销售额＋销项税额，销项税额包含在购买方所支付的价款之中，即所谓的“含税价”。本案中，标的物成交价在拍卖成交之时方可确定，故成交价应为标的物销售额，不包含应收取的销项税额。富强皮塑破产管理人根据买受人泓云新材料之索要，向其开具的增值税专用发票上注明相应的销项税额，该部分销项税额构成标的物价款的组成部分，应由买受人负担。拍卖文件明确标的物的成交价为不含税价，且买受人取得标的物涉及的税费应由买受人承担，故泓云新材料应承担涉案标的物的销项税额。

销项税额系作为货物或应税劳务价款的一部分，由购买方支付给销售方。增值税是以商品（含应税劳务）在流转过程中产生的增值额作为计税依据而征收的一种流转税，根据国际上普遍采用的税款抵扣办法计算（即增值税 = 销项税额 - 进项税额），由纳税义务人向税务机关缴纳。因此，富强皮塑要求泓云新材料支付销项税额其实是要求其支付标的物价款的一部分，富强皮塑则根据销项税额抵扣进项税额后，向税务机关缴纳增值税。

【案例评析】

与其他税种不同，增值税是一种价外税，增值税的税款在商品或者劳务、服务成交价值之外，由卖方向买方收取且由买方负担。如合同约定“包税条款”，则卖方的“到手价”金额就是计算增值税销项税额的计税依据，无须倒算出“含税价”。

《增值税暂行条例》第6条规定：“销售额为纳税人发生应税销售行为收取的全部价款和价外费用，但是不包括收取的销项税额。”《营业税改征增值税试点实施办法》第23条规定：“一般计税方法的销售额不包括销项税额，纳税人采用销售额和销项税额合并定价方法的，按照下列公式计算销售额：销售额 = 含税销售额 ÷（1 + 税率）。”第35条规定：“简易计税方法的销售额不包括其应纳税额，纳税人采用销售额和应纳税额合并定价方法的，按照下列公式计算销售额：销售额 = 含税销售额 ÷（1 + 征收率）。”

涉案拍卖文件已明确标的物的成交价为不含税价，富强皮塑向泓云新材料开具增值税专用发票销售额应为44 131 100元。实践中，部分地区税务机关对此存在错误认识，如泓云新材料答辩中所言，“经向税务部门咨询所知，司法拍卖的成交价除特别约定不包括增值税，税务部门均认定为含增值税价。柯桥区人民法院司法拍卖存在大量资产拍卖，若依照富强皮塑主张，此前的所有司法拍卖均少交了销项税额，应当进行补交”。检索中国裁判文书网，编者发现“赵某栋、绍兴银行股份有限公司新建支行拍卖合同纠纷案”中①，绍兴市柯桥区税务机关将买方包税的拍卖成交价305万元误作增值税含税价；“陈某某与国家税务总局中山市税务局神湾税务分局、国家税务总局中山市税务局税务行政管理纠纷案”中②，一审、二审、再审法院均支持税务机关主张，即买受人承担过户税费约定的涉案房地产拍卖成交价是不含应纳税额的销售额。

相比之属于“价外税”的增值税，其他属于“价内税”的税种在确定计税依据

---

① 浙江省绍兴市中级人民法院民事判决书（2020）浙06民终3758号。

② 广东省中山市第一人民法院行政判决书（2018）粤2071行初823号、广东省中山市中级人民法院行政判决书（2019）粤20行终330号、广东省高级人民法院行政裁定书（2019）粤行申2590号。

时，应当将“到手价”换算成“含税价”。比如非居民企业所得税，《国家税务总局关于非居民企业所得税源泉扣缴有关问题的公告》（国家税务总局公告 2017 年第 37 号）规定：“扣缴义务人与非居民企业签订与企业所得税法第三条第三款规定的所得有关的业务合同时，凡合同中约定由扣缴义务人实际承担应纳税款的，应将非居民企业取得的不含税所得换算为含税所得计算并解缴应扣税款。”据编者观察，在实务中，包税合同交易双方常忽视“价内税”计税依据的换算问题，普遍存在税务风险。

问题 27：非纳税义务人未按约定负担税款，是否应负违约责任?

案例 36：介休市北贾煤业有限公司、山西兴盛鸿发煤业有限公司合同纠纷案[①]

【裁判要旨】

转让方系资产转让行为的纳税主体，虽然转让方与收购方鸿发煤业约定资产转让的税费由收购方承担，但未约定何时缴纳何种税费以及数额，转让方在未缴纳税金，也没有相关主管部门确定税费种类及税费计算依据的情况下，请求收购方支付资产转让税金，没有事实依据。

【涉税案情】

在 2009 年山西省煤炭资源整合活动中，介休市鸿发煤业有限公司（简称“鸿发煤业”）和介休市北贾煤业有限公司（简称“北贾煤业”）重组整合为山西介休鑫峪沟鸿发煤业有限公司（暂定名），重组整合主体企业为山西介休泰瑞煤炭资产经营有限公司。2010 年 7 月 30 日，山西介休鑫峪沟鸿发煤业有限公司的重组整合主体企业由山西介休泰瑞煤炭资产经营有限公司变更为山西平遥县兴盛煤化有限责任公司（简称“兴盛煤化”）。之后，山西介休鑫峪沟鸿发煤业有限公司（暂定名）更名为山西兴盛鸿发煤业有限公司（简称“兴盛煤业”），并于 2012 年 10 月 15 日在山西省工商行政管理局完成变更登记。兴盛煤化作为重组整合主体企业先通过股权受让方式对鸿发煤业完成兼并重组，再以资产收购方式取得鸿发煤业的资产，并最终完成煤矿企业兼并重组整合工作。

2009 年 5 月 20 日，兴盛煤化与鸿发煤业的股东毋某某签订《股权转让及合作重组协议书》，通过股权受让方式对鸿发煤业完成兼并重组，持有鸿发煤业 80% 的股权。2009 年 8 月 23 日，介休市张兰镇人民政府作为鉴证方，鸿发煤业和北贾煤业签订《介休市鸿发、北贾煤业有限公司整合资产收购补偿协议》，协议中约定由鸿发煤业以资产收购的方式整合北贾煤业的全部资产，资产收购补偿及资源价款为 1.4 亿元，并

---

① 山西省晋中市中级人民法院民事判决书（2019）晋 07 民终 238 号。

明确约定转让涉及的税费均由鸿发煤业负责。

北贾煤业后诉至法院，称鸿发煤业未严格依据协议约定在其提供税务部门的纳税通知后，履行支付资产转让税款的合同义务，请求判令鸿发煤业支付北贾煤业资产转让税款及逾期缴纳税款的滞纳金。

【争议焦点】

北贾煤业（一审原告、二审上诉人）

协议中明确约定本次转让涉及的税费均由鸿发煤业负责，支付资产转让的税款，系鸿发煤业的合同义务。协议中并未约定需由北贾煤业作为纳税主体缴纳了相关税款之后，才有权向鸿发煤业要求支付相应税款的条款。

鸿发煤业（一审被告、二审被上诉人）

北贾煤业要求鸿发煤业先行支付税款的理由不仅违反相关规定，而且会损害鸿发煤业的程序性及实体性合法权益。本案诉讼标的为税款给付，而非一般的金钱给付，诉讼标的的特殊性决定了北贾煤业主张权利必须建立在其已经依法缴纳税款的基础之上。

【裁判观点】

北贾煤业有义务对税务机关确定的相关课税税种及税费是否合理合法进行审核，并先行缴纳相关税款，采取适当措施防止产生税款滞纳金以及防止税款滞纳金数额的扩大。在北贾煤业作为纳税义务主体缴纳了审核无误的相关税种及税款后，才能向鸿发煤业要求支付。

案例37：西藏世邦投资有限责任公司与拉萨市八一农场土地使用权转让合同纠纷案[①]

【裁判要旨】

双方对交易过程中由转让方承担的增值税等税金，约定由收购方支付，现行法律法规也没有禁止民事主体间的该类约定，且转让方已向税务部门先行缴纳了相应的税金，故转让方有权依据合同要求收购方向其支付税款。

【涉税案情】

2009年5月28日，甲方拉萨市八一农场（简称“八一农场”）与乙方西藏世邦投

① 西藏自治区高级人民法院民事判决书（2014）藏法民一终字第11号。

资有限责任公司（简称“世邦公司”）签订《土地出让合同》，约定八一农场将位于八一路西侧临街约7亩土地以每亩110万元的价格出让给世邦公司。双方在协议中还约定：“甲方提供办理出让手续的所有文件资料，并协助乙方办理出让手续。土地出让、过户过程中可能产生的税费均由乙方承担。”双方还就拆迁补偿、安置八一农场职工、世邦公司逾期付款的滞纳金等事项进行了约定，至2011年3月29日世邦公司已向八一农场支付完上述土地转让款。

八一农场向税务机关于2010年6月9日缴纳营业税、城建税469 307.37元和教育费附加税13 156.15元；于2011年2月16日缴纳营业税、城建税56 166.03元和教育费附加税1 574.75元；于2011年4月12日缴纳营业税、城建税177 657.88元和教育费附加税4 981.06元；于2011年5月17日缴纳营业税、城建税78 490.17元和教育费附加税2 200.66元。2012年9月27日，八一农场根据2012年9月27日获得审核的《土地增值税纳税申报表（一）》，向税务机关缴纳土地增值税3 660 175.2元；于2013年1月11日缴纳印花税3 344元。

八一农场自2011年5月25日开始以直接送达通知、邮寄通知、邮寄税金催收函、律师函等方式，多次向世邦公司催收税款。

2013年10月22日，八一农场向法院起诉世邦公司，请求判令世邦公司向其支付土地增值税、营业税、城市维护建设税、教育费附加税、印花税共计4 031 359.2元。

【争议焦点】

八一农场（一审原告、二审被上诉人）

《合同法》第52条第（5）项的规定指的是违反效力性强制规定，而《国有资产评估管理方法》的相关规定是管理性强制规定，非效力性强制规定，不能导致合同的无效。

世邦公司（一审被告、二审上诉人）

八一农场属国有独资企业，转让重大财产应遵守法律法规对国有资产转让的强制性规定，应经国有资产管理机构的批准，在评估后通过依法设立的产权交易所公开进行交易。根据《合同法》第52条第（5）项规定属于无效合同。双方在土地出让协议中约定世邦公司承担土地出让、过户过程中可能产生的税费，属于“包税合同条款”，即非纳税义务人负担纳税义务人应该缴纳的税款。使以交易额为纳税依据的流转税降低，构成税收规避，减少了国家税收，损害了国家利益。根据《合同法》第52条第（2）项规定属于无效合同条款。

【裁判观点】

双方签订的《土地转让合同》为双方真实意思表示，未违反法律法规的强制性规定，应属合法有效，双方应当按照合同约定全面履行相应义务。双方对交易过程中由八一农场承担的增值税等税金，约定由世邦公司支付，现行法律法规也没有禁止民事主体间的该类约定，且八一农场已向税务部门先行缴纳了相应的税金，故八一农场有权依据合同要求世邦公司向其支付4 031 359.2元的税款。

案例38：林某某与邳州市宏利达房地产开发有限公司股权转让纠纷案①

【裁判要旨】

尽管根据税收法律法规的相关规定，股权转让方应按其股权转让所得缴纳相应的个人所得税及印花税。但股权转让双方对税费负担的约定并没有违背法律法规的强制性规定，转让方已向税务机关依法缴纳税费，可以依合同约定要求受让方承担税费返还责任和利息损失。

【涉税案情】

徐州富兴源房地产开发有限公司成立于2006年，林某某持有该公司100%股权。2012年6月1日，邳州市宏利达房地产开发有限公司（简称“宏利达公司”）与林某某签订《股权转让协议》，约定林某某（甲方）将其持有的全部股权分两次转让给宏利达公司（乙方），股权转让款为158 600 001元。其中协议第10.1条约定“股权转让税、费的负担：乙方同意本协议项下的股权转让行为而依照法律、法规规定应由甲方缴纳的全部税、费均由乙方承担（本协议前言3.5条约定的一期除外）”之后，双方于2013年3月和6月分两次到工商机关办理了股权转让登记手续。

2013年，徐州市邳州地方税务局对林某某转让股权涉税情况进行检查，并于同年12月20日分别下达了《税务处理决定书》和《税务行政处罚决定书》，责令林某某补缴印花税52 300元、滞纳金14 264.65元、罚款26 150元；补缴个人所得税6 528 140元、滞纳金186 215.19元、罚款3 264 070元。之后，宏利达公司于2013年12月30日向邳州地方税务局缴纳上述税款5 071 139.84元，林某某亦于次日缴纳500万元。

林某某后多次催讨税款，宏利达公司均置之不理。林某某诉至法院，请求判令宏利达公司向林某某返还税费500万元并赔偿利息损失。

【争议焦点】

林某某（一审原告、二审被上诉人）

《股权转让协议》中的包税条款，适用合同法，属于民事法律关系，是合法有效

① 江苏省高级人民法院民事判决书（2016）苏民终646号。

的。转让方是纳税义务人，但相关法律、法规并不禁止约定税费由他人负担。国家税务总局文件也承认包税条款的合法性。对于类似案件，最高人民法院的生效判决也确认该条款并不违法。转让方已经实际履行了包税条款确定的主要义务。

宏利达公司（一审被告、二审上诉人）

根据《个人所得税法》等法律规定，股权转让人是纳税义务人，受让人是代扣代缴义务人，纳税人应当按照财产转让所得的20%缴纳个人所得税。林某某作为财产转让人是纳税义务人，宏利达公司是个人所得税扣缴义务人，只是履行代扣代缴义务。虽然双方在协议中约定依照法律、法规规定应由林某某缴纳的全部税、费均由宏利达公司承担，但该约定明显违反法律规定，构成税收规避，应属无效约定。

【裁判观点】

法律并不禁止纳税义务人与他人约定由他人负担本应由纳税义务人缴纳的税款。该约定并不改变纳税主体身份，实质是约定由他人承担支付相当款额的义务。林某某已于2013年12月底缴纳相应税费500万元并于2014年1月2日取得完税凭证，故宏利达公司应承担相应的返还责任和利息损失。

案例39：常德宝泰房地产开发有限公司、易某某房屋租赁合同纠纷案[①]

【裁判要旨】

双方虽在《房屋租赁合同》中约定因房屋租赁产生的税费由承租方承担，但出租方仍系该租赁税费的纳税义务人，该税费应由出租方先行申报与缴纳后，再要求承租方给付，但出租方长期未履行自己的纳税义务人义务，导致滞纳金的产生，存在过错，故该滞纳金应由出租方自行承担。

【涉税案情】

常德宝泰房地产开发有限公司（简称“宝泰房地产公司”）与易某某于2016年10月1日签订《房屋租赁合同》，合同约定将宝泰房地产公司涉案房屋租赁给易某某使用，租期自2017年2月1日至2025年1月31日止，年租金270 000元，自第四年起租金逐年递增4%，合同第七条同时约定“在房屋租赁期间，以下费用由乙方支付，并由乙方承担延期付款的违约责任：3. 工商费用、税收（包括因本次租赁行为而产生的应由甲方支付的相关税费）”，合同第十二条还约定了相关的违约责任。合同签订

---

① 湖南省常德市鼎城区人民法院民事判决书（2019）湘0703民初1288号、湖南省常德市中级人民法院民事判决书（2019）湘07民终1829号。

后，宝泰房地产公司将上述租赁房屋交付给易某某使用，并于 2019 年 3 月 19 日向税务机关补缴了因本案房屋租赁所产生的税费及滞纳金共计 57 956.14 元，其中税费 54 353.58 元、滞纳金 3 602.56 元，后宝泰房地产公司多次向易某某催讨，但因双方对纳税比例、税费金额等存在争议，易某某一直未向宝泰房地产公司给付税费，因此致诉。

【争议焦点】

宝泰房地产公司（一审原告、二审上诉人）

《房屋租赁合同》中关于税费承担的条款有效，承租人未按合同约定按时缴纳税费，无奈宝泰房地产公司代承租人向税务机关缴纳了房屋出租以来的各项应缴税费及滞纳金等，承租人应向宝泰房地产公司支付代缴的税款、滞纳金，并支付利息、违约金等。

易某某（一审被告、二审被上诉人）

宝泰房地产公司才是纳税主体，未依法申报应该责任自负，易某某只负担自己租赁范围内的税费。

【裁判观点】

依法成立的合同，受法律保护。宝泰房地产公司、易某某双方在《房屋租赁合同》中明确约定因房屋租赁产生的税费由承租方承担，系合同当事人对自身民事权利的合法处分，并未违反国家税收法律法规，故该约定合法有效。虽在《房屋租赁合同》中约定因房屋租赁产生的税费由被告承担，但出租方仍系该租赁税费的纳税义务人，该税费应由出租方先行申报与缴纳后，再要求承租方给付。

关于滞纳金，出租方长期未履行自己作为纳税义务人的义务，导致滞纳金的产生，存在过错，故该滞纳金应由出租方自行承担；关于利息，因双方并未约定，故法院对出租方该项主张不予支持；关于违约金，双方虽在《房屋租赁合同》中约定因房屋租赁产生的税费由承租方承担，但并未约定税费何时给付，且双方在出租方起诉前并未对应纳税费金额等进行有效协商，在此过程中承租方并无违约行为。

【案例评析】

《民法典》第 7 条规定，民事主体从事民事活动，应当遵循诚信原则，秉持诚实，恪守承诺。诚实信用原则要求民事主体在行使权利、履行义务过程中，讲诚实、重诺言、守信用。在税收实体法和程序法允许的框架下，当事人就将来产生的税收和费用承担预先进行了安排，原本不承担纳税义务的非纳税人基于合同在向对方的承诺中，承担了其本不应当承担的税收，这是其真实意思下的合法意思表示，对其构成实质性的约束，须承担由此产生的税收、责任和义务。[①]

但对税务机关而言，税务机关的征收对象不因当事人合同约定而发生任何改变。包税条款属于民法上意思自治的范畴，在合同当事人之间有效；该条款对税务机关无约束力，在税法上属于无效条款。当事人一方不履行包税条款义务或者履行包税条款义务不符合约定时，纳税义务人不能以包税条款为由拒绝缴纳税款。《民法典》第577条规定的违约责任方式为"继续履行、采取补救措施或者赔偿损失等"；第591条第1款规定，当事人一方违约后，对方应当采取适当措施防止损失的扩大。纳税人可选择先行缴纳税款，防止产生税款滞纳金以及防止税款滞纳金数额的扩大，然后基于包税条款约定向违约方追索税款、利息（按同期银行贷款利率计算）。司法实践中，对由于非纳税人一方未按包税条款约定履行所产生的税收滞纳金、税务行政处罚，法院多认为纳税人一方未履行自己的纳税义务人义务，导致税收滞纳金、税务行政处罚的产生，所造成的损失应自行承担。

在重大包税合同交易中，未依法履行纳税义务所涉及的法律后果较为严重，各方在签订合同时，应对非纳税人一方不能按照合同约定履行税收负担义务的风险高度关注，作出必要的针对性安排，厘清责任范围，明确法律后果。

① 雷盟，雷江林．非纳税义务人承担税收的合同条款效力探究［J］．税务研究，2019（8）．

专题3 与公司有关纠纷

问题28：税务机关出具的《特别纳税调查调整通知书》以及《结案报告》，能否作为当事人主张关联方利用关联关系侵害其利益损失的计算依据？

案例40：联建（中国）科技有限公司与胜华科技股份有限公司、联建（香港）科技有限公司公司关联交易损害责任纠纷案①

【裁判要旨】

税务机关出具的《特别纳税调查调整通知书》以及《结案报告》系税务机关在其职权范围内制作的文书，文书所载的事项应推定为真实。法院可依据文书内容认定公司关联方与公司在关联交易中存在利用关联关系损害公司利益的行为。

对于具体损失金额，因税务机关调增应纳税所得额的依据是关联销售业务完全成本加成率偏低，影响因素主要为收入总和和有关的、合理的支出，与其他应扣减项无关。税务机关调增的应纳税所得额系基于不合理定价造成的收入减少和不合理分担成本造成的支出增加，故损失金额可以以税务机关调增的应纳税所得额的金额为准。

【涉税案情】

联建（中国）科技有限公司（简称“联建中国公司”）的100%控股母公司为联建（香港）科技有限公司（简称“联建香港公司”），最终控股母公司为胜华科技股份有限公司（简称“胜华公司”），投资路线为：胜华公司→胜华开曼→联建开曼→联建香港→联建中国公司（均为100%控股）。在2006年、2007年、2010年、2011年度，胜华公司以及联建香港公司的董事长和法定代表人均是黄某雄，联建中国公司的法定代表人、董事长及总经理也是黄某雄。联建中国公司董事会成员的任免决定由其股东联建香港公司作出。

2015年5月8日，苏州工业园区国家税务局第四税务分局向联建中国公司发出

① 江苏省苏州工业园区人民法院民事判决书（2016）苏0591民初2340号、江苏省苏州市中级人民法院民事判决书（2017）苏05民终9743号。

《特别纳税调查初步调整通知书》，联建中国公司于当日签收，上述通知书载明：初步调整联建中国公司应纳税所得额 388 425 830.94 元，应补交企业所得税 72 637 525.34 元。2015 年 5 月 15 日，苏州工业园区国家税务局第四税务分局向联建中国公司发出《特别纳税调查调整通知书》，该通知书载明，自 2005 年至 2012 年纳税年度，联建中国公司违反税收规定，调增企业应纳税所得额 388 425 830.94 元，应补企业所得税 72 637 525.34 元，并按规定加收利息，其中，2006 年特别纳税调增额为 52 399 299.52元，2007 年特别纳税调增额为 51 398 684.29 元，2010 年特别纳税调增额为 237 148 693.26 元，2011 年特别纳税调增额为 47 479 153.87 元。2014 年 11 月 19 日，《结案报告》载明：联建中国公司关联产品定价、营业利润水平有违营业常规，存在避税行为，应予以调整；调整范围为胜华公司与联建中国公司的关联销售业务，经过对可比非受控价格法、再销售价格法等方法排除后，本次调整采用的方法为交易净利润法。

2015 年 3 月 19 日，苏州工业园区人民法院裁定受理债权人对联建中国公司的破产重整申请，指定安永华明会计师事务所（特殊普通合伙）苏州分所担任管理人。2015 年 5 月 15 日，苏州工业园区国家税务局第四税务分局就《特别纳税调查调整通知书》所涉的税款及利息（合计 87 088 740.02 元，内含税款 72 637 525.34 元）向联建中国公司的管理人提交债权申报登记表；2015 年 12 月 7 日，联建中国公司管理人认定江苏省苏州工业园区国家税务局的债权为 72 637 525.34 元。2016 年 7 月 27 日，苏州工业园区人民法院裁定对 72 637 525.34 债权予以确认。

2016 年 3 月 25 日，联建中国公司破产管理人代表其向苏州工业园区人民法院提起诉讼，要求胜华公司、联建香港公司共同赔偿联建中国公司经济损失包括合理利润人民币 388 425 830.94 元及支付利润对应的利息损失人民币 29 950 824.11 元（以税务机关调增的四个年度的应纳税所得额为基数，自 2015 年 5 月 16 日起算至 2017 年 2 月 20 日，按照年利率 4.35% 计算）。一审法院判决：胜华公司赔偿联建中国公司损失 388 425 830.94 元及相应利息损失 29 950 824.10 元；联建香港公司对上述债务承担连带责任。

胜华公司、联建香港公司不服判决，提起上诉，二审法院判决驳回上诉、维持原判。

【争议焦点】

联建中国公司（一审原告、二审被上诉人）

根据苏州工业园区国家税务局第四税务分局出具的《特别纳税调查调整通知书》及《结案报告》可以证明，胜华公司作为联建中国公司的实际控制人，通过低价采购产品、高价出售原材料等方式的关联交易，将本应属于联建中国公司的合理利润非法转移并占有，损害了联建中国公司的利益，违反了《公司法》第21条的规定，应当承担赔偿责任。具体损失金额以《特别纳税调查调整通知书》载明的调增应纳税所得额的金额为准。

胜华公司（一审被告、二审上诉人）

《特别纳税调查调整通知书》及《结案报告》虽然为税务机关出具的公文文书，但其内容不属实，联建中国公司被管理人接管后未对该文书提出行政复议导致错过了纠正的机会，故该证据为非法证据。胜华公司并不存在通过低价采购产品、高价出售原材料等方式非法转移联建中国公司利润，损害联建中国公司利益的行为。

【裁判观点】

本案中，税务机关出具的《特别纳税调查调整通知书》以及《结案报告》认定，联建中国公司与胜华公司之间在2006、2007、2010、2011四个年度的关联销售业务的完全成本加成率均低于可比公司的中位值，上述关联业务往来不符合独立交易原则，减少了联建中国公司所得额，税务机关据此作出了调增上述年度联建中国公司应纳税所得额的决定。上述《特别纳税调查调整通知书》以及《结案报告》系国家税务机关在其职权范围内制作的文书，依据《最高人民法院关于适用〈中华人民共和国民事诉讼法〉的解释》第114条的规定，文书所载的事项应推定为真实。完全成本加成率的计算方式为（销售价格－生产成本）/生产成本，影响因素为销售价格和生产成本，税务机关基于完全成本加成率均低于可比公司的中位值，认定关联业务往来不符合独立交易原则，关联销售业务的交易价格及分担成本不合理，胜华公司在与联建中国公司之间的关联交易中，存在利用关联关系损害联建中国公司利益的行为。胜华公司通过间接持有联建香港公司100%股权的投资关系实际支配联建中国公司，胜华公司的支配系通过联建香港公司实现，联建香港公司与胜华公司构成共同侵权，该公司应当承担连带责任。

因本案中，税务机关调增应纳税所得额的依据是关联销售业务完全成本加成率偏低，影响因素主要为收入总和和有关的、合理的支出，与其他应扣减项无关，税务机关调增的应纳税所得额系基于不合理定价造成的收入减少和不合理分担成本造成的支出增加，故联建中国公司主张以税务机关调增的应纳税所得额的金额作为损失金额，具有合理性。

【案例评析】

本案是由公司实际控制人通过关联交易方式损害公司利益而引起的纠纷。关联交易本身是一种中性的经济行为，是实践中常见的交易形式之一，正常的关联交易可以稳定营利法人的业务，分散经营风险，有利于法人的发展。但实务中常有控制法人利用与从属法人的关联关系和控制地位，迫使从属法人与自己或其他关联方从事不当交易，损害从属法人和其他出资人利益。[①]《公司法》第21条规定："公司的控股股东、实际控制人、董事、监事、高级管理人员不得利用其关联关系损害公司利益。违反前款规定，给公司造成损失的，应当承担赔偿责任。"《民法典》第84条规定："营利法人的控股出资人、实际控制人、董事、监事、高级管理人员不得利用其关联关系损害法人的利益；利用关联关系造成法人损失的，应当承担赔偿责任。"《公司法解释（五）》第1条规定："关联交易损害公司利益，原告公司依据民法典第八十四条、公司法第二十一条规定请求控股股东、实际控制人、董事、监事、高级管理人员赔偿所造成的损失，被告仅以该交易已经履行了信息披露、经股东会或者股东大会同意等法律、行政法规或者公司章程规定的程序为由抗辩的，人民法院不予支持。公司没有提起诉讼的，符合公司法第一百五十一条第一款规定条件的股东，可以依据公司法第一百五十一条第二款、第三款规定向人民法院提起诉讼。"关联交易并不必然引发赔偿责任，本案审理法院为何判决联建香港公司与胜华公司构成共同侵权，编者从以下方面展开分析。

第一问，胜华公司为持有联建中国公司100%权益的实际控制人，照理说胜华公司应当完全可以控制联建中国公司，那为什么联建中国公司能够起诉胜华公司呢？

原因是联建中国公司已经被法院裁定进入破产程序。根据《破产法》的规定，企业进入破产程序后就由管理人全面接管破产企业，企业原先的股东、董事会、法定代表人等法人机关均丧失对企业的管理权。管理人安永华明会计师事务所（特殊普通合伙）苏州分所接管联建中国公司后，需要依法维护该公司的全体债权人的利益，将联建中国公司的对外债权全部追讨回来以清偿债务，这里就包括追索联建中国公司被其实际控制人胜华公司所损害的利益。

第二问，税务机关是否有权对不符合独立交易原则的企业间关联业务往来进行调整？

转让定价管理是指税务机关按照企业所得税法和税收征管法的有关规定，对企业与其关联方之间的业务往来是否符合独立交易原则进行审核评估和调查调整等工作的总称。《税收征管法》第36条规定，企业或者外国企业在中国境内设立的从事生产、经营的机构、场所与其关联企业之间的业务往来，应当按照独立企业之间的业务往来收取或者支付价款、费用；不按照独立企业之间的业务往来收取或者支付价款、费用，而减少其应纳税的收入或者所得额的，税务机关有权进行合理调整。《企业所得税法》第41条规定，企业与其关联方之间的业务往来，不符合独立交易原则而减少企业或者

---

① 最高人民法院民法典贯彻实施工作领导小组．中华人民共和国民法典总则编理解与适用（上）［M］．北京：人民法院出版社，2020：426.

其关联方应纳税收入或者所得额的，税务机关有权按照合理方法调整。《特别纳税调整实施办法（试行）》（国税发〔2009〕2号）、《特别纳税调查调整及相互协商程序管理办法》（国家税务总局公告2017年第6号）等文件，对转让定价调查及调整相关程序作了明确规定。

第三问，胜华公司是如何通过关联交易损害联建中国公司利益的呢？

从上述案例看出，胜华公司主要通过以下两种方式：（1）胜华公司通过高价出售原材料给联建中国公司，赚取超额利润。比如：联建中国公司原本可以以正常价格5 000元/单位购买某原材料，但胜华公司却以6 000元/单位出售给联建中国公司，其中1 000元/单位就是胜华公司变相侵占联建中国公司的财产。（2）胜华公司通过低价采购联建中国公司产成品的方式，夺取联建中国公司利润。比如：联建中国公司的产成品正常市场售价为8 000元/单位，但胜华公司却以6 000元/单位价格统一采购，其中2 000元/单位的差价就为胜华公司变相侵占联建中国公司的财产，联建中国公司完全受胜华公司控制。

第四问，为什么联建中国公司愿意以“低卖高买”方式被胜华公司“剥削”呢？

理由是胜华公司拥有联建中国公司100%的权益，投资路线为：胜华公司→胜华开曼→联建开曼→联建香港→联建中国公司（均为100%控股），联建中国公司完全受胜华公司控制。

税务机关出具的《特别纳税调查调整通知书》以及《结案报告》既证明了胜华公司与联建中国公司通过关联交易规避了企业所得税的税务行政法律事实，同时也证明了胜华公司通过低价采购产品、高价出售原材料等方式的关联交易将本应属于联建中国公司的合理利润非法转移并占有的民事侵权法律事实。

第五问，在民事案件中，税务机关出具的《特别纳税调查调整通知书》以及《结案报告》内容可以作为民事案件的证据使用吗？

虽然胜华公司对《特别纳税调查调整通知书》以及《结案报告》不服，不认可其合法性，但因联建中国公司并未对上述文书提起行政复议，上述文书已经发生法律效力，具备拘束力。因此，两级法院均依据《民事诉讼法解释》第114条的规定，即“国家机关或者其他依法具有社会管理职能的组织，在其职权范围内制作的文书所记载的事项推定为真实，但有相反证据足以推翻的除外。必要时，人民法院可以要求制作文书的机关或者组织对文书的真实性予以说明”，认定文书所载的事项属实。尽管如此，一审法院并不仅仅拘泥于上述文书的形式合法性，还对文书中所载的内容进行实质性审核，并最终认可了文书所载内容。可见，一审法院审理时还是充分维护了胜华公司的合法权益。

编者认为，《特别纳税调查调整通知书》以及《结案报告》生效后，在行政法上具备当然的拘束力，不容质疑。但在民事审判中，不应直接采纳该文书中所载的民事法律事实。对于民事法律事实的认定，民事审判法官应当独立作出判断。在案件中，一审法院对文书的内容进行了实质性审查，并结合胜华公司并未提供充足相反证据的情况，综合判断认定了其内容，可以说是完全依照民事诉讼法的规则判案。

最后，对于联建中国公司实际损失金额的问题，一、二审法院均采纳了《特别纳税调查调整通知书》中载明的以调增应纳税所得额的金额为准。在一般情况下，企业每一个纳税年度的收入总额在进行一定增减项的调整后才能成为应纳税所得额，调增的应纳税所得额与联建中国公司的损失在概念上确实不同。但是本案中，税务机关调增应纳税所得额的依据是基于税务转让定价的调查，而非企业申报的利润，要调整的事项已经在往年申报、汇缴税款的过程中完成，本案中并不涉及该问题。在涉案转让定价调查中，税务机关采用的交易净利润法综合考量了涉案关联销售交易相关的收入、成本、费用等因素，故法院最终将税务机关调增的应纳税所得额认定为胜华公司从联建中国公司处转移的利润金额，并以此认定为联建中国公司实际损失金额。合法有效的关联交易应当同时满足三个条件：交易信息披露充分、交易程序合法、交易对价公允。[①] 对于关联交易是否损害了公司的利益，可以根据以下 4 个方面的标准来认定：(1) 损害公司利益的主体是否属于控股股东、实际控制人、董事、监事、高级管理人员 5 类人；(2) 关联方是否进行了关联交易；(3) 关联方对公司的利益造成了损害，该损害可以是直接经济损失，也可以是本应经营获得的利润，但都要求受损害的法益为合法法益；(4) 公司所受利益损害与关联交易有因果关系。[②]

问题 29：公司董事、监事、高级管理人员是否应就税款滞纳金、罚款损失向公司承担赔偿责任？

案例 41：日本 SANR 株式会社、肖某某损害公司利益责任纠纷案[③]

【裁判要旨】

《公司法》第 149 条规定："董事、监事、高级管理人员执行公司职务时违反法律、行政法规或者公司章程的规定，给公司造成损失的，应当承担赔偿责任。"该条法律规定的意思是公司股东向公司董事、监事、高级管理人员主张损害赔偿时，其前提条件是前述人员系公司的董事、监事或高级管理人员。本案中当事人肖某某等不再是目标公司的董事、监事或高管，SANR 会社以公司董事、监事或高管执行公司职务的理由，主张其承担损害公司利益的赔偿责任，无事实根据及法律依据。

---

① 东莞市真功夫餐料生产有限公司与蔡某某、王某某公司关联交易损害责任纠纷案，广东省东莞市中级人民法院民事判决书（2015）东中法民二终字第 1913 号。

② 唐青林．李舒．公司法 25 个案由裁判综述及办案指南［M］．北京：中国法制出版社，2018：701.

③ 山东省高级人民法院民事判决书（2020）鲁民终 1724 号。

【涉税案情】

青岛显鑫经贸有限公司（简称“显鑫公司”）与SANR会社于2001年依法成立青岛森田金属有限公司（简称“森田公司”），SANR会社认缴出资37.5%，显鑫公司认缴出资62.5%。合营合同约定：董事会由5名董事组成，其中中方委派3名，SANR会社委派2名。显鑫公司于2001年11月30日委派肖某某担任公司的董事、董事长，委派李某某、杜某为公司董事；SANR会社委托丰田哲某、丰田永某为公司董事。

2006年10月23日，显鑫公司作出决定，撤销对肖某某董事、董事长的委任。委派李某某出任公司董事、董事长，对杜某的委派不变。同日，森田公司召开临时股东会，形成决议，免去肖某某董事、董事长职务及法人代表职务，选任新的公司董事长、法定代表人、监事。在该临时股东会决议上加盖有显鑫公司、SANR会社公章。2006年11月14日，森田公司作出开除肖某某、马某某、赵某某、梁某某的决定。经工商局处理及数次行政诉讼，上述临时股东会决议始终未能进行工商登记变更。

2006年11月13日，肖某某、赵某某、马某某召开董事会，决议包括公司刻制新的公章、原公章作废，聘任法律顾问等内容。肖某某、赵某某、马某某在董事会决议上签字。肖某某、赵某某、马某某主张其三人为董事的依据系公司的中方股东为大股东可以自行任命三名董事。

2006年10月23日的股东会决议及2006年11月13日的董事会决议均无生效判决确认其效力。

2015年9月10日，青岛市中级人民法院作出民事裁定书，裁定受理SANR会社提出的对森田公司进行强制清算的申请。2016年3月28日，山东省青岛市中级人民法院作出决定书，指定青岛琴岛有限责任会计师事务所组成清算组。2018年2月26日，SANR会社向森田公司清算组发函，认为肖某某、马某某、赵某某、梁某某违背公司股东、董事会决议和意愿……给公司造成损失。为维护森田公司利益，请求清算组向人民法院提起诉讼，依法追究肖某某、马某某、赵某某、梁某某的法律责任。2018年4月8日，森田公司清算组回函称：贵社作为森田公司股东，如认为肖某某等四人侵犯了公司的利益，可自行采取措施维护合法权益。

SANR会社提起诉讼，要求肖某某等就税收滞纳金等损失向森田公司承担赔偿责任。一审法院判决驳回SANR会社的诉讼请求，SANR会社不服，提起上诉，二审法院驳回上诉、维持原判。

【争议焦点】

SANR会社（一审原告、二审上诉人）

依照《公司法》第149条的规定，肖某某等损害了森田公司的利益，应当承担赔偿责任。

肖某某等（一审被告、二审被上诉人）

肖某某等在管理经营森田公司过程中，没有任何过错，亦无故意造成经济损失，依法不应承担SANR会社诉称的“损害公司利益责任”。

【裁判观点】

《公司法》第149条规定：“董事、监事、高级管理人员执行公司职务时违反法律、行政法规或者公司章程的规定，给公司造成损失的，应当承担赔偿责任。”该条法律规定的意思是公司股东向公司董事、监事、高级管理人员主张损害赔偿时，其前提条件是前述人员系公司的董事、监事或高级管理人员。本案中，森田公司是中方股东显鑫公司和日方股东SANR会社两方成立的中外合营企业。公司章程规定，显鑫公司向森田公司派出董事长。SANR会社提交证据证明，2006年10月23日，显鑫公司作出撤销决定，撤销其对肖某某董事长的委任。同日，中外合营者共同作出临时股东会决议，确认免去肖某某董事长和法定代表人职务，选任了新的董事长和法定代表人，10月24日通知了森田公司。11月14日，森田公司作出开除肖某某等人的决定。森田公司的上述决定，符合公司章程的规定。肖某某等不再是目标公司的董事、监事或高管，SANR会社依据《公司法》第149条的规定，以公司董事、监事或高管执行公司职务的理由，主张肖某某等承担损害公司利益的赔偿责任，无事实根据及法律依据。

案例42：苏州工业园区娄葑建设发展有限公司水电安装分公司与陆某某、王某损害公司利益责任纠纷案①

【裁判要旨】

被告陆某某与原告无劳动合同关系，非公司员工，被告王某仅系原告公司出纳，原告主张被告陆某某、王某系原告公司的高级管理人员，在执行公司职务时违反法律、行政法规或者公司章程的规定，造成公司损失，应承担赔偿责任，缺乏事实依据。

【涉税案情】

苏州工业园区娄葑建设发展有限公司水电安装分公司（简称“水电安装分公司”）系于2002年7月24日经工商管理部门核准登记，由苏州工业园区娄葑建设发展有限公司设立。在水电安装分公司存续期间，于2007年4月12日向苏州工业园区工商行政管理局申请换证，并指定陆某某为被授权的领照人。在水电安装分公司提交至工商

① 苏州工业园区人民法院民事判决书（2016）苏0591民初5699号。

行政管理部门备案的年度年检报告（包括2008年度、2009年度、2010年度、2011年度）中，均由负责人陈某某署名确认年检报告中的《企业资产负债损益表》真实，不含虚假成分，部分年度的年检报告由陆某某作为水电安装分公司授权的委托代理人提交。但公司的工商登记资料中无被告陆某某、王某任职情况的记述。

江苏省苏州工业园区地方税务局于2014年9月17日作出税务处理决定书，认定水电安装分公司自2008至2011年度通过支付手续费的方式在张某（原系苏州工业园区国家税务局个体科协管员）处购买以娄葑镇奇盛装饰装潢材料店等个体工商户名义虚假开具的增值税普通发票共计118张，票面金额人民币6 846 062元，并在相应年度进行税前列支，造成少缴企业所得税1 711 515.50元。税务机关认定水电安装分公司构成偷税，并依职权追缴水电安装分公司少缴的企业所得税税款合计1 711 515.50元，加收滞纳金1 193 480.61元。水电安装分公司不服并提起行政复议，复议机关作出复议决定予以维持，水电安装分公司提起行政诉讼，法院判决驳回水电安装分公司的诉讼请求。水电安装分公司不服，提起上诉，二审法院判决“驳回上诉、维持原判”。

江苏省苏州工业园区地方税务局于2014年9月17日作出行政处罚决定书，认定水电安装分公司通过支付手续费方式购买增值税普通发票列支成本少缴企业所得税已构成偷税，处以855 757.75元罚款。水电安装分公司不服并提起行政复议，复议机关作出复议决定予以维持，水电安装分公司提起行政诉讼，法院判决驳回诉讼请求。水电安装分公司不服，提起上诉，二审法院判决“驳回上诉、维持原判”。

上述法律文书生效后，水电安装分公司实际缴纳税收滞纳金1 193 480.61元与罚款15 834.29元。

在2014年8月1日苏州工业园区国家税务局对陆某某所作询问（调查）笔录中，陆某某确认其在水电安装分公司成立时即在公司里工作，系公司的财务负责人。但陆某某于庭审中主张其法律意识淡薄，其真实身份非水电安装分公司的财务负责人。庭审中，当事人各方确认陆某某与水电安装分公司在涉案期间内无劳动合同关系，陆某某与另案原告苏州工业园区娄建电力建设发展有限公司成立劳动合同关系，王某系水电安装分公司的出纳。因为水电安装分公司与另案原告苏州工业园区娄建电力建设发展有限公司的老板同为陈某某，两家公司在同一地点办公，陈某某指令陆某某同时办理水电安装分公司的会计事务。

水电安装分公司诉请陆某某、王某赔偿：税务机关处以的罚款855 757.75元与加收的滞纳金1 193 481.61元。

【争议焦点】

水电安装分公司（原告）

陆某某与王某系公司的高级管理人员，对公司的财务运营负有直接的领导责任，并直接经办公司的财务工作，二人在履职过程中违反公司法律规定，造成公司经济损失，应承担赔偿责任。所有的发票对接都是由陆某某、王某负责，公司及其负责人仅仅负责业务的对接。

陆某某、陈某（被告）

陆某某认为公司收取的非真实交易的发票并非完全由陆某某购买，部分系由项目经理提供，且购票行为也是陈某某明知并授意准许的，所有的购票费用都是从出纳王某处支取。

王某主张其从未参与发票购买行为，具体的购票交易则由陆某某与张某联系，王某仅负责现金款项的收支。

【裁判观点】

《公司法》意义上的高级管理人员是指公司的经理、副经理、财务负责人，上市公司董事会秘书和公司章程规定的其他人员。作为公司的董事、监事、高级管理人员，应当遵守法律、行政法规和公司章程；董事、监事、高级管理人员执行公司职务时违反法律、行政法规或者公司章程的规定，给公司造成损失的，应当承担赔偿责任。本案中，水电安装分公司主营业务中包括项目经理以公司名义负责项目的具体施工，水电安装分公司向项目经理收取管理费的形式，如按照规范的操作流程，项目经理应该向公司提供真实交易的发票。水电安装分公司在行政诉讼案件审理过程中主张其公司购买发票用以冲账不构成偷逃税款的故意，为此提交了2009年至2012年度的原始账册，包括其自制的《虚开发票与对应的工程结算收入金额明细表》，且该表格中2010年4月29日一栏记载有“张某发票金额”，诉讼中亦认可负责人陈某某在履职上的正当性，故水电安装分公司对对外购买发票的行为应属明知且未对该种操作方式提出有效异议，故该行为属于公司行为。且未见王某实施了积极参与对外购买发票的行为，而陆某某与水电安装分公司无劳动合同关系，非娄葑建设公司水电安装分公司员工，王某仅系公司出纳，水电安装分公司主张陆某某、王某系公司的高级管理人员，在执行公司职务时违反法律、行政法规或者公司章程的规定，造成公司损失，应承担赔偿责任，缺乏事实依据。

案例43：江阴南方建设集团有限公司与黄某某损害公司利益责任纠纷案①

【裁判要旨】

税务部门加收滞纳金，属于征税行为，相应的税款滞纳金也视同涉案公司应当依

① 江苏省无锡市中级人民法院民事判决书（2019）苏02民终87号。

法缴纳的税款，税款滞纳金不能作为主张民事赔偿的损失。涉案公司无证据证明或现有证据不足以证明高管人员的行为与其未申报、少申报纳税有因果关系，故对其主张高管人员应赔偿公司税款滞纳金损失诉请不予支持。

【涉税案情】

江阴南方建设集团有限公司（简称“南方公司”）前身是江苏南方建筑集团公司，2003年1月7日，江苏南方建筑集团公司转制后为南方公司。1999年12月23日，江苏南方建筑集团公司发文，任命黄某某为财务部部长。2006年8月19日，南方公司发文，任命黄某某担为总经理助理兼财务总监，免去其财务部部长职务，吴某某为财务部部长。2002年12月31日，南方公司制定公司章程，第五十六条规定：公司的财务由财务部门负责。

2013年3月20日，黄某某等人联名向税务局举报，怀疑南方公司（法定代表人：徐某某）有故意偷税漏税以及侵占资产的犯罪嫌疑。2015年12月25日，税务局对南方公司作出处理决定，决定追缴2001年、2002年、2003年、2004年、2005年、2006年、2007年、2010年各项未申报或少申报税收合计13 757 267.45元，加收滞纳金合计11 468 349.25元。

2001年至2006年7月，黄某某在南方公司各类财务报表中以财务负责人、部门负责人的名义签字，徐某某以单位负责人的名义签字。2006年8月、2006年9月的南方公司财务报表，由吴某某以财务负责人、部门负责人的名义签字，徐某某以单位负责人名义签字。

南方公司向一审法院起诉，请求判令黄某某赔偿损失11 468 349.25元。一审法院判决驳回南方公司诉讼请求，南方公司不服，提起上诉，二审法院判决驳回上诉、维持原判。

【争议焦点】

南方公司（一审原告、二审上诉人）

黄某某任职期间违反了高级管理人员对公司负有的勤勉义务，导致南方公司被税务部门追补税收滞纳金，给公司带来了损失，符合法律规定的董监高人员损害公司利益责任的构成要件，黄某某应赔偿南方公司补缴税款反被加收的滞纳金11 468 349.25元。

黄某某（一审被告、二审被上诉人）

黄某某只是财务部门负责人，财务报表由其签字后再由公司负责人徐某某签字，表明徐某某对各类财务报告是同意和认可的。徐某某是南方公司法定代表人，对外代表公司，而且单位负责人对单位会计资料的完整性和真实性负责，所以黄某某不应承担责任。

按照我国法律法规，滞纳金是纳税人因占有国家税金而应缴纳的一种补偿，不能认为是黄某某给南方公司造成的损失。

南方公司没有任何证据证明黄某某违反了忠实义务和勤勉义务并给南方公司造成了损失。

【裁判观点】

董事、监事、高级管理人员承担赔偿责任应当具备以下条件：一是必须有公司受到损害的事实存在。二是损害行为必须是行为人违反法律、行政法规或者公司章程执行公司职务的行为。三是违法行为与损害事实之间必须有因果关系。四是行为人必须有过错，也就是必须有过失或者故意。任何迟延履行的金钱债务，都应当对债务人加收迟延履行期间的债务利息，以补偿债权人在债务人迟延履行债务期间所受到的损失，体现公平原则。

南方公司未按期解缴税款，占用了国家税金，一方面南方公司占用资金期间获取了资金孳息和收益，另一方面也造成了国家税金的损失，因此，南方公司缴纳滞纳金是因占用国家税金而应缴纳的一种补偿。税务部门向南方公司加收滞纳金，属于征税行为，相应的税款滞纳金也视同南方公司应当依法缴纳的税款。

虽然南方公司提供了2001年至2006年7月有黄某某签字的南方公司各类财务报表以及二审补充提供了一系列证据，但是各类财务报表均最终由徐某某以单位负责人的名义审核签字，而且各类财务报表及二审补充的相关证据也无法反映与南方公司实际申报纳税之间的关系，无法证明黄某某的行为与南方公司未申报、少申报纳税有直接的因果关系。

案例44：陈某与北京爱表动力网络科技有限公司损害公司利益责任纠纷案①

【裁判要旨】

税款缴纳属于公司年度财务预算及决算的一部分，根据一般公司的章程约定，该部分职权往往属于公司股东会的职权范畴，作为公司经理的法定代表人并不具备该职责；在公司对于税务缴纳事项未达成过股东会决议的情形下，需要从持股比例、职权范畴等方面多角度考察作为公司经理的法定代表人对税款缴纳事项是否有完全的决定权和控制权；如公司经理并无独立决定购买发票避税的权力，则公司因少缴税款产生的税款滞纳金损失就并非是公司经理未尽忠实、勤勉义务原因造成的，哪怕其是公司

---

① 北京市朝阳区人民法院民事判决书（2018）京0105民初28501号、北京市第三中级人民法院民事判决书（2019）京03民终15352号。

的法定代表人，也无须对公司承担赔偿责任。

【涉税案情】

北京爱表动力网络科技有限公司（简称“爱表公司”）系于2010年1月26日注册成立的有限责任公司，公司的注册资本为100万元，股东为杨某、陈某及孙某某，持股比例分别为47%、47%、6%。陈某自2010年1月16日起担任爱表公司的法定代表人、经理，于2017年6月9日被执行董事杨某解聘。2017年9月20日爱表公司的法定代表人、经理由陈某变更为杨某。杨某担任爱表公司的执行董事。

2017年6月29日，杨某向北京市海淀区国家税务局稽查局、北京市海淀区地方税务局稽查局举报爱表公司存在税收违法行为。经税务部门调查得知，爱表公司存在购买发票虚列成本逃税的行为，调查结束后爱表公司补缴了税款并额外支付了68万元滞纳金。

2018年，爱表公司向北京市朝阳区人民法院提起诉讼，以陈某作为公司经理兼法定代表人未能勤勉忠实履职导致公司面临滞纳金损失为由，要求陈某赔偿爱表公司损失。

一审法院判决陈某赔偿爱表公司损失，具体损失金额为陈某履职期间自2010年1月16日起至2017年6月9日产生的税款滞纳金477 919.63元。一审判决后，陈某不服判决提起上诉，二审法院判决陈某无须赔偿爱表公司税款滞纳金损失。

【争议焦点】

爱表公司（一审原告、二审被上诉人）

陈某作为爱表公司法定代表人及经理在对公司进行经营管理期间偷税漏税，未能勤勉忠实履职，损害了公司利益，导致公司支付了高额的滞纳金，应当赔偿公司的损失。

陈某（一审被告、二审上诉人）

购买发票避税是经过公司股东确认后实施的，不应由陈某承担全部责任。陈某虽然是法定代表人，但在公司内部的职务仅是经理，仅是辅助执行董事执行具体事务，并由执行董事聘任对其负责。执行董事杨某对购买发票避税一事知情且认可，故该责任不应当由陈某独自承担。

【裁判观点】

一审法院

陈某作为经理和法定代表人，在经营管理期间明知公司购买发票少缴税款而没有予以及时纠正导致产生滞纳金，没有尽到忠实勤勉义务，应当对爱表公司少缴税款而产生的滞纳金承担赔偿责任，判决陈某赔偿爱表公司损失。具体损失金额为陈某履职期间自2010年1月16日起至2017年6月9日产生的滞纳金数额477 919.63元。

二审法院

对于爱表公司漏缴税款产生的滞纳金损失，现有证据不足以证明通过购买发票避税是陈某作为法定代表人及经理的个人决定，即该部分损失无法证明是因陈某未勤勉忠实履职造成，陈某无须承担赔偿责任。具体理由如下：

首先，根据爱表公司章程规定，决定公司的经营方针和投资计划，审议批准公司的年度财务预算方案、决算方案是股东会的职权范围；税款缴纳应属于公司年度财务预算及决算的一部分，根据爱表公司章程上述规定，该部分职权应属于爱表公司股东会的职权范畴，并非经理兼法定代表人的职责。

其次，在公司对于税务缴纳事项未达成过股东会决议的情形下，需要从持股比例、职权范畴等方面多角度考察陈某对税款缴纳事项是否有完全的决定权和控制权。经理陈某持公司47%的股权，在持股比例上并未占据绝对优势，对公司无绝对控股权；从职权划分上，杨某作为执行董事有权解聘经理陈某；在职责分工上，根据爱表公司章程规定，执行董事负责制定公司的年度财务预算方案、决算方案，并非经理负责；从对财务人员的任免情况看，执行董事有决定权，而经理仅有提名权。故从股权构成及职权范围看，均无法得出陈某对于爱表公司购买发票避税的行为有独立的决定权。

最后，从爱表公司一审提交的各项证据中，亦未有直接证据证明通过购买发票避税是陈某作为爱表公司经理期间作出的独立决定。

案例45：黄某民与黄某源损害公司利益责任纠纷案①

【裁判要旨】

直接经营决策者履职过程中发生公司违反税法规定，补缴税金，被课以罚款并缴纳滞纳金，给公司造成损失客观存在。税收滞纳金的性质不是执行罚，而是税款孳息，仍属于税收征收行为，税款滞纳金不应认定为损失。“以合理的技能水准、合理的谨慎和注意程度去处理公司的事务”标准，不能认定在公司税务违法行为上直接经营决策者已尽到忠实和勤勉义务，故存在过错，应承担赔偿责任。

【涉税案情】

无锡冶金投资发展有限公司（简称“冶金公司”）成立于2001年5月31日，系国有独资公司，法定代表人为黄某民。2005年8月18日，无锡市人民政府国有资产监

---

① 江苏省无锡市中级人民法院民事判决书（2020）苏02民终547号。

督管理委员会（简称“甲方”）与黄某民、黄某源等26人（简称“乙方”）签订“关于冶金资产公司之股权转让协议”（简称《股权转让协议》），约定甲方将其持有的冶金公司100%的股权转让给乙方。2005年9月15日，冶金公司完成改制及工商变更登记，黄某民、黄某源等26人正式成为冶金公司股东。黄某民自2001年起任冶金公司法定代表人、董事长、总经理。

2018年8月8日，无锡税务稽查局向冶金公司送达《税务处理决定书》，追缴2013年、2015年、2016年印花税合计6 969.3元，追缴2005年、2006年、2007年、2008年、2009年企业所得税合计849 821.03元；责成补扣缴2013年、2014年、2015年、2016年个人所得税402 498.78元，并按照规定加收滞纳税款。同日，无锡税务稽查局向冶金公司送达《税务行政处罚决定书》，对其处以罚款共计718 694.19元。冶金公司分别于2018年8月31日、9月27日、11月12日合计缴纳罚款718 694.19元、滞纳金854 495.61元。

黄某源向法院提起诉讼，诉请黄某民向冶金公司赔偿因税务局稽查局作出税务行政处罚、税务处理而造成的损失1 573 169.8元（其中罚款718 694.19元、滞纳金854 475.61元）。根据《股权转让协议》约定，冶金公司自审计评估基准日即2004年4月30日之次日起的所有盈亏、责任、风险均由冶金公司自担，故黄某源撤回要求黄某民赔偿2004年营业税罚款2 600元、房产税罚款6 240元的请求，将赔偿范围变更为：经济损失1 564 329.8元（其中罚款709 854.19元、滞纳金854 475.61元）。

一审中，冶金公司为解决涉案诉讼，于2019年7月19日召开董事会并作出决议，给予公司经营管理层和相关人员一定的处罚，后于2019年7月24日，冶金公司召开股东会，股东会决议内容中未有“股东会一致同意公司不再就公司税务违法行为追究黄某民、公司财务负责人王某松等人的其他责任”的相关表述，该次股东会应到股东人数15名，实到股东8名，所持股权占公司股权总数的58.5%，黄某民持股33.2%，王某松持股2.5%，占与会股东持股的60%以上。

【争议焦点】

黄某源（一审原告、二审被上诉人）

黄某民担任公司法定代表人，董事长兼总经理期间存在账面少列收入，虚假纳税申报，少缴营业税、房产税、印花税等情形，被税务机关课以罚款、加收滞纳金处罚，遭受损失1 564 329.8元。黄某民履职时违反法律、行政法规、公司章程，疏于公司的日常经营管理和财务管理，主导和控制包含偷税行为在内的违法行为与损害事实之间存在因果关系，违法行为时间跨度长，黄某民具有重大过错，存在实施违法行为的直接故意。

现有法律没有“税款滞纳金是或者不是税款”的明文规定，且税款滞纳金和税款的不同由法律、司法解释明文规定，从《税收征管法》第45条、《破产法》第113条和法释〔2012〕9号司法解释可知，税款优先于担保债权，滞纳金属于普通债权，两者的清偿顺序明显不同。此外，最高院的批复将税款滞纳金作为普通债权清偿，理论原因在于税款滞纳金与税款不同，税款滞纳金具有行政执行罚的性质。再退一步，即使将税款滞纳金视同税款，滞纳金也应当获得赔偿，其相较正常状态下，滞纳金支出也是公司额外支出的费用，属于公司财产非正常减少，应认定为公司的损失。

黄某民（一审被告、二审上诉人）

冶金公司税务违法行为系股东集体决策所致，不能认定黄某民个人所为，由其承担对公司赔偿责任无法律依据。

冶金公司缴纳的税款滞纳金不宜作为民事赔偿的损失，冶金公司未按期缴纳税款，占用了国家税金，造成国家税金的损失，冶金公司缴纳滞纳金是占用国家税金而应缴纳的一种补偿。税务部门向冶金公司加收滞纳金，属于征税行为，相应的税款滞纳金也视同冶金公司应当依法缴纳的税款。

【裁判观点】

未按期缴纳加收的滞纳金，就是纳税人对占用国家税款造成的国家损失作出的补偿，此种情况下，税收滞纳金的性质不是执行罚，而是税款孳息，仍属于税收征收行为，故涉案税款滞纳金854 495.61元不应认定为冶金公司的损失。

黄某民系冶金公司法定代表人、董事长兼总经理，该公司未设副总经理，属直接经营决策者，其履职中发生公司违反税法规定，补缴税金，被课以罚款并缴纳滞纳金等问题，给公司造成损失客观存在。黄某民虽举证2009年、2010年、2011年和2012年公司财务预算或决算报告、董事会或股东会决议，欲证明公司存在账外资金的税务违法行为，股东明知，且为集体决策所致，但根据“以合理的技能水准、合理的谨慎和注意程度去处理公司的事务”标准，不能认定在公司税务违法行为上黄某民已尽到作为董事长兼总经理的忠实和勤勉义务，故存在过错。

一审中，冶金公司为解决涉案诉讼，召开董事会并作出决议，给予公司经营管理层和相关人员一定的处罚，表决与黄某民、王某松有利害关系的事宜，黄某民、王某松本身未予回避，该股东会决议不具有合法性。免除黄某民承担赔偿责任没有依据。兼顾公司实际损失情况及黄某民的过错程度，酌定黄某民承担赔偿责任即款项473 236元较适宜。

【案例评析】

公司的董事、监事和高级管理人员由公司选举、委派或者聘任产生，基于公司、股东的信任取得经营管理公司的权力，应当正当行使权力，依法为公司最大利益服务。《公司法》第147条第1款规定，董事、监事、高级管理人员应当遵守法律、行政法规和公司章程，对公司负有忠实义务和勤勉义务。《公司法》第 149 条规定，董事、监事、高级管理人员执行公司职务时违反法律、行政法规或者公司章程的规定，给公司造成损失的，应当承担赔偿责任。我国对于勤勉义务的规定属于概括性规定，不像忠实义务一样有《公司法》第 148 条列举的违背忠实义务的具体情形。勤勉义务更倾向于是一种积极义务，即使董事、监事、高级管理人员并未勤勉尽责，其表现也很难被注意。在举证方面，勤勉义务作为一个积极义务，相比忠实义务，举证更为困难。忠实义务作为一种“不得做该类行为”的禁止性规定，只需证明行为人存在禁止的行为即可，而勤勉义务需要证明行为人消极处理公司事务而导致公司损失，使得举证难度上升。实践中，适用勤勉义务的案例数量远小于忠实义务的案例数量。[①] 公司因违反税收法律法规，从而被税务机关追缴税款、加收滞纳金、处以罚款，相关损失亦是公司损失的一类，公司董事、监事、高级管理人员是否应对公司因违反税收法律法规而导致税务机关课以税款滞纳金、行政罚款承担赔偿责任？这一问题常被业界忽视。因未有统一裁判标准，就导致了司法实践中的争议。本节选取的 5 个案例，分别展示了不同场景下的赔偿责任判定。

司法实践中，董事、监事、高级管理人员承担赔偿责任应当具备以下条件：一是必须有公司受到损害的事实存在。二是损害行为必须是行为人违反法律、行政法规或者公司章程执行公司职务的行为。三是违法行为与损害事实之间必须有因果关系。四是行为人必须有过错，也就是必须有过失或者故意。

责任主体方面。公司股东向公司董事、监事、高级管理人员主张损害赔偿时，其前提条件是前述人员确系公司的董事、监事或高级管理人员。《公司法》第 216 条规定，高级管理人员，是指公司的经理、副经理、财务负责人，上市公司董事会秘书和公司章程规定的其他人员。关于公司高级管理人员的主体范围界定，是公司高管制度研究的基石，是公司高管信义义务和勤勉义务问题的起点。公司高管制度作为商事主体制度的重要内容，其主体范围的张缩也牵系着商事主体对内对外活动的权利和效力。司法实践中，法院常从形式职位、“形式职位 + 公司章程”、实质职权、聘任程序、劳动关系、公司规模、内部关系等方面判断被告主体是否属于公司高管。[②] 案例 41 中，2006 年 10 月 23 日，显鑫公司作出撤销决定，撤销其对肖某某董事长的委任。同日，中外合营者共同作出临时股东会决议，确认免去肖某某董事长和法定代表人职务。2006 年 11 月 14 日，森田公司作出开除肖某某等 4 人的决定。肖某某等 4 人已不再属于显鑫公司的董事、监事或高级管理人员，公司自难适用依据《公司法》第 149 条的规定主张上述人员承担损害公司利益的赔偿责任。案例 42 中，陆某某与公司无劳动合

---

① 李国贤，朱静，张静雯．损害公司利益法律风险管理实务［M］．北京：法律出版社，2020：95.

② 周林彬，冯平．公司高级管理人员的主体范围研究——基于法经济学模型的解释与指导［J］．学术论坛，2019（2）。

同关系，王某系公司出纳，且公司购买发票偷税行为被认为是公司所为。

损害事实方面。由于税收滞纳金的性质问题，业内存在行政处罚说、行政强制说、损害补偿与惩罚双重性质说、税收利息说等多种观点，所以在司法实践中，法院对税款滞纳金是否属于公司违反税法规定产生的损失，观点不一。案例 43 中，法院认为税款滞纳金不能作为主张民事赔偿的损失；案例 44 中，法院认为税款滞纳金属于损失。编者支持税收利息说，故认为在损害公司利益责任之诉中，税款滞纳金不应属于损失范围。

损害行为方面。公司被税务机关加收滞纳金、处以罚款，自然是因为公司违反税收法律法规的强制性规定。但公司违反税收制度，与董事、监事、高级管理人员执行公司职务时违反法律、行政法律或者公司章程的规定，不可划上等号。案例 43 中，虽然南方公司各类财务报表均有黄某某签字，但各类财务报表均最终由单位负责人徐某某审核签字，所以相关证据无法反映黄某某的行为与南方公司未申报、少申报纳税有直接的因果关系。案例 44 中，一审法院认为陈某职权包括主持公司的经营管理，缴纳税款是公司经营过程中的重要内容，认定陈某对此负有管理义务，应当承担赔偿责任；二审法院则从持股比例、职权划分、职责分工、对财务人员的任免情况等各方面分析，认为经理陈某对于爱表公司购买发票虚列成本逃税的行为没有完全的决定权和控制权，故相关损失无法证明是因陈某未勤勉忠实履职造成，判决陈某不应对公司的损失承担赔偿责任。应该说，案例 44 中二审法院的观点更全面地界定了董事、监事、高级管理人员勤勉义务的范围。当然，案例 44 中有一节事实两级法院均未认定，那就是股东杨某是否对爱表公司购买发票虚列成本逃税一事知情。我们假设本案中杨某对违法事实知情且默认的话，那么案例中 44 二审法院对案件的处理结果就有待商榷。案例 44 中，爱表公司共有三个股东，分别为杨某（持股 47%）、陈某（持股 47%）及孙某某（持股 6%）。爱表公司在陈某管理期间通过购买发票虚列成本逃税的行为，股东杨某也知情，但其身为公司股东兼执行董事，既未及时召开股东会纠正公司的违法行为以履行股东职责，也未及时责令陈某停止违法行为以履行执行董事职责，故杨某对爱表公司的损失也负有一定的责任。因税款缴纳属于爱表公司股东会的职权范畴，故杨某、陈某作为公司股东未能尽到召开股东会并纠正公司违法行为的职责，违反了《公司法》第 20 条的规定，最终导致爱表公司及小股东孙某某的利益遭受损失。

主观标准方面。高管的勤勉义务又称“善良管理人的注意义务”“勤勉、注意和技能义务”或“注意和技能义务”，指公司高管在从事公司经营管理活动时应当恪尽职守，敬业精进，深思熟虑，尽到普通谨慎的同行在同类公司、同类职务、同类相关情形中所应具有的经营管理水平。[①] 对于勤勉义务的具体内容，应当审视其在公司法及公司章程等相关公司文件规定的职责范围内是否存在违反上述义务的行为。实践中，

---

① 刘俊海．公司法学（第三版）[M]. 北京：北京大学出版社，2020：265.

认定高管是否违反勤勉义务，应判断高管是否违反了履责义务或监督义务。履责义务的评判标准以职责范围来确定较易把握，而监督义务的评判标准则要以两大重要前提条件作为确定依据，即知晓侧重于对高管主观状态的判断，知晓范围的界定侧重于对客观事实的认定，应以主客观相结合的方式对监督义务进行认定。[①] 案例45中，黄某民系冶金公司法定代表人、董事长兼总经理，该公司未设副总经理，属直接经营决策者，其履职中发生公司违反税法规定，补缴税金，被处以罚款并缴纳滞纳金等问题，给公司造成损失客观存在。虽然黄某民证明股东明知公司存在账外资金的税务违法行为，但法院仍按“以合理的技能水准、合理的谨慎和注意程度去处理公司的事务”标准，认定其在公司税务违法行为上未尽到作为董事长兼总经理的忠实和勤勉义务，故存在过错，应承担赔偿责任。法定代表人的具体职责决定了其勤勉义务的具体内容。根据公司法的规定，法定代表人可以由董事长、执行董事或经理担任，故虽然对外而言法定代表人可以代表公司，但在对内职责方面，法定代表人的职责需根据公司章程的规定结合其具体职位决定，董事长、执行董事或经理的职责各不相同。

问题30：公司董事、监事、高级管理人员是否应就税款滞纳金、罚款损失向股东承担赔偿责任？

案例46：黄某某与谭某某、峨眉山市燃气有限责任公司损害股东利益责任纠纷案[②]

【裁判要旨】

基于公司独立人格，股东出资后不再享有对公司出资金额的直接支配和收益，对公司的利益体现为股权，只能依法定程序通过行使股权来实现自身权益。公司的收益或损失并不能直接对应股东的股权价值，公司遭受的损失也不能等同股东的直接损失，股东权益的减损除与公司决策有关外还与公司分红政策、股权行使方式等因素相关。因此，公司因被税务机关处理和处罚而产生的滞纳金和罚款损失，是公司利益的损失而不是股东的直接损失，也并不是法定代表人直接侵害其股东权益所受损失。法定代表人无须就公司遭受的罚款和滞纳金损失向公司股东承担赔偿责任。

【涉税案情】

2011年7月27日至9月20日期间，四川省乐山市地方税务局稽查局对峨眉山市燃气有限责任公司（简称“燃气公司”）2008年1月1日至2010年12月31日期间地方税收缴纳情况进行了检查。四川省乐山市地方税务局稽查局于2012年10月9日作

---

① 翁贞，朱敏．公司高级管理人员违反勤勉义务的司法认定［J］．人民司法（案例），2013（6）．

② 四川省乐山市中级人民法院民事判决书（2014）乐民终字第836号、四川省高级人民法院民事裁定书（2015）川民申字第518号。

出处理决定和处罚决定，认定燃气公司2008年至2010年应补税7 919 999.85元，加收滞纳金1 205 194.76元，予以罚款2 896 362.79元。滞纳金与罚款均已实际缴纳。

黄某某为燃气公司股东，其以峨眉山燃气公司总经理兼法定代表人谭某某损害股东利益为由于2013年11月21日向法院提起诉讼，要求谭某某赔偿其损失101 494元，同时列燃气公司为案件第三人。

一审法院判决驳回黄某某诉讼请求，黄某某提起上诉，二审法院判决驳回上诉、维持原判。黄某某申请再审，再审法院驳回黄某某的再审申请。

【争议焦点】

黄某某（一审原告、二审上诉人）

公司总经理兼法定代表人谭某某执行公司职务时违反《公司法》和《公司章程》规定，导致公司因偷税被税务机关加收滞纳金、处以罚款。公司损失与公司法定代表人谭某某有必然因果关系，因此谭某某应赔偿股东黄某某经济损失。

谭某某（一审被告、二审被上诉人）

谭某某作为公司总经理，在其经营管理期间，建立了财务管理制度，尽到了善意的、合理的注意和管理义务；谭某某作为公司总经理，无法也不可能完全精通财务、税务申报的所有专业知识以及税务政策；公司的年度财务报表均由专业的会计师事务所进行了审计，纳税申报行为公开透明。综上，谭某某的行为与公司补纳税款以及罚款、滞纳金的事件不存在因果关系，没有证据证明是谭某某的事实行为导致公司补交税款及滞纳金。

【裁判观点】

一审法院

本案案由为损害股东利益责任纠纷，构成要件有“董事、高级管理人员违反法律、行政法规，损害股东利益的”和“董事、高级管理人员违反公司章程的规定，损害股东利益的”两种情形。

燃气公司被税务机关处理和处罚，应补税款不属于损失，而罚款和滞纳金的缴纳客观上致使燃气公司受到损失，从而对股东权益造成损害，有损害事实的发生。谭某某作为燃气公司总经理，身份特征符合公司高级管理人员身份，因而本案的争议焦点在于谭某某在燃气有限公司被税务机关处罚和处理一事中是否有违反法律、行政法规或者公司章程的规定的情形。

关于“违反法律、法规情形”的分析：税务机关处理和处罚的主体是燃气公司，认定该公司应补缴税款，缴纳滞纳金并予以罚款，首先该公司违反相关税法规定，原告应当证明被告与公司被处罚之间有因果关系。黄某某未提供任何证据证明谭某某实施相应的行为致使公司漏税而被罚，而是简单推定因谭某某是公司法定代表人，公司的行为就应当是谭某某的行为，这一观点无法律和事实的支撑。

关于"违反公司章程"的情形分析：黄某某认为谭某某未按公司章程召开股东会，未按时换届，从而导致公司管理混乱，财务出现问题，应当承担责任。谭某某的行为是否与公司被处罚建立了因果关系，黄某某未提供任何证据证明；加之显而易见是否召开股东会、是否及时换届与公司被处罚不存在必然的因果关系。

因而黄某某证明了谭某某的身份，证明了公司被处罚的事实，但无任何证据证明被告谭某某存在违反法律、行政法规或者公司章程的规定的情形，黄某某应承担举证不能的责任。

二审法院

股东主张该损害赔偿首先应举证证明公司董事、高级管理人员因违反法律法规或公司章程的行为给股东造成了直接损失。

基于公司独立人格，股东出资后不再享有对公司出资金额的直接支配和收益，对公司的利益体现为股权，只能依法定程序通过行使股权来实现自身权益。公司的收益或损失并不能直接对应股东的股权价值，公司遭受的损失也不能等同股东的直接损失，股东权益的减损除与公司决策有关外还与公司分红政策、股权行使方式等因素相关。因此，黄某某主张燃气公司因缴纳滞纳金和罚款导致的损失，是公司利益的损失而不是黄某某本人的直接损失，也并不是谭某某直接侵害其股东权益所受损失。燃气公司因被税务机关处罚和处理，缴纳罚款和滞纳金系公司利益受损，不是作为股东的黄某某利益直接受损，因此谭某某没有直接损害上诉人黄某某的股东利益。

再审法院

黄某某再审主张其股东利益受到损害，依法应当举证证明谭某某存在违反法律、法规或公司章程的行为并给其造成了直接损失。税务机关对燃气公司所作相关处理决定中，均未认定燃气公司存在偷税行为。因此，黄某某再审主张燃气公司存在偷税行为并无相应事实和法律依据。另，黄某某再审中也未提供充分证据或事实证明，谭某某在燃气公司漏税事件上存在故意或违反董事勤勉义务之重大过失或失职行为。鉴于作为燃气公司高级管理人员的谭某某在实施公司管理行为中，并无违反法律、行政法规或者公司章程规定的情形，尽到了合理的注意和管理义务，故其与燃气公司补交税费事件没有直接因果关系。

【案例评析】

本案是因公司被税务机关处理和处罚而产生滞纳金、罚款损失后，股东要求公司高管赔偿股东利益损失而产生的纠纷。《民法典》第125条规定，民事主体依法享有股权和其他投资性权利。《公司法》第152条规定，董事、高级管理人员违反法律、行政法规或者公司章程的规定，损害股东利益的，股东可以向人民法院提起诉讼。实践中，损害股东利益责任纠纷主要包括两种情形，一种是公司股东滥用股东权利损害其他股东利益，另一种是公司董事、高管违反忠实、勤勉义务，损害股东利益。对股东利益的侵害主要表现为侵害股东的股东身份权、参与重大决策权、知情权、收益分配请求权等。

对于本案的处理，一审法院、二审法院均引用《公司法》第 152 条作为判决的法律依据。虽然判决结果相同，但论证过程却存在差异。

一审法院认为公司的税款滞纳金、罚款损失对股东权益造成损害，属于股东有损害事实的发生。但因法定代表人在公司被税务机关处理、处罚中不存在违反法律、行政法规或者公司章程的规定的情形，故该股东损害结果与法定代表人的行为之间不存在因果关系，因而法定代表人无须承担赔偿责任。

二审法院则认为公司的税款滞纳金、罚款损失不能等同股东的直接损失，故本案股东损害事实不成立。既然股东的权益不存在损害，那么即使法定代表人的行为导致了公司利益受损，法定代表人最多赔偿公司损失，但无须赔偿股东损失。

编者认为二审法院的观点更符合公司法的规定。公司制度的核心在于股东的财产权与公司的财产权相互分离，股东以投入公司财产为代价获得公司的股权，股东对公司财产并不享有直接权利，只能依法定程序通过行使股权来实现自身利益，不能越过公司直接主张股东利益损失。公司人格独立于股东，公司的收益或损失并不能直接对应股东的股权价值，股东权益的减损除与公司决策有关外还与公司分红政策、股权行使方式等因素相关，公司遭受损失并不必然导致公司股东的利益受损。除非公司清算注销，此时公司遭受的税收滞纳金及罚款将直接影响到股东取回公司剩余财产的金额，否则只要公司持续经营下去，股东的股权价值就依然存在，很难根据公司遭受损失的数额推断股东遭受损失的数额。股东可按照公司法的规定要求公司直接向侵害人主张权利，或者依法向侵害人提起股东代表诉讼以要求侵害人直接向公司进行赔偿，从而维护自身的股东权利。

问题 31：对于因偷税导致的罚款损失，公司财务人员应否承担赔偿责任？

案例 47：天津北英伟生物技术饲料有限公司与刘某某、何某某损害公司利益责任纠纷案[①]

【裁判要旨】

公司的总经理在明知公司存在偷税违法行为的前提下，并未履行职责予以监督制

---

① 天津市东丽区人民法院民事判决书（2017）津 0110 民初 394 号、天津市第二中级人民法院民事判决书（2017）津 02 民终 3115 号。

止，导致公司最终被税务机关罚款。该情形属于总经理在执行公司职务时，违反法律、行政法规的规定给公司造成的损失，公司的罚款损失应由总经理承担赔偿责任。

出纳、会计不属于公司董事、监事、高级管理人员，不具有公司法规定的损害公司利益责任主体资格，故无须对公司因偷税而产生的罚款承担赔偿责任。

【涉税案情】

天津北英伟生物技术饲料有限公司（简称“北英伟公司”）为深圳比利美英伟营养饲料有限公司（简称“美英伟公司”）一方股东出资成立的。北英伟公司章程规定：公司为一人股东，设董事会，由股东任命的人员组成董事会，成员为4人。股东会是公司的最高权力机构。公司设立总经理一人，总经理对股东、董事会负责，在董事会的授权范围内组织领导公司的日常经营管理工作。

2011年10月25日，北英伟公司召开董事会并通过决议：同意美英伟公司委派李某某担任法定代表人，刘某某、李某、朱某某为董事，刘某某担任总经理，刘某担任监事，任期三年。

2011年6月30日，北英伟公司与刘某某签订的一份劳动合同约定，刘某某在北英伟公司的任职为总经理。2012年5月28日，北英伟公司与何某某签订一份劳动合同，何某某任职财务出纳岗位。2009年祁某入职北英伟公司，任职财务经理，岗位职责为成本会计。

2016年7月12日，天津市东丽区国家税务局针对北英伟公司在2012年、2013年、2014年的税收违法行为进行稽查，查明北英伟公司存在“少计收入、虚列成本费用”的偷税行为，并作出处理决定及处罚决定。决定追缴北英伟公司税款443 848.75元及滞纳金118 219.27元，并处以罚款443 848.75元。

北岸公司在缴纳上述款项后，认为“少计收入、虚列成本费用”的偷税行为均系公司总经理刘某某以及出纳何某某、会计祁某共同所为，故向法院提起诉讼，要求刘某某、何某某、祁某共同赔偿北岸公司损失。一审法院判决刘某某赔偿北英伟公司罚款损失443 848.75元，何某某、祁某无须承担赔偿责任。刘某某不服一审判决，提起上诉。二审法院判决驳回上诉、维持原判。

【争议焦点】

北英伟公司（一审原告、二审被上诉人）

刘某某、何某某、祁某分别作为北英伟公司经理、出纳、成本会计，在任职期内由于滥用职权，违反法律、公司章程及公司的财务管理制度，采取违法手段逃税，造成公司直接经济损失，应当共同承担赔偿责任。

刘某某（一审被告、二审上诉人）

北英伟公司受到税务部门的处罚，与刘某某执行职务之间不存在因果关系，不应由刘某某承担民事赔偿责任。北英伟公司作为法人，具有独立的主体资格，应对其自身经营行为承担责任。其聘任的劳动者作出的系职务行为，相应后果应由北英伟公司承担，不应由劳动者作为自然人承担。刘某某未实施损害北英伟公司利益的行为。

北英伟公司的公司章程、财务制度由其唯一的股东美英伟公司制定并监督执行，刘某某作为其聘任的劳动者，仅为执行者，而非决策者。刘某某任职期间，北英伟公司的经营行为，包括财务行为，均已通过财务报告的形式提交给北英伟公司的股东，且相关财务报告已进行了审计。会计师事务所出具的2012年至2014年连续三年无保留意见的审计报告，意味着北英伟公司的经营状况、财务处理情况北英伟公司的股东不仅知情，而且认可。北英伟公司的监事也未对公司的财务处理提出异议，刘某某已勤勉尽责的履行了职务。北英伟公司依据《公司法》及公司章程，建立了相应的公司治理结构，股东会系权力机构，董事会系执行机构，监事系监督机构。刘某某作为北英伟公司的总经理，仅在股东、董事会授权范围内代表公司进行相应的法人行为。在出现不利的经营后果时，应由公司自身承担责任，不应由总经理一人承担。

何某某（一审被告）

何某某不是本案适格的被告，依据北英伟公司与何某某订立的劳动合同，何某某的工作岗位为出纳，不具有公司董事、监事及高级管理岗位的身份，何某某与北英伟公司之间的法律关系仅受劳动合同法调整，而不受公司法调整。

祁某（一审被告）

祁某不属于公司董事、监事、高级管理人员，依法不应承担公司的任何损失。

【裁判观点】

刘某某作为北英伟公司总经理，应当对股东、董事会负责，在董事会的授权范围内组织领导公司的日常经营管理工作。刘某某在履职过程中，未经董事会的授权，对公司未完全履行忠实义务和勤勉义务，放任公司财务账目存在违法情况，致使天津市东丽区国家税务局对北英伟公司作出税务行政处罚。刘某某疏于对公司的管理，对公司造成的罚款443 848.75元损失依法应当承担赔偿责任。北英伟公司缴纳的税款以及滞纳金属于应履行的纳税法定义务，不属于损失，刘某某无须承担赔偿责任。

出纳何某某、会计祁某与北英伟公司之间系劳动关系，其均不属于北英伟公司董事、监事、高级管理人员，不具有公司法规定的损害公司利益责任主体资格，故无须承担赔偿责任。

【案例评析】

本案是因公司存在偷税行为被税务部门处罚，而后追究总经理、会计、出纳责任产生的纠纷。

对于公司总经理刘某某而言，因其全面负责公司经营活动，且在明知公司存在“少计收入、虚列支出”的偷税行为情况下并未履行职责予以监督制止，故其对公司造成的损失应当承担赔偿责任。

对于公司出纳何某某、会计祁某而言，其是否需要承担法律责任取决于其身处的案件类型。本案系损害公司利益责任纠纷案，北英伟公司的请求权基础为《公司法》第147条、第149条，此类案件承担法律责任的主体限定为公司的董事、监事、高级管理人员。《公司法》第216条对公司高管的主体范围采取了封闭式列举的立法模式，将公司高管的主体范围限于经理、副经理、财务负责人、上市公司董事会秘书和公司章程规定的其他人员。这里的经理、副经理，在实际中，就是公司的总经理、副总经理。经理由董事会决定聘任或者解聘，对董事会负责；副经理由经理提请董事会决定聘任或解聘。这里的财务负责人是指由经理提请董事会决定聘任或者解聘的财务负责人员。至于“公司章程规定的其他人员”，则是为了赋予公司自治的权利，允许公司自己选择管理方式，聘任高级管理人员，但是，这些人员（职位）必须在公司章程中明文加以规定。[①] 出纳何某某、会计祁某与北英伟公司之间仅存在劳动关系，不属于上述人员中的任何一类，不具有公司法规定的损害公司利益责任主体资格，故无须承担赔偿责任。

如果本案是北英伟公司涉嫌逃税罪的刑事案件，则根据《刑法》的规定，北英伟公司构成逃税罪单位犯罪。总经理刘某某因对公司偷税行为起到“决定、批准、授意、纵容”的作用，故其应当作为单位直接负责的主管人员承担刑事责任；而出纳何某某、会计祁某因具体实施“少计收入、虚列支出”的偷税行为，故其应当作为其他直接责任人员，也需承担刑事责任。

本案是北英伟公司遭受税务机关行政处罚案件，因行政处罚的对象只能是纳税人即北英伟公司，无须处罚单位直接负责的主管人员、其他直接责任人员，故在行政处罚案件中总经理刘某某、出纳何某某、会计祁某均无须承担行政责任。

问题32：因工作失误造成公司提前缴纳税款，财务总监是否应对公司利息损失承担赔偿责任？

案例48：铜陵国通汽贸有限公司与李某损害公司利益责任纠纷案[②]

【裁判要旨】

公司财务总监在工作期间，因将进项税发票延迟了一个月认证而致公司提前缴纳

① 宋燕妮，赵旭东. 中华人民共和国公司法释义［M］. 北京：法律出版社，2019：408－409.

② 安徽省铜陵市郊区人民法院民事判决书（2014）郊民二初字第00119号。

增值税等，该提前缴纳的税款并非公司直接经济损失。因提前交纳税款造成资金占用期间的利息损失属于公司损失，但该损失与企业自身的经营状况（亏损）有一定的关系，与财务总监的工作失误没有必然联系。在公司章程、劳动合同没有特别约定的情况下，财务总监无须对该损失承担赔偿责任。

【涉税案情】

李某在铜陵国通汽贸有限公司（简称“国通公司”）处担任财务总监期间，于2013年6月申报5月份的增值税时，未将5月份的进项税发票及时进行认证、申报，导致国通公司5月份的销项税在没有与进项税进行抵扣的情况下，缴纳了增值税等共计242 081.21元。后李某于7月份对上月未申报的进项税发票进行了认证、申报。国通公司因李某的工作失误对其进行了1 500元的经济处罚。

国通公司于2014年4月29日提起诉讼，要求公司财务总监李某承担因提前缴纳税款242 081.21元资金占用期间的利息损失（自2013年6月5日起至生效判决确定的给付之日止，按日利率万分之二点一计算），法院判决国通公司败诉。

【争议焦点】

国通公司（原告）

李某作为公司的财务总监，是公司的高级管理人员，因工作失误未能将5月份的进项税发票及时进行认证、申报，导致公司提前误交了增值税等共计242 081.21元，使公司资金被挤占无法发挥经营效益。为此李某需要赔偿公司242 081.21元资金占用期间的利息损失。

李某（被告）

自己虽然在2013年6月工作失误，未将5月的进项税进行认证、申报，但后来自己在7月份就及时进行了认证、申报，未及时申报的进项税就可以在以后的任何时间与销项税进行抵扣。因此并未给国通公司造成经济损失，且国通公司已对自己的工作失误进行了经济处罚。因此不需要再承担利息损失。

【裁判观点】

国通公司要求李某承担资金占用期间的利息损失的主张不能成立。理由是：

一、李某已根据《国家税务总局关于调整增值税扣税凭证抵扣期限有关问题的通知》（国税函〔2009〕617号）文件规定，在180天内对进项税发票进行了认证，没有违反相关规定；

二、国通公司的公司章程及双方签订的劳动合同中也未有与本案所争事实有关的条款约定；

三、国通公司所列证据只能证明李某没有将进项税发票及时在当月进行认证、抵扣，并没有相关证据证明之后李某是否将进项税发票与销项税发票进行抵扣；

四、即使存在进项税发票没有抵扣的情况，也只是与企业自身的经营状况（亏损）有一定的关系，与李某的工作失误没有必然联系；

五、国通公司对李某的工作失误也进行了相应的经济处罚。

【案例评析】

本案是因公司财务总监工作失误造成公司提前缴纳税款而产生的纠纷。

本案案情不算复杂，但对于不具备税法专业知识的读者理解起来可能存在一定难度。这里先简单地介绍一下我国的增值税制度。

根据本案案情，国通公司属于增值税一般纳税人，其增值税的计算公式为：销项税额 - 进项税额。其中，销项税额 = 当月不含税销售额 × 税率，进项税额 = 当月购入货物（服务）金额 × 税率 + 上期未抵扣进项税额。国通公司增值税申报期限为按月申报，那么国通公司每个月就要按照上述公式计算，将销项税额减去进项税额后的余额作为应交税款申报纳税。由此看出，进项税额可以抵减当期需要缴纳的税款，相当于“交税抵扣券”。当然，能够抵扣的前提是纳税人必须在规定的期限内将采购货物（服务）取得的进项发票进项认证、申报，通俗地说就是验证“交税抵扣券”的真伪，只有在验证通过后才能达到抵免税款的目的。

案件中的财务总监李某犯了什么错误呢？他没有将2013年5月份的进项税发票及时进行认证、申报，导致国通公司在6月份计算缴纳税款的时候无法使用金额为242 081.21元的“交税抵扣券”，致使国通公司在当月多交了税款242 081.21元。

那么这笔多交的税款242 081.21元是否就白白多交了呢？当然不是。虽然李某没有在5月份办理认证、申报手续，但他在7月份的时候补办了手续，在法定的180天期限内，242 081.21元的“交税抵扣券”依然有效。只是该“交税抵扣券”只能将来使用，已经缴纳的税款不能申请退税。但是对国通公司而言问题不大，只要将来有业务收入，到时候必然要申报纳税，那么在纳税的时候就随时可以使用这张“交税抵扣券”，因此已经缴纳的242 081.21元税款只能称为“早交”，并不算“多交”“白交”！

基于上述理由，国通公司自己也承认已经缴纳的242 081.21元税款本身并非其损失，但因提前早交242 081.21元税款导致过早丧失了对该笔资金的控制，由此产生的利息损失才是李某应当赔偿的损失。

身为财务总监的李某是否对公司的上述损失承担赔偿责任呢？法院已经给出了答案，无须承担损失。法院判决的理由上文已经描述，这里不再重复。但我们可以深入思考一下，在何种情况下法院会判决财务总监对公司的损失承担赔偿责任？

首先，公司章程必须规定财务总监属于公司的高级管理人员，公司只能依据《公司法》第147条、第149条的规定，基于公司法律关系而非劳动法律关系追究身为高级管理人员的财务总监的责任。如果公司基于劳动法律关系追究劳动者赔偿责任的话，将缺乏法律依据。在劳动法律实务中，法院多根据劳动者的过错程度判决劳动者承担一定比例的损失。

其次，在公司章程或劳动合同中必须明确约定财务总监的工作职责以及工作失误的具体情形，并明确赔偿标准。只有在有书面约定的情况下，财务总监才能提前预判自己将来可能面临的法律风险，在工作中才能采取积极行为避免犯错。否则，在没有书面约定的情况下，将产生权责不清的问题，很难证明损害责任应当由财务总监一人负责。

最后，财务总监事后采取的补救措施相当重要。如果财务总监事后没有补办认证手续的话，导致公司彻底丧失了“交税抵扣券”，那么财务总监就可能对公司的损失承担赔偿责任。

综上所述，财务总监在工作过程中因工作失误造成公司损失的，原则上无须承担赔偿责任。只有在符合上述条件的特定情况下，才需要承担责任。

除上述情形外，用人单位能否有权依照内部规章对劳动者过错造成的损失请求赔偿？第一，用人单位有权制定内部劳动规章。理论上对劳动规章的性质存在各种争议，但无论何种观点，都不否认用人单位有权制定内部规章制度。在立法实践中，我国劳动法律制度诸如《劳动法》《劳动合同法》《集体合同规定》等对劳动规章都有相应规定。第二，劳动者因过错给用人单位造成损失的应当赔偿。在一般人的观念中，如果劳动者因违反企业管理制度进行生产活动，用人单位可以进行一定处罚，如扣发工资、奖金等，谈到对企业的损失承担过错赔偿责任，很多劳动者难以理解。但实际上，无论是从法律上规定还是从法理上，因劳动者的过错给用人单位造成的损失，劳动者的相应工资等无法补偿的，用人单位可以要求劳动者进行赔偿。之所以通常认为劳动者不需要赔偿单位损失，其原因在于，一般情况下，造成的单位损失会以扣发工资的形式进行赔偿，而不是直接对用人单位进行赔偿。

用人单位制定对劳动者索赔性质内部规章的条件有些在《劳动法》《劳动合同法》已经有明确的规定，有些则规定的并不明确，应具备以下条件：第一，合法性条件，即用人单位制定的劳动规章制度不得违反法律、法规的规定。第二，程序性条件，用人单位的内部劳动规章要生效，必须经过法定的程序。第三，合理性条件，即劳动规章制定的员工义务在劳动者承担责任时应当根据工作岗位、职责、薪酬、过错程度等因素来确认责任的大小，应遵循公平合理的原则。①

---

① 胡昌明，沈莉．劳动者对其违反单位规章制度所造成的单位损失应否赔偿［J］．人民司法（案例），2012（20）

合理的劳动者赔偿责任制度既要使劳动者的职业风险保持在一定的限度之内，又要有利于劳动者自觉遵守国家法律法规和用人单位规章制度，善意地履行劳动合同。这就要求法院或劳动仲裁部门在处理此类纠纷时，既要注意平衡劳资双方利益，也要通过合理的裁判夯实公平与正义的基础，最大限度地实现法律效果和社会效果的有机统一。①

需要补充说明的是，根据《国家税务总局关于取消增值税扣税凭证认证确认期限等增值税征管问题的公告》（国家税务总局公告 2019 年第 45 号）之规定，增值税一般纳税人取得的 2017 年 1 月 1 日及以后开具的增值税专用发票、海关进口增值税专用缴款书、机动车销售统一发票、收费公路通行费增值税电子普通发票，不再需要在 360 日内认证确认，已经超期的，也可以自 2020 年 3 月 1 日后，通过本省（自治区、直辖市和计划单列市）增值税发票综合服务平台进行用途确认。

---

① 吴海燕，夏裕峰．履职过程中因故意或重大过失致单位损失应承担赔偿责任［J］．人民司法（案例），2018（32）．

专题 4 配套设施权属纠纷

问题 33：开发商土地增值税清算申报资料可否成为业主确权依据？

案例 49：福州市台江区博奥城小区业主委员会、福建博美诗邦地产有限公司物权确认纠纷案[①]

【裁判要旨】

依法纳税系法定义务。博奥城业委会主张博美诗邦公司于土地增值税清算申报时，将诉争房产开发成本作为公共配套设施费在扣除项中予以扣除，属于征纳双方构成的行政法律关系，与本案非同一法律关系。博奥城业委会认为，博美诗邦公司向国家税务机关申报将诉争房产开发成本作为公共配套设施费的扣除项予以扣除，即可确认诉争房产所有权归全体业主所有，没有法律依据。

【涉税案情】

2005 年 3 月 2 日，福建博美诗邦地产有限公司（简称“博美诗邦公司”）与福州市国土资源局签订《国有土地使用权出让合同》，并通过相关手续在协议约定地块开发建设博奥城 7 号楼及附属设施（下沉式游泳池）。2014 年 12 月 3 日，福州市不动产登记和交易中心为博奥城 7 号楼办理了初始登记，向博美诗邦公司出具了《初始登记通知书》，载明产权登记总建筑面积为 2 153.62 平方米。博美诗邦公司在与购房者签订的《商品房买卖合同》中约定，“有关公共部位与公用房屋分摊建筑面积构成说明见附件二”“除附件二所列本幢记入分摊面积的公共部位外，以下其他公共部位和小区内公共场所的所有权属全体业主：变配电室、电视、电话交接间、消控室、物业用房”“公共部位与公用房屋分摊建筑面积构成说明：以福州市房地产管理局最终核定面积为准”“商品房买卖合同第十六条补充约定如下：买受人拥有的产权范围仅为本合同附件一平面图中所示的范围。本小区的会所、架空层停车位、地下室等设施系出卖人投资建设，所有权归出卖人所有”。福州市台江区博奥城小区业主委员会（以下简称

---

① 福建省福州市中级人民法院民事判决书（2018）闽 01 民初 1129 号、福建省高级人民法院民事判决书（2019）闽民终 773 号、最高人民法院民事裁定书（2020）最高法民申 3233 号。

“博奥城业委会”）曾就博奥城7号楼产权问题向法院提起返还原物之诉，受理法院就7号楼用地使用权归属等问题向福州市房屋登记中心、福州市城乡规划局、福州市国土资源局等部门发函查询，其中，福州市房屋登记中心函复：“博奥城7号楼系由福建博美诗邦地产有限公司开发建设，并于2014年4月办理了初始登记，规划用途为体育场……该体育馆属于博奥城项目的配建设施……该项目7号楼的建筑面积为2 137.62平方米，未计入业主的公摊面积。”福州市城乡规划局函复：“……根据博奥城及项目总平面规划图及建筑施工图，体育场馆用地红线范围内建筑物（7号楼）及设施（下沉式游泳池）规划使用功能为体育场馆。”福州市国土资源局函复：“……规划总平面图已经以虚线明示了体育场馆用地的四至范围。博奥城体育馆建设后应对外开放，但其体育用地使用权在我局办理的竣工变更登记中并未登记为小区业主共有……”2016年11月29日，台江法院作出判决，认定“博奥城体育场馆是博美诗邦公司开发建设的作为对外开放的场所，并已办理了初始登记，其红线四至范围内的用地并未登记为小区业主共有，且业主《国有土地使用证》也仅备注规划小区内道路、绿地等公共用地为共有，因此博奥城业委会提出博奥城体育馆用地都属于小区业主共有的主张无据，不予支持”。博美诗邦公司交房后未向博奥城业委会移交博奥城7号楼及其附属设施，双方产生争议。

【争议焦点】

博奥城业委会（一审被告、二审上诉人、再审申请人）

依照《土地增值税暂行条例》第六条、《国家税务总局关于房地产开发企业土地增值税清算管理有关问题的通知》（国税发〔2006〕187号）第四条第（三）项的规定，房地产开发企业开发建造的与清算项目配套的居委会和派出所用房、文体场馆、学校、幼儿园等公共设施，只有“建成后产权属于全体业主所有的”和“建成后移交给政府、公用事业单位用于非营利性社会公共事业的”，其成本、费用方可扣除。而博美诗邦公司于2015年11月进行土地增值税清算申报时，将博奥城小区体育场馆的开发成本作为公共配套设施费在扣除项中予以扣除。故应认定诉争房产的产权不属于博美诗邦公司所有。

博美诗邦公司（一审原告、二审被上诉人、再审被申请人）

博美诗邦公司基于国有土地使用权出让合同依法取得博奥城7号楼及附属设施（下沉式游泳池）所在的国有土地使用权，基于独立规划和合法建设行为依法取得博奥城7号楼及附属设施（下沉式游泳池）产权。

【裁判观点】

依法纳税系法定义务。博奥城业委会主张博美诗邦公司于2015年11月土地增值税清算申报时，将博奥城小区体育场馆的开发成本作为公共配套设施费在扣除项中予以扣除，与本案非同一法律关系，依法可由国家税务机关认定或查处，本案不予审理。博奥城业委会认为博美诗邦公司向国家税务机关申报将诉争房产开发成本作为公共配套设施费的扣除项予以扣除，即可确认诉争房产所有权归全体业主所有，没有法律依据。

【案例评析】

纳税申报资料不是确定不动产权属的法定依据。小区配套设施权属纠纷中，“成本分摊说”是当事方请求确认诉争不动产权属归全体业主所有的常见理由之一，即提供证据证明诉争不动产建造成本摊入小区开发成本，表明全体业主已经通过交付购房款的方式为之集体“埋单”。商品房销售价格虽与开发成本有关，但成本并非确定商品房销售价格的唯一因素，还受小区地段、户型设计、建筑密度、景观环境、物业管理、周边设施、市场行情、同类产品、开发商现金流管控等其他因素的影响。博奥城业委会以博美诗邦公司将诉争不动产成本作为公共配套设施费在土地增值税税前扣除为由，认定诉争不动产属于“建成后产权属于全体业主所有的”公共配套设施，混淆了行政法律关系和民事法律关系，诉请自难获得人民法院支持。权属认定是因，税前扣除是果。《土地增值税清算管理规程》（国税发〔2009〕91 号）规定，审核公共配套设施费时应当重点关注：（一）公共配套设施的界定是否准确，公共配套设施费是否真实发生，有无预提的公共配套设施费情况。（二）是否将房地产开发费用计入公共配套设施费。（三）多个（或分期）项目共同发生的公共配套设施费，是否按项目合理分摊。实践中，各地税务机关会根据规划设计、政府文件、移交手续、权属证书、公示公告等证明资料，判断公共配套设施产权是否属于全体业主共有，是否在建成后无偿移交给政府、公用事业单位用于非营利性社会公共事业。博美诗邦公司在二审环节称，在本案一审判决作出后，税务部门即要求博美诗邦公司就涉案不动产进行土地增值税更正申报。

《建筑物区分所有权解释》第 2 条规定，建筑区划内符合下列条件的房屋，以及车位、摊位等特定空间，应当认定为民法典第二编第六章所称的专有部分：（一）具有构造上的独立性，能够明确区分；（二）具有利用上的独立性，可以排他使用；（三）能够登记成为特定业主所有权的客体。生效民事判决认定博奥城全体业主并非博奥城 7 号楼及附属设施所在土地的使用权人；博美诗邦公司在本案中提供的建设工程规划许可证、工程竣工验收备案表、政府职能部门回复函等证据证明博奥城 7 号楼独立规划，由博美诗邦公司开发建设，未计入业主公摊面积；博美诗邦公司与购房者签订的“商品房买卖合同”及其附件中亦未约定博奥城 7 号楼及附属设施的所有权归博奥城小区全体业主享有；综合上述情况，一、二审法院认定博美诗邦公司系涉案土地的使用权人，其在该地块上开发建设了博奥城7号楼及下沉式游泳池，依法取得博奥城7号楼及下沉式游泳池的原始权利。

针对小区配套设施权属纠纷，站在举证责任分配的角度，“宜兴市新街街道海德名园业主委员会诉宜兴市恒兴置业有限公司、南京紫竹物业管理股份有限公司宜兴分公司物权确认纠纷财产损害赔偿纠纷案”① 的裁判观点可资参考，“开发商与小区业主对开发商在小区内建造的房屋发生权属争议时，应由开发商承担举证责任。如开发商无充分证据证明该房屋系其所有，且其已将该房屋建设成本分摊到出售给业主的商品房中，则该房屋应当属于小区全体业主所有”。

① 宜兴市新街街道海德名园业主委员会诉宜兴市恒兴置业有限公司、南京紫竹物业管理股份有限公司宜兴分公司物权确认纠纷财产损害赔偿纠纷案［J］. 中华人民共和国最高人民法院公报，2018（11）：40－44.

专题5 政策调整纠纷

问题34：增值税税率调整后，发票适用税率如何选择？

案例50：上海城地香江数据科技股份有限公司、安徽上能管桩混凝土有限公司买卖合同纠纷案[①]

【裁判要旨】

出卖人作为发生增值税应税销售行为的销售一方，系增值税的纳税义务人，其因增值税税率下调而减少缴纳的税费系享受了国家在减轻对生产、生活性服务企业税负方面的优惠政策。而买受人认为出卖人遇国家税率下调而减少缴纳的税费属于不当得利的主张，不符合国家有关减税降费的政策要求，且无相应法律依据，不符合不当得利的法律规范。

【涉税案情】

上海城地香江数据科技股份有限公司（简称“上海城地香江公司”）与安徽上能管桩混凝土有限公司（简称“安徽上能管桩公司”）于2018年5月22日签订《管桩购销合同》，约定由上海城地香江公司向安徽上能管桩公司购买预应力管桩。双方约定的支付方式为：款到发货，一票制结算；在付款节点前安徽上能管桩公司需开具增值税专用发票（税率16%），上海城地香江公司收到的增值税专用发票并不代表所需付款金额，具体付款金额按双方结算金额为准。上海城地香江公司于2018年5月28日支付安徽上能管桩公司管桩货款1 400 000元。2018年9月12日，双方进行结算，确认上海城地香江公司应付管桩货款1 397 070元，并共同签署了销售产品结算单。结算后，安徽上能管桩公司退回上海城地香江公司管桩货款2 930元。2019年5月17日，安徽上能管桩公司向上海城地香江公司开具增值税专用发票，票载税率为13%。

【争议焦点】

上海城地香江公司（原告）

双方签订的《管桩购销合同》中约定了安徽上能管桩公司应在付款节点前开具增

---

① 安徽省来安县人民法院民事判决书（2020）皖1122民初2614号。

值税专用发票，税率为16%，而安徽上能管桩公司开具的税率为13%的发票，因税率调整而少缴纳的税金为不当得利且给上海城地香江公司造成实际损失，安徽上能管桩公司有义务返还，安徽上能管桩公司经其多次催告均不予返还，已经严重侵害其合法权益。

安徽上能管桩公司（被告）

税费调整目的是减轻生产性企业的税负，并非减轻上海城地香江公司的负担，如果遇国家税费调高，上海城地香江公司也不会增加货款，故请求驳回上海城地香江公司的全部诉请。

【裁判观点】

虽然双方在合同中约定了安徽上能管桩公司需开具增值税专用发票的税率为16%，但税率的高低系由国家制定，并非任何单位和个人可以随意约定，且双方在合同中亦有关于“上海城地香江公司收到增值税专用发票并不代表所需付款金额，具体付款金额按上海城地香江公司与安徽上能管桩公司双方结算金额为准”的约定，故安徽上能管桩公司按双方结算金额受领货款并无不当得利。此外，安徽上能管桩公司作为发生增值税应税销售行为的销售一方，系增值税的纳税义务人，其因增值税税率下调而减少缴纳的税费系享受了国家在减轻对生产、生活性服务企业税负方面的优惠政策。而上海城地香江公司认为安徽上能管桩公司遇国家税率下调而减少缴纳的税费属于不当得利的主张，不符合国家有关减税降费的政策要求，且无相应法律依据，不符合不当得利的法律规范，故法院不予支持。

【案例评析】

编者认为，本案买受人对增值税纳税义务和发票开具知识理解不清，诉讼请求错误。

《增值税暂行条例》第19条明确了应税销售行为的增值税纳税义务发生时间，即收讫销售款项或者取得索取销售款项凭据的当天；先开具发票的，为开具发票的当天。按销售结算方式的不同，《增值税暂行条例实施细则》第38条对于“收讫销售款项或者取得索取销售款项凭据的当天”作了细化规定，其中：采取直接收款方式销售货物，不论货物是否发出，均为收到销售款或者取得索取销售款凭据的当天。本案中，双方约定款到发货，上海城地香江公司于2018年5月28日支付安徽上能管桩公司管桩货款1 400 000元，双方于2018年9月12日结算确认管桩货款1 397 070元。安徽上能管桩公司纳税义务发生时间应为2018年5月28日，适用税率应为16%，并非其辩称按实际开票之日2019年5月17日的适用税率13%。按照《国家税务总局关于深化增值税改革有关事项的公告》（国家税务总局公告2019年第14号）之规定，一般纳税人在税率调整前已按原适用税率开具了发票，在2019年4月1日之后，发生销售折让、中止、退回以及发票开具有误等情形的，或者税率调整前未开具发票需要补开发票的，应按照原适用税率开具发票。

纳税人在开具发票的过程中，选择适用税率时，应以增值税纳税义务发生时间为标准。在税率调整后，一般纳税人发生增值税应税销售行为，取得税法规定的销售收入发生纳税义务的，应按新的适用税率计算相应的增值税销项税额并申报缴纳增值税，以新税率开具发票。纳税人如发生了税率调整前未开具发票的业务，相应的销售额也没有作"未开具发票收入"纳税申报，但税率调整后需要按原适用税率开具发票。此时，纳税人上述行为属于延期缴纳税款，在按原适用税率开具发票后，需就对应的增值税税款加收滞纳金。

本案出卖人按13%税率开具发票的行为违反税法规定，上海城地香江公司诉请安徽上能管桩公司返还不当得利错误，应诉请安徽上能管桩公司按16%税率补开发票。"苏州聚兴盛精密五金制品有限公司与昆山富秉康机械设备有限公司加工合同纠纷案"① 中，一审、二审法院认为，由于双方约定的价款含有17%的增值税，且双方的业务往来发生于增值税税率调整之前，故出卖人主张仍按之前的增值税税率向买受人开具发票的意见，法院予以采纳。司法实践中，各地法院对请求开具发票是否属于民事案件审理范围观点不一，如法院对买受人要求出卖人按税法规定的适用税率开具发票主张不予支持，买受人可与出卖人另行协商解决，如协商不成，买受人可向出卖人的主管税务机关反映或举报解决。

问题35：增值税纳税义务发生在税率调整之前，合同价款是否随税率调整同步变动？

案例51：中国核工业华兴建设有限公司与江苏弘能电力设备有限公司买卖合同纠纷案②

【裁判要旨】

涉案合同发生于税率调整之前，出卖人仍然可以按照合同约定开具17%税率的增值税专用发票，买受人要求在应付款中扣除税率差额货款无法律依据。

【涉税案情】

2016年11月9日甲方中国核工业华兴建设有限公司（简称"华兴公司"）就烟台新宝新能源项目向乙方江苏弘能电力设备有限公司（简称"弘能公司"）采购支架并签订了《采购合同》一份，合同约定：货款合计1 850万元；合同签订之日起7日内甲方预

---

① 苏州市吴中区人民法院民事判决书（2018）苏0506民初5207号、江苏省苏州市中级人民法院民事判决书（2019）苏05民终7130号。

② 江苏省淮安市中级人民法院民事判决书（2019）苏08民终1194号。

付乙方总货款的30%，乙方开始加工生产，余款在甲方工程安装完毕后2个月内付清，如果甲方不能按计划安装完成，余款应自乙方每批发货完毕后三个月内付清……

截至2017年4月底，弘能公司已按合同向华兴公司提供设计图纸中的全部产品。弘能公司所供产品华兴公司于2017年6月份安装完毕。因付款争议，弘能公司诉请法院判令华兴公司给付货款及逾期付款违约金。

【争议焦点】

华兴公司（一审原告、二审上诉人）

根据合同约定，货到后弘能公司应开具17%的增值税发票，所有付款前弘能公司应开具发票并交付收据。因此，本案付款条件并未成就。华兴公司主张合同签订时约定开具17%的增值税发票，但合同履行过程中因国家税收政策的影响，增值税税率已经调整为13%，弘能公司客观上已无法开具17%的增值税发票，降低4%税点对应的税费应从货款中扣除。

弘能公司（一审被告、二审被上诉人）

华兴公司认为供货人没有提供剩余货款的发票和收据是违约行为的主张不成立。弘能公司多次向华兴公司主张货款，华兴公司均拒绝，且从未以弘能公司未开具发票和收据为由进行抗辩。合同履行过程中亦是华兴公司先通知弘能公司提供收据，弘能公司再提供。开具发票与收据对弘能公司来说并不需要巨大成本，如华兴公司要求弘能公司出具，弘能公司不可能不出具。

【裁判观点】

涉案合同发生于国家税率调整之前，弘能公司仍然可以按照合同约定开具17%税率的增值税专用发票，华兴公司要求在应付款中扣除税率差额货款无法律依据，不予支持。

案例52：远鹏电气（北京）有限公司与广东迪控电子科技有限公司买卖合同纠纷案①

【裁判要旨】

《采购合同》约定的货款金额包含17%的增值税税率金额，双方认可自2018年5月起税率自17%减少为16%，则针对买受人尚未付款且出卖人未交付增值税发票的部分货款，买受人有权要求扣除相应税率变化导致的货款差额。

① 北京市朝阳区人民法院民事判决书（2018）京0105民初6650号、北京市第三中级人民法院民事判决书（2018）京03民终15245号。

【涉税案情】

2016年12月20日，甲方远鹏电气（北京）有限公司（简称“远鹏电气公司”）与乙方广东迪控电子科技有限公司（简称“广东迪控公司”）签订《采购合同》。双方约定：远鹏电气公司向广东迪控公司购买共补电容、电抗各1套，数量339台，含税价格合计559 350元（17%增值税）；甲方预付30%，待送电检验合格后30日内付清余款；乙方需在甲方付款前出具17%增值税专用发票，否则甲方有权延迟付款，且甲方不因此承担任何责任。

2017年3月18日、3月20日，远鹏电气公司分别签收广东迪控公司供应的共补电抗、电容各339台。同年3月16日、9月1日，远鹏电气公司分别向广东迪控公司支付货款167 805元、10万元，共计267 805元。同年3月27日，远鹏电气公司收到广东迪控公司开具的增值税专用发票2张，价税合计168 300元（税率17%）。同年11月30日，广东迪控公司委托律师事务所向远鹏电气公司发送《律师函》，催要电容电抗货款291 545元。12月3日，远鹏电气公司签收上述函件。

广东迪控公司诉请法院判令远鹏电气公司支付货款291 545元及违约金。

【争议焦点】

广东迪控公司（一审原告、二审被上诉人）

远鹏电气公司仅收到168 300元发票，就向广东迪控公司付款267 805元，可见双方在合同履行过程中实际变更了《采购合同》约定的付款方式，即远鹏电气公司付款不以广东迪控公司开具发票为前提。

远鹏电气公司（一审被告、二审上诉人）

2017年9月1日，远鹏电气公司向广东迪控公司支付10万元货款，广东迪控公司收到货款后至今未开具发票，故远鹏电气公司对先付款后开发票约定产生质疑，根据2018年5月1日税率自17%减少为16%，要求广东迪控公司返还1%税点即1 000元，请求法院协助远鹏电气公司督促广东迪控公司先开具相应的发票，金额为391 050元。

【裁判观点】

《采购合同》约定的货款金额包含17%的增值税税率金额，诉讼中双方认可自2018年5月起税率自17%减少为16%，则针对远鹏电气公司尚未付款且广东迪控公司未交付增值税发票的部分货款，远鹏电气公司有权要求扣除相应税率变化导致的货款差额。

【案例评析】

上述案例中，出卖人增值税应税行为均发生于税率调整之前。

案例 47，弘能公司采取直接收款方式销售货物，纳税义务发生时间应为收到销售款或者取得索取销售款凭据的当天。关于付款安排，涉案采购合同约定签订之日起 7 日内买方预付卖方总货款的 30%，余款在买方工程安装完毕后 2 个月内付清。弘能公司所供产品华兴公司于 2017 年 6 月安装完毕，弘能公司纳税义务发生时间应为 2017 年，故应按调整前的适用税率计算相应的增值税销项税额并申报缴纳增值税，同时以该税率开具发票。

案例 48，远鹏电气公司亦采取直接收款方式销售货物，涉案《采购合同》约定买方预付 30%，待送电检验合格后 30 日内付清余款。2017 年 3 月 18 日、3 月 20 日，远鹏电气公司已分别签收广东迪控公司供应货物。远鹏电气公司纳税义务发生时间应为 2017 年，故应按调整前的适用税率计算相应的增值税销项税额并申报缴纳增值税，同时以该税率开具发票。

问题 36：增值税纳税义务发生在税率调整之后，合同价款是否随税率调整同步变动？

案例 53：湖北电力天源钢管塔有限公司与宣化钢铁集团有限责任公司合同纠纷案①

【裁判要旨】

增值税的税率并非买卖合同法律行为的基础性事实，且增值税税率下调不足以导致买卖合同赖以成立的基础丧失，也不足以导致当事人合同目的无法实现，不构成情势变更，且双方合同中并未有降税降价的明确约定，买受人要求调减合同价格依据不足。

【涉税案情】

2018 年 9 月 20 日，湖北电力天源钢管塔有限公司（简称“天源钢管塔公司”）与宣化钢铁集团有限责任公司（简称“宣化钢铁公司”）签订一份钢材购销合同，合同约定了钢材的品种、型号、现款到站价格、发货方式、数量等。合同付款时间约定：交货前预付全额货款、吊装费及运杂费；按供需双方约定时间付清全额货款、吊装费

①　河北省张家口市宣化区人民法院民事判决书（2019）冀 0705 民初 2996 号、河北省张家口市中级人民法院民事判决书（2020）冀 07 民终 936 号。

及运杂费。合同有效期自2018年9月20日至2018年11月30日止。其他事项约定：此合同为现款含税检尺到站价格。

2019年1月18日，双方又签订一份钢材购销合同，除钢材品种、单价、数量和合同有效期外，其他约定与前一份合同相同，合同有效期自2019年1月18日至2019年2月28日止。合同签订后，天源钢管塔公司陆续给宣化钢铁公司打款，宣化钢铁公司亦陆续发给天源钢管塔公司合同约定的钢材，并开具增值税发票。至2019年3月26日，宣化钢铁公司总计收到天源钢管塔公司货款24 221 439.21元，已供应天源钢管塔公司价值19 654 108.43元的各类钢材，并给天源钢管塔公司开具了相应价值的税率为16%的增值税发票，下余4 567 330.78元货款，在2019年4月1日之前，宣化钢铁公司尚未开具发票，亦未交付天源钢管塔公司相应价值的钢材。

2019年4月1日，增值税税率下调至13%。2019年4月1日之后，宣化钢铁公司又收到天源钢管塔公司货款16 556 393.04元，连同之前的余款4 567 330.78元，宣化钢铁公司按天源钢管塔公司要求交付了天源钢管塔公司相应价值的钢材，并按13%税率给天源钢管塔公司开具了增值税发票19 010 937.74元（付款与开票间的差额宣化钢铁公司已返退天源钢管塔公司）。

天源钢管塔公司向法院提出诉讼请求：判令宣化钢铁公司赔偿抵税款损失；判令宣化钢铁公司支付天源钢管塔公司合同调价款。

【争议焦点】

天源钢管塔公司（一审原告、二审上诉人）

宣化钢铁公司一是存在直接违约情形。在收到24 221 439.21元货款（依照税法规定，收款时其已发生纳税义务）后，本应全额开具税率为16%的增值税专用发票，但其却将其中的4 567 330.78元开列为13%的税票，从而导致买方蒙受少抵税款104 531.53元的经济损失；二是背离双方在合同中的真实意思表示和全社会各行各业的交易习惯，拒绝依照降税比例调减合同价格，从而使我方蒙受330 567.75元的经济损失（不含前列的104 531.53元）。

宣化钢铁公司（一审被告、二审被上诉人）

税务问题是国家行为，是不可抗力。我方在2019年3月31日前按税率16%开具发票和在2019年4月1日以后按13%开具发票，都是依法行为，不违反法律规定。

双方签订的合同是期货型合同，天源钢管塔公司打款后，我方排产，然后交货开票，我们没有发货，没有泵单前是没法开具发票的。我们采取的是2019年3月29日和2019年4月1日的第三方价格，并不是说税率降低，合同的价格就必然降低，合同有约定就从约定，没有约定就遵循市场交易规则。2019年4月1日，国家变更了税率，双方都是知道的，当时双方的合同有效期已过，但天源钢管塔公司仍向我公司打款1 550万元，并未提出异议，所以我方行为没有任何违约行为。

【裁判观点】

天源钢管塔公司与宣化钢铁公司分别于2018年9月20日、2019年1月18日签订了钢材购销合同，双方的付款方式为预收货款，增值税纳税义务发生时间为货物发生的当天。合同对双方何时履行纳税义务、何时履行交货义务并未约定，根据双方之前的交易习惯，均为宣化钢铁公司在交付货物当月为天源钢管塔公司开具增值税发票，且双方均未提出异议。因2019年4月1日国家征收增值税的比例由16%下调至13%，宣化钢铁公司在2019年4月1日之后且在交付了天源钢管塔公司相应价值的钢材后开具税率为13%的增值税发票，不违反合同约定和法律规定，对天源钢管塔公司提出的要求宣化钢铁公司赔偿开票税率错误导致的税款损失的请求，不予支持。

增值税的税率并非买卖合同法律行为的基础性事实，且增值税税率由16%下调为13%不足以导致买卖合同赖以成立的基础丧失，也不足以导致当事人合同目的无法实现，不构成情势变更，且双方合同中并未有降税降价的明确约定，故天源钢管塔公司提出的要求宣化钢铁公司赔偿未附随税率调低合同价款导致的价款损失的请求，不予支持。

【案例评析】

理论上说，增值税是价外税，企业只是代税务机关征收，税负在价格之外由下家承担，税负是由最终端消费者承担，但由于现实操作中各种情况，不少企业实际也承担了一部分增值税税负。《中华人民共和国增值税法（征求意见稿）》第4条规定："增值税为价外税，应税交易的计税价格不包括增值税额。"① 增值税税率下调为市场各类主体释放税收红利，上下游企业间和末端消费者为分得减税红利常展开博弈。

如果交易双方未就合同价款是否随税率下调同步变动事先约定，能否诉请法院重新调整合同价款？根据《民法典》第510条规定："合同生效后，当事人就质量、价款或者报酬、履行地点等内容没有约定或者约定不明确的，可以协议补充；不能达成补充协议的，按照合同相关条款或者交易习惯确定。"第511条规定，当事人就价款或者报酬不明确的，依法应当执行政府定价或者政府指导价的，依照规定履行。编者检索类案，判决呈现"一边倒"态势，审理法院多对当事人一方提出的合同价款应随税率下调同步变动的诉请不予支持。在中国法学会财税法学研究会联合首都经济贸易大

---

① 《〈中华人民共和国增值税法（征求意见稿）〉公开征求意见》，载国家税务总局网：http://www.chinatax.gov.cn/chinatax/n810356/n810961/c5140207/content.html，最后访问日期2021年1月1日。

学法学院、首都经济贸易大学财税法研究中心、德恒律师事务所举办的2020年度影响力税务司法审判案例评选活动中，本案入选“十大年度影响力税务司法审判案例”，评委认为：“增值税作为价外税，增值税税率下调带来的增量经济利益如何在交易双方之间分配，在税制频繁变动时期尤为值得探讨。是否将之作为情势变更，重新调整合同价款，关乎税收利益分配格局。本案明确了增值税税率并非买卖合同法律行为的基础性事实，增值税税率调整也不足以导致买卖合同赖以成立的基础丧失，更不足以导致当事人合同目的无法实现，不构成情势变更，有一定参考价值。同时，增值税专用发票的开票时间以纳税人纳税义务的发生为时间节点，本案中因采取预收款方式销售货物，增值税纳税义务发生时间应当为货物发出当天。开具增值税发票时的税率变化并不影响当事人间合同的履行，因而当事人以实际纳税义务发生时的税率开具增值税发票并不违反合同。本案中一、二审法院均对该观点予以了明确，为以后司法裁判中该类案件的审判指明了方向。”

鉴于增值税税率未来仍有下调空间，如何规范合同价款条款，提前应对税率的政策性调整？作为出卖人，价格条款可约定为：“本合同约定的价格为含税价格，在合同履行期间，不因国家税率的调整而调整。”而对于买受人，价格条款可约定为：“本合同约定价格为不含税价格，不含税价格不因国家税率变化而变化，在合同履行期间，如遇国家的税率调整，则价税合计价格相应调整。”当然，交易各方都会在防范税务风险的前提下实施尽可能实现自身纳税受益最大化的应对举措，不存在谁是谁非的问题，也不存在谁攫取减税红利的问题，实质是利益的博弈，最终形成的结局，还得看供给弹性，看谈判能力。[①]《中国经济周刊》曾报道，2019年4月1日，一家食品制造企业的销售人员当天接到了某大型商超的电话通知，告诉其产品含税供货价下调2.6%。震惊之余，他很快发现，这并非愚人节的善意谎言。相对而言，电话通知算得上文质彬彬的做法。据媒体公开报道，有供应商在华某某某的销售系统中发现，含税供货价被对方直接调低了2.6%。

问题37：当事人能否以税额标准调整主张合同履行的情势变更？

案例54：大庆创业广场有限责任公司与沈阳集体联社企业（集团）有限公司租赁合同纠纷案[②]

【裁判要旨】

合同履行过程中发生合同履行相关的税种税额调整的，如果调整幅度在合同当事

---

① 李永华．制造企业：谁拿了我的减税奶酪［J］．中国经济周刊，2019（7）．

② 黑龙江省高级人民法院民事判决书（2015）黑民终字第104号、最高人民法院民事裁定书（2016）最高法民申2594号。

人签订合同时已经生效的法律法规规定的税额范围之内，则属于合同当事人可以预见的税额调整范围。因此，不属于影响合同履行的重大变化。

即便不属于上列情形，但是税额标准的调整如果不会严重影响涉案合同的履行，不会因此引起合同当事人权利义务明显不公平或者不能实现合同目的，则不存在可以适用情势变更的基本前提。

【涉税案情】

2003年1月13日，沈阳集体联社企业（集团）有限责任公司（简称“沈阳集体联社”）与大庆创业广场有限责任公司（简称“创业广场”）签订《房屋租赁合同》，约定创业广场将位于开发区的三角大厦（面积16 000平方米三层）租赁给沈阳集体联社经营。《房屋租赁合同》第五条约定，沈阳集体联社保证在租赁经营期间每年向开发区税务机关交缴的税款在300万元左右。2006年3月9日，双方签订《补充协议书》，约定租赁期限延长至2016年8月18日止，从2006年开始租赁期间的房产税、城镇土地使用税由沈阳集体联社缴纳。2014年3月26日，大庆市开发区地方税务局向创业广场发出税务事项通知书，告知创业广场2006年至2014年期间的未申报缴纳的税款及要求缴纳滞纳金事项。2014年4月18日，创业广场委托律师事务所向沈阳集体联社发出律师函，要求沈阳集体联社到创业广场处交纳欠缴的税款及滞纳金4 627 151.11元。2014年6月10日，沈阳集体联社给予回复，对创业广场要求其缴纳税费及滞纳金提出异议。

创业广场因此诉至法院请求：判决沈阳集体联社支付从2006年至今欠缴的房产税、土地使用税及截至2014年的滞纳金。一审法院判决沈阳集体联社向创业广场支付依租赁合同所应承担的费用4 126 598.40元、滞纳金500 522.71元，两项合计4 627 151.11元。沈阳集体联社不服，提起上诉，二审法院驳回上诉、维持原判。沈阳集体联社申请再审，最高人民法院驳回再审申请。

【争议焦点】

创业广场（一审原告、二审被上诉人、再审被申请人）

根据双方合同约定，沈阳集体联社应当缴纳房产税和城镇土地使用税。但经多次催收，一直未向创业广场缴纳税金。将《税务事项通知书》内容告知后，沈阳集体联社仍未交纳，给创业广场造成损失，应由沈阳集体联社承担。由于沈阳集体联社拒不履行合同义务，为避免扩大损失，创业广场已经先行缴纳税款及滞纳金，实际交纳总额为7 887 166.93元（税款4 668 470.40元，滞纳金3 218 696.53元）。

沈阳集体联社（一审被告、二审上诉人、再审申请人）

涉案房产的所有权人负有缴纳房产税、城镇土地使用税的法定义务，沈阳集体联社没有纳税义务，也无法向税务机关申报并缴纳税款，滞纳金是由于纳税义务人未及时申报造成的。沈阳集体联社与创业广场签订《补充协议书》后，根据《大庆市人民政府关于调整市区城镇土地使用税税额幅度和分等税额标准的通知》，城镇土地使用税数额发生巨大变化，依据情势变更原则，双方应对税费承担的约定进行变更。

【裁判观点】

虽然双方于2003年签订的《房屋租赁合同》中约定创业广场不收取租金，但约定沈阳集体联社应每年向税务机关缴纳涉案房屋的相关税款，且在2006年双方签订的补充协议中进一步约定由沈阳集体联社承担2006年以后租赁房屋的房产税及城镇土地使用税。因此，沈阳集体联社并非无偿租赁创业广场的房屋。租赁期间，税务部门多次向创业广场催缴相关税费，创业广场在租赁期间亦以律师告知函形式要求沈阳集体联社履行缴纳税金的合同义务。但沈阳集体联社未按协议约定履行其义务，嗣后，又产生逾期缴纳相关税费的滞纳金。按双方当事人的合同约定，沈阳集体联社应承担因租赁物发生的相关税费及滞纳金义务。沈阳集体联社主张其并非纳税主体及义务人，拒绝承担相关税费，混淆了公法上的纳税义务与私法领域的合同义务的区别，缺乏事实和法律依据。创业广场举示了其实际已缴纳相关税费的凭证，且其主张的数额少于其实际缴纳的数额，即创业广场并未因此案而获取不当得利。

大庆市人民政府关于土地使用税税额的调整幅度较小，在国家征收法律法规确定的税额范围之内，应属双方当事人可能预见的范围，不属于无法预见的重大变化。创业广场将涉案16 000平方米房产免租金租赁给沈阳集体联社，沈阳集体联社仅承担2006年之后的房产税、城镇土地使用税，税额标准的调整不会严重影响涉案合同履行，也不会导致合同履行后权利义务显失公平。沈阳集体联社以情势变更为由要求变更涉案《房屋租赁合同》税费承担依据不足，不应支持。

【案例评析】

《城镇土地使用税暂行条例》第5条规定：“省、自治区、直辖市人民政府，应当在前条所列税额幅度内，根据市政建设状况、经济繁荣程度等条件，确定所辖地区的适用税额幅度。市、县人民政府应当根据实际情况，将本地区土地划分为若干等级，在省、自治区、直辖市人民政府确定的税额幅度内，制定相应的适用税额标准，报省、自治区、直辖市人民政府批准执行。经省、自治区、直辖市人民政府批准，经济落后地区土地使用税的适用税额标准可以适当降低，但降低额不得超过本条例第四条规定最低税额的百分之三十。经济发达地区土地使用税的适用税额标准可以适当提高，但须报经财政部批准。”

大庆市人民政府对城镇土地使用税税额的调整，属于在黑龙江省人民政府确定的税额幅度内制定的适用税额标准。经查询大庆市人民政府网站，2011 年发布的《大庆市人民政府关于调整市区城镇土地使用税税额幅度和分等税额标准的通知》（庆政发〔2011〕6 号），市区每平方米土地年分等税额标准调整前为：一等每平方米 20 元，二等每平方米 16 元，三等每平方米 12 元，四等每平方米 8 元，五等每平方米 4 元，六等每平方米 1.5 元；调整后为：一等每平方米 20 元，二等每平方米 18 元，三等每平方米 15 元，四等每平方米 12 元，五等每平方米 9 元，六等每平方米 6 元。① 沈阳集体联社与创业广场签订租赁合同的时候，现有税收法律法规已对相关税率有明确的等级幅度规定，双方当事人对于国家税收政策的调整应是有预期的。租赁合同履行期间税额标准的调整未超过税收法律法规所规定的幅度范围，税收政策的调整并未超出租赁合同当事人的预期，不属于不可预见的范畴。且该项税额标准的调整并不影响合同履行，不会出现继续履行租赁合同将导致对一方当事人显示公平的结果，也不符合情势变更的结果要件。审理法院将税额标准调整的幅度是否在税收法律法规确定的税额范围之内，作为税收政策调整是否属于双方当事人的可预见范围的判断标准，并兼顾考虑税额标准的调整是否会严重影响涉案合同履行，是否会导致合同履行后权利义务显失公平。

司法实践中，合同当事人有可能以正常的商业风险作为情势变更的理由，要求变更或解除合同，如不严加审查，可能导致情势变更原则在司法实践中被滥用。情势变更与商业风险的区别如下：（1）性质不同。情势变更属于意外的风险；而商业风险属于从事商业活动所固有的风险，变化未达到异常的程度。（2）预见程度不同。情势变更原则以“订立合同时不能预见”为要件。而商业风险则是行为人能够预见或应当预见客观情况的变化可能发生，并尽量加以避免的一种可能性。（3）是否可归责不同。情势变更是不可预见的，所以双方当事人在主观上都没有过错，不可归责于双方当事人。而商业风险由于具有可预见性，故可以说当事人对此存有过失。（4）后果不同。情势变更的发生使合同的履行在客观上会使合同的基础和预期的目的发生根本性的动摇，如继续履行原合同，将对一方当事人明显不公而一方当事人明显有利或者不能实现合同目的，会产生显失公平的效果。而在商业风险中，合同的基础没有发生根本变化，继续履行合同只是造成一定条件下的履行困难及履行合同费用的增加、利润的减少或并非重大的一般性亏损。②

---

① 《大庆市人民政府关于调整市区城镇土地使用税税额幅度和分等税额标准的通知》，载大庆市人民政府网：http://www.daqing.gov.cn/zfgw/szfwj/179859.shtml，最后访问日期 2021 年 1 月 2 日。

② 曹守晔.最高人民法院《关于适用〈中华人民共和国合同法〉若干问题的解释（二）》之情势变更问题的理解与适用［J］.法律适用，2009（8）.

问题38：双方约定因政策变化产生额外税费由一方负担，是否仅限定为合同签订后颁布的政策？

案例55：中粮信托有限责任公司与上海中青世邦商业保理有限公司等债权转让合同纠纷案[①]

【裁判要旨】

各方虽约定交易中因税收政策法规变化而产生的额外费用均由中青世邦公司负担，但并没有对时间作出具体限定，亦未特别指向协议签订后所颁布的相关政策法规。对此，中粮公司主张相关规定虽已颁布，但在协议签署之际尚无法确定未来需要缴纳的税费金额，故在确定融资利率时未考虑相关税费成本，而是约定由中青世邦公司另行负担的意见更加符合当事人签署合同该项条款的本意。

【涉税案情】

2017年8月7日，中粮信托有限责任公司（简称“中粮公司”）与上海中青世邦商业保理有限公司（简称“中青世邦公司”）、北京黄金交易中心有限公司（简称“黄金公司”）、案外人冀中中冀黄金销售（天津）有限公司（简称“中冀公司”）签订《应收账款转让协议》（简称《转让协议》），主要内容约定：中冀公司与黄金公司签订了《黄金购销合同》，形成了《黄金购销合同》项下的标的应收账款80 639 994.2元。中青世邦公司与中冀公司签订了《保理合同》，中青世邦公司依据《保理合同》自中冀公司处受让了标的应收账款。中青世邦公司愿按协议约定将其依据《保理合同》对黄金公司享有的标的应收账款债权出售给中粮公司。中粮公司拟发行“中粮信托·黄金保理系列（第三期）集合资金信托计划”并以第2期募集的信托资金，按本协议约定，向中青世邦公司购买上述标的应收账款债权。

经友好协商，各方就标的应收账款购买事宜达成如下协议。购买价款及支付：中粮公司以6.83%/年的折价率购买标的应收账款，购买价款支付日预计为2017年8月10日。中青世邦公司确认，中粮公司因向中青世邦公司支付标的应收账款购买价款而设立的信托计划根据政策法规变化而需缴纳额外税费的，则中青世邦公司确认自愿承担前述融资成本。

同日，中粮公司与中国青旅实业发展有限责任公司（简称“青旅公司”）签订《保证合同》，主要内容约定：保证人青旅公司同意为债务人黄金公司、中青世邦公

---

① 北京市第二中级人民法院民事判决书（2018）京02民初122号、北京市高级人民法院民事判决书（2019）京民终521号。

司、中冀公司对债权人中粮公司的债务提供不可撤销的连带责任保证担保，保证范围为《转让协议》项下的全部债务。

2017年8月8日，黄金公司作为出票人向收款人中冀公司出具了票据金额为80 639 994.2元、汇票到期日为2018年6月30日的电子商业承兑汇票。该承兑汇票经背书转让至中粮公司。2017年8月10日，中粮公司向中青世邦公司支付应收账款转让价款75 970 111.45元。2018年4月27日，中粮公司委托分别向黄金公司、青旅公司送达了律师函，宣布所涉应收账款提前到期，要求黄金公司于2018年5月15日前向中粮公司足额偿付应收账款80 639 994.2元。2018年5月2日，黄金公司向中粮公司还款4 505 156.94元。

中粮公司认为，截至起诉日，黄金公司未向中粮公司按时足额兑付该汇票项下款项，亦未按照《转让协议》按时足额履行应收账款偿付义务，青旅公司未按照《保证合同》约定履行连带保证责任。根据约定，中粮公司有权宣布全部应收账款提前到期。根据《财政部、税务总局关于资管产品增值税有关问题的通知》（财税〔2017〕56号）相关规定，自2018年1月1日起，中粮公司作为资管产品管理人运营资管产品过程中发生的增值税应税行为，暂适用简易计税方法，按照3%的征收率缴纳增值税。中粮公司因向中青世邦公司支付应收账款购买价款而设立的信托计划，属于该通知规定的资管产品，信托计划项下因政策法规变化而需缴纳额外税费所相应提高的成本，按照《转让协议》约定应由中青世邦公司承担。根据上述合同约定及相关法律法规的规定，中粮公司有权要求黄金公司偿付应收账款并承担违约责任，有权要求中青世邦公司承担信托计划项下因政策法规变化而需缴纳额外税费所相应提高的成本，有权要求青旅公司承担连带保证责任。

中粮公司向法院提出诉讼请求：判令黄金公司向中粮公司偿付应收账款、支付违约金；判令黄金公司、青旅公司承担全部诉讼费用；判令中青世邦公司承担中粮公司因向中青世邦公司支付应收账款购买价款而设立的信托计划由于缴纳增值税所相应提高的成本，包括（1）自2018年1月1日至2018年6月30日期间的利息2 594 379.31元×3%/（1.03－3%×1.12）×1.12计算的增值税（含其附加税）成本87 486.09元，以及（2）按照80 639 994.2元×10.245%/360×应收账款提前到期日至应收账款足额清偿日的期间天数×3%/（1.03－3%×1.12）×1.12计算的增值税（含其附加税）成本；判令青旅公司对黄金公司、中青世邦公司的上述全部债务承担连带保证责任。

【争议焦点】

青旅公司（一审被告、二审上诉人）

中粮公司诉请要求中青世邦公司负担税费成本，所依据的政策文件《财政部、国家税务总局关于全面推开营业税改征增值税试点的通知》(2016年5月1日)、《财政部、国家税务总局关于明确金融房地产开发教育辅助服务等增值税政策的通知》(2016年12月21日)、《财政部、国家税务总局关于资管产品增值税有关问题的通知》(2017年6月30日)均颁布于《转让协议》签订之前,中粮公司称因政策变化而增加了税费成本不能成立。

中粮公司与中青世邦公司签订协议之时,就应该知晓国家对本案债权转让行为的税收政策,在签订协议之后,国家没有新的涉及本案民事行为的税收政策出台,中粮公司诉请的税费并非是由于政策法规变化而增加的,而是在签订协议时就能够预见到的。中粮公司要求中青世邦公司承担税费不符合《转让协议》约定的"政策法规变化"的前提条件。

黄金公司(一审被告)

《转让协议》第7条第二段已经明确约定各自承担税费。中粮公司提出的"转让协议"第3.5条有关涉及"根据政策法规变化而需缴纳税费的"情形下中青世邦公司承担"相应提高的融资成本"是有条件的。其前提是为购买本案应收账款而设立的信托计划融资成本发生相应提高。但截至目前,尚无直接证据证明相应融资成本提高。中粮公司提出的承担有关增值税的请求没有依据。

中青世邦公司(一审被告)

未作答辩。

中粮公司(一审原告、二审被上诉人)

涉案《转让协议》第3.5条约定的"根据政策法规变化"并未明确限定为协议签署后颁布的政策法规才构成"变化",不应排除协议签署前的相关信托产品税收政策的变化,正是因为协议签署前,针对资管产品(包括信托产品)的税收政策频繁出台,相关政策发生了较大变化,才有必要约定相关事项。

之所以协议签署时未对具体税费金额进行约定,是因为:在该协议签署之际(2017年8月7日),《财政部、国家税务总局关于资管产品增值税有关问题的通知》(财税〔2017〕56号)虽已颁布,但尚未实施,其实施日期是2018年1月1日,在协议签署之际尚无法确定未来需要缴纳的税费金额,当时也从没有一家信托公司缴纳过增值税,对于如何计算届时需要缴纳的增值税金额也有待与税务机关沟通。综合该等因素,在当时协议签署之际确定融资利率时未考虑相关税务成本,而是约定由中青世邦公司另行负担。该交易安排公平合理,未损害中青世邦公司和青旅公司的利益。

在(2018)京02民初120号案件中,中粮公司在向一审法院提交的相关证据中已经表示,黄金公司已代中青世邦公司依约向中粮公司缴纳过2018年1月1日至2018年4月25日期间利息金额对应的增值税成本,黄金公司、青旅公司对相关证据均予以确认,一审法院亦予以确认。由此可见,涉案协议所约定的税费成本负担相关条款的效力及含义，已通过当事人履行行为予以确认，当事人对此无争议。

【裁判观点】

中青世邦公司在合同中确认，中粮公司因向中青世邦公司支付标的应收账款购买价款而设立的信托计划根据政策法规变化而需缴纳额外税费的，由中青世邦公司承担相应提高的融资成本。中青世邦公司确认自愿承担前述融资成本，对履行本款所述付款义务在现在及未来不会提出任何异议或抗辩，即使依据中国法律、法规及监管规范有此权利，中青世邦公司亦在此无条件且不可撤销地予以放弃。就上述合同约定的内容可以看出，对于涉案交易中因税收政策法规变化而产生的额外费用均由中青世邦公司负担，且并没有对时间作出具体限定，亦未特别指向协议签订后所颁布的相关政策法规。对此，中粮公司主张相关规定虽已颁布，但在协议签署之际尚无法确定未来需要缴纳的税费金额，故在确定融资利率时未考虑相关税费成本，而是约定由中青世邦公司另行负担的意见，更加符合当事人签署合同该项条款的本意。

对于中粮公司因向中青世邦公司支付应收账款购买价款而设立的信托计划根据政策法规变化而需缴纳的额外税费，由中青世邦公司承担。因此，中青世邦公司应向中粮公司支付上述增加的税费成本 84 632.18 元。对于中粮公司提出的其他有关税费成本的诉讼请求，因中粮公司并未实际缴纳，相关税费成本的具体金额亦不能确定，故本院不予支持。

【案例评析】

本案是嵌套保理的应收账款资产证券化产品税费负担纠纷。参考《商业银行保理业务管理暂行办法》（中国银行业监督管理委员会令 2014 年第 5 号）第 6 条、《中国银行业保理业务规范》（银协发〔2016〕127 号）第 4 条的规定，《民法典》增设保理合同作为典型合同，《民法典》第 761 条规定："保理合同是应收账款债权人将现有的或者将有的应收账款转让给保理人，保理人提供资金融通、应收账款管理或者催收、应收账款债务人付款担保等服务的合同。"本案中，中冀公司为应收账款债权人，中青世邦公司为保理人，中粮公司通过向中青世邦公司支付应收账款购买价款而设立信托计划。

在营业税时代，资管产品收益应该缴纳营业税，但是实际操作中资管产品投资收益少有缴纳。2016 年 5 月 1 日起，金融业被纳入了营改增的试点范围，但资管产品运营过程中发生的增值税应税行为的具体纳税义务人未明确。财政部、国家税务总局于 2016 年 12 月 21 日发布《关于明确金融房地产开发教育辅助服务等增值税政策的通知》（财税〔2016〕140 号，简称 140 号文），规定"资管产品运营过程中发生的增值税应税行为，以资管产品管理人为增值税纳税人"，同时规定自 2016 年 5 月 1 日起执行。140号文发布后，曾令不少信托公司、基金公司、私募公司等资管机构感到焦虑。主要是征税起点往前追溯近8个月的问题。[①] 2017年1月11日，财政部、国家税务总局发布《关于资管产品增值税政策有关问题的补充通知》（财税〔2017〕2号，简称2号文），补充明确资管产品运营过程中发生的增值税应税行为，以资管产品管理人为纳税人，起征时间为2017年7月1日。2号文同时明确，对资管产品在2017年7月1日前运营过程中发生的增值税应税行为，未缴纳增值税的，不再缴纳；已缴纳增值税的，已纳税额从资管产品管理人以后月份的增值税应纳税额中抵减。2017年6月30日，财政部、国家税务总局发布《关于资管产品增值税有关问题的通知》（财税〔2017〕56号，简称56号文），明确资管产品运营业务适用3%的简易计税方法，并进一步将资管产品的增值税起征日推延至2018年1月1日，对资管产品在2018年1月1日前运营过程中发生的增值税应税行为，未缴纳增值税的，不再缴纳；已缴纳增值税的，已纳税额从资管产品管理人以后月份的增值税应纳税额中抵减。56号文采用“列举+兜底条款”的方式对资管产品和资管产品管理人进行了界定，资管产品，包括银行理财产品、资金信托（包括集合资金信托、单一资金信托）、财产权信托、公开募集证券投资基金、特定客户资产管理计划、集合资产管理计划、定向资产管理计划、私募投资基金、债权投资计划、股权投资计划、股债结合型投资计划、资产支持计划、组合类保险资产管理产品、养老保障管理产品，财政部和税务总局规定的其他资管产品；资管产品管理人，包括银行、信托公司、公募基金管理公司及其子公司、证券公司及其子公司、期货公司及其子公司、私募基金管理人、保险资产管理公司、专业保险资产管理机构、养老保险公司、财政部和税务总局规定的其他资管产品管理人。

涉案《转让协议》签订于2017年8月7日，140号文、2号文、56号文虽均已公布，但56号文已明确资管产品的增值税新政自2018年1月1日起施行，故中粮公司支付标的应收账款购买价款而设立的信托计划在2017年度无须缴纳额外税费，条款“根据政策法规变化而需缴纳额外税费”中的“政策法规变化”不应限定理解为协议签订后新颁布的政策法规。回顾营改增前后资管业务的税制变化，中粮公司的观点，即“当时也从没有一家信托公司缴纳过增值税，对于如何计算届时需要缴纳的增值税金额也有待与税务机关沟通。综合该等因素，在当时协议签署之际确定融资利率时未考虑相关税务成本，而是约定由中青世邦公司另行负担”，更符合合同该项条款的本意。

由此，当事人欲就合同签订后税收政策法规变化引发的新增税费成本负担进行约定，可在合同条款中明确限定政策法规变化的时间范围，如合同成立日之后、合同生效日之后、双方指定日期之后等，避免歧义。

---

① 王丹，谭楚丹：《资管产品缴纳增值税延后至7月执行 机构表示松口气》，载21经济网：http://www.21jingji.com/2017/1-11/3OMDA5NzdfMTQwMTY3OQ.html，最后访问日期2021年1月2日。

问题 39：税收政策改革是否构成开发商未代办产权证的不可抗力？

案例 56：彭某清、彭某琴与衡阳市顺兴置业有限公司商品房销售合同纠纷案[①]

【裁判要旨】

依据购房协议约定，买受人已履行了交付所有款项的义务，出卖人应履行为买受人办理房屋产权证的义务。在买受人交纳办证费用时，税收改革政策已经实施，出卖人在明知有该政策存在的情况下，并未将税收政策改革的影响告知买受人，也未与买受人达成重新确定办证期限的协议，未提交证据证明政策调整对代办权证产生了不可抗力的影响。出卖人负有为买受人代办产权证的义务，其未在期限内代办产权证，构成违约，应承担相应的责任。

【涉税案情】

2006 年 11 月 16 日，乙方案外人汪某某与甲方衡阳市顺兴置业有限公司（简称“顺兴置业公司”）签订《购房协议》，约定由汪某某购买涉案房屋，房款 283 316.4 元。另约定：（1）房屋在 2007 年 12 月 31 日竣工，2008 年 3 月 31 日交付使用。（2）甲方负责统一代办国有土地使用证和房屋所有权证；（3）待甲方通过竣工验收合格后，6 个月内甲方负责代办国有土地使用证和房屋所有权证以及把房锁钥匙交给乙方。协议签订后，顺兴置业公司分别收汪某某房款总计 25 万元。在合同约定的期间内，顺兴置业公司将房屋交付给了汪某某。在汪某某交付了最后一笔房款后，汪某某、彭某清、彭某琴一同在顺兴置业公司处对《购房协议》进行了主体变更，将合同乙方变更为彭某清、彭某琴，顺兴置业公司在彭某琴签字处加盖永盛花苑项目部公章进行确认。合同变更后，彭某琴补交了房款尾款。2010 年 11 月 29 日，彭某清向顺兴置业公司汇交了 15 000 元办证费。2013 年 4 月 12 日，彭某清、彭某琴与顺兴置业公司签署《房屋登记授权委托书》，授权顺兴置业公司代为办理产权登记和领取产权证。顺兴置业公司于 2010 年 2 月 3 日将涉案房产登记于己方名下。

彭某清、彭某琴向一审法院起诉请求：顺兴置业公司为彭某清、彭某琴所购买的房屋办理土地及房屋产权证；赔偿违约金。顺兴置业公司向一审法院反诉请求：请求判令彭某清、彭某琴支付顺兴置业公司违约金。一审法院判决：顺兴置业公司应将涉案房产登记于彭某清、彭某琴名下，并支付逾期办证违约金。双方不服，均提起上诉，二审法院驳回上诉、维持原判。顺兴置业公司不服，申请再审，再审法院驳回其再审申请。

---

① 湖南省衡阳市中级人民法院民事判决书（2017）湘 04 民终 1568 号、湖南省高级人民法院民事裁定书（2018）湘民申 1492 号。

【争议焦点】

彭某清、彭某琴（一审原告、反诉被告、二审上诉人、再审被申请人）

顺兴置业公司在2010年11月29日收取了全部办证费用并承诺6个月内办妥，之后，顺兴置业公司故意拖延不安排办证，应承担违约责任，按金融机构同期同类逾期贷款利率从2011年4月29日起支付违约金。

顺兴置业公司（一审被告、反诉原告、二审被上诉人、再审申请人）

双方签订的《购房协议》及《授权委托书》均只约定由申请人代办产权登记，并未约定时间和期限。未代办产权证是因为税收政策改革，税务机关出具的说明，可以证实申请人未代办产权证是税收政策改革所致。

【裁判观点】

顺兴置业公司向法院提交了湖南省南岳区国家税务局于2017年12月14日开具的《关于衡阳市顺兴置业有限公司商品房销售开具增值税发票的说明》，拟证明未办理房产证不能归结为出卖人的原因。该证明只能说明顺兴置业公司开具增值税发票的事实，但不能以此证明未代办理房产证的原因是税收政策改革。

申请人所称的税收政策改革系指营业税改征为增值税，但纳税主体不变。税收政策改革涉及的纳税义务主体仍是顺兴置业公司，虽代办产权证需要提供相关税收发票，但开具发票的主要依据是缴纳税费，该政策并未禁止顺兴置业公司在某时间段内交纳税费。因此，即便顺兴置业公司在为买受人代办产权证期间存在税收政策改革的问题，其也应自行解决因税收政策改革对代办产权证造成的影响。顺兴置业公司所提交的证据，尚不足以证明税收政策改革对其未为买受人代办产权证而言属于不可抗力。

出卖人与买受人签订的《购房协议》中，明确约定由出卖人代为办理国有土地使用权证和房屋所有权证。协议签订后，买受人已按约定付清了全部购房款，并交付了超过合同约定面积的房款和办证费用。依据购房协议约定，买受人已履行了交付所有款项的义务，出卖人应履行办理房屋产权证的义务。且在买受人交纳办证费用时，税收改革政策已经实施，出卖人在明知有该政策存在的情况下，并未将税收政策改革的影响告知买受人，也未与买受人达成重新确定办证期限的协议，出卖人收取买受人办证费用的行为构成其仍同意为买受人代办产权证的意思表示。

【案例评析】

《民法典》第180条规定："因不可抗力不能履行民事义务的，不承担民事责任。法律另有规定的，依照其规定。不可抗力是不能预见、不能避免且不能克服的客观情况。"不可抗力是各国通例上最为典型的免责事由。从分类上讲，既有自然原因的不可抗力，比如地震、台风、海啸等，也有社会原因的不可抗力，比如战争、动乱等。行为人完全因为不可抗力不能履行民事义务，表明行为人的行为与不履行民事义务之间不存在因果关系，同时也表明行为人没有过错。因此，很多国家和地区都将不可抗力作为免除行为人承担民事责任的事由予以规定。① 以违约责任为例，原《合同法》第117条规定："因不可抗力不能履行合同的，根据不可抗力的影响，部分或者全部免除责任，但法律另有规定的除外。当事人迟延履行后发生不可抗力的，不能免除责任。本法所称不可抗力，是指不能预见、不能避免并不能克服的客观情况。"《民法典》第590条基本保留了这一规定，该条规定："当事人一方因不可抗力不能履行合同的，根据不可抗力的影响，部分或者全部免除责任，但是法律另有规定的除外。因不可抗力不能履行合同的，应当及时通知对方，以减轻可能给对方造成的损失，并应当在合理期限内提供证明。当事人迟延履行后发生不可抗力的，不免除其违约责任。"

本案中，顺兴置业公司未提交证据证明费改税、营改增政策调整对代办权证产生了不可抗力的影响，且顺兴置业公司在2010年11月29日，即在顺兴置业公司自称费改税政策推行之后，仍然预收委托办理权证费用15 000元。根据诚信原则，债务人有义务在合理的期间内就不可抗力的发生以及对债务履行的影响，通知债权人，以使得债权人能够采取措施减轻其可能遭受的损失。债务人在合理期限内未提供证明的，可能导致不可抗力规则不被适用；在合理期限内提供的证明不充分的，可能导致不可抗力规则不被适用，或者受不可抗力不利影响的当事人只能部分免责。直至一审法院2017年受理本案，顺兴置业公司仍未为买受人办理好房产权证，且无证据证明税收政策调整对代办权证事宜产生了不可抗力的影响，故顺兴置业公司无权援用不可抗力条款主张免责。

---

① 黄薇．中华人民共和国民法典总则编解读［M］．北京：中国法制出版社，2020：588.

专题6 发票纠纷

问题40：发票开具请求是否属于民事案件受理范围？

案例57：内蒙古长融房地产开发有限公司建设工程施工合同纠纷案[①]

【裁判要旨】

根据《发票管理办法》的规定，发票管理是税务主管部门的法定职责。原判决对于长融房地产公司主张的四川公司应当提供发票问题未予处理，并无不当。长融房地产公司就此问题可以另寻其他法律途径解决。

【涉税案情】

2011年8月1日，四川建设集团有限公司（简称“四川公司”）中标内蒙古长融房地产开发有限公司（简称“长融房地产公司”）发包的水岸小镇工程。2011年8月4日，作为发包人的长融房地产公司与作为承包人的四川公司签订《建设工程施工合同》，该合同第一部分《协议书》约定合同价款为223 760 066元。合同签订后，四川公司进场施工，2013年8月四川公司撤场。

因工程款支付等纠纷，四川公司一审起诉请求：（1）判令长融房地产公司支付工程款101 775 641.47元及截至2016年10月20日的逾期付款利息（违约金）52 709 988.38元，并从2016年10月21日起按照年利率24%支付逾期付款的利息（违约金）至全部付清时止；（2）判令长融房地产公司在欠付工程款及利息（违约金）范围内对本案工程享有优先受偿权；（3）长融房地产公司承担本案诉讼费用。

长融房地产公司反诉请求：（1）判令四川公司提供实际施工范围内的全部施工资料；（2）判令四川公司提供已付工程款发票，并在长融房地产公司支付未付工程款时提供相应金额的发票，或由长融房地产公司在未付工程款中暂扣工程款总额11%的税款，待四川公司提供工程款发票后予以返还；（3）四川公司支付垫付的电费301 429.08元；（4）四川公司承担本案反诉费用。

---

① 最高人民法院民事判决书（2018）最高法民终482号。

【争议焦点】

四川公司（一审原告、反诉被告、二审被上诉人）

提供发票的实质不是税款问题而是税收征管问题，且四川公司在长融房地产公司处承建的不只是本案的案涉工程，还有其他的标段。现阶段也无法分出四川公司所交的税款和长融房地产公司扣留的税款究竟是哪一个标段的，当然也无法判定涉案本标段工程还应开多少税票。四川公司的税款清交只能在所有标段工程结算完成，收款后与税务机关核对后完成。

长融房地产公司（一审被告、反诉原告、二审上诉人）

一审判决对长融房地产公司要求四川公司提供已付工程款发票的反诉请求不予审查和裁判，认定事实和适用法律错误，且程序违法。

【裁判观点】

根据《发票管理办法》的规定，发票管理是税务主管部门的法定职责。原判决对于长融房地产公司主张的四川公司应当提供发票问题未予处理，并无不当。长融房地产公司就此问题可以另寻其他法律途径解决。

案例58：李某某与贵州南长城企业（集团）房地产开发有限公司建设工程施工合同纠纷案①

【裁判要旨】

发票的主管机关是税务部门，对拒不开具发票的行为，权利遭受侵害的一方当事人可以向税务部门投诉，由税务部门依照税收法律法规处理。人民法院不支持缺乏合同约定的开具发票诉请。

【涉税案情】

2013年4月，贵州南长城企业（集团）房地产开发有限公司（简称“南长城公司”）和李某某签订了关于铜仁市梵净山大道至东关道路工程的《3标段承包协议》。双方约定了工程管理、违约责任等内容，但未对发票开具作出书面约定。此后，南长城公司与李某某就应付工程款数额、施工范围、付款义务等问题产生争议，向贵州省高院提起诉讼。李某某起诉要求南长城公司支付欠付工程款27 905 179.15元、利息3 191 740.87元。南长城公司反诉要求李某某退还南长城公司超付的3 108 197元，并

① 最高人民法院民事判决书（2019）最高法民终1510号。

向南长城公司开具16 042 130元建安发票（发票金额以法院认定李某某应得的工程价款为准）。贵州省高院除了对案涉工程款、利息等诉请作出认定处理之外，未予支持南长城公司要求李某某开具建安发票的诉请。南长城公司和李某某均不服，各自向最高人民法院提起上诉。南长城公司请求最高院驳回李某某的诉讼请求，判决李某某退还超付的工程款，向南长城公司开具建安发票。李某某则请求最高院改判南长城公司向其支付工程款27 132 886.13元。

【争议焦点】

南长城公司（一审被告、反诉原告、二审上诉人）

李某某作为实际施工人，应向南长城公司开具建安发票，发票金额以法院认定李某某应得的工程价款为准。

李某某（一审原告、反诉被告、二审上诉人）

《3标段承包协议》中没有约定由李某某开具发票。

【裁判观点】

《3标段承包协议》中没有关于李某某开具发票的约定。南长城公司要求开具发票的主张，缺乏合同依据。发票的主管机关是税务部门，对拒不开具发票的行为，权利遭受侵害的一方当事人可以向税务部门投诉，由税务部门依照税收法律法规处理。南长城公司要求李某某开具发票的诉讼请求不能成立。

案例59：青海临峰房地产开发有限公司与浙江中业建设集团有限公司建设工程施工合同纠纷案[①]

【裁判要旨】

有义务开具发票的当事人在遵守税收法律法规的前提下，可以自主作出向其他民事主体开具发票的意思表示，该行为属于民事法律行为。对于接受发票的一方当事人来说，是否可以取得发票将影响其民事权益，因此当事人之间就一方自主申请开具发票与另一方取得发票的关系，属于民事法律关系范畴，法院应当依法审理。

【涉税案情】

2011年，青海临峰房地产开发有限公司（简称“临峰公司”）与浙江中业建设集

---

① 青海省高级人民法院民事判决书（2018）青民终130号、最高人民法院民事裁定书（2018）最高法民申5784号、最高人民法院民事判决书（2019）最高法民再166号。

团有限公司（简称“中业公司”）签订协议，约定临峰公司将其开发的商住楼总承包给中业公司施工。施工过程中，中业公司将工程分包给第三方承包人，其后工程质量出现问题，又发生民工讨薪、材料商追款事件，工期一拖再拖。在竣工验收未能通过的情况下，临峰公司陆续向业主交付房屋，但未按中业公司要求支付拖欠的工程款。因此，临峰公司与中业公司就合同效力、工程量的增减、工程款数额、质保金的扣减、违约责任的承担等问题产生争议，遂向青海省西宁市中级人民法院提起诉讼。临峰公司起诉要求中业公司移交竣工验收资料，支付逾期竣工违约金，并按工程价款开具建安税务专用发票。中业公司反诉要求临峰公司支付拖欠的工程款和利息。案件经青海省西宁市中级人民法院、青海省高级人民法院审理，除了对涉案工程款、利息等诉请作出认定处理之外，均不予支持临峰公司要求中业公司开具建安发票的诉请。临峰公司不服，向最高人民法院申请再审，请求对青海高院裁判的工程款和利息数额进行调整，再依法审理并判决中业公司履行开具建安税务专用发票的义务。

【争议焦点】

临峰公司（一审原告、反诉被告、二审上诉人、再审申请人）

中业公司提供建安税务专用发票是合同的义务，其不履行该项合同义务，属于违约行为，依法属于法院案件审理范围。中业公司应按工程全部价款开具并交付建安税务专用发票。

中业公司（一审被告、反诉原告、二审上诉人、再审申请人）

中业公司仅对已付工程款开具发票，待临峰公司支付完剩余工程款之后，中业公司方可依法开具发票。

【裁判观点】

一审法院

缴纳税款事宜应由税务部门审查核定，开具税务发票不属于人民法院的民事受理范围，故对临峰公司的主张不予支持。

二审法院

中业公司不属于青海辖区企业，其税金缴纳须受企业外出经营活动税收管理的约束，加之税收管理已进行了调整，无论纳税主体或是税款具体数额，均属税务机关核定确认的事项，人民法院不宜对此作出处理，双方应依照相关法律规定另行解决。

再审法院

本案中，开具发票、交付竣工资料等均属合同约定内容，属于民事合同义务范围。“开具发票”从文义解释看虽是由税务机关开具和履行，但合同文本中所约定的“开具发票”含义并非是指由税务机关开具发票，而是指在给付工程款时需由承包方向发包人给付税务机关开具的发票。该给付义务属承包方应当履行的合同义务。有义务开具发票的当事人在遵守税收法律法规的前提下，可以自主作出向其他民事主体开具发票的意思表示，该行为属于民事法律行为；对于接受发票的一方当事人来说，是否可以取得发票将影响其民事权益，因此当事人之间就一方自主申请开具发票与另一方取得发票的关系，属于民事法律关系范畴，人民法院应当依法审理。原判决以不属于人民法院民事受理范围未予支持临峰公司的该项诉讼请求确有不当，予以纠正。中业公司应于工程款给付后15日内向临峰公司移交税务机关开具的建安税务专用发票。

案例60：贵州好旺佳房地产开发有限公司、福建省晓沃建设工程有限公司建设工程施工合同纠纷案①

【裁判要旨】

根据《建设工程施工合同》的约定，晓沃公司作为工程款接受方应当开具对应金额的建安发票，开具发票是双方约定的晓沃公司应承担的合同义务，晓沃公司主张开具发票义务是基于税法规定中收款方的法定义务而非平等主体之间的民事权利义务关系的主张不能成立，晓沃公司应按合同约定履行开具发票义务。

【涉税案情】

2012年11月16日，甲方发包人贵州好旺佳房地产开发有限公司（简称“好旺佳公司”）与乙方承包人福建省晓沃建设工程有限公司（简称“晓沃公司”）签订《建设工程施工合同》，对于“工程款（进度款）支付条款”约定：对于“工程结算时，承包人应提供结算价格全额发票，结算总工程款的5%（不计息）作为工程质量保修金。每次付款乙方需提前7个工作日提供合法有效的建安发票，结算节点付款应提供结算总价全额的合法有效建安发票。承包人未按时足额提供发票的，当期付款时间顺延，发包人无须承担违约责任，且不得因此影响工期。”好旺佳公司、好旺佳公司法定代表人与晓沃公司、晓沃公司法定代表人在落款处加盖印章。

双方后发生纠纷，好旺佳公司向法院起诉请求：（1）判决晓沃公司按《建设工程施工合同》约定向好旺佳公司支付国际佳缘项目13号和人防地下室工程逾期完工的违约金；（2）判令晓沃公司履行合同义务，将尚未开具给好旺佳公司的发票全额开具给好旺佳公司；（3）本案的诉讼费由晓沃公司承担。

---

① 最高人民法院民事判决书（2019）最高法民终996号。

【争议焦点】

好旺佳公司（一审原告、二审上诉人）

好旺佳公司与晓沃公司签订的《建设工程施工合同》中不仅明确约定了晓沃公司逾期完工的违约责任，还约定开具发票视为与支付工程价款同等的义务，因此，在晓沃公司未足额向好旺佳公司开具发票的情况下，好旺佳公司有权拒付工程进度款。

晓沃公司（一审被告、二审被上诉人）

好旺佳公司关于要求晓沃公司开具发票的诉讼请求，不属于民事案件受案范围，应予以驳回。开具发票义务的产生基于税法规定中收款方的法定义务，属于行政法律关系，非平等主体之间的民事权利义务关系。

【裁判观点】

根据《建设工程施工合同》的约定，晓沃公司作为工程款接受方应当开具对应金额的建安发票，开具发票是双方约定的晓沃公司应承担的合同义务，晓沃公司主张开具发票义务是基于税法规定中收款方的法定义务而非平等主体之间的民事权利义务关系的主张不能成立，晓沃公司应按合同约定履行开具发票义务。根据一、二审查明的事实，虽然现在工程款金额超过合同约定需要补办相应手续，但并无开具发票履行不能的情况，一审法院判决晓沃公司履行开具发票的义务并无不当。

【案例评析】

发票，是指在购销商品、提供或者接受服务以及从事其他经营活动中，开具、收取的收付款凭证，包括纸质发票和电子发票。①从发票功能产生及演变的历史看，发票是基于商事交易证明的需要而产生，证明功能是发票的本原功能；经营者基于内控的需要，同时消费者基于维权的需要，分别在发票证明功能的基础上产生的会计核算功能与维权功能是发票的衍生功能；而国家基于经济管理的需要所设计的税控功能、报账功能、彩票功能等则是发票的延伸功能。发票的不同功能在各自领域发挥着作用，同时各功能的发挥又连带着其他功能的发挥。②民商事纠纷中，对交易一方就开票方拒绝开具发票的行为提起民事诉讼，支持与否，即使是同一法院，包括最高人民法院，观点也是截然不同。

观点一，开具发票事宜属于税务机关行政管理的范畴，不属于民事审判解决的平等主体之间的权利义务关系，不属于民事案件受理范围。观点二，开具发票事宜

---

① 《〈中华人民共和国发票管理办法（修改草案征求意见稿）〉公开征求意见》，载国家税务总局网：http：//www. chinatax. gov. cn/chinatax/n810356/n810961/c5160611/content. html，最后访问日期2021年1月26日。

② 余丹．发票功能异化的立法探源［J］，科学经济社会，2013（2）.

本不属于民事案件受理范围，如双方当事人在合同中对发票开具义务明确约定，则开具发票属于民事案件受理范围。观点三，无论双方当事人是否在合同中明确约定，负有开具发票义务的一方当事人未按法律规定开具发票的，另一方当事人可提起诉请。

《税收征管法》第 21 条第 2 款规定，单位、个人在购销商品、提供或者接受经营服务以及从事其他经营活动中，应当按照规定开具、使用、取得发票。《发票管理办法》（征求意见稿）第 18 条规定，销售商品、提供服务以及从事其他经营活动的单位和个人，对外发生经营业务收取款项，收款方应当向付款方开具发票；特殊情况下，由付款方向收款方开具发票。《民法典》第 599 条规定，出卖人应当按照约定或者交易习惯向买受人交付提取标的物单证以外的有关单证和资料。《买卖合同司法解释》第 4 条规定，民法典第 599 条规定的“提取标的物单证以外的有关单证和资料”，主要应当包括保险单、保修单、普通发票、增值税专用发票、产品合格证、质量保证书、质量鉴定书、品质检验证书、产品进出口检疫书、原产地证明书、使用说明书、装箱单等。发票给付义务是全面履行合同原则与诚实信用原则要求而内嵌于合同中的义务，是出卖人的合同义务，是私法义务。虽然“单证”的解释限于买卖合同，但从法理上看，涉及发票交付的其他双务合同同样适用。发票本身虽非财产，但直接与财产和经济利益密切相关，从某种意义上讲发票是一种能够影响财产和经济利益的凭证，开具、交付发票是一种法定的、具有财产属性的民事义务。[①] 故编者认为，开具或索取发票是平等主体之间的民事权利义务关系，无论合同有无开具发票的约定，当事人一方有权诉请开票方履行法定义务。

司法实践中，当事人一方提起主张另一方开具发票诉请可能不被法院支持，故合同各方应尽量在合同中明确约定发票的开具种类、税率、交付时间、交付条件、违约事宜等，争取发票纠纷解决的主动权。如果原合同未能明确约定发票事宜，建议各方及时采取补充协议的方式对发票事宜作出约定。如法院不支持主张给付发票的诉请，当事人可曲线救济自己权利，要求税务机关进行管理、督促、处罚。《发票管理办法》（征求意见稿）第 6 条规定，对违反发票管理法规的行为，任何单位和个人可以举报。税务机关应当为检举人保密，并酌情给予奖励；第 34 条规定，应当开具而未开具发票，由税务机关责令改正，可以处 1 万元以下的罚款；有违法所得的予以没收。当然，如果一方因对方延迟开具发票造成的增值税利息损失、无法取得发票而产生增值税进项税额不能抵扣、成本不能在企业所得税、土地增值税税前扣除等损失，可以认为对方违反了合同附随义务，一方可起诉要求对方赔偿损失。此时，人民法院应依法受理并就赔偿损失诉请作出裁判。

---

① 李科，吴军威．从一则案例看开具发票的义务属性与争议解决．微信公众号“天达共和法律观察”。

问题41：开具发票的请求权是否适用诉讼时效？

案例61：北京海科房地产开发有限公司与北京冠海房地产有限公司建设用地使用权合同纠纷案①

【裁判要旨】

《发票管理办法》虽明确约定“收款方应当向付款方开具发票”，但该管理办法系管理性规定，不应因该管理办法否定上位法关于诉讼时效的规定。开具发票的请求权不属于《民法总则》第188条第1款“法律另有规定”的情形，开具发票的请求权应当适用诉讼时效。

付款方要求收款方开具发票的时间，当事人可以约定，并据此确定诉讼时效期间的起算时间；当事人未约定开具发票时间的，付款方可以随时要求收款方开具发票，付款方要求收款方开具发票的诉讼时效期间的起算时间应当为付款方首次要求收款方开具发票被收款方拒绝之时。

【涉税案情】

北京冠海房地产有限公司（简称“冠海公司”）与北京海科房地产开发有限公司（简称“海科公司”）于2002年1月16日签订《合作开发协议书》，双方合作开发冠城中心房地产项目。协议书约定，海科公司支付建设用地合作价款并交纳土地出让金，同时负责冠城中心的开发、建设、经营和管理。2002年12月18日，双方签订《国有土地使用权转让合同》，约定冠海公司向海科公司转让冠城中心地块的土地使用权。

2002年至2003年9月，海科公司共向冠海公司支付土地出让金122 454 300元，冠海公司向海科公司开具了相应金额的财务收据，并将北京市国土局向其开具的“北京市国有土地有偿使用收费专用收据”复印件加盖公章后移交给海科公司；海科公司向冠海公司支付了土地使用权转让涉及的拆迁款项，海科公司提供的收据显示其付款共计256 606 376.25元。2003年11月26日，海科公司取得了涉案海淀区8号楼的国有土地使用证。

2017年5月，海科公司在对涉案地块进行土地增值税清算时，税务部门告知其必须提供地价款发票及拆迁补偿款发票等清算资料。仅凭加盖公章的复印件而没有相应合法发票，即便该两项支出已经发生，也不能在土地增值税清算时进行抵扣。

海科公司向法院提出诉讼请求：冠海公司开具与涉案地块11 386万元（拆迁补偿

---

① 北京市高级人民法院民事判决书（2019）京民终159号、最高人民法院民事裁定书（2019）最高法民申4844号。

费用性质）转让价款对应的增值税发票，如冠海公司客观上无法开具上述票据或者主观上不愿意开具，冠海公司应赔偿给海科公司造成的经济损失 56 469 600 元。

一审法院认为，因海科公司在付款完毕后的十余年中未曾向冠海公司提出过开具发票的主张，故海科公司要求冠海公司履行开具发票的义务已经超过诉讼时效，判决驳回了海科公司的诉讼请求。海科公司不服，提起上诉，二审法院判决撤销一审法院判决，判决冠海公司为海科公司开具发票。冠海公司不服，向最高人民法院申请再审，最高人民法院裁定驳回再审申请。

【争议焦点】

海科公司（一审原告、二审上诉人、再审被申请人）

海科公司索要发票之日应当视为开具发票请求权的诉讼时效起算日，而不应毫无依据的推定为付款之日起算。开具合法有效的发票是经营活动中收款方应当且必须履行的法定义务，同时付款方拥有索要发票的法定权利。但是我国相关法律法规中并未规定付款方索要发票的具体时间。因此，除非客观不能，在收款方未提供发票的前提下，付款方有权随时索要发票，并应在索要发票之日起算开据发票请求权的诉讼时效。2015 年 12 月 31 日，税务部门对土地增值税清算出具的整改意见中明确其公司提交的收据、资料复印件等材料无法抵扣土地增值税，此时公司方知晓权利受到侵害，故诉讼时效应当自 2015 年 12 月 31 日起算。

冠海公司（一审被告、二审被上诉人、再审申请人）

开具发票既是收款方基于合同的附随义务，也是付款方的权利，应从付款方明知发票没有开具，也即权利被侵害时起算诉讼时效。如果从收款方拒绝之时起算诉讼时效，即意味着只要付款方没有要求开具发票，收款方就可以不用开具发票，违反了国家现行财务及有关会计制度。《发票管理办法》第 29 条规定，“已经开具的发票存根联和发票登记簿，应当保存 5 年。保存期满，报经税务机关查验后销毁”，也说明发票具有极强的时效性。海科公司在交易时明确知晓税务及财务制度关于发票的规定，故其要求开具发票的诉讼时效应当从其最后一笔款项支付完毕时，即 2003 年 9 月起算。

【裁判观点】

一审法院

海科公司要求法院保护其取得发票的合同权利，应在诉讼时效期间内提出主张。依据《民法通则》第 137 条，诉讼时效期间从知道或者应当知道权利被侵害时起计算。本案土地使用权转让合同关系中，冠海公司开具发票义务的产生与海科公司的付款行为相对应，即在海科公司支付相应的土地使用权转让价款后，冠海公司即应依据当时的税收制度规定开具相应发票。海科公司最后一笔款项已于 2003 年 9 月支付完毕，《合作开发补充协议书》约定的最后付款时间亦已于2004年7月31日届满。冠海公司开具发票的义务已伴随海科公司的付款行为产生，其未开具发票构成对该项合同义务的违反。海科公司作为房地产开发公司，对于冠海公司应当开具发票而未开具，以及相应的后果均处于明知状态。因海科公司在付款完毕后的十余年中未曾向冠海公司提出过开具发票的主张，故海科公司要求冠海公司履行开具发票的义务已经超过诉讼时效。

二审法院

发票是买卖合同、提供或者接受服务以及从事其他经营活动中，开具、收取的收付款凭证。纳税发票对付款方的利益有较大影响，开具发票既属于收款方应当承担的附随义务，也是根据相关税收法规应当承担的法定义务。《发票管理办法》《发票管理办法实施细则》仅对开具发票的要求作出了规定，并未对付款后开具发票的期限作出规定。因此，在双方合同亦未作明确约定的情况下，付款方有权随时请求收款方开具发票。

鉴于付款方有权随时要求收款方为其开具发票，所以付款（或收款）时间并不必然是诉讼时效期间的起算时间。本院认为，付款方要求收款方开具发票的诉讼时效期间的起算时间可遵循以下原则：一是就付款方要求收款方开具发票的时间，当事人可以约定，并据此确定诉讼时效期间的起算时间。二是当事人未约定开具发票时间的，付款方可以随时要求收款方开具发票，付款方要求收款方开具发票的诉讼时效期间的起算时间应当为付款方首次要求收款方开具发票被收款方拒绝之时。

再审法院

《发票管理办法》《发票管理办法实施细则》仅对开具发票的要求作出了规定，并未对付款后开具发票的期限作出规定。因此，在双方合同亦未作明确约定的情况下，付款方有权随时请求收款方开具发票。冠海公司与海科公司签订的《合作开发协议书》及《国有土地使用权转让合同》均未明确约定发票的开具期限，海科公司请求冠海公司为其开具发票，并不违约或违反法律、法规的规定。2015年12月31日，海科公司要求冠海公司开具转让款发票，冠海公司予以拒绝，原审据此从2015年12月31日开始计算发票请求权的诉讼时效，有事实和法律依据。2017年11月16日，海科公司又向冠海公司发函催要发票，诉讼时效期间依法重新计算，也即至海科公司向一审法院起诉时，其开具发票请求的诉讼时效期间尚未届满。

【案例评析】

海科公司起诉冠海公司时是否已经超过诉讼时效？编者认为，回答这一问题需明确索要发票是否有期限、开具发票的请求权是否适用民事诉讼时效、开具发票的诉讼时效期间起算时间如何认定三方面内容。

根据《消费者权益保护法》第22条规定，向消费者提供发票等购货凭证或者服务单据，是经营者的义务之一，当消费者主动索要购货凭证时，经营者不得拒绝。《发票管理办法》第20条也作出了类似的规定。但是，上述规定都没有规定消费者或者付款方索要发票的时限，我国其他法律、法规也没有作出任何限制性规定，所以理论上无论经过多长时间，付款方都有权向收款方索要发票。①

诉讼时效是权利人在法定期间内不行使权利，权利不再受保护的法律制度。②诉讼时效制度适用于请求权，它的首要目的是督促权利人积极行使权利；其次，诉讼时效以维护既定法律秩序的稳定为目标；最后，诉讼时效制度有利于证据的收集和判断，以及时解决法律纠纷。③ 诉讼时效由以下两个基本要素构成：一是须经过一定的期间。二是须权利人持续地不行使权利，即权利人在能够行使权利的情况下不行使权利，并且该状态持续一定时间。④ 关于诉讼时效期间、诉讼时效期间起算，《民法典》第188条规定："向人民法院请求保护民事权利的诉讼时效期间为三年。法律另有规定的，依照其规定。诉讼时效期间自权利人知道或者应当知道权利受到损害以及义务人之日起计算。法律另有规定的，依照其规定。但是，自权利受到损害之日起超过二十年的，人民法院不予保护，有特殊情况的，人民法院可以根据权利人的申请决定延长。"现行法律对发票开具诉讼时效无单独约定，故开具发票的请求权不属于《民法典》第188条第1款"法律另有规定"的情形，开具发票的请求权应当适用诉讼时效。

关于诉讼时效期间的起算，我国现行法律兼采了主观标准和客观标准，普通时效期间和特别时效期间的起算需满足以下条件：（1）权利客观上受到侵害；（2）权利人知道或者应当知道权利受到侵害；（3）权利人知道或应当知道具体侵害人。《发票管理办法》《发票管理办法实施细则》仅对开具发票的要求作出了规定，如《发票管理办法实施细则》第26规定"填开发票的单位和个人必须在发生经营业务确认营业收入时开具发票"，并未对付款后开具发票的期限作出规定。海科公司与冠海公司未就开具发票的时间进行约定，海科公司自2003年9月支付最后一笔价款后，一直未向冠海公司主张开具对应款项的发票。海科公司在二审中提及，"2014年8月28日，海科公司依据冠海公司所提供的加盖公章资料复印件，委托北京华锐中天税务师事务所有限公司就涉诉项目土地增值税清算进行鉴证，该事务所作为专业税审机构依据原有资料计算土地增值税清算抵扣比例，这足以说明海科公司不知道也不可能'明知'冠海公司未开具发票的后果。直到2015年12月31日海科公司收到税务部门土地增值税预报

---

① 王宏军．发票开具时间涉税及与诉讼相关的若干法律问题研究［J］．江苏理工学院学报，2020（10）．

② 《关于〈中华人民共和国民法总则（草案）〉的说明》，载中国人大网：http：//www. npc. gov. cn/zgrdw/npc/xinwen/2017－03/09/content_ 2013899. htm，最后访问日期2021年1月28日。

③ 王利明．中国民法典释评·总则编［M］．北京：中国人民大学出版社，2020：484．

④ 最高人民法院民法典贯彻实施工作领导小组．中华人民共和国民法典总则编理解与适用（下）［M］．北京：人民法院出版社，2020：947．

送回复后，才知道冠海公司提供的加盖公章资料复印件无法用于土地增值税清算抵扣”，编者认为，海科公司在获悉税务部门回复意见后，才属于“权利人知道或者应当知道权利受到损害”，故海科公司开具发票的诉讼时效期间的起算时间应当自海科公司首次要求冠海公司开具发票被冠海公司拒绝之时。2015年12月31日，海科公司要求冠海公司开具转让款发票，冠海公司予以拒绝，据此应从2015年12月31日开始计算发票请求权的诉讼时效。

《民法典》第195条规定：“有下列情形之一的，诉讼时效中断，从中断、有关程序终结时起，诉讼时效期间重新计算：（一）权利人向义务人提出履行请求；（二）义务人同意履行义务；（三）权利人提起诉讼或者申请仲裁；（四）与提起诉讼或者申请仲裁具有同等效力的其他情形。”诉讼时效中断是指在诉讼时效期间进行中，因法定事由的发生，导致已经经过的时效期间全部归于消灭，待该法定事由终止后，诉讼时效期间重新开始计算的法律制度。权利人向义务人提出履行请求，表明权利人积极行使权利，这当然属于合法阻却诉讼时效完成的诉讼时效中断法定事由。① 2017年11月16日，海科公司又向冠海公司发函催要发票，诉讼时效期间依法重新计算。自2017年11月16日至海科公司向一审法院起诉之日（2018年1月9日），海科公司要求冠海公司开具发票的请求诉讼时效期间未届满三年，未超过诉讼时效。

问题42：付款方能否以收款方未开具发票为由主张先履行抗辩权？

案例62：三亚市天涯海角旅游发展有限公司、海南万联通电子磁卡系统工程有限公司合同纠纷案②

【裁判要旨】

税务发票体现的是国家与纳税人的纳税关系，是一种行政管理行为而非合同法上法定的先履行抗辩事项。因此，当事人开具发票既不是合同相对方支付价款的合同约定条件也不是法定条件，故付款方以对方未开具发票为由主张其逾期付款的先履行抗辩权无合同依据也无法律依据。

【涉税案情】

2003年9月26日，甲方三亚市旅游投资有限公司（简称“旅投公司”）与乙方海南万联通电子磁卡系统工程有限公司（简称“万联通公司”）签署《天涯海角风景区

---

① 最高人民法院民法典贯彻实施工作领导小组．中华人民共和国民法典总则编理解与适用（下）［M］．北京：人民法院出版社，2020：984.

② 海南省高级人民法院民事判决书（2020）琼民终212号、最高人民法院民事裁定书（2019）最高法民申2588号。

IC 电子卡门禁系统合同》（简称《门禁系统合同》），内容如下：甲方同意延续原门禁系统合同签订的合作期限，从 2000 年 11 月 1 日起至 2020 年 10 月 31 日止；由乙方出资升级改造，双方根据门禁系统在门票价格中的提价金额按二八分成结算，甲方占二成，乙方占八成。2004 年 4 月 28 日，旅投公司（甲方）与万联通公司（乙方）签署《补充合同》，内容如下：从 2004 年 3 月 1 日起实行目前门票提价中每张 3 元为 IC 卡电子门禁系统成本价的分成，原结算办法同时终止。2006 年 8 月 16 日，旅投公司（甲方）与万联通公司（乙方）签署《补充合同二》，内容如下：双方同意将分成比例由甲乙双方二八分成变更为甲乙双方三七分成。2009 年 6 月 9 日，三亚市天涯海角旅游发展有限公司（简称“天涯海角公司”）（甲方）与万联通公司（乙方）签订《补充合同三》，内容如下：双方确认前述旅投公司与万联通公司签订的《门禁系统合同》《补充合同》《补充合同二》继续有效，原合同约定的有关旅投公司的权利义务由天涯海角公司负责全面承接。

因电子门票系统成本分成款结算争议，天涯海角公司诉请法院判令万联通公司支付电子门票系统成本分成款及违约金，一审法院判决天涯海角公司向万联通公司支付 2017 年至 2019 年 10 月的电子门票系统成本分成款 21 668 039. 4 元及相应违约金。天涯海角公司不服，提起上诉，二审法院判决“驳回上诉、维持原判”。天涯海角公司申请再审，最高人民法院驳回其再审申请。

【争议焦点】

万联通公司（一审原告、二审上诉人、再审被申请人）

天涯海角公司 2014 年 1 月拖欠分成款，2015 年 10 月 1 日单方建设投入使用新系统。天涯海角公司单方违约，应承担继续履行的违约责任。

天涯海角公司（一审被告、二审上诉人、再审申请人）

天涯海角公司付款前双方要进行结算即对账，一审及二审庭审中，万联通公司对天涯海角公司提出的付款顺序也表示认可，即对账——万联通公司提供发票——天涯海角公司付款。既然如此，在双方未对账且对方未提供发票的情况下，法院认定天涯海角公司逾期付款明显是错误的。法院将逾期支付的责任全部归咎于天涯海角公司是错误的。本案双方没有在约定日内进行结算的原因是多方面的，如果万联通公司单方认为天涯海角公司应当付款，其应向天涯海角公司开具相应发票，但万联通公司并没有开具任何发票，从侧面也印证了双方没有结算，不能确定开票数额，进而也无法确定付款金额。

【裁判观点】

双方约定的结算支付条款并未约定天涯海角公司付款必须以万联通公司开具发票

为前提，且税务发票体现的是国家与纳税人的纳税关系，是一种行政管理行为而非合同法上法定的先履行抗辩事项。因此，万联通公司开具发票既不是天涯海角公司支付分成款的合同约定条件也不是法定条件，因此，天涯海角公司以万联通公司未开具发票为由主张其逾期付款的先履行抗辩权无合同依据也无法律依据。

案例63：福建省惠三建设发展有限公司与漳州市广厦混凝土有限公司买卖合同纠纷案①

【裁判要旨】

开具发票系合同的附随义务，不论发票开具先后，均不能成为不履行支付货款义务的抗辩理由。

【涉税案情】

2011年12月，福建省惠三建设发展有限公司（简称“惠三公司”）与漳州市广厦混凝土有限公司（简称“广厦公司”）签订《商品混凝土销售合同》，约定广厦公司向惠三公司供应商品混凝土，惠三公司应在收到税务部门认可的混凝土款发票后15个工作日内，按比例支付广厦公司货款。合同签订后，广厦公司按约向惠三公司提供混凝土，但惠三公司未按约定支付货款。2012年11月，惠三公司与广厦公司签订了一份《付款协议》，但各方未对发票开具作出约定。协议订立后，惠三公司仍没有按照付款协议约定足额支付货款。2014年7月，各方对账确认，截至2014年6月26日，惠三公司累计已付金额26 000 000元，未付金额18 900 780元。

此后，广厦公司与惠三公司就付款问题产生争议，遂向人民法院提起诉讼。广厦公司起诉要求惠三公司支付欠付货款及利息。惠三公司反诉要求广厦公司赔偿损失，并以广厦公司没有开具发票为由进行抗辩，拒绝付款。

【争议焦点】

广厦公司（一审原告、二审被上诉人、再审被申请人）

开具发票是合同的附随义务，并非付款的法定要件。广厦混凝土公司未向惠三建设公司出具货物销售发票，并不等于惠三建设公司没有欠款，不能成为惠三建设公司行使抗辩权的理由。

惠三公司（一审被告、二审上诉人、再审申请人）

《商品混凝土销售合同》明确约定惠三公司收到发票是付款的前提条件，因此，

① 最高人民法院民事裁定书（2019）最高法民申4730号。

广厦公司开具发票的义务是主要合同义务。二审判决将广厦公司开具发票的主要合同义务认定为附随义务，并在广厦公司未履行开具发票的主要义务的情况下认定惠三公司违约并判令惠三公司支付高额利息错误。

【裁判观点】

开具发票系案涉合同的附随义务，不论广厦公司开具发票先后，均不能成为惠三公司不履行支付货款义务的抗辩理由。案涉《商品混凝土销售合同》虽有先开具发票后付款的约定，但双方2012年11月签订的付款协议并没有约定广厦公司先开具发票后惠三公司付款。且根据法院认定的事实，对于惠三公司已付的货款，广厦公司均已开具发票并交付惠三公司。因此，惠三公司以未收到广厦公司开具的发票为由主张其享有先履行抗辩权，不应支持。

【案例评析】

本案争议的买卖合同，是双方当事人互负具有对价意义的债务的合同。《民法典》第595条规定："买卖合同是出卖人转移标的物的所有权于买受人，买受人支付价款的合同。"买卖合同是一种典型的双务合同。出卖人与买受人互为给付，双方都享有一定的权利，又都负有相应的义务。卖方负有交付标的物并转移其所有权于买方的义务，买方也同时负有向卖方支付价款的义务。一方的义务也正是对方的权利。可见，出卖人广厦公司交付货物的义务和买受人惠三公司支付货款的义务均是主给付义务。主给付义务的特点为：（1）主给付义务的变化会导致合同种类和性质的变化；（2）主给付义务的违反将产生履行抗辩权；（3）违反主给付义务将导致合同目的不能实现。

《民法典》第509条规定："当事人应当按照约定全面履行自己的义务。当事人应当遵循诚信原则，根据合同的性质、目的和交易习惯履行通知、协助、保密等义务。当事人在履行合同过程中，应当避免浪费资源、污染环境和破坏生态。"全面履行是指对于债务人全部义务的履行，包括先合同义务、主给付义务、附随义务、不真正义务等。主给付义务，是决定合同性质和类型的依据。从给付义务可以理解为主给付义务外层的一种义务，附随义务是从给付义务之外，更外围的一层义务。这里的"通知、协助、保密等义务"，法律上称为"附随义务"。附随义务的具体形态包括而不限于通知义务、协助义务、保密义务、保护义务、照顾义务等。[①] 附随义务具有下列特点：第一，附随义务是附随于主给付义务的义务。第二，附随义务并非由当事人约定而产

---

① 最高人民法院民法典贯彻实施工作领导小组．中华人民共和国民法典合同编理解与适用（一）［M］．北京：人民法院出版社，2020：340－342.

生。第三，附随义务不能与对方当事人的给付义务构成对待给付。第四，附随义务与从给付义务的主要区别在于：不履行从给付义务，相对人可以请求继续履行；而附随义务的不履行只能导致损害赔偿的效果。[①]

《民法典》第599条规定："出卖人应当按照约定或者交易习惯向买受人交付提取标的物单证以外的有关单证和资料。"《买卖合同司法解释》第4条规定："民法典第599条规定的'提取标的物单证以外的有关单证和资料'，主要应当包括保险单、保修单、普通发票、增值税专用发票、产品合格证、质量保证书、质量鉴定书、品质检验证书、产品进出口检疫书、原产地证明书、使用说明书、装箱单等。"交付发票是以主给付义务为基础由双方约定的附随义务。《民法典》第526条规定："当事人互负债务，有先后履行顺序，应当先履行债务一方未履行的，后履行一方有权拒绝其履行请求。先履行一方履行债务不符合约定的，后履行一方有权拒绝其相应的履行请求。"构成先履行抗辩权应当具备下列条件：（1）双方当事人基于同一合同互负对待给付义务；（2）产生双方给付义务的合同已生效；（3）主张抗辩权的一方给付义务的履行期限已经届至；（4）当事人一方有先为履行的义务；（5）须先履行一方未履行债务或者履行债务不符合约定。[②] 出卖人广厦公司向买受人惠三公司开具销售发票是附随义务，合同附随义务不构成行使先履行抗辩权的先决条件，买受人惠三公司不能以出卖人广厦公司单纯违反出具发票这一合同附随义务为由行使先履行抗辩权，从而拒绝支付货款。

当广厦公司已经交付混凝土给惠三公司之后，广厦公司的主合同义务已经履行完毕，惠三公司应履行其主合同义务即支付价款。本案中，是否开具发票，并不会导致买卖合同的履行不能，也不必然导致支付不能的后果。因此，开具增值税发票和支付货款的两项义务不具有双务合同中的牵连性，不能产生先履行抗辩权，故不应以该项附随义务抗辩主合同义务而不履行。近年来，最高人民法院在多个案例中均给出此观点，如"合肥建工集团有限公司、淮北市国购商业运营管理有限公司建设工程施工合同纠纷案"[③]、"阳煤集团太原化工新材料有限公司、山西新唐工程设计股份有限公司建设工程施工合同纠纷案"[④]"宁夏鸿天房置业有限公司、浙江创业建设工程有限公司建设工程施工合同纠纷案"[⑤]"河南亚星置业集团有限公司、河南国基建设集团有限公司建设工程施工合同纠纷案"[⑥] 等。

---

① 王利明. 中国民法典释评·合同编·通则［M］. 北京：中国人民大学出版社，2020：213－214.
② 王利明. 中国民法典释评·合同编·通则［M］. 北京：中国人民大学出版社，2020：323.
③ 最高人民法院民事判决书（2019）最高法民终1873号。
④ 最高人民法院民事裁定书（2020）最高法民申4542号。
⑤ 最高人民法院民事判决书（2020）最高法民终971号。
⑥ 最高人民法院民事裁定书（2020）最高法民申1670号。

问题43：增值税专用发票能否作为认定实际交易价格的直接证据？

案例64：中国航油集团宁夏石油有限公司与宁夏兰星石油销售（集团）公司买卖合同纠纷案[①]

【裁判要旨】

在无相反证据的情况下，若购买方作出接受销售方开具的载明价格与合同价格不符的增值税专用发票，并提交税收征管机关认证的行为，应当将增值税专用发票作为认定实际交易价格的直接证据，据此认定双方协商一致变更了合同价格。

【涉税案情】

2009年3月，中国航油集团宁夏石油有限公司（简称“陆地公司”）与宁夏兰星石油销售（集团）公司（简称“兰星公司”）签订《成品油采购合同》，约定兰星公司向陆地公司销售0号柴油1万吨，单价每吨4 300元，合同总价款为4 300万元，交货地点在兰星公司，交货方式为陆地公司在兰星公司自提，交货时间为2009年4月，结算方式为一票结算，付款方式为银行转账。2009年4月，兰星公司与航油公司签订一份《确认函》，内容为“根据宁夏陆地要求在延长集团未确定价格期间自行销售10 000吨0#柴油，待延长集团确定价格后待定”。2009年4月3日至6月18日，陆地公司从兰星公司陆续提油4 156.56吨，兰星公司出具了4 800元、4 900元、5 200元单价不等的增值税专用发票。后兰星公司分四次共向陆地公司退款22 835 712元。另查明，2009年6月，兰星公司以每吨5 200元的价格向陆地公司开具1 520万元的增值税专用发票，6月26日，陆地公司以每吨5 600元的价格向兰星公司开具1 519.28万元的增值税专用发票。

【争议焦点】

陆地公司（一审原告、反诉被告、二审上诉人）

双方当事人从未就合同价格变更达成过一致意见，在双方当事人均认为增值税专用发票上注明的价格不是真实交易价格的情况下，不可认为发票价格即实际交易价格。

兰星公司（一审被告、反诉原告、二审被上诉人）

兰星公司向陆地公司开具的增值税专用发票已经认证，证实了增值税专用发票的真实性和合法性。增值税发票的价格信息可作为实际交易的合法凭证。

---

① 最高人民法院民事判决书（2010）民二终字第130号。

【裁判观点】

双方两次签订油品价格确认函，对合同价格条款进行变更，在陆地公司提油后，兰星公司先后给陆地公司开具了价格不等的增值税专用发票。成品油采购合同、油品价格确认函与上述增值税专用发票形成证据链，相互印证，可以证明增值税专用发票载明的价格为双方实际交易的价格，故应以增值税专用发票载明的价格确定交易价格。

【案例评析】

行为即“真实意思表示”。从法院的最终判决来，两级法院均认为交易过程中接受退款、开具增值税专用发票的具体事实行为可作为判定双方当事人已经协商一致变更合同价格、结算退款并解除《成品油采购合同》的依据。因此，在实务中，需摒除只有合同明确约定才具有法律效应的固化思维，对具体交易行为需要谨慎处理。

增值税专用发票的证明效力充分且直接。在本案中，采购合同约定与增值税专用发票上载明的价格信息不一致，法院判定在购买方接受销售方开具的增值税专用发票，并提交税收征管机关认证的情况下，应当将增值税专用发票作为认定实际交易价格的直接证据——增值税专用发票载明价格即双方实际交易价格，认定双方当事人已就变更合同价格达成一致意见。

在案件审理过程中，法院不仅援引了《发票管理办法》《增值税专用发票使用规定》等行政法规和规章中对增值税发票应当如实开具的详尽规定，还援引了《刑法》中虚开增值税发票的刑事责任规定。从司法审判的社会效果来说，人民法院在审判实践中根据真实的增值税专用发票认定实际交易价格，还有利于维护增值税专用发票管理制度的严肃性，这也是人民法院应当发挥的规范引导作用。①

增值税专用发票证明力的局限性。值得注意的是，按照这一判例，增值税专用发票证明力有两个前提条件：一是无相反证据；二是购买方接受销售方开具的增值税专用发票，并提交税收征管机关认证。就相反证据而言（除纳税人等基础信息错误外），即为开具的发票与真实交易不符。在这种情况下，交易方要么承担发票违规的相关责任，要么承担认可发票所载交易信息真实性的后果。本案中，两级法院均没有对陆地公司向兰星公司返销柴油的行为做判定。但从兰星公司在一审二次开庭时改变证词的行为中不难看出，兰星公司意识到了“虚开增值税发票”的严重后果，只是不属于本案范围，法院做了回避处理。就购买方接受增值税专用发票并提交税收征管机关认证这一条件，则是购买方用事实行为证明了对发票开具信息的真实合规性的认可。因此，

---

① 最高人民法院审判指导案例解析丛书编选组．最高人民法院商事审判指导案例解析［M］．北京：人民法院出版社，2019：840.

纳税人在实务中一定要审慎使用增值税专用发票，包括开具增值税专用发票及接收认证，确保增值税专用发票的合法合规，也避免给公司带来不必要的法律风险。

问题44：买受人入账抵扣出卖人开具的发票，是否表明接受发票记载价格为结算价格？

案例65：内蒙古包钢钢联股份有限公司与江苏刚正薄板科技有限公司买卖合同纠纷案①

【裁判要旨】

双方当事人对结算价格产生分歧时，不能仅根据买方将卖方开具的增值税发票入账抵扣行为就认定买方认可卖方单方面确定的结算价格，开具发票上的记载价格系“要约”、入账抵扣行为系“承诺”的认定与法律规定不符，不能作为双方当事人真实意思表示。

【涉税案情】

2009年1月5日，江苏刚正薄板科技有限公司（简称“刚正公司”）与内蒙古包钢钢联股份有限公司（简称“钢联公司”）签订《协议户基准定量购销协议书》，约定：（1）刚正公司用银行承兑汇票240万元作保证金。包钢公司不支付利息。（2）协议标的、数量及结算方式：①协议期：自协议生效之日期限为11个月。②协议标的：冷轧硬卷。③协议总量：110 000吨，月均量10 000吨（月均量在80%－120%之内）。④销售价格确定：订货前甲乙双方协商确定订货价格，并在供需合同中注明；甲方按乙方给付的货款金额及商定的价格办理结算，并出具增值税发票。⑤按照协议约定：协议期满，买方（被告）在协议期内累计购买原告协议品种的数量达到90%，保证金返还；协议期内，买方（被告）订货未满协议总量的90%，或没有按月均衡订货，属买方违约，保证金作为违约金不予返还。⑥第七条免责条款约定：在双方签订产品供需合同后，因甲方的生产事故和生产设备检修及其他非甲方原因，造成逾期供货或不能供货的，甲方将情况通知乙方后，可免除承担一切责任。《协议书》签订当日刚正公司交纳了240万元履约保证金。双方当事人为履行《协议书》，从2009年2月开始到2009年7月止，双方采用了由被告提供的合同文本共签订了22份《产品供货合同》，合同明确了双方的订货数量、交货期限、订货价格等相关事宜。合同履行方式为先款后货。同时每份合同备注栏中规定：“根据生产、运输情况，可适当调整交货期。余量不足整车，可少交；此价格为订货指导价，结算价格待定。”期间，刚正公司5次

① 最高人民法院民事判决书（2013）民提字第215号。

共订货67 000吨，并付款24 265万元，包钢公司分期发货，并对每一次发货分别出具了增值税发票，发票上记载着每批次货物的规格、数量、单价和金额。刚正公司收到增值税发票后，予以入账进行税前抵扣。后双方对结算价格产生分歧，包钢公司起诉要求刚正公司支付拖欠货款。

【争议焦点】

包钢公司（一审原告、二审上诉人、再审被申请人）

增值税专用发票注明每笔交易的产品规格、数量、结算单价以及代垫运费，发票原件在发货后通过邮寄方式交刚正公司，刚正公司收到发票并入账进行税前抵扣，包钢公司已履行告知每笔交易“结算单价”的通知义务，刚正公司未对此提出异议，且未拒收发票或退回发票或明确提出结算价，证明刚正公司对增值税专用发票上的结算单价是认可和接受的。

刚正公司（一审被告、二审被上诉人、再审申请人）

包钢公司在逾期交货后，自行确定价格并开具发票，违反了双方协议的明确约定。因增值税发票在规定的期限内不进行抵扣，会导致无法取得相应的抵扣税款而过期作废，刚正公司遂入账并抵扣。增值税发票抵扣及会计记账属行政法律行为，而非民事要约与承诺行为，不应将入账抵扣的行为视为对单方定价的认可。

【裁判观点】

一审法院

双方在履行合同中，未对结算价格进行协商确定，导致合同的结算价格约定不明，且双方当事人未就本案合同价格达成补充协议，亦无交易习惯作为结算价格的依据。故本案合同的结算价应依据合同订立时合同履行地的市场价格，即包钢公司订约时公布的市场价进行确定。

二审法院

包钢公司按合同发货后，按照双方协议的约定办理结算、开具增值税发票，发票上明确记载着已发货物的规格、数量、单价及金额，刚正公司接收发票并入账进行税前抵扣后，再与包钢公司分次签订《产品供货合同》，并向包钢公司分次支付货款。包钢公司结算时按照发货当月网上公布的包钢结算价开具增值税发票。合同履行期间，刚正公司未针对增值税发票上记载的价格提出过异议。结合钢铁行业价格随时变动的特殊性及交易习惯，增值税发票上记载的价格就应当是最终确定的结算价格。

再审法院

协议书明确约定，结算价格需要双方协商确定，增值税发票应在双方商定结算价格之后开具。包钢公司在双方未协商确定结算价格的情况下单方面定价并开立增值税发票的行为不符合约定，违背了订立协议时双方当事人的真实意思表示。在双方协商结果未明的情况下，较之退票、中止或者终止合同履行等行为，刚正公司先行入账抵扣是双方当事人均可接受的合理方法。根据同类钢铁公司调查，增值税发票上的价格不能视为最终的、铁定的价格，事后给予补偿是业内常规的做法，也可通过开红字头发票进行抵冲。开具增值税发票的目的在于接受国家管理部门的税费管理，并非用于双方当事人就特定事项进行要约和承诺。综上，刚正公司的入账抵扣行为不应被认定为对包钢公司单方面定价的认可。

【案例评析】

发票记载与实际经营业务情况或者实际交易情况相符，是国家对增值税专用发票使用的基本要求，认为卖方是如实开具增值税专用发票的，且买方接受卖方开具的增值税专用发票并认证抵扣的行为是买方认可发票注明价格为结算价格的“真实意思表示”，故将增值税专用发票作为认定合同价格的依据是有说服力的。

但本案指出了上述论点的一个重要前提，即无相反证据证明双方对发票价格存在异议。如果增值税专用发票与合同约定不符，或者当事人提供其他相反证据的，增值税专用发票就不能作为认定合同价格的唯一依据。

首先，交易双方进行的是民事行为活动，应优先充分尊重双方基于平等自愿原则共同协商而订立的合同，将合同约定的价格内容作为判定交易价款的主要根据。根据《民法典》第510条、第511条第2款，合同对价款没有约定或约定不明确的，可以协议补充；如不能达成补充协议的，可按照合同相关条款或者交易习惯确定；仍无法确定，可按照订立合同时履行地的市场价格履行。可见，不论交易双方对价格是否予以明确，交易价格的最终确定都应遵从平等、自愿、公平原则，基于双方合意或有关规定明确。

其次，增值税专用发票作为双方交易的记账凭证和计税依据虽然具有重要作用，但终究只是便利双方进行企业会计核算和国家征税管理的技术手段，并且买受人接受出卖人开具的增值税发票并申请认证、抵扣等行为属于行政法律行为，本意并非用于双方当事人就特定事项进行要约和承诺的补充。因此，从增值税专用发票的性质和作用上看，发票开具内容不应视为对合同约定内容的修改。

最后，从实务上的交易习惯看，在交易活动中出现对交易价格采取市场价格或通过事后协商的方法确定是十分常见的行为。如本案，通过向有关钢铁公司调查后发现，“增值税发票上的价格不能视为最终的、铁定的价格，事后给予补偿是业内常规的做法，也可以通过开红字头发票进行抵冲”。卖方根据自身发布价等确定价格的条件开具增值税专用发票时往往可能造成与交易双方实际约定或认同的价格不一致，因此就会产生需要通过开具红字头发票进行抵冲的情形，此种情形在现实交易活动中是极为常见且合法的，只要卖方开具的专用发票是合法正当的，买方自然可以接受并入账进行税前抵扣，哪怕其并不完全认可发票上载明的价款就是实际结算的价款。

问题45：发票可否作为出卖人已经履行标的物交付义务、买受人已经履行付款义务的证据？

案例66：永大电梯设备（中国）有限公司与北京冠德房地产开发有限责任公司买卖合同纠纷案①

【裁判要旨】

根据《发票管理办法》的规定和商业交易活动的一般规律，普通商业发票可以认定为买受人履行付款义务的凭证，除非出卖人有相反证据足以推翻。

【涉税案情】

2003年7月，北京矿冶研究总院和永大电梯设备（中国）有限公司（简称“永大电梯公司”）签订《合约书》（内为《电（扶）梯销售合同》和《电（扶）梯安装合同》）。约定永大电梯公司向北京矿冶研究总院提供11部电梯并安装。此外，双方还签订了一份《追加合约书》，对部分产品的规格和价格进行了变更。合同签订后，双方按约开始履行义务。2006年6月6日，永大电梯公司、北京矿冶研究总院和北京冠德房地产开发有限责任公司（简称“冠德公司”）三方签订了《转让协议书》，约定将北京矿冶研究总院在《合约书》中的所有权利、义务转让给冠德公司，相关发票由永大电梯公司直接开具给冠德公司。

自2003年5月29日至2004年6月18日，北京矿冶研究总院和冠德公司通过转账支票方式支付合同总价款2 973 200元。永大电梯公司自2003年8月19日至2006年6月21日，共开具发票9张，总金额为2 973 200元，其中前6张发票抬头为北京矿冶研究总院，后3张发票抬头为冠德公司。在冠德公司支付的953 100元款项中，前三笔732 000元支付至丰利达公司，由该公司员工王某、居某某代表永大电梯公司分别领取。后一笔221 100元支付至永大电梯公司北京分公司，此笔货款永大电梯公司无异议。

【争议焦点】

永大电梯公司（一审原告、二审上诉人、再审申请人）

根据永大电梯公司、北京矿冶研究总院和冠德公司三方签订的《转让协议

① 北京市第三中级人民法院民事判决书（2015）三中民（商）终字第08899号、北京市高级人民法院民事裁定书（2016）京民申594号。

书》，冠德公司应向永大电梯公司支付尚未支付的电梯款，并按照合同约定，付至永大电梯公司指定的账户上。截至本案起诉时，冠德公司尚欠永大电梯公司电梯款206 820 元。

冠德公司（一审被告、二审被上诉人、再审被申请人）

根据冠德公司的财务记录和永大电梯公司开具的发票可以证明全部合同价款2 973 200 元，已于2006 年6 月6 日全额支付完毕。对于合同的签订、电梯的安装使用、债权债务转让没有争议。在由冠德公司支付的最后四笔款项中，前三笔732 000元支付给了永大电梯公司的代理商北京东方丰利达科技有限公司，第四笔221 100 元支付给了永大电梯公司北京分公司。将货款支付给丰利达公司是双方的交易习惯，双方在之前的亮马水晶项目中也是这样支付的。

【裁判观点】

冠德公司出示了由永大电梯公司出具的合同价款全额普通商业发票，同时还提供了关于购买安装该批电梯的报账单及转账支票存根等。普通商业发票不同于增值税专用发票，根据《发票管理办法》的规定和商业交易活动的一般规律，普通商业发票可以认定为买受人履行付款义务的凭证，除非出卖人有相反证据足以推翻。永大电梯公司对发票的真实性无异议，但主张存在先开发票而未付款的情形，却并未就此提供充分证据，本院对其此项主张不予采信。

案例67：南京云可斯贸易有限公司与宿迁大中汽车服务有限公司买卖合同纠纷案①

【裁判要旨】

就出卖人开具的增值税专用发票而言，买受人已进行了税务认定并抵扣，但没有向出卖人支付相应款项。根据双方之间形成的交易方式及交易习惯，应当认定买受人存在欠付出卖人货款的事实，买受人虽予以抗辩但不能提供反驳证据。因此，出卖人公司依据上述两张增值税专用发票记载的货款金额，主张买受人欠付货款并要求买受人给付，有充分的事实和法律依据。

【涉税案情】

2013 年8 月，南京云可斯贸易有限公司（简称“云可斯公司”）作为甲方与乙方签订了《雷朋汽车隔热膜购销合同》（简称《购销合同》），乙方名称为宿迁大中汽车

---

① 南京市雨花台区人民法院民事判决书（2015）雨商初字第167 号、江苏省南京市中级人民法院民事判决书（2016）苏01 民终4295 号、江苏省高级人民法院民事判决书（2018）苏民再178 号。

服务有限公司（简称“大中公司”），合同落款处加盖了宿城区中瑞汽车美容装潢中心合同专用章。

2014年4月，云可斯公司曾以“宿迁大中”为客户名称出具过两份估价单，该单据上分别载明送货价值为2 160元及3 560元。

2014年7月29日和2015年1月9日，云可斯公司向大中公司开具两份增值税发票，合计金额为31 720元。大中公司已将上述两张增值税发票报税务机关进行认证，认证结果为认证相符。

2015年1月9日，云可斯公司向沭阳大中汽车服务有限公司（简称“沭阳大中公司”）开具两份增值税发票，发票金额分别为10 560元、7 280元；向新沂大中汽车服务有限公司（简称“新沂大中公司”）开具一份增值税发票，发票金额为22 950元，向宿迁中瑞汽车服务有限公司（简称“宿迁中瑞公司”）开具一份增值税发票，发票金额为4 100元。2014年7月1日，大中公司向云可斯公司支付货款13 815元，但云可斯公司与大中公司均认为此笔付款与云可斯公司开具给大中公司的两张增值税发票无关联。

云可斯公司向法院起诉请求判令大中公司支付货款76 610元，一审法院判决大中公司给付云可斯公司货款31 720元。大中公司不服，提起上诉，二审法院判决：撤销一审法院判决，驳回云可斯公司诉讼请求。云可斯公司申请再审，再审法院判决：撤销二审法院判决，维持一审法院判决。

【争议焦点】

云可斯公司（一审原告、二审被上诉人、再审申请人）

云可斯公司与大中公司之间存在长期买卖合同关系，交易习惯为：云可斯公司发货并开具增值税发票，大中公司收到货物及增值税发票后向云可斯公司汇款，同时亦证明大中公司此前陈述双方之间没有任何交易往来系虚假陈述。

大中公司（一审被告、二审上诉人、再审被申请人）

其并未收到云可斯公司的货物，认证抵扣系因财务人员的工作失误，可以向云可斯公司赔偿相应的税额损失。

【裁判观点】

一审法院

云可斯公司以其于2014年7月29日及2015年1月9日向大中公司开具的增值税发票作为证据，主张与大中公司存在供货关系，大中公司接受上述两张发票后进行了发票认证、申报抵扣，且未能对认证、抵扣行为作出合理解释或举出相反证据予以反驳，故对大中公司否认与云可斯公司存在供货关系之抗辩理由不应采信。两张增值税发票金额31 720元，故应认定云可斯公司向大中公司供货价值31 720元，大中公司应当支付货款。大中公司未提交相应的付款凭证，故对云可斯公司要求大中公司支付货款31 720元的诉讼请求应予支持。云可斯公司提交的《购销合同》加盖的合同专用章与大中公司公章无关联性，云可斯公司亦未提交其他证据佐证，故对云可斯公司关于该《购销合同》系其与大中公司签订的主张不予认可。云可斯公司提交的开具给沭阳大中公司、新沂大中公司及宿迁中瑞公司的增值税发票与大中公司无关联性，云可斯公司据此要求大中公司承担相应货款，缺乏法律依据，亦无合同约定，故对其此部分诉讼请求应不予支持。

二审法院

除此《购销合同》以外，云可斯公司主张与大中公司存在买卖合同关系的证据主要为其于2014年7月29日及2015年1月9日向大中公司开具的增值税发票，并且大中公司接受了发票并进行了认证抵扣。大中公司对此解释系因财务人员的工作失误，可以向云可斯公司赔偿相应的认证抵扣的税额损失，但其并未收到云可斯公司的货。本院认为，大中公司的该解释具有一定的合理性，即使大中公司的该行为损害了云可斯公司的利益，亦应由云可斯公司另行主张，并不属于本案的处理范围。云可斯公司虽然向大中公司开具了增值税发票，但仅以此证明履行了供货的义务，证据不足，对此，云可斯公司仍负有进一步的举证责任。云可斯公司提供的估价单上虽然客户名称为“宿迁大中”，但该单上仅有其仓管人员签字，所载客户为“韵达”，相关的内容均为其工作人员自行填写，并无大中公司人员签收的记录，不能证明云可斯公司向大中公司供货的事实。

再审法院

在云可斯公司与大中公司没有书面购销合同的情形下，云可斯公司提供了短信截图、估价单、韵达快递单、增值税专用发票、交通银行记账回执、孙某某的养老保险信息表以及孙某某的证人证言，足以证明双方的交易方式及交易习惯是：大中公司的工作人员孙某某向云可斯公司工作人员发送要货短信，云可斯公司出货并通过韵达快递公司送货、孙某某收货、云可斯公司开具增值税专用发票，大中公司认证并支付货款。因此，云可斯公司主张其与大中公司之间形成了买卖合同关系，孙某某接受其货物系代表大中公司收货的职务行为，有充分的事实依据。就云可斯公司于2014年7月29日、2015年1月9日开具的两张增值税专用发票而言，大中公司已进行了税务认定并抵扣，但没有向云可斯公司支付相应款项。根据双方之间形成的交易方式及交易习惯，应当认定大中公司存在欠付云可斯公司货款31 720元的事实，大中公司虽予以抗辩但不能提供反驳证据。因此，云可斯公司依据上述两张增值税专用发票记载的货款金额，主张大中公司欠付货款31 720元并要求大中公司给付，有充分的事实和法律依据。

案例68：山东福牌阿胶股份有限公司、永城市华诚皮毛销售有限公司买卖合同纠纷案[①]

【裁判要旨】

出卖人提交的供货协议、出库送货单、送货货车高速公路收费发票、批验收操作记录表、增值税专用发票能够形成证据链条，且与当事人双方认可的事实相互印证，证明其已履行交付标的物义务。

【涉税案情】

2017年6月13日，山东福牌阿胶股份有限公司（简称“福牌阿胶公司”）与永城市华诚皮毛销售有限公司（简称“华诚公司”）签订《原料供货协议》，约定：华诚公司计划送皮50吨，盐干皮1.3以上190元/kg，盐湿皮1.1以上150元/kg。2017年7月1日，福牌阿胶公司与华诚公司签订“原料供货协议”，约定：华诚公司计划送皮100吨，盐干皮1.3以上180元/kg，盐湿皮1.1以上150元/kg。

上述合同签订后，华诚公司向福牌阿胶公司供应了驴皮。根据华诚公司提交的出库送货单记载，共向福牌阿胶公司供货183 495公斤。福牌阿胶公司认可其收到华诚公司公司部分货物，对具体数量其拒绝提供。

福牌阿胶公司接收了华诚公司向福牌阿胶公司开具的增值税专用发票，合计为34 988 857.46元。华诚公司开具的增值税专用发票中载明的货物数量少于华诚公司提交的出库送货单记载的数量，华诚公司以增值税专用发票载明的金额作为本次起诉的依据。福牌阿胶公司已向华诚公司支付1 317万元。

华诚公司向一审法院起诉请求：判令福牌阿胶公司立即向华诚公司支付拖欠的货款25 464 794元及利息损失。一审法院判决福牌阿胶公司向华诚公司清偿货款21 818 857.46元及利息损失，福牌阿胶公司不服，提起上诉。二审法院判决“驳回上诉，维持原判”，福牌阿胶公司不服，申请再审，再审法院裁定驳回其再审申请。

【争议焦点】

华诚公司（一审原告、二审被上诉人、再审被申请人）

送货单、驴皮批验收操作记录表、增值税专用发票记载的三份不同数字，是因为本身供货协议并没对具体数量做确定，仅为计划性约定，最终应以实际供货量为准。

---

① 山东省高级人民法院民事判决书（2019）鲁民终724号、最高人民法院民事裁定书（2019）最高法民申5212号。

最终华诚公司、福牌阿胶公司的财务人员对福牌阿胶公司实际收取的货物进行核对后，确定福牌阿胶公司应当向华诚公司支付的货款金额。华诚公司是根据双方确认的货物金额向上诉人开具的增值税专用发票。

福牌阿胶公司（一审被告、二审上诉人、再审申请人）

福牌阿胶公司与华诚公司之间的交易关系维持较长时间，法院仅以发票认定此次争议的数额，明显缺乏证据支撑，显失公平。

【裁判观点】

福牌阿胶公司主张已供货物总货款是2 750万元的证据只有案涉两份供货协议，没有提供其他证据。

福牌阿胶公司称华诚公司提交的发票载明的货物数量与出库送货单、驴皮批验收操作记录表载明的货物数量不一致，但发票所载明的货物数量是低于出库送货单、驴皮批验收操作记录表载明的货物数量的。福牌阿胶公司称按照合同约定每公斤190元乘以发票、出库送货单及驴皮批验收操作记录表载明的货物数量，得出的三种货物总价款低于一审法院认定的总价款，但案涉两份供货协议均约定货到验收合格后根据最终吸水率支付货款，而且福牌阿胶公司在收到华诚公司开具的增值税专用发票后，不但没有对发票载明的货物数量和货款金额提出异议，反而陆续支付了1 317万元的货款。因此，虽然福牌阿胶公司收到的华诚公司增值税专用发票是一审法院认定华诚公司已供货物的货款总数额的直接证据，但该发票证据并非孤证，而是与华诚公司提供的其他证据和双方认可的事实相互印证的。

华诚公司提交的供货协议、出库送货单、送货货车高速公路收费发票、驴皮批验收操作记录表、增值税专用发票能够形成证据链条，且与当事人双方认可的事实相互印证，故据此认定华诚公司向福牌阿胶公司已供货物货款数额是34 988 857.46元，证据较为充分。而福牌阿胶公司仅仅依据案涉供货协议主张已供货物货款数额是2 750万元，相对而言，证据不足。

【案例评析】

发票是财务收支的合法凭证和会计结算的原始凭证，也是计算和缴纳国家税收的原始依据和必要资料。由于发票上载明的经济事项较为完整，既有填制单位印章，又有经办人签章，还有监制机关、字轨号码、发票代码等，因此，发票是记录经营活动的一种原始证明。[①] 由于发票的形式严格且蕴含着交易双方的辅助信息，在合同纠纷

---

① 最高人民法院民事审判第二庭．最高人民法院关于买卖合同司法解释理解与适用［M］．北京：人民法院出版社，2016：141.

中常作为证明案件事实情况的重要证据，上述3个案例争议焦点在于发票可否作为出卖人已经履行标的物的交付义务、买受人已经履行付款义务的证据之一。根据税收法律法规、《买卖合同司法解释》等相关规定，结合人民法院审判案例，对于发票对合同主要事实的证明力问题，编者认为应注意以下方面：

第一，发票在证明合同主要事实方面属间接证据。直接证据，是指能够单独直接证明案件主要事实的证据；间接证据，是指不能直接证明案件的事实，但能和其他证据联系起来，共同证明和确定案件事实的证据。从证明案件事实的实有证据看，合同书、付款凭证、收款收据、发货单、入库单等才是直接反映合同事实的证据，而发票则是在上述证据的基础上形成的。可见对于合同主要事实，发票并无直接的证明力，必须与其他证据或事实结合，才能予以证明。[①]“绍兴市盛祥化工有限公司与天台左溪锦纶袜定型染色有限公司买卖合同纠纷案”中[②]，法院认为，“原告虽提供了被告作为购买方的增值税发票和被告账户的付款凭证，但根据相关法律规定，在缺乏订货单、送货单等实质性交易凭证的佐证下，不能排除被告代收发票及代付款的可能性，据此并不能充分证明被告为买卖合同关系的买受人”；“上海青浦城南印刷有限公司与上海先泰包装材料厂、上海合达的包装制品有限公司等定作合同纠纷案”中[③]，法院认为，“供货金额问题，原审法院以审计结论为参照，以城南公司的送货单为基础确定双方的业务量及供货金额具有合理性，城南公司以送货单和发票为依据主张供货金额，缺乏事实依据”。增值税发票证明的只是事实发生的一种可能性而非必然性。对合同关系的存在及履行等待证事实，不能仅仅依据增值税发票判定，对于其证明力不能一概否认，也不能片面夸大。其不能作为孤立的证据单独证明合同关系的存在、履行。

第二，在确定相应事实的基础上可以将发票划归为公文书证。依据制作主体的不同，可以将书证划分为公文书证和私文书证。因为发票由税务机关指定的企业印制，开具者虽为纳税人，但对于发票的领购、开具、缴销等程序均受到严格控制，发票自身的真伪可通过发票代码、号码等信息比较容易地进行检验。相比其他交易双方自行制定的资料，增值税发票的规范程度和载明事项较为完整全面。因此，发票虽属私文书证，但受到税务机关及相关法律法规的严格控制，带有强烈的公文书证的色彩。

第三，增值税专用发票与普通发票证明力各异。普通发票首先受《发票管理办法》调整，《发票管理办法》第3条规定，“本办法所称发票，是指在购销商品、提供或者接受服务以及从事其他经营活动中，开具、收取的收付款凭证”。作为收付

① 颜峰，赵海勇．发票对合同主要事实的证明力探析［J］．法律适用，2012（10）．

② 浙江省绍兴市越城区人民法院民事判决书（2020）浙0602民初3539号。

③ 上海市高级人民法院民事裁定书（2014）沪高民二（商）申字第173号。

款凭证的普通发票在买卖合同关系中可以兼具“收据”功能。增值税专用发票不仅是记载商品销售额和增值税税额的财务收支凭证，而且是兼记销货方纳税义务和购货方进项税额的合法证明，是税务机关计收税金和扣减税额的重要凭据；既是购货方据以抵扣税款的法定凭证，又是纳税人经济活动中的重要商业凭证。增值税专用发票只能证明双方存在债权债务的可能性，并不能证明双方存在债权债务的必然性。

第四，普通发票对收付款行为具有一定的证明效力。在“合同约定或者当事人之间习惯以普通发票作为付款凭证”的条件下，普通发票可以证明买受人履行了付款义务。买受人如果主张交易双方之间习惯以普通发票作为付款凭证，则应当承担举证责任。如果出卖人有其他证据证明买受人未付款的，也应承担举证责任。

第五，仅凭增值税专用发票不能证明货款已支付。正常情况下，增值税专用发票的开具只表示双方交易成交，而不能证明买受人已付清货款。在买受人仅以增值税专用发票及税款抵扣资料证明其已履行付款义务，但出卖人不认可的，买受人应提供现金收据、转账凭证、进账单、支票存根、交易习惯等其他证据证明付款事实的存在。

第六，仅凭增值税专用发票不能证明标的物已经交付。增值税专用发票并非合同，实践中，由于不同交易主体、交易内容、交易习惯、市场环境的情况较为复杂，“先票后款”“先票后货”的交易大量存在，甚至有纳税人并未发生真实交易而虚开发票。因此，不能直接将增值税专用发票认定为一方当事人履行合同约定给付义务的凭证。在出卖人仅以增值税专用发票主张其已经履行标的物交付义务，但买受人不认可的情况下，增值税专用发票及税款抵扣资料不能单独作为出卖人已经履行交付义务的证明，出卖人应提供送货单、接收单、入库单、进仓单、交易习惯等其他证据证明其交付事实的存在。[①] 在符合一定条件提升证明力的情况下，法院应当认定增值税专用发票及税款抵扣资料的证明力达到高度盖然性的证明程度。一是买受人对于出卖人已经交付标的物的事实予以确认或出卖人提供了直接证据或与增值税专用发票及税款抵扣资料能形成完整证据锁链的间接证据证明交付事实的。二是出卖人提供证据证明双方的买卖往来存在以增值税专用发票的开具和抵扣作为结算依据交易习惯的。三是买受人对于否认出卖人以增值税专用发票及税款抵扣资料证明履行交付义务的抗辩主张没有合理解释的。[②]

---

① 最高人民法院民事审判第二庭．最高人民法院关于买卖合同司法解释理解与适用［M］．北京：人民法院出版社，2016：154.

② 王智勇：《浅议增值税专用发票对标的物交付义务的证明力》，载中国法院网：https：//www.chinacourt.org/article/detail/2019/04/id/3822031.shtml，最后访问日期2021年1月28日。

问题46：买受人认证抵扣增值税专用发票后解除合同，出卖人能否要求收回发票？

案例69：德众通科技发展（北京）有限公司与浙江中金铝业有限公司买卖合同纠纷案①

【裁判要旨】

在买卖合同履行的过程中，增值税专用发票已经予以抵扣，事实上无法返还。所以，解除买卖合同项下的增值税专用发票处理问题应到相关税务部门另行解决。

【涉税案情】

浙江中金铝业有限公司（简称“中金公司”）与德众通科技发展（北京）有限公司（简称“德众通公司”）于2009年签订合同。合同签订后，德众通公司按约履行供货义务，中金公司支付设备款2 430万元，尚欠设备款270万元，德众通公司亦向中金公司开具了2 000余万元增值税专用发票。后中金公司提出德众通公司提供的设备存在质量等问题，双方诉诸法院。德众通公司提出的其中一项诉求是要求中金公司返还1 530万元货款，中金公司也应返还为其所开具1 530万元增值税专用发票。而中金公司认为在德众通公司尚未完全履行判决确定的还款义务的情况下，有权保留增值税专用发票，如果增值税专用发票已经抵扣，应该冲红。

【争议焦点】

德众通公司（一审原告、二审上诉人、再审申请人）

已经按照中金公司所支付设备款的金额开具增值税专用发票，现涉案合同已被判令解除并返还1 530万元设备款，故中金公司应当返还该1 530万元增值税专用发票。原审判决以中金公司已将德众通公司开具的增值税专用发票予以抵扣为由，判令双方当事人共同前往税务部门另行处理不当。

中金公司（一审被告、二审被上诉人、再审被申请人）

在德众通公司尚未完全履行判决确定的还款义务的情况下，有权保留增值税专用发票，且因增值税发票已经抵扣，如需返还，涉及税收退还、税率变更和冲红等问题，只能通过税务机关处理。

【裁判观点】

由于双方在履行买卖合同过程中，中金公司已经将德众通公司开具的增值税专

---

① 浙江省高级人民法院民事判决书（2018）浙民终135号、最高人民法院民事裁定书（2019）最高法民申3520号。

用发票予以抵扣，已无法向德众通公司返还增值税专用发票。德众通公司可就该部分买卖合同项下的增值税专用发票问题，与中金公司共同前往相关税务部门另行处理。

【案例评析】

实务中，增值税一般纳税人开具增值税专用发票后，发生销货退回（或服务终止）、销售折让、开票有误以及专用发票抵扣联、发票联均无法认证等情况，符合作废发票条件的，应按规定作废发票；不符合作废发票条件的，应按规定开具红字增值税专用发票。

根据《增值税专用发票使用规定》，同时具有下列情形的为作废条件：（一）收到退回的发票联、抵扣联时间未超过销售方开票当月；（二）销售方未抄税并且未记账；（三）购买方未认证或者认证结果为“纳税人识别号认证不符”“专用发票代码、号码认证不符”。一般纳税人在开具专用发票当月，发生销货退回、开票有误等情形，收到退回的发票联、抵扣联符合作废条件的，按作废处理；开具时发现有误的，可即时作废。作废专用发票须在防伪税控系统中将相应的数据电文按“作废”处理，在纸质专用发票（含未打印的专用发票）各联次上注明“作废”字样，全联次留存。

本案中，中金公司已经将德众通公司开具的增值税专用发票予以抵扣，不符合作废发票条件。双方只能通过开具红字发票的方式来解决结算的问题，德众通公司不能强硬要求通过收回原发票来表达诉求。《国家税务总局关于红字增值税发票开具有关问题的公告》（国家税务总局公告 2016 年第 47 号）规定：购买方取得专用发票已用于申报抵扣的，购买方可在增值税发票管理新系统（简称“新系统”）中填开并上传“开具红字增值税专用发票信息表”（简称“信息表”），在填开“信息表”时不填写相对应的蓝字专用发票信息，应暂依“信息表”所列增值税税额从当期进项税额中转出，待取得销售方开具的红字专用发票后，与“信息表”一并作为记账凭证。主管税务机关通过网络接收纳税人上传的“信息表”，系统自动校验通过后，生成带有“红字发票信息表编号”的“信息表”，并将信息同步至纳税人端系统中。销售方凭税务机关系统校验通过的“信息表”开具红字专用发票，在新系统中以销项负数开具。红字专用发票应与“信息表”一一对应。

在实务中，卖方除了开具增值税专用发票外，还可能开具了增值税普通发票、增值税电子普通发票的情形。面对解除合同销售退回时，这三种情形的税务处理不尽相同，需要企业区别对待，规范处理。

一是已开具增值税专用发票。根据上述规定，在开具专用发票当月，发生销货退回、开票有误等情形，收到退回的发票联、抵扣联符合作废条件的，按作废处理；开具时发现有误的，可即时作废。不符合发票作废条件，或者因销货部分退回及发生销售折让，需要开具红字专用发票，并按规定开具“红字增值税专用发票信息表”。

二是已开具增值普通发票。增值税普通发票跨月同样是不能作废的，但可以开具红字发票冲减。根据《发票管理办法实施细则》的规定，如发生符合条件的情形需开红字发票的，必须收回原发票并注明“作废”字样或取得对方有效证明。

三是已开具增值税电子普通发票。由于增值税电子普通发票具有可复制性，无法回收的特点，因此增值税电子普通发票一旦开具暂不能作废。增值税电子普通发票开具后，如发生开票有误、销货退回或销售折让等情形应开具红字增值税电子普通发票，无须退回增值税电子普通发票。也就是说，电子普通发票开错不管是本月或跨月只能冲红，不能直接作废。

问题47：双方约定的“正规有效凭证”是否仅指发票？

案例70：上海开伦造纸印刷集团有限公司、上海威籁实业有限公司与上海昊大置业发展有限公司房屋拆迁安置补偿合同纠纷案[①]

【裁判要旨】

依据法律规定，在发生经营行为时，若属于应缴税项目，应开具发票，作为正常经营的公司，理应知晓正规有效凭证系发票而非收据。因此对方只开具收据而拒绝付款的行为，理由正当。

【涉税案情】

2007年1月，上海昊大置业发展有限公司（简称“昊大公司”）对海昌苑二期实施拆迁，上海开伦造纸印刷集团有限公司（简称“开伦公司”）所有的房屋也在拆迁范围内。昊大公司委托上海虹口动拆迁实业有限公司（简称“虹拆公司”）负责实施房屋拆迁具体事宜。2010年10月，昊大公司与开伦公司的委托代理人上海威籁实业有限公司（简称“威籁公司”）签订《上海市城市非居住房补偿安置协议》。该协议约定昊大公司应支付开伦公司拆迁补偿款人民币4 067 032.78元，该款包括房屋拆迁补偿、因拆迁造成的停产停业、房屋装潢、房屋租赁、沿街面补偿、自购房补贴、设备迁移及重购安装等。同时，协议约定开伦公司收到昊大公司款项时，应向虹拆公司开具正规有效凭证，开伦公司收到虹拆公司一次性支付的全部拆迁补偿款的同时，向昊大公司交付房屋钥匙。

2010年12月30日，双方确认该房屋内所涉的水、电、电话费用已结清。同日，

① 上海市虹口区人民法院民事判决书（2013）虹民（行）初字第40号、上海市第二中级人民法院民事判决书（2014）沪二中民（行）终字第1号。

虹拆公司向威籁公司支付拆迁补偿款时，双方对开具有效凭证是指收据还是发票产生争议，昊大公司拒绝支付款项。

【争议焦点】

开伦公司（一审被告、二审原告）

公司已于2010年底前向虹拆公司开具了合法有效的收据，但昊大公司拒收该有效凭证，致使其至今未收到相关拆迁补偿安置费用，已构成违约。在该公司未履行付款义务之前，不能履行交房义务。

昊大公司（一审原告、二审被告）

开伦公司收到拆迁补偿款项时，应当开具发票，同时搬离被拆迁房屋，将空房交付昊大公司。

【裁判观点】

根据协议约定，开伦公司收到拆迁补偿款项时，应当出具正规有效凭证。该约定虽未明确列明正规有效凭证为发票，但协议所涉补偿款系应缴税项目，开伦公司作为正常经营的公司，获得该款项理应依据相关规定开具发票。开伦公司只提供收据的行为，显属不当。

【案例评析】

在本节的案例中，一审法院和二审法院都明确认定“协议所涉补偿款系应缴税项目，开伦公司获得该款项理应依据相关规定开具发票”。企业取得的拆迁补偿款是否属于应开具发票，首先应明确拆迁补偿款是否属于增值税（营改增前为营业税）应税范围。

《国有土地上房屋征收与补偿条例》第17条规定：“作出房屋征收决定的市、县级人民政府对被征收人给予的补偿包括：（一）被征收房屋价值的补偿；（二）因征收房屋造成的搬迁、临时安置的补偿；（三）因征收房屋造成的停产停业损失的补偿。市、县级人民政府应当制定补助和奖励办法，对被征收人给予补助和奖励。”

营业税时代，《营业税税目注释（试行稿）》（国税发〔1993〕149号）明确，土地使用者转让土地使用权的，属于转让无形资产。而对于土地使用者将土地使用权归还给土地所有者的行为，则不征收营业税。从上述规定中可以看出，土地使用权归还给土地所有者，虽然取得经济利益（补偿费），但不属于销售无形资产的征税范围。《国家税务总局关于单位和个人土地被国家征用取得土地及地上附着物补偿费有关营业税的批复》（国税函〔2007〕969号）进一步规定，对国家因公共利益或城市规划需要而收回单位和个人所拥有的土地使用权，并按照我国《土地管理法》规定标准支付给单位和个人的土地及地上附着物（包括不动产）的补偿费，不征收营业税。营改增后，《营业税改征增值税试点过渡政策的规定》（财税〔2016〕36号附件3）第1条第37项规定，对土地所有者出让土地使用权和土地使用者将土地使用权归还给土地所有者免征增值税。比较一下可以发现，36号文未明确企业取得土地上附着不动产的补偿费是否需要缴纳增值税，由此，征纳双方附着不动产的补偿费是否应税时有争议。在实践中，企业通常按照政府的行政命令进行搬迁，是一种政府征收行为，而非企业将不动产销售给政府。加之企业取得拆迁补偿款的方式，在营改增前后并没有发生变化，因此，地上附着的不动产也应该免征增值税。2020年9月，财政部、税务总局发布的《关于明确无偿转让股票等增值税政策的公告》（财政部 税务总局公告2020年第40号）第3条明确，土地所有者依法征收土地，并向土地使用者支付土地及其相关有形动产、不动产补偿费的行为，属于“土地使用者将土地使用权归还给土地所有者”的情形，可免征增值税。该项规定的出台，有效减轻企业的税收成本，提高了税法执行的统一性和确定性。读者需要注意的是，在实务中，对于政府委托其他企业进行土地开发，企业从开发企业处取得的补偿费，能否视同从政府处取得从而享受税收优惠，须根据实际情况向税务机关具体咨询。

《税收征管法》第19条规定：“纳税人、扣缴义务人按照有关法律、行政法规和国务院财政、税务主管部门的规定设置账簿，根据合法、有效凭证记账，进行核算。”对于发票和“合法有效凭证”两者的关系，编者认为应从两方面去看待：（1）发票当然是合法、有效凭证，但应有两个条件：一是发票来源是合法的，即发票是由税务机关监制、印制的，企业是从税务机关处合法领用的；二是发票开具的信息是真实的，开具方式是符合相关规定的；（2）合法、有效凭证，不仅限于发票。虽然《税收征管法》并未就合法、有效凭证作出明确解释，但随着我国税收法治化的程度越来越高，在各税种政策制定的过程中，对这个实务中较难把握的问题也逐步在予以明确。比如，在增值税上，就明确除了发票以外，还有海关进口增值税专用缴款书、航空电子客票行程单、铁路车票、公路、水路等其他客票等可作为增值税可抵扣的进项税额凭证。在企业所得税上，《国家税务总局关于发布〈企业所得税税前扣除凭证管理办法〉的公告》（国家税务总局公告2018年第28号）则将税前扣除凭证按照来源分为内部凭证和外部凭证，内部凭证是指企业自制用于成本、费用、损失和其他支出核算的会计原始凭证，外部凭证是指企业发生经营活动和其他事项时，从其他单位、个人取得的用于证明其支出发生的凭证，包括但不限于发票（包括纸质发票和电子发票）、财政票据、完税凭证、收款凭证、分割单等。较常见的合法有效凭证还包括：税收缴款书（完税证明）；海关缴款书；财政部门监制的公益捐赠票据；法院判决书、裁定书、调解书，以及可由人民法院执行的仲裁裁决书、公证债权文书和付款单据；支付给境内单位和个人的非应税项目非政府部门收取的，以盖有收款单位印章的收据或收款个人签具的收据；境外开具的收据或形式发票等等。

对于不征税项目收到的款项一贯的认识是不开具发票，开具收据足以。《国家税务总局关于营改增试点若干征管问题的公告》（国家税务总局公告2016年第53号）的出台改变了惯性思维，增加6“未发生销售行为的不征税项目”，用于纳税人收取款项但未发生销售货物、应税劳务、服务、无形资产或不动产的情形。截至2021年1月底，增值税发票系统的商品和服务税收分类编码已将编码6“未发生销售行为的不征税项目”增加到16项，下设601“预付卡销售和充值”、602“销售自行开发的房地产项目预收款”、603“已申报缴纳营业税未开票补开票”、604“代收的印花税”、605“代收车船使用税”、606“融资性售后回租承租方出售资产”、607“资产重组涉及的不动产”、608“资产重组涉及的土地使用权”、609“代理进口免税货物货款”、610“有奖发票奖金支付”、611“不征税自来水”、612“建筑服务预收款”、613“代收民航发展基金”、614“拍卖行受托拍卖文物艺术品代收货款”、615“与销售行为不挂钩的财政补贴收入”、616“资产重组涉及的货物”。使用“未发生销售行为的不征税项目”编码，不征税项目只能开具普通发票，发票税率栏应填写“不征税”，税额栏显示“***”。

问题48：出卖人迟延开具发票，法院可否直接判决出卖人支付进项税额损失款给买受人？

案例71：上海伯玛工业自动化设备有限公司与漯河联泰食品有限公司承揽合同纠纷案①

【裁判要旨】

双方合同约定价款为含税价，且该价格明确标注为未缴纳税款的税前价，依合同约定，出卖人应向买受人开具增值税发票，如开具发票有误，买受人有权顺延付款日期，而出卖人公司未开具发票，故买受人顺延支付货款的行为不构成违约。

【涉税案情】

上海伯玛工业自动化设备有限公司（简称“伯玛公司”）与漯河联泰食品有限公司（简称“联泰公司”）于2010年10月9日签订《设备采购合同》一份。合同第1.5条约定：“含税总价100万元。”第1.6条约定：“总价款：人民币：壹佰万元（本价格为税前价）。”第5.2条约定：“按下列分期付款方式支付：①第一期付款：合同签订后三个工作日按合同总价款的30%（叁拾万元）支付首批叁拾万元，其中的20%为定

---

① 河南省高级人民法院民事判决书（2015）豫法民提字406号。

金、10%预付款；②第二期付款：发货前支付合同总价款的30%（叁拾万元）；③第三期付款：货到安装调试完成并经双方试产验收合格后1个月内支付合同总价款的30%（叁拾万元）；④第四期付款：10%（拾万元）作为设备质量保证金在买方保修期满一周内付清。”第5.3条约定：“因卖方需委托借用第三方开具增值税发票，买方所有合同资金账户关系与卖方委托人进行直接交易。”第5.4条约定：“卖方向买方开具经税务部门认证的专用发票，如果卖方开具的发票有误，买方有权相应顺延付款日期，如因卖方提供假发票或者虚开发票而导致买方蒙受的一切损失均有卖方赔偿给买方。买方不承担任何法律责任。”

双方合同签订后，联泰公司支付了749 950元，剩余货款250 050元未支付。伯玛公司分别于2010年12月18日、2011年1月17日将合同约定的两台设备发货至联泰公司处。伯玛公司未向联泰公司开具本案设备增值税发票。

伯玛公司起诉至一审法院，称：伯玛公司全面履行了义务，联泰公司向伯玛公司支付了部分货款，仍有250 050元货款未支付，构成违约，请求判令联泰公司支付剩余货款250 050元及违约金。

一审法院判决：伯玛公司向联泰公司开具100万元货款增值税发票，联泰公司在收到伯玛公司发票后支付剩余货款250 050元，判决伯玛公司支付联泰公司违约金245 000元。伯玛公司不服一审判决，提起上诉。二审法院判决驳回上诉、维持原判。伯玛公司不服二审判决，申请再审，再审法院于2013年11月20日作出裁定，驳回伯玛公司的再审申请。伯玛公司仍不服，向河南省人民检察院申请抗诉。检察院支持抗诉，河南省高级人民法院经过再审审理后作出再审判决：伯玛公司向联泰公司开具100万元货款增值税发票，联泰公司在收到伯玛公司发票后十日内向伯玛公司支付剩余货款250 050元；双方均无须承担违约责任。

【争议焦点】

联泰公司（一审被告、反诉原告、二审被上诉人、原被申请人、被申诉人）

伯玛公司须向联泰公司开具增值税发票，但伯玛公司至今没有开具发票，造成联泰公司可抵扣的税款17万元不能抵扣，因此需赔偿联泰公司不能抵扣税款的损失17万元。

合同约定交货日期为2010年12月10日，但伯玛公司第一条生产线交货时间为2010年12月21日，逾期11天，第二条生产线的交货时间是2011年1月17日，逾期38天。综上，伯玛公司应当支付延期交货违约金245 000元。

伯玛公司（一审原告、反诉被告、二审上诉人、原申请再审人、申诉人）

双方合同约定的价款为税前价，并约定不开增值税发票，因此伯玛公司无须赔偿税款损失。联泰公司未依约支付250 050元货款，构成违约，应当支付逾期付款违约金。

【裁判观点】

一审法院、二审法院

关于联泰公司要求伯玛公司赔偿17万元税款抵扣损失问题，因双方买卖行为依法应予纳税，虽双方约定开具的是可用于抵扣税款的增值税发票，但该税款不能直接在货款中折抵，故联泰公司该诉求违反法律规定不予支持。

伯玛公司逾期交货构成违约，联泰公司因未取得发票而拒付货款不构成违约。关于违约责任问题，依合同约定，伯玛公司再向联泰公司开具增值税发票，如开具发票有误，联泰公司有权顺延付款日期，而伯玛公司未开具发票，故联泰公司顺延支付货款的行为符合《合同法》第67条的规定，其行为不构成违约。伯玛公司未按期交货，构成违约。

关于伯玛公司要求联泰公司支付剩余货款问题，鉴于双方合同约定的是含税价，且合同约定伯玛公司应先开具发票后，联泰公司再将剩余货款250 050元支付伯玛公司。关于伯玛公司要求联泰公司支付违约金问题，联泰公司延期付款不构成违约，故伯玛公司该诉求不予支持。

再审法院

根据双方付款与交货先后履行顺序的约定，伯玛公司有权在联泰公司未付款的情况下拒绝交货，故伯玛公司逾期交货不构成违约。按照双方合同第5.4条的约定，联泰公司有权在伯玛公司未开具发票时顺延付款，故伯玛公司逾期付款不构成违约。

【案例评析】

本案案情并不复杂，却经历一审、二审、再审、检察院抗诉再审四个阶段，将整个民事诉讼法的程序都经历了一遍，最终才得出卖方应当开具发票，买方在收到发票后付清货款，双方互不付违约责任的结果。

各级法院以及检察院之所以对案件违约责任的判定产生不同的观点，主要原因在于对开具发票行为的法律性质理解不同：

一审、二审、再审法院均认为，在合同约定“先开发票后付款”的情况下，买方在卖方没有开具发票的情况下有权顺延付款，不构成违约。即使卖方起诉要求买方支付货款，法院也判决由卖方先开具发票，买方在收到发票后进行付款。

而抗诉机关河南省人民检察院则认为，买卖合同和定做合同是典型的双务有偿合同，其中买受人、定作人的义务是支付价款，出卖人和承揽人的给付义务除应当按照合同约定履行交付标的物的主给付义务外，还应按法律规定履行从给付义务。伯玛公司履行了交货义务，未开具发票不影响合同目的的实现，不应成为联泰公司迟延付款和拒绝付款的理由，原审判决据此免除联泰公司逾期付款的违约责任属于适用法律错误。山东日照甲国际贸易有限公司与山西乙经贸有限公司买卖合同纠纷抗诉案，山西省人民检察院亦认为，迟延开具发票只是违反税务机关相关规定，并不属于违约。①

编者认为，根据近年来的司法实践，特别是最高人民法院在类案中所表明的态度，无论双方在合同中是否明确约定“先开发票后付款”，付款方都不得以收款方未开具发票为由拒不支付货款，争议各方应引起关注。根据《最高人民法院印发〈关于建立法律适用分歧解决机制的实施办法〉的通知》（法发〔2019〕23号）第2条规定，最高人民法院各业务部门、各高级人民法院、各专门人民法院在案件审理与执行过程中，发现在审案件作出的裁判结果可能与最高人民法院生效裁判确定的法律适用原则或者标准存在分歧的，存在以下情形的，应当向审管办提出法律适用分歧解决申请。

案例中有一个问题值得我们注意，那就是一审法院在处理买方联泰公司要求伯玛公司赔偿17万元税款抵扣损失的反诉请求时，以“双方买卖行为依法应予纳税，虽双方约定开具的是可用于抵扣税款的增值税发票，但该税款不能直接在货款中折抵”为由，对该反诉请求不予支持。本案中卖方伯玛公司尚未丧失开具发票的资格，故可以通过开具发票形式实现买方联泰公司的税收利益。一方面，卖方是否开具发票并不影响卖方的纳税义务发生。根据《增值税暂行条例》第19条的规定：“增值税纳税义务发生时间：（一）销售货物或者应税劳务，为收讫销售款项或者取得索取销售款项凭据的当天；先开具发票的，为开具发票的当天……”由此看出，卖方只要在取得货款或索取货款凭据当天，哪怕没有开具发票，也产生纳税义务，申报纳税并不完全以开具发票为前提。另一方面，迟延开票并不必然导致受票方进项税无法抵扣。《国家税务总局关于逾期增值税扣税凭证抵扣问题的公告》（国家税务总局公告2011年第50号）规定，增值税一般纳税人发生真实交易但由于客观原因造成增值税扣税凭证（包括增值税专用发票、海关进口增值税专用缴款书和机动车销售统一发票）未能按照规定期限办理认证、确认或者稽核比对的，经主管税务机关核实、逐级上报，由省国税局认证并稽核比对后，对比对相符的增值税扣税凭证，允许纳税人继续抵扣其进项税额。客观原因包括如下类型：（一）因自然灾害、社会突发事件等不可抗力因素造成增值税扣税凭证逾期；（二）增值税扣税凭证被盗、抢，或者因邮寄丢失、误递导致逾期；（三）有关司法、行政机关在办理业务或者检查中，扣押增值税扣税凭证，纳税人不能正常履行申报义务，或者税务机关信息系统、网络故障，未能及时处理纳税人网上认证数据等导致增值税扣税凭证逾期；（四）买卖双方因经济纠纷，未能及时传递增值税扣税凭证，或者纳税人变更纳税地点，注销旧户和重新办理税务登记的时间过长，

---

① 张婷婷：《山西发布民事检察监督十大典型案例》，载人民网（山西频道）：http://sx.people.com.cn/big5/n2/2021/0114/c189147-34528536.html，最后访问日期2021年1月27日。

导致增值税扣税凭证逾期；（五）由于企业办税人员伤亡、突发危重疾病或者擅自离职，未能办理交接手续，导致增值税扣税凭证逾期；（六）国家税务总局规定的其他情形。伯玛公司与联泰公司之间因合同履行存在经济纠纷，属于国家税务总局规定的增值税扣税凭证逾期的客观原因。联泰公司只有在证明已发生实际税款损失的前提下，才能要求伯玛公司承担赔偿责任。

在案例中，编者还注意到一个被各级法院忽略的细节，那就是双方曾口头约定不开具发票，采用由卖方通过私人银行卡账外收款的交易方案。因这个约定缺乏相应证据证明，故法院未将这一事实认定。但假设双方确实存在这样的约定，那卖方是否有权拒绝开具发票？

答案是不行！根据《税收征管法》第21条、《发票管理办法》第19条、《增值税暂行条例》第21条之规定，纳税人发生应税销售行为，应当向索取增值税专用发票的购买方开具增值税专用发票。故只要发生税法规定的增值税应税销售行为，卖方就有义务申报纳税并开具发票，双方当事人私下关于不开发票偷逃税款的约定因违反法律规定而无效。

专题7 房屋买卖纠纷

问题49：购房人可否要求开发商就税率下调退“税差”？

案例72：余某、金华市世腾房地产开发有限公司商品房预售合同纠纷案[1]

【裁判要旨】

虽然关于涉案房屋价款问题有主合同和补充协议中的不同表述，但补充协议关于不含增值税房价和增值税额的记载仅是对主合同约定总房价组成的罗列和说明，其目的在于降低契税和印花税的计税基数，而非对房款总额的变更，故仍应根据主合同的约定确定应支付的房款总额。同样，遇增值税上调时，双方房屋交易的实际价款也应根据主合同的约定予以确认，而不存在购买者应多支付增值税增加部分房款的问题。

【涉税案情】

2018年5月13日，余某与金华市世腾房地产开发有限公司（简称“世腾公司”）签订一份《商品房买卖合同》，约定余某购买世腾公司开发商品房，建筑面积89.76平方米。计价方式按建筑面积，单价11 288.54元/平方米，总价1 013 259元。同日，双方又签订一份《商品房补充协议书》，补充协议第九条关于税费及利率的约定，买卖双方一致同意并知悉该商品房的不含增值税房价为人民币921 144.55元，增值税为人民币92 114.45元（税率为10%），故买受人应向出卖人支付的总房价为人民币1 013 259元。涉案商品房实际交付的面积为89.79平方米，后余某补交差额，共支付购房款1 013 598元。涉案商品房的增值税发票于2019年9月5日开具，该发票上记载售房款金额为929 906.42元、税额为83 691.58元、税率9%，价税合计1 013 598元。

【争议焦点】

余某（一审原告、二审上诉人）

《补充协议》相关条款已经明确双方在最终结算房价时，税率要按照支付时点之

① 浙江省金华市婺城区人民法院民事判决书（2020）浙0702民初2962号、浙江省金华市中级人民法院民事判决书（2020）浙07民终2785号。

有效税法规定计算，或按届时的税收政策、法律法规执行，且最终由买受人承担。双方所签订的合同已经达成“税调则价调”的意思表示。出卖方在未与买受人进行任何协商的情况下，违反双方签订的《补充协议》，擅自提高商品房不含增值税单价，出卖方实际多收取了购房款。

增值税实行价外税，也就是由消费者负担。降税举措应该惠及消费者，减税是降低了整个交易链的成本，而非机械化地理解为让企业少交税。根据《补充协议》约定，房屋买卖的增值税实际承担人都是余某。而世腾公司又在《补充协议》做了无限兜底风险转嫁，加重了余某的负担和风险。根据权利义务对等原则，世腾公司因增值税税率下调1%产生的少缴部分的税金，应该退还余某。

世腾公司（一审被告、二审被上诉人）

合同已明确商品房总价款的计算方式，双方并未约定面积补差以外的价格变动情形。只有在合同约定的建筑面积与产权登记面积有差异的，才会对总价造成影响。增值税的调整并不能对商品房总价款产生影响，双方当事人实际上按照主合同约定的计价方式履行了合同，余某主张的根据税率变动调整房价的观点不符合交易习惯。

出卖人所开具发票按照“含税单价×建筑面积”的原则向行政主管部门进行物价备案，买卖双方也按照该原则签订商品房买卖合同，结合行业通行计价规则可知，不含税总价并不能作为双方买卖商品房的交易价格。增值税的纳税义务人为出卖人而非买受人，国家税收优惠政策并不会直接惠及买受人。无论国家增值税税率是上调还是下调，均为出卖人于签约时无法预料且需自行承担的商业及政策风险。国家降低增值税税率虽然从长远来看可能作用于消费领域，惠及广大消费者，但其直接目的是减轻企业税负，激发企业活力，该项政策的直接受益人应是当下的企业，并不意味着企业已签订的合同必须重新核算合同价格，立即“让利”于买受人。反之若增值税税率提高，出卖人也并不会向买受人收取税额补差。

【裁判观点】

双方签订的商品房买卖合同明确约定了房屋总价款金额，且明确了房屋总价款的计价方式，即房屋总价款系依据建筑面积乘以每平方米单价而确定。房屋总价款除因面积存在差异进行调整外，无其他变动房屋总价的约定。商品房买卖合同及补充协议并未约定房屋价款可随国家政策的调整而调整，增值税率的调整并不能对商品房总价款产生影响。双方当事人实际上亦按照主合同所约定的计价方式履行了合同。余某所主张的根据税率变动调整房屋交易价格的观点不符合此商品房交易的惯例。

虽然关于涉案房屋价款问题有主合同和补充协议中的不同表述，但补充协议关于不含增值税房价和增值税额的记载仅是对主合同约定总房价组成的罗列和说明，其目的在于降低契税和印花税的计税基数，而非对房款总额的变更，故本案仍应根据主合同约定确定房款总额。同样，遇增值税税率上调时，双方房屋交易的实际价款也应根据主合同的约定予以确认，而不存在购买者应多支付增值税增加部分房款的问题。需特别指出的是，世腾公司提供的合同条款存在含义模糊之处，在税率有变化时容易引发合同双方对房屋实际交易价格的争议，应引以为戒，及时对相关条款予以调整和明确。

【案例评析】

“营改增”后，购房人与开发商就税率下调应否返还税款差价的争议时有发生。经检索类案，除“盐城市顺碧房地产开发有限公司与柏某某、晏某某商品房销售合同纠纷案”① 一审外（该案二审撤销一审判决，编者曾在公众号发表《罕见：一审判决开发商向业主退还税率下调前多收税款，二审撤销一审判决》一文介绍相关案情），其他案件中法院均驳回买受人诉讼请求，法院常见裁判观点如下：

一、关于不含增值税房价和增值税税额的约定，系双方在固定购房总价的基础上，适用合同签订时的税率后计算出的不含税价，属于双方对税种、开票种类的约定，仅是对合同房款组成因素的客观罗列和说明，不能视为对合同房款总价或者房款计价方式的变更。②

二、在没有降税降价明确约定的情形下，出卖人是否缴税、缴税的具体金额、种类对于房屋总价款不产生任何影响；换句话说，如果增值税税率并非下降而是上调，对房屋总价款亦无影响。③

三、在房屋买卖合同中，房屋交易价格是房屋买卖合同中的重要内容之一，通过合同明确约定房屋固定总价款，既有利于明确双方的权利义务内容，又有利于稳定商品房交易秩序，增加双方对交易行为的可预期，毕竟在购买期房的情况下，买方交付购房款与卖方交付房屋之间存在时间差，在此时间差内，会有多种可能的情况产生，正如本案中，在此期间遇到国家下调增值税，也有可能出现国家上调增值税的情形，但这两种具体情形的产生，都不应影响合同中买卖双方已对成交价格的约定。本案所涉商品房类型的交易价格根据面积与单价的乘积予以确定的做法系该类商品房买卖的交易习惯，本案双方当事人亦是按照双方主合同所约定的计价方式实际进行了履行，而根据税率的变动调整商品房交易价格的观点，显然不符合现行此类商品房交易的惯例。④

---

① 江苏省盐城市亭湖区人民法院民事判决书（2019）苏0902民初7247号。

② “郑某某、台州德新园置业有限公司商品房预售合同纠纷案”，浙江省台州市中级人民法院民事判决书（2020）浙10民终2087号。

③ “朱某某、陆某某与苏州旭高房地产开发有限公司商品房销售合同纠纷案”，江苏省苏州市虎丘区人民法院民事判决书（2018）苏0505民初3521号。

④ “隋某、郑州大有永固置业有限公司房屋买卖合同纠纷案”，河南省郑州市中级人民法院民事判决书（2020）豫01民终6933号。

四、增值税是以商品（含应税劳务）在流转过程中产生的增值额作为计税依据而征收的一种流转税，从计税原理上说，增值税是对商品生产、流通、劳务服务中多个环节的新增价值或商品的附加值征收的一种流转税。增值税的纳税义务人为出卖人，并非买受人。现国家降低了增值税的税率，直接目的是给企业减轻税负，激发企业活力，但降税后必将会产生一系列的积极效应和连锁反应，从长远来看也必将作用于消费领域，从而惠及广大消费者。[①]

五、商品房等不动产属于家庭的大额财产，通过合同作出固定总价款的约定，有利于保障交易双方的权利，也有利于稳定商品房交易秩序。[②]

六、不当得利，因他人没有法律依据，取得不当利益，受损失的人有权请求其返还不当利益。虽因国家增值税税率下调，但在合同约定的房屋总价不变的情况下，买受人调整发票上的单价和金额及税额不违反合同的约定及法律规定，亦未影响合同的正常履行，合同中也没有约定税率下调，税额予以返还的相关约定。故买受人要求出卖人返还因税率下调所产生的增值税差额及利息不符合不当得利的法律构成要件。[③]

增值税税率自 2017 年 7 月 1 日起由 17%、13%、11%、6% 四档简并到 17%、11%、6%，2018 年 5 月 1 日起下调至 16%、10%、6% 三档，2019 年 4 月 1 日起进一步调整到 13%、9%、6% 三档。随着增值税立法工作的推进，预计增值税现行税率仍有调整空间。为减少买卖双方对税率调整是否调整房屋价款争议的发生，建议买卖双方可在“商品房买卖合同”中明确约定合同价款涉税事宜，就价款计税方式、税率调整是否变更合同价款等内容达成一致。

问题 50：开发商不及时代缴购房人契税，应否赔偿购房人利息损失？

案例 73：李某某与北京龙源顺景房地产开发有限公司商品房预售合同纠纷案[④]

【裁判要旨】

出卖人在收取买受人交纳的契税后，有义务将契税及时缴纳至税务部门，并为买受人办理涉案房屋的房屋权属证书。出卖人实际占用买受人向其支付的契税，给买受

---

① “陈某某与余姚市中梁宏置业有限公司商品房销售合同纠纷案”，浙江省余姚市人民法院民事判决书（2018）浙 0281 民初 13045 号。

② “郑某某、台州德新园置业有限公司商品房预售合同纠纷案”，浙江省台州市中级人民法院民事判决书（2020）浙 10 民终 2087 号。

③ “赵某军、赵某燕与保利（包头）房地产开发有限公司不当得利纠纷案”，内蒙古自治区包头市中级人民法院民事判决书（2020）内 02 民终 1423 号。

④ 北京市通州区人民法院民事判决书（2019）京 0112 民初 37237 号、北京市第三中级人民法院民事判决书（2020）京 03 民终 2778 号。

人造成利息损失的，应当按照中国人民银行同期贷款利率支付买受人相应利息。逾期办理房屋权属证书的违约金与契税利息并不重合，前者系出卖人依照合同约定应当支付的违约金，后者系出卖人占有买受人所交契税造成的相应的利息损失。

【涉税案情】

2012年1月14日，李某某作为买受人与作为出卖人的北京龙源顺景房地产开发有限公司（简称“龙源地产公司”）签订《预售合同》，约定由李某某购买涉案房屋。

合同签订后，李某某支付了全部购房款共计740 900元。2014年5月31日，李某某办理了涉案房屋的入住手续，并向龙源地产公司交纳了房屋权属登记费、契税等费用。2017年5月26日，龙源顺景公司代为缴纳了契税22 227元。2017年8月21日，龙源顺景公司为李某某办理完毕涉案房屋所有权证书。

李某某诉请法院判令龙源顺景公司支付契税利息3 798.71元。

【争议焦点】

李某某（一审原告、二审被上诉人）

龙源地产公司交房时强制李某某缴纳了契税，直至2017年5月26日其才将契税缴至税务机关，故其应赔偿利息损失。

龙源地产公司（一审被告、二审上诉人）

李某某作为契税的纳税人及纳税义务人，应自行在规定时间内向税务机关缴纳契税，若李某某在规定时间内缴纳契税必然不存在利息损失。李某某得到了便利。龙源地产公司受李某某的委托，帮助李某某前往办理缴纳契税的手续。在李某某要求龙源地产公司代为缴纳契税时，必然要将契税款交付给龙源地产公司，李某某的委托行为即为其放弃了该部分款项的利息。李某某在受到龙源地产公司提供的便利后，要求龙源地产公司赔偿契税利息，违背公平公正原则。

契税税款交付给龙源地产公司后，所有权转移，产生的孳息由龙源地产公司所有。契税款利息应按照银行存款利率计算而非按照银行贷款利率计算。

【裁判观点】

龙源地产公司在收取李某某交纳的契税后，有义务将契税及时缴纳至税务部门，并为李某某办理涉案房屋的房屋权属证书。龙源地产公司在2014年5月31日就以契税的名义收取了李某某22 227元，但其直到2017年5月26日才将该笔款项作为契税交至税务部门入库，龙源地产公司实际占用李某某向其支付的契税三年有余，确已给李某某造成了相应的利息损失，故龙源地产公司应当按照中国人民银行同期贷款利率支付李某某相应利息3 475.33元（以22 227元为基数，按照中国人民银行同期贷款利率标准支付2014年5月31日至2017年5月26日期间的利息)。

对于龙源地产公司有关李某某已主张了逾期办理房屋权属证书的违约金，再主张契税利息缺乏相应依据的辩解意见，本院认为，逾期办理房屋权属证书的违约金与契税利息并不重合，前者系龙源地产公司依照合同约定应当支付的违约金，后者系龙源顺景公司占有李某某所交契税造成的李某某相应的利息损失。

【案例评析】

龙源地产公司受买受人的委托代缴契税，双方并未约定买受人放弃代缴款项利息，且龙源地产公司占用资金三年有余方办理税款入库并非委托人原因造成，龙源地产公司存在占用委托人资金的行为，应按中国人民银行同期贷款利率标准支付利息。需注意的是，自2019年8月20日起，中国人民银行已经授权全国银行间同业拆借中心于每月20日（遇节假日顺延）9时30分公布贷款市场报价利率（LPR），中国人民银行贷款基准利率这一标准已经取消。因此，自此之后人民法院裁判贷款利息的基本标准应改为全国银行间同业拆借中心公布的贷款市场报价利率。

根据个人所得税扣缴相关规定，龙源地产公司支付利息损失时，应履行利息所得个人所得税代扣代缴义务。《企业所得税税前扣除凭证管理办法》（国家税务总局公告2018年第28号）第9条规定，“企业在境内发生的支出项目属于增值税应税项目的，对方为已办理税务登记的增值税纳税人，其支出以发票（包括按照规定由税务机关代开的发票）作为税前扣除凭证；对方为依法无须办理税务登记的单位或者从事小额零星经营业务的个人，其支出以税务机关代开的发票或者收款凭证及内部凭证作为税前扣除凭证，收款凭证应载明收款单位名称、个人姓名及身份证号、支出项目、收款金额等相关信息。”如支付利息金额不超过增值税政策规定的起征点，则可不要求买受人提供税务机关代开的发票，只需将买受人收款凭证、判决书、调解书等留存备查，以证实税前扣除利息损失的真实性。

问题51：开发商逾期交付致购房合同解除，购房人可否要求赔偿已缴契税？

案例74：曹某、柳州黑天鹅文化体育投资管理股份有限公司房屋买卖合同纠纷案①

【裁判要旨】

契税由税务部门依法根据买受人、出卖人双方签订的《商品房买卖合同》而收取，现该《商品房买卖合同》被解除，买受人可依照退税流程依法向税务部门申请退

① 广西壮族自治区柳州市中级人民法院民事判决书（2019）桂02民终4723号。

税，买受人并未遭受该损失，故对买受人要求出卖人赔偿契税损失的诉请不予支持。

【涉税案情】

曹某经与柳州黑天鹅文化体育投资管理股份有限公司（简称“黑天鹅公司”）协商后，签订《商品房买卖合同》，购买涉案房屋，总价款为476 340元。合同约定，黑天鹅公司应于2016年10月1日前将验收合格的商品房交付曹某使用；并约定逾期交房超过90日后，曹某有权解除合同，黑天鹅公司应按曹某已付房款的5%向曹某支付违约金。合同签订前，曹某已经向黑天鹅公司支付了首付款206 340元；合同签订后，曹某通过向银行按揭贷款的方式将余款270 000元付清。至法庭辩论结束时，诉争商品房仍未能交付曹某。曹某多次找到黑天鹅公司协商解除双方的《商品房买卖合同》，但黑天鹅公司回复称，将于2019年7月底前完成房屋交付工作。现曹某坚持要求解除商品房买卖合同，为维护自身权益，遂诉至法院。

【争议焦点】

曹某（一审原告、二审被上诉人）

判令黑天鹅公司赔偿曹某购房契税损失4 770.55元。

黑天鹅公司（一审被告、二审上诉人）

该房屋不久将要交付，不宜解除合同。曹某此次购买的房屋是用于经营酒店的产权式公寓，属于投资购房，所购商品房已近交付，目前已经完成相关的综合验收手续，不久合同目的就能实现，从维护双方利益以及保护交易的角度出发，现在双方不宜解除合同。

【裁判观点】

虽然《商品房买卖合同》第9条约定“买受人解除合同的，应在出卖人逾期超过90日的当天起15日内向出卖人发出解除合同的通知，否则视为买受人同意继续履行合同”，但该《商品房买卖合同》为黑天鹅公司方提供的格式合同。根据《合同法》第39条、第40条规定，提供格式合同一方免除其责任、加重对方责任、排除对方主要权利，又未经特别提示并取得对方明确认可的，该条款无效。关于曹某要求黑天鹅公司赔偿购房契税的诉请，因该契税由税务部门依法根据曹某、黑天鹅公司双方签订的《商品房买卖合同》而收取，现该《商品房买卖合同》被解除，曹某可依照退税流程依法向税务部门申请退税，曹某并未遭受该损失，故对曹某要求黑天鹅公司赔偿契税损失的诉请不予支持。

【案例评析】

《契税法》及原《契税暂行条例》均规定，在中华人民共和国境内转移土地、房屋权属，承受的单位和个人为契税的纳税人，应当缴纳契税。除个别字表述不同外，《契税暂行条例》与《契税法》关于契税的纳税义务发生时间的规定实际上是一致的，均为“纳税人签订土地、房屋权属转移合同的当日，或者纳税人取得其他具有土地、房屋权属转移合同性质凭证的当日”。对于纳税期限，《契税暂行条例》要求纳税人应当自纳税义务发生之日起10日内，进行契税纳税申报，在核定期限内缴纳税款；而《契税法》明确纳税人在办理土地、房屋权属登记手续前申报并缴纳契税即可。

在《契税法》施行前，新疆、内蒙古、甘肃、江苏、浙江、河南、广州等多个省（区）、市都曾明确规定，契税纳税期限为纳税人依法办理土地、房屋权属登记之前。

本案所在地的广西壮族自治区，在2018年11月8日前，契税缴纳期限为“签订购房合同之日起30天内”，故涉案房屋虽未交付，但买受人已缴纳契税。2018年11月8日印发的《国家税务总局广西壮族自治区税务局关于契税纳税期限的公告》（2018年第19号）将契税缴纳期限由原来“签订购房合同之日起30天内”，放宽至“办理土地、房屋权属登记手续之前”。

《财政部 国家税务总局关于购房人办理退房有关契税问题的通知（财税〔2011〕32号）规定：“对已缴纳契税的购房单位和个人，在未办理房屋权属变更登记前退房的，退还已纳契税；在办理房屋权属变更登记后退房的，不予退还已纳契税。”《契税法》在此基础上，进一步完善规定，“在依法办理土地、房屋权属登记前，权属转移合同、权属转移合同性质凭证不生效、无效、被撤销或者被解除的，纳税人可以向税务机关申请退还已缴纳的税款，税务机关应当依法办理。”本案买受人曹某可依照退税流程依法向税务机关申请退税，故法院对其要求黑天鹅公司赔偿契税损失的诉请不予支持。

问题52：购房人未缴纳契税是否构成开发商逾期交房的正当事由？

案例75：江苏智晟房地产发展有限公司与黄某某商品房销售合同纠纷案①

【裁判要旨】

缴纳契税是业主在办理不动产转移登记时应尽的法定义务，其征收机关为房屋所在地的财政机关或者税务机关。因出卖人并非上述缴款义务的相对方，业主之所以缴纳上述费用是基于法定义务，既不属于商品房买卖合同的附随义务，也不构成出卖人逾期交房的正当事由。

---

① 江苏省宿迁市中级人民法院民事判决书（2018）苏13民终5033号。

【涉税案情】

2015年7月8日，黄某某、江苏智晟房地产发展有限公司（简称“智晟公司”）签订《商品房买卖合同》两份，约定黄某某分别以612 733元、42 600元的价格购买智晟公司开发的涉案房屋。双方签订的两份《商品房买卖合同》第八条均约定，“出卖人应当在2016年8月30日前，将房屋交付买受人使用，交付时间以取得《工程竣工验收备案表》时间为准。如遭遇不可抗力，出卖人应当在不可抗力发生之日起一周内公告”。第九条约定，“除本合同第八条约定的特殊情况外，出卖人如未按本合同约定的期限将商品房交付买受人使用，按下列方式处理：……逾期不超过90日，自本合同第八条约定的交付日期第二天起至取得《工程竣工验收备案表》之日止，出卖人按日向买受人支付已交付房价款万分之一点五的违约金，合同继续履行……”

因智晟公司逾期交房，黄某某提起诉讼。

【争议焦点】

智晟公司（一审被告、二审上诉人）

双方在补充协议中明确约定了交房条件，该条款对双方均具有约束力，智晟公司不应承担延期交房的违约责任。双方约定买受人在合同约定的交房时间到达时应先承担交清房屋维修基金、契税、产权证费等费用的义务，否则，出卖人有权拒绝交房，并不承担违约责任。

黄某某（一审原告、二审被上诉人）

判令智晟公司向黄某某支付逾期交房违约金。

【裁判观点】

双方签订的《商品房买卖合同》补充协议第七条虽约定“在房屋交付前，买受人应交清房款和储藏室、自行车车库、房屋维修资金、契税、产权证费等费用，在合同的约定的交房时间到达时，如买受人房款没有交清（包括按揭贷款没有到账）以及不按时还贷或不交清上述税、费、资金等所有费用的，出卖人有权拒绝交付房屋，并不承担违约责任”。但缴纳契税是业主在办理不动产转移登记时应尽的法定义务，其征收机关为房屋所在地的财政机关或者税务机关。因智晟公司并非上述缴款义务的相对方，黄某某之所以缴纳上述费用是基于法定义务，既不属于商品房买卖合同的附随义务，也不构成智晟公司逾期交房的正当事由。根据我国现行法律法规的规定，该条款中“合同约定的交房时间”指代两层含义：一是按约定期限；二是按约定条件，两者缺一不可，故符合法定及约定交付条件的移转占有时间才是合法有效的交房时间。因智晟公司直至2016年11月4日才取得涉案工程竣工验收备案，其自身违约在先，故无权要求黄某某提前履行上述缴费义务。智晟公司此时仅以黄某某未缴纳房屋维修资金、契税等费用为由拒绝履行其交付房屋的主要义务，显然将造成合同双方权利义务不对等。况且，智晟公司也无证据可证明其未按时取得《工程竣工验收备案表》系由于黄某某未缴纳上述费用导致。据此，黄某某是否于约定交房日期前缴纳契税，与本案商品房买卖合同虽有联系，但并非同一法律关系，如将缴纳契税作为商品房买卖合同法律关系中出卖人交房的条件，对买受人将极为不公，对智晟公司的该项抗辩主张，亦不予支持。

【案例评析】

开发商并非交易税费的权利主体，只是代收代缴，不应以他人权利未实现为由拒绝履行自身义务。购房人缴纳交易税费的义务与开发商交付房屋的义务，分属不同法律关系，不应将两者牵连在一起。

需要提醒开发商和购房人注意的是，《国家税务总局关于征收机关直接征收契税的通知》规定，自 2005 年 1 月 1 日起，契税由税务机关直接征收，各级征收机关一律不得委托其他单位代征契税。国家税务总局财产和行为税司有关负责人指出，若开发商强制代收代缴税费，或以此作为交房条件，购房人可向房屋所在地的税务机关及房屋管理部门投诉举报。若购房人与开发商签订了委托代办协议，则属于自愿委托开发商代为办理购房缴税事宜，为民事法律关系。①

问题 53：客户可否以开发商开具全部发票为由证明已付清房款？

案例 76：吉林市成城屹嘉房地产开发有限公司与刘某房屋买卖合同纠纷案②

【裁判要旨】

当事人对自己提出的诉讼请求所依据的事实应当提供证据加以证明，未能提供证据或者证据不足以证明其事实主张的，由负有举证证明责任的当事人承担不利的后果。房地产开发企业主张买受人欠付购房款，除证明双方形成合法有效的房屋买卖合同关系外，尚须提供证据证明存在买受人欠付购房款的事实。

【涉税案情】

2014 年 9 月 20 日，刘某向吉林市成城屹嘉房地产开发有限公司（简称“成城屹嘉公司”）交付房屋定金 1 万元。2014 年 10 月 2 日，刘某交付首付款 56 721 元，并签订分

① 历征．开发商代收代缴契税不合规 购房人可投诉举报．中国税务报，2016.12.23. 第 01 版．

② 吉林省吉林市船营区人民法院民事判决书（2019）吉 0204 民初 4249 号、吉林省吉林市中级人民法院民事判决书（2020）吉 02 民终 187 号。

期付款协议，约定刘某认购涉案房屋，总价为人民币626 721元，需交首付款196 721元，现已交首付款66 721元，尚欠13万元由成城屹嘉公司垫付，刘某出具借据一份，载明刘某向成城屹嘉公司借款人民币13万元，不计息，承诺分四次还款。2014年10月30日，双方签订《商品房买卖合同（预售）》，约定涉案房屋总价款为626 721元，采取商业贷款方式付款，2014年10月30日前支付首付款196 721元，余款43万元向建设银行申请贷款支付。

2014年10月31日，成城屹嘉公司开具了销售不动产统一发票。2014年11月23日，刘某办理涉案房屋入住手续。

2015年5月30日、2015年11月5日、2016年7月6日，刘某分别交付首付款各32 500元。以上款项交付后，成城屹嘉公司为刘某开具了收款收据。成城屹嘉公司已将上述收款收据全部收回。2017年4月25日，成城屹嘉公司协助刘某办理了涉案房屋的不动产权证。

成城屹嘉公司诉请法院判令刘某给付尚欠购房款32 500元及利息损失。

【争议焦点】

成城屹嘉公司（一审原告、二审上诉人）

增值税发票作为付款的记账凭证，是买受人付款的依据，仅具有确定最终应付价款准确数额的作用，本身并不是付款凭证，只具备表示买卖双方商品交易成交以及证明出卖人应尽的纳税义务的作用，并不能证明买受人已经付清所有款项。

由于开具增值税发票只是税法规定的纳税义务，法律并不要求出卖人开具增值税发票必须以收受价款为前提，因此出卖人先开具增值税发票后收款的情况比较常见，开具增值税发票与是否付款之间并无高度盖然性的对应关系和证明作用。

成城屹嘉公司为刘某开具发票的时间为2014年10月31日，在此之后，刘某分别于2015年5月30日、2015年11月5日、2016年7月6日以转账和POS机刷卡方式向成城屹嘉公司支付了三笔32 500元价款，共计97 500元。结合成城屹嘉公司提交的分期付款协议，足以印证刘某欠付成城屹嘉公司首付款以及开具发票时刘某并未付清全部购房款的事实。买受人除增值税发票之外不能举证证明其已履行付款义务的情况下，证明责任并未转移至出卖人，买受人仍应承担进一步举证的责任，否则应承担举证不能的法律后果。

刘某（一审被告、二审被上诉人）

成城屹嘉公司提交的发票能够证明刘某交纳了全额首付款，并且刘某在付清全款、没有换正式发票之前，根本没有见过不动产统一发票，也不清楚开具的时间。按照协议约定，如果买受人未按时履行协议，出卖人有权解除合同，另行处置该房屋，并不予退还定金和首付款。如果刘某不付清全额首付款，就无法用临时收据换正式发票，也不能协助办理房证。

【裁判观点】

当事各方对自己提出的诉讼请求所依据的事实应当提供证据加以证明，未能提供证据或者证据不足以证明其事实主张的，由负有举证证明责任的当事各方承担不利的后果。成城屹嘉公司主张刘某欠付购房款，除证明双方形成合法有效的房屋买卖合同关系外，尚须提供证据证明存在刘某欠付购房款的事实。成城屹嘉公司仅提供了刘某已付购房款的临时收款收据，以尚缺32 500元的收据来证明刘某尚欠购房款32 500元，而刘某则提供了该房屋的销售不动产统一发票及不动产权证用以证明其已将全部购房款交付完毕。成城屹嘉公司陈述表示对很多买受人都是采取了未交足房款先开具不动产发票办理房证的处理方式，而公司依据分期付款协议和借据主张买受人拖欠购房款事宜；刘某则陈述表示买受人每笔付款均由成城屹嘉公司开具临时收款收据，在交齐房款后，成城屹嘉公司将所有收款收据收回换正式的销售不动产统一发票，因此刘某是交完全部购房款后成城屹嘉公司将原来开具的收款收据收回并换了正式发票，然后给刘某办理了房证，刘某表示不交完全部购房款，成城屹嘉公司是不会给正式发票和办理房证的。成城屹嘉公司也认可已将刘某的收款收据收回，只是其未交最后一笔32 500元，所以没有该笔房款的收款收据。综合上述情况及本案事实，刘某提供的发票及不动产权证的证明力应大于成城屹嘉公司提供的临时收款收据，而就当事各方陈述效力来讲，刘某的陈述则更符合常理。基于此种情况，应由成城屹嘉公司继续承担进一步的举证责任，但其未能提供进一步的证据。因此成城屹嘉公司所提供的证据不足以证明刘某欠付购房款事实。

【案例评析】

民事诉讼举证责任分配的基本原则是“谁主张，谁举证”，成城屹嘉公司提供的证据包括商品房买卖合同（预售）、分期付款协议、借据、收款收据、入住证明，以上证据不足以证明买受人欠付购房款。《民事诉讼法解释》第90条规定：“当事人对自己提出的诉讼请求所依据的事实或者反驳对方诉讼请求所依据的事实，应当提供证据加以证明，但法律另有规定的除外。在作出判决前，当事人未能提供证据或者证据不足以证明其事实主张的，由负有举证证明责任的当事人承担不利的后果。”《买卖合同司法解释》第5条第2款规定：“合同约定或者当事人之间习惯以普通发票作为付款凭证，买受人以普通发票证明已经履行付款义务的，人民法院应予支持，但有相反证据足以推翻的除外。”审判实践中，若出卖人有其他证据证明买受人未付款的，则应根据出卖人提供的证据，进行综合分析认定。[①] 成城屹嘉公司认可已将所有收款收据收回

① 最高人民法院民事审判第二庭．最高人民法院关于买卖合同司法解释理解与适用［M］．北京：人民法院出版社，2016：152.

换正式的销售不动产统一发票，从常理分析，买受人缴纳全部购房款后，成城屹嘉公司才收回收据换开正式发票更符合交易习惯，买受人提供的发票及不动产权证的证明力应大于成城屹嘉公司提供的临时收款收据，因此成城屹嘉公司诉请难以得到法院支持。

从内控制度建设视角看，房地产开发企业应注意销售现场收款环节岗位分离、即时控制、风险防范。集中开盘期人员配备需做到收款和开票岗位分离，非集中开盘期人员配备无法达到收款和开票岗位分离的，收款员可同时负责开票和ERP系统收款信息登记工作，应确保收款准确和单据的完整，确认款项到账后方可开具票据。现场收款岗位须每日报送收款日报表，并在规定时间内将收据记帐联及POS结算单等附件送交审核岗；审核岗须审核收款日报表、收据及其附件、ERP系统记录是否一致，确保票据开具准确无误。

问题54：购房人因补缴个税无购房资格，可否要求退还定金？

案例77：庞某某、天骄（广州）房地产开发有限公司房屋买卖合同纠纷案①

【裁判要旨】

买受人未能审慎查清是否具有购房资格，签订《认购书》后发现个人所得税存在补缴记录，不具有购房资格，无法继续履行《认购书》，出卖人在已履行合理告知和提醒义务的前提下，可依照约定没收定金。

【涉税案情】

2019年5月，天骄（广州）房地产开发有限公司（简称“天骄公司”）与庞某某签订《楼宇认购书》和《认购签约温馨提示》，约定庞某某认购涉案房屋，定金为5万元，温馨提示载明外地户口需提供购房之日前5年在广州连续缴纳个人所得税或社会保险证明原件。认购后，庞某某得知个人所得税存在补缴情况，房管部门回复称补缴个税没有购房资格。庞某某与天骄公司协商退定金事宜未果，天骄公司向其发出《催签约通知函》，庞某某回复《律师函》，写明因购房资格问题，要求天骄公司退还定金。天骄公司认为是庞某某本人原因，不予退还定金。

【争议焦点】

庞某某（一审原告、二审上诉人）

庞某某在广州连续生活工作十余年，有购房能力与购房意愿，无法预料到工资被

---

① 广东省广州市黄埔区人民法院民事判决书（2019）粤0112民初6578号、广东省广州市中级人民法院民事判决书（2020）粤01民终3302号。

扣除后单位并未向税务机关申报，税务机关亦疏于审查未能及时发现，非本身过错所致。非故意隐瞒或虚构自己具备购房资格的事实，无法预料到自己的社保和个人所得税会发生断缴。法院将具有优势地位的房地产开发商与没有购房经验的购房者同一而论，明显不公。天骄公司可以将涉案房屋另行出售，不会造成任何损失，不应当没收定金。

天骄公司（一审被告、二审被上诉人）

庞某某从2009年开始就一直生活在广州，住房限购政策是众所周知的事实，且其在《认购签约温馨提示》签名确认，天骄公司已经履行告知义务；天骄公司已在销售现场公示《商品房买卖合同》的全部条款，并在《楼宇认购书》中以增加下划线和加黑的方式作了特别提示，天骄公司已经采用适当的方式提醒庞某某注意，庞某某应承担其未能尽审慎注意义务所产生的不利后果。

广州市规划和自然资源局在办理预告登记时才会对购房人是否符合购房资格进行审查，天骄公司无权也无法在此之前对庞某某是否具备购房资格进行审查。同类案件法院已作出生效判决，购房人应对限购政策对交易造成的风险承担责任。

【裁判观点】

广州市人民政府办公厅早于2017年3月17日发布有关购房政策的相关通知，在签订购房协议前，购房者确认是否具有购房资格是其应负的审慎注意义务，而开发商亦应负有合理的告知和提醒义务。庞某某在签订涉案《楼宇认购书》之前本应且可以先予查询其社保及个税缴纳情况，因其疏于对该情况进行核实，导致误判的产生，对此具有一定的过错。同时，根据《认购签约温馨提示》《楼宇认购书》的内容及各方陈述可知，天骄公司在签订涉案合同时已通过书面及口头的方式告知、提醒庞某某关于广州市的限购政策，可以认定天骄公司已经履行了合理的告知和提醒义务。庞某某因其购房资格原因导致涉案《楼宇认购书》未能继续履行，已经构成违约，而天骄公司对此并没有过错，故根据《楼宇认购书》的约定，天骄公司有权没收庞某某已交付的定金。

【案例评析】

个人所得税完税凭证，已经成为个人重要的资信证明。在子女境外求学、司法鉴定、贷款融资、购买住房、户口入籍等方面得到日益广泛的应用，出具规定期间连续无中断个人所得税申报证明是已出台房地产限购措施地区的常见政策。由于扣缴义务人过错等多种因素，纳税人可能存在个人所得税补申报记录，但在限购政策执行过程中，对于补申报是否视同连续申报，各地答复不一。纳税人可以通过手机个人所得税APP和自然人电子税务局，查询相关单位扣缴申报收入及税款信息。

买受人在购买房屋时，应本着谨慎的注意义务，对是否具有购房资格作出合理的预判再决定是否签约。如房地产开发企业提供有效证据证明其已履行合理的告知和提醒义务，即便买受人签约时确实不知道自己不具备购房资格，其自身对政策的不了解或对涉税信息的不明晰不能成为免责理由，更不能将合同不能履行的风险转嫁给无任何过错的出卖人。《商品房买卖合同司法解释》第 4 条规定："出卖人通过认购、订购、预订等方式向买受人收受定金作为订立商品房买卖合同担保的，如果因当事人一方原因未能订立商品房买卖合同，应当按照法律关于定金的规定处理；因不可归责于当事人双方的事由，导致商品房买卖合同未能订立的，出卖人应当将定金返还买受人。"《民法典》第 587 条规定："债务人履行债务的，定金应当抵作价款或者收回。给付定金的一方不履行债务或者履行债务不符合约定，致使不能实现合同目的的，无权请求返还定金；收受定金的一方不履行债务或者履行债务不符合约定，致使不能实现合同目的的，应当双倍返还定金。"无论是拒绝履行合同，还是不完全履行合同的情形，定金罚则的适用条件是"合同目的无法实现"。天骄公司在涉案争议中并没有过错，故庞某某无权请求返还定金。

需要提醒纳税人注意的是，根据《国家税务总局关于将个人所得税〈税收完税证明〉（文书式）调整为〈纳税记录〉有关事项的公告》（国家税务总局公告 2018 年第 55 号）的规定，从 2019 年 1 月 1 日起，纳税人申请开具税款所属期为 2019 年 1 月 1 日（含）以后的个人所得税缴（退）税情况证明的，税务机关不再开具《税收完税证明》（文书式），调整为开具《纳税记录》；纳税人申请开具税款所属期为 2018 年 12 月 31 日（含）以前个人所得税缴（退）税情况证明的，税务机关继续开具"税收完税证明"。

问题 55：卖方利用虚假税票将房屋过户至买方名下后，税务机关对买方追缴税款、并处罚款，卖方应否承担赔偿责任？

案例 78：张某某与杨某某虚假登记损害责任纠纷案①

【裁判要旨】

在办理房屋产权变更过程中，卖方从他人手中购得虚假税票将涉案房屋过户至买方名下，致使买方被税务机关追缴税款，并处罚款。卖方的行为构成"当事人提供虚假材料申请登记，给他人造成损害的"情形，依据《物权法》第 21 条第 1 款规定，卖方应当对买方的损失承担赔偿责任。

【涉税案情】

2011 年 5 月，张某某从案外人杨某英处购买涉案房屋，未办理过户登记。2011 年

① 宁夏回族自治区吴忠市中级人民法院民事判决书（2014）吴民终字第 322 号。

6月14日，张某某与杨某某签订《售房协议书》，将该房屋以40.6万元的价格出售给杨某某，该《售房协议书》约定由张某某负责将房产证过户到杨某某名下，所产生的费用全部由张某某承担。双方签订《售房协议书》后，杨某某将全部购房款付给张某某。后张某某从他人处购得税票一张，利用该税票将房屋过户至杨某某名下。2013年12月16日，吴忠市利通区地方税务局作出税务行政处罚决定，以杨某某在涉案房屋过程中使用虚假税票逃避纳税义务，造成买卖双方未能按照规定如实申报缴纳房屋交易相关税收为由，决定对杨某某追缴少缴税款12 180元，同时处以12 180元罚款。2013年12月20日，杨某某将上述少缴税款及罚款交清。

杨某某缴纳税款及罚款后，向法院提起诉讼，要求张某某赔偿经济损失24 360元（包括税款12 180元、罚款12 180元），一审法院判决张某某赔偿杨某某经济损失24 360元。张某某不服，提起上诉，二审法院判决驳回上诉、维持原判。

【争议焦点】

杨某某（一审原告、二审被上诉人）

涉案房屋始终是杨某某和张某某进行的交易，并不是和杨某英进行的交易。双方约定所有过户手续费都由张某某承担，在过户过程中杨某某只到房管局签了个字，其他手续都是张某某办的，是张某某在过户过程中向房管局提交的虚假税票，张某某在吴忠市地税局作的笔录已经证实了这一点，杨某某分三次向张某某交付了房款，已经履行了给付义务。

张某某（一审被告、二审上诉人）

本案房屋过户系房屋原产权人杨某英与最终买方杨某某共同到交易中心办理过户手续，张某某并未参与交易过户。故该案过户使用的虚假发票并非张某某提供，张某某无须承担赔偿责任。

【裁判观点】

根据《物权法》规定，当事人提供虚假材料申请登记，给他人造成损害的，应当承担赔偿责任。本案中，张某某利用从他人手中购得的税票将涉案房屋过户至杨某某名下，但该税票被吴忠市利通区地方税务局认定为虚假税票，并对杨某某作出追缴税款、并处罚款的决定，因张某某的行为给杨某某造成经济损失，应当承担赔偿责任。对于张某某提出涉案房屋系杨某某与杨某英签订买卖合同，张某某只是中间人，不是该房屋的所有权人，不承担赔偿责任的辩解理由，因杨某某提交的证据足以证明张某某的行为给杨某某造成经济损失，故对张某某的上述辩解理由不予采纳。

【案例评析】

本案是房屋买卖双方在过户过程中因使用虚假税票导致损害赔偿的纠纷。

本案交易情况为杨某英将房屋卖给张某某，但没办过户手续，房屋依然在杨某英名下。张某某再将房屋出售给杨某某。照理说，过户顺序为杨某英→张某某→杨某某。但本案中，三方省略了杨某英过户→张某某的一个步骤，直接由杨某英过户→杨某某。由此，导致张某某并未直接参与房屋过户交易。

那法院是如何认定本案虚假税票是由张某某提供的呢？

根据判决内容显示，税务机关发现虚假税票后进行调查，张某某在调查笔录中亲口承认发票由其购买取得，故法院依据税务机关的调查笔录认定该虚假税票由张某某提供。在二审时，张某某试图抵赖，但在证据面前一切抵赖都是徒劳。

既然税务机关查明了虚假税票是张某某提供的，那为什么要处罚杨某某呢？因为，根据《契税暂行条例》第1条规定，房屋购买人为契税纳税义务人。本案过户交易的买方为杨某某，故杨某某属于契税纳税义务人，其应当承担缴纳契税的义务。杨某某使用虚假税票行为，违反了《税收征管法》第63条的规定，构成以虚假申报方式不缴应纳税款，其行为构成偷税。对于偷税，税务机关除了追缴税款外，还应当处以税款金额0.5－5倍的罚款。本案中，税务机关处以1倍罚款。

虽然虚假税票是张某某提供的，但张某某并不属于契税纳税义务人。税收行政法律关系只发生于税务机关与行政相对人（纳税人、扣缴义务人）之间，不涉及案外人。故本案张某某提供虚假发票的税收行政法律后果，应当由杨某某承担，故税务机关对杨某某作出了追缴税款并处罚款的处理。当然，杨某某承担了上述损失后，可以依据民事法律关系追究张某某的法律责任，由此产生了本案诉讼。两级法院最终依据《物权法》第21条第1款规定，判决张某某承担赔偿责任。自2021年1月1日起，《物权法》失效，相关法条变更为《民法典》第222条第1款，即“当事人提供虚假材料申请登记，造成他人损害的，应当承担赔偿责任”。

值得注意的是，如何认定本案杨某某的损失？本案中，杨某某被税务机关要求追缴税款12 180元，并处罚款12 180元。对于罚款12 180元作为损失并无争议，因为如果杨某某在交易过程中没有提供虚假税票的话，就不存在被处以罚款的问题。但税款12 180元本就是杨某某的法定纳税义务，税款应当由杨某某自行承担才是，法院为什么要将税款也认定为杨某某的损失，判令张某某承担？

编者认为，法院处理判决结果正确，但判决理由并未阐述清楚，适用法律存在错误。根据案件中的一个细节，张某某在与杨某某签订的合同中明确约定交易中的税费都由张某某承担。该税款承担的约定因没有违反法律强制性规定，故审判实践中法院一般都认可该条款效力。由此，本案交易产生的契税12 180元，虽然其纳税义务人为杨某某，但是因张某某自愿承担该笔税款，故法院最终判令该笔税款由张某某承担。虽然判决结果正确，但在裁判文书说理部分应当详细说明原因则更佳，不宜将该笔税款认定为杨某某的损失，而是应当描述为张某某按约定承担杨某某实际支出的交易税款。

问题 56：双方约定办理房屋过户税款均由卖方承担，卖方可否主张合同显失公平？

案例 79：禹某某与姬某不动产登记纠纷案[①]

【裁判要旨】

卖方与买方均系完全民事行为能力人，双方在充分协商的基础上签订《售房协议》，卖方未举证证实存在买方利用其处于危困状态或缺乏判断能力等订立合同时意思表示不自由的情形，不符合显失公平的构成要件，故卖方主张其承担房屋过户需缴纳的税款约定为显失公平条款缺乏法律依据。

【涉税案情】

2016 年 4 月 11 日，卖方姬某作为甲方与作为乙方的买方禹某某签订了《售房协议》，协议约定甲方将涉案继承房屋以人民币 16 万元（含过户）的交易价格过户给乙方，交付日为 2016 年 4 月 11 日，乙方付给甲方现金人民币 14 万元（含定金 2 000 元），甲方负责将该楼房房本过户到乙方名下，房本交予乙方时，乙方将余下房款人民币 2 万元一次性交予甲方。协议签订后，买方禹某某给付卖方姬某 14 万元，姬某向禹某某交付了房屋。2016 年 12 月 1 日，姬某说急用钱，要求禹某某将约定交付房本时给付的剩余房款先行给付一部分，禹某某又给付姬某 14 000 元，为姬某垫付办证费 600 元，禹某某还尾欠姬某购房款 5 400 元。

因卖方姬某未能配合办理房屋过户手续，买方禹某某向法院提起诉讼，要求姬某将交易房屋产证过户至禹某某名下。姬某以合同约定的“办理房屋过户需缴纳的税款由卖方承担”条款显失公平为由，认为合同为无效合同，并无须办理过户手续。一审法院未支持姬某的抗辩意见，姬某不服，申请检察机关提起抗诉，太仆寺旗人民检察院于 2019 年提起抗诉，太仆寺旗人民法院再审后未支持姬某的抗辩意见。

【争议焦点】

禹某某（一审原告、再审被申诉人）

《售房协议》合法有效，约定的包括过户的 16 万元中就包括税费，交税是姬某应该交的，当时他着急用钱买房子。

---

① 内蒙古自治区太仆寺旗人民法院民事判决书（2017）内 2527 民初 867 号、内蒙古自治区太仆寺旗人民法院民事判决书（2019）内 2527 民再 3 号。

姬某（一审被告、再审申诉人）

双方在约定房屋交易价格中的过户费用只包括房屋交易税和评估费及印花税，大概金额为5 000元左右，此过户费也是卖方向其他购房户打听到的。双方在签订《售房协议》中，卖方存在重大失误，在与买方商量房屋交易价格时，根本不知道国家对所继承房屋再交易时的相关税收政策，如果买方认为继承房屋再交易时的相关税额（大概3.5万元），包括在16万元的房屋交易价格中，那么房屋的净交易价格为12.5万元，不符合协议中房屋价款16万元及合同中约定的过户的含义。从几次庭审中可以明确得出房产在流转的过程中会产生相应的税、费，姬某多次拉着禹某某去办理房屋过户的时候，禹某某所谓的费用应当理解为合同中明确的过户费，对于国家所征收的各项税款双方实际上并未明确由谁支付，依据一般交易规则，所有税由买方承担。房屋价款16万元接近或低于2016年太旗的房屋市价，如果由姬某承担税款则导致房屋价格明显偏低，姬某作为正常的成年人而涉案房产又是合法继承所得，以远低于市价的价格出售合法所得的房产没有必要，因此房屋价款16万元明显不含应当缴纳的税款，如判令姬某承担税款会导致该项交易显失公正，严重损害姬某的合法财产权益。

【裁判观点】

关于办理过户需缴纳的税款，姬某认为协议中约定“价格为人民币16万元（含过户）”应理解为所谓的含过户只包括过户手续费，并不包括所征收的各项税费，禹某某认为协议中约定“价格为人民币16万元（含过户）”应理解为包括税费在内的过户费用，双方对合同约定条款理解存在歧义。《合同法》第125条第1款规定“当事人对合同条款的理解有争议的，应当按照合同所使用的词句、合同的有关条款、合同的目的、交易习惯以及诚实信用原则，确定该条款的真实意思”。首先，根据协议所使用的词句及有关条款解释。从所使用的词句含义而言，“含过户”包括办理房屋产权过户所需的手续费和相应的税费，符合通常的理解和用语习惯，若仅指手续费，则上述约定因欠缺税费的承担而不完整，不符合逻辑性和连贯性。其次，从设置该约定的目的的角度解释，《售房协议》第2条约定“甲方负责将楼房房本过户到乙方名下，房本交予乙方时，乙方将余下房款人民币2万元一次性交予甲方”。在姬某于2016年12月1日出具的收条中亦有“余款6 000元待房屋过户后一次性付清”的表述，双方设置该项约定，系为明确办理房屋产权过户义务的承担主体，从上述约定可以看出，乙方负有办理过户并最终将办理完毕产权转移登记的房本交付给甲方的义务，办理房屋产权过户必然产生相关的费用，因此“含过户”包括办理房屋产权过户所需的税费，符合双方设立该项约定的目的。最后，根据交易习惯以及诚实信用原则，退一步讲，即便根据《个人所得税法》《城建税暂行条例》《增值税暂行条例》《契税暂行条例》等现行税收管理法律法规对纳税义务人的规定，办理房屋所有权登记过户手续所需缴纳的税费中仅契税的纳税义务人为房屋买卖的买受方，其余税费的纳税义务人均为出卖方。但因双方就办理房屋所有权登记过户所需费用由卖方姬某承担进行了书面约定，该约定不违反我国现行税收管理方面的法律、法规的强制性规定，符合当事人的意思自治原则和契约自由原则，该约定合法有效，双方当事人均应当信守。因此，办理过户需缴纳的税款应当由申诉人姬某承担。

关于姬某提出的由其承担税款将导致该房屋买卖显失公平的主张，《民法总则》第151条规定“一方利用对方处于危困状态、缺乏判断能力等情形，致使民事法律行为成立时显失公平的，受损害方有权请求人民法院或者仲裁机构予以撤销”。姬某与禹某某均系完全民事行为能力人，双方在充分协商的基础上签订《售房协议》，姬某未举证证实存在对方利用其处于危困状态或缺乏判断能力等订立合同时意思表示不自由的情形，不符合显失公平的构成要件，故对该抗辩主张不予支持。

【案例评析】

本案因房屋买卖双方对交易税费约定不明产生了争议，由此导致了诉讼。案件中的合同条款“价格为人民币16万元（含过户）”该怎么理解，法院从文义解释、目的解释到交易习惯以及诚实信用原则，全方位进行了阐述，并认定应当由卖方承担交易中的全部税费。

这里，编者展开说明一下，为什么卖方姬某会坚持认为其承担税款显失公平？

我国住房交易中涉及的税费包括应当由卖方承担的个人所得税、增值税、城市维护建设税、教育费附加、地方教育附加等，以及由买方承担的契税。上述税费中，个人所得税的税负最重，简而言之个人所得税在税法默认的据实征收方式下为房屋买卖差价的20%。如果采取核定征收方式的话，那么个人所得税按房屋卖出价的1%－3%征收率征收。对应本案而言，采取核定征收方式，个人所得税最高约为0.5万元；采取据实征收方式的话，个人所得税约为3万元。两种计算方式相差悬殊，相差约2.5万元！本案姬某最终缴纳的税款35 195.92元中，其中大部分为个人所得税！

姬某之所以被税务机关采取据实征收方式征收个人所得税，理由是姬某通过继承方式取得房屋。根据《财政部、国家税务总局关于个人无偿受赠房屋有关个人所得税问题的通知》（财税〔2009〕78号）第5条规定，受赠人转让受赠房屋的，以其转让受赠房屋的收入减除原捐赠人取得该房屋的实际购置成本以及赠与和转让过程中受赠人支付的相关税费后的余额，为受赠人的应纳税所得额，依法计征个人所得税。故本案中，姬某无法选择核定征收方式降低税负。

在房屋交易实践中，无论是中介机构还是房屋登记机构工作人员，大部分情况下都只遇到核定征收个人所得税，较少接触据实征收个人所得税。故编者猜测，姬某在交易前咨询相关人士时只考虑到了核定征收方式下的税负，并未想到据实征收方式下的税负，而在实际过户时面临高额税单毫无思想准备，由此在庭审时才大呼“显失公平”！

姬某因交易前对税费预测的误判是否构成“显失公平”呢？

审理法院对此明确作出了结论：不构成显失公平。根据《民法总则》第 151 条（《民法总则》于 2021 年 1 月 1 日起失效，《民法总则》第 151 条变更为《民法典》第 151 条）规定，只有在一方利用对方处于危困状态、缺乏判断能力等情形下，致使民事法律行为成立时显失公平的，才属于法定的“显失公平”情形。本案中，姬某具备完全民事行为能力，在签订《售房协议》时并未处于危困状态，也不存在缺乏判断能力等订立合同时意思表示不自由的情形，不符合显失公平的构成要件。除非姬某能够举证证明在签约时处于危困状态或缺乏判断能力等订立合同时意思表示不自由的情形，比如因生病导致神志不清、被其他人威胁而急于出售房屋获取救命资金等情形，否则姬某的抗辩意见法院不会采纳。

问题 57：双方约定买方承担全部税费，卖方协助买方签订“阴阳合同”逃避税费后，税务机关追征税款由谁承担？

案例 80：俞某某、珠海市戎丰投资策划有限公司合同纠纷案①

【裁判要旨】

在合同约定由买方承担全部税费的情况下，房屋卖方协助买方签订“阴阳合同”逃避税费，后被税务机关追征税款，该税款全部应当由合同约定的买方承担。对于因逃避税费而被税务机关加处的滞纳金，虽然是税务机关针对卖方未缴纳税费作出的处罚，但因双方约定该税费由买方缴纳，故买方为逃税行为的直接受益人，买方应当承担滞纳金的 80%。鉴于卖方亦协助买方逃避税费，故卖方应当对补缴的税费滞纳金承担 20% 的责任。

【涉税案情】

2013 年 7 月 30 日，买方俞某某与卖方珠海市戎丰投资策划有限公司（简称“戎丰公司”）签订《房地产买卖合同》（简称《7 月买卖合同》），约定由戎丰公司将涉案房地产出售给俞某某。该合同第二条约定，涉案房地产按戎丰公司净收价交易，戎丰公司净收价为 4 600 万元；第八条约定，办理涉案房地产买卖过户产生的一切税费由俞某某缴付承担。

2013 年 9 月 9 日，戎丰公司配合俞某某签订《珠海市房地产买卖合同》（简称《9

① 最高人民法院民事裁定书（2019）最高法民申 3533 号。

月买卖合同》），该份合同做低了交易价格，双方以该份合同作为备案合同办理房地产过户手续，规避了税收。之后，该偷税行为被税务机关发现，税务机关责令戎丰公司补缴营业税等税费共计18 953 854.40元，并加处滞纳金11 752 274.15元。

戎丰公司在受到税务机关处理决定后，将上述款项全部缴纳给税务机关，然后向法院提起诉讼，要求买方俞某某承担上述税费及滞纳金，并支付利息。一审法院判令俞某某向戎丰公司支付补缴的税费18 953 854.40元及利息、补缴税费部分的滞纳金9 401 819.32元及利息。俞某某不服，提起上诉，二审法院驳回上诉、维持原判。俞某某不服二审判决，向最高人民法院申请再审，最高人民法院裁定驳回再审申请。

【争议焦点】

戎丰公司（一审原告、二审被上诉人、再审被申请人）

《7月买卖合同》明确约定交易中产生的税费均由买方俞某某承担，事后补缴税费系根据交易时真实价格计算，并非因补缴时市场价格变化导致总体税费大幅增加。因此，税费及滞纳金都应当由俞某某承担，并且由此产生的利息损失也应当由俞某某赔偿。

俞某某（一审被告、二审上诉人、再审申请人）

《7月买卖合同》约定所有税费由俞某某承担，是因为当时税费较低，涉案房地产交易的先决条件为交易价格以及税费相加不超过4 800万元，并不适用于目前补缴高额税费的情况。本案应从公平公正及合理的角度确定戎丰公司补缴税费的分担，戎丰公司亦存在过错，不应由俞某某全部承担。戎丰公司补缴的相关税费已超出双方签订合同时的预期，不应由俞某某承担全部责任。

滞纳金是税务局对戎丰公司作出的处罚，应由其自行承担；戎丰公司补缴的税款及滞纳金占用期间的利息亦超出双方签订合同时的预期，本案争议未能解决并非俞某某一人所致，由此产生的利息不应计算。

【裁判观点】

首先，《合同法》第52条第3项规定，以合法形式掩盖非法目的的合同无效。俞某某与戎丰公司签订的《7月买卖合同》是双方当事人的真实意思表示，内容未违反我国法律、行政法规的强制性规定，合法有效；而《9月买卖合同》系俞某某与戎丰公司以合法形式掩盖“逃避国家税收”这一非法目的而签订的合同，该合同无效。

其次，《合同法》第8条第1款规定：“依法成立的合同，对当事人具有法律约束力，当事人应当按照约定履行自己的义务，不得擅自变更或者解除合同。”俞某某与戎丰公司应各自履行《7月买卖合同》项下的相应义务。《7月买卖合同》第二条约定，涉案房地产按戎丰公司净收价交易，戎丰公司净收价为4 600万元；第八条约定，办理涉案房地产买卖过户产生的一切税费由俞某某缴付承担。根据原审查明的事实，签订《7月买卖合同》后，戎丰公司将涉案房地产过户至俞某某名下，俞某某向戎丰公司支付了全部购房款4 600万元，涉案房地产过户时发生的税费均系由俞某某实际缴纳，戎丰公司并未缴纳任何税费。该18 953 854.40元补缴税费属于俞某某在《7月买卖合同》项下的合同义务，现戎丰公司已代其缴纳，俞某某向戎丰公司支付该18 953 854.40元补缴税费，符合双方合同的约定。俞某某申请再审主张该补缴税费应由戎丰公司与其共同承担，没有事实和法律依据。再审审查听证时，戎丰公司提交材料称，补缴税费系根据交易时真实价格计算，并非因补缴时市场价格变化导致总体税费大幅增加。俞某某认为其交易时预期的总成本为不超过4 800万元，而补缴税费远远超出其交易时预期，但未能提供证据证明，其主张难以成立。

最后，滞纳金11 752 274.15元虽然是税务机关针对戎丰公司未缴纳的18 953 854.40元税费作出的处罚，但如前所述，依据俞某某与戎丰公司的约定，该18 953 854.40元税费本应由俞某某缴纳，亦即双方另行订立合同作为纳税依据，以期大幅减少应缴纳的税费，俞某某系直接受益人，故该滞纳金11 752 274.15元实质上系俞某某未缴纳18 953 854.40元税费而导致的。鉴于戎丰公司亦协助逃避税费，并为此出具了股东会决议书及其与俞某某签订的《9月买卖合同》，酌定戎丰公司对补缴的税费滞纳金亦承担20%的责任。戎丰公司于2017年4月11日便代俞某某补缴完毕18 953 854.40元税费及相应滞纳金，判令俞某某向戎丰公司支付按中国人民银行同期贷款利率自2017年6月6日起计至实际清偿之日止的相应利息。

【案例评析】

本案是房屋买卖双方在合同约定由买方承担全部税费的情况下，卖方协助买方签订“阴阳合同”逃避税费，后被税务机关追征税款而产生的纠纷。

在二手房买卖交易中，双方往往会约定交易所需税费包括卖方应当承担的税费均由买方承担。然后，在过户前申报纳税时，卖方往往会配合买方通过签署“阴阳合同”的方式做低房价（申报纳税价格），以达到少交甚至不交税款的目的。

对于通过“阴阳合同”做低房价方式规避税收的行为，根据《税收征管法》第63条的规定，属于偷税。对纳税人偷税的，由税务机关追缴其不缴或者少缴的税款、滞纳金，并处不缴或者少缴的税款百分之五十以上五倍以下的罚款。本案中，因18 953 854.40元税款包括营业税、城建税、印花税、堤围防护费、教育费附加、地方教育附加、土地增值税、企业所得税的纳税义务人均为房屋卖方，故税务机关针对卖方戎丰公司作出了责令补税并加处滞纳金的处理决定。虽然合同约定上述税费由买方承担，但该约定仅是买卖双方对税款承担的民事权利义务约定，不能变更税务机关与纳税人之间的行政法律关系，因此卖方戎丰公司应当先行将税款及滞纳金缴纳。卖方在实际缴纳后，可以要求买方将上述款项支付给卖方，由此形成了本案的诉讼。

至于买方俞某某提出的“该税款金额远远超出了其购买房屋时预想的200万元，应从公平公正及合理的角度确定由戎丰公司一起分担该补缴税费”的观点，各级法院均不予支持。理由是交易税费是买方自愿承担的，在约定该条款时并未约定承担的上限，故无论税费数额最终是多少，买方均需履行自己的承诺，承担该税费。

那么，为什么本案中交易税费会这么高呢？

本案中交易税费足足占到了交易价款的41.2%，可谓税负畸重。主要原因是卖方主体为企业，需要承担土地增值税、企业所得税，这两项往往是税费大头。买方俞某某在购买房地产前未能准确地预估交易税费，由此在事后产生了约定不公平、不公正的想法。

最后，对于滞纳金11 752 274.15元的处理。该费用具备惩罚性质，需根据行为人的主观过错进行分担。虽然买卖双方对偷税行为均存在过错，原则上应当各承担该损失的一半。但考虑到买卖双方约定交易的税费由买方承担，买方为偷税行为的最大收益者，一审法院在考虑双方主观过错因素的同时兼顾了权利义务一致原则，最终确定由买方承担80%、由卖方承担20%的比例，可谓公平、合理。二审、再审法院也认可一审法院的处理。

对于这个案例，编者提醒大家，在购买房地产（尤其是企业名下房地产）时，务必提前咨询专业人士，准确预估交易税费，不要盲目签署“包税”条款，以免事后承担巨额税费。另外，在交易时应当依法如实申报纳税，不可采取“阴阳合同”方式做低交易价格偷税。一旦偷税行为被查处，配合签署“阴阳合同”的一方可能也需分担损失！中共中央办公厅、国务院办公厅印发的《关于进一步深化税收征管改革的意见》指出，加强重点领域风险防控和监管。对逃避税问题多发的行业、地区和人群，根据税收风险适当提高“双随机、一公开”抽查比例。对隐瞒收入、虚列成本、转移利润以及利用“税收洼地”“阴阳合同”和关联交易等逃避税行为，加强预防性制度建设，加大依法防控和检查力度。

问题58：双方约定买方承担税费，卖方家庭结构出现变故不满足免税条件，由此增加的税款应由谁承担？

案例81：王某某与曹某等房屋买卖合同纠纷案[①]

【裁判要旨】

买卖双方在合同中明确确认诉争房屋符合“满五唯一”的条件，买方在此前提下才同意负担交易过程中本应由卖方缴纳的相应税费。合同履行过程中，因卖方擅自与

① 北京市第二中级人民法院（2017）京02民终2352号。

配偶复婚，导致其承诺的条件无法成就，故对于由此导致的税费增加，不属于双方已达成的合意内容，相应费用应由卖方自行负担。

【涉税案情】

2015年6月22日，曹某、于某通过贤和家园经纪公司居间介绍与王某某签订《北京市存量房屋买卖合同》《补充协议》。双方在税费承担条款约定，该房屋产权证或契税发票填发日期至今已满五年，该房屋属于卖方王某某家庭唯一住宅，王某某不承担任何税费。2015年7月11日，王某某为达到《补充协议》约定的满足家庭唯一卖房标准的手续，与配偶办理了离婚手续。2015年7月27日，王某某与前夫复婚。合同签订后，双方因合同履行事宜发生纠纷，由买方曹某、于某将卖方王某某起诉至北京市东城区人民法院。

在诉讼中，于某、曹某表示因王某某与前夫复婚，诉争房屋的性质变为“满五不唯一”，为此产生的个人所得税应由王某某负担。一审法院支持了买方于某、曹某关于个人所得税由卖方王某某承担的诉讼请求。卖方王某某不服，提起上诉，二审法院维持一审法院关于个人所得税由卖方王某某承担的判决。

【争议焦点】

于某、曹某（一审原告、二审被上诉人）

王某某擅自复婚的行为违反了合同中承诺的“满五唯一”条件，应承担房屋买卖所产生的个人所得税。

王某某（一审被告、二审上诉人）

合同中约定的税费均由买方承担，该约定合法有效，个人所得税也应当由买方于某、曹某承担。

【裁判观点】

双方在合同中约定诉争房屋符合“满五唯一”条件，但在合同履行期间，王某某家庭结构出现变故，致使该条件不能成就，王某某的行为构成违约，对于由此导致的税费增加，不属于双方已达成的合意内容，曹某、于某并无给付义务，因此产生增加的个人所得税应由王某某承担。

【案例评析】

本案是因房屋买卖合同约定的税费承担条款引发的争议。

在出卖方为自然人的二手住房买卖中，常见约定为卖方应当负担的税费都由买方承担。实践中之所以会有这样一种交易习惯，主要基于以下理由：一、在我国房价长期只涨不跌的大背景下，卖方往往比较强势。故在谈交易价格时，往往以卖方实际净到手价作为谈判的标准。二、卖方主要税负就是个人所得税，根据个人所得税法的规定，支付方具有代扣代缴的义务。因此，从缴纳税款的流程而言，买方本就需要将支付的个人所得税先行扣下缴纳至税务局，然后才将剩余房款支付给卖方，合同直接约定由卖方承担卖方的税负也便于实务操作。三、在房屋过户交易前，往往需要满足缴纳全部税款这一前置条件。卖方如果在收到包括税款在内的全部房款后，如擅自挪用税款没能依法缴纳，那么其后果是买方无法取得房屋产权。买方为了规避卖方挪用税款的风险，往往也愿意自己直接将税款缴纳，以确保自己能及时取得房屋产权。基于上述理由，二手房买卖交易税费均由买方承担的约定具备一定合理性。

本案中买卖双方对于税款承担的约定更加具体详细，即明确约定了该房屋符合“满五唯一”的条件。根据《财政部、国家税务总局、建设部关于个人出售住房所得征收个人所得税有关问题的通知》（财税字〔1999〕278号）第四条规定，“对个人转让自用5年以上、并且是家庭唯一生活用房取得的所得，继续免征个人所得税”。《国家税务总局关于个人转让房屋有关税收征管问题的通知》（国税发〔2007〕33号）规定，“家庭唯一生活用房”是指在同一省、自治区、直辖市范围内纳税人（有配偶的为夫妻双方）仅拥有一套住房。由此可见，在“满五唯一”情况下，卖方免征个人所得税。买卖双方明确约定交易房屋符合“满五唯一”条件的本质，是约定买方无须承担卖方的个人所得税的前提。故本案卖方存在两种情况，即：一、卖方符合“满五唯一”免税条件，双方均无须缴纳个人所得税；二、卖方违反承担，不符合“满五唯一”免税条件，由卖方自行承担个人所得税，买方不承担。

本案中卖方就属于第二种情况，因卖方在申报纳税前与前夫复婚，其前夫名下有其他住房，导致在申报纳税时交易房屋不符合“满五唯一”条件。卖方的行为违反了合同的约定，买方不能因卖方的违约行为而额外承担税费，故增加的个人所得税应当由卖方自行承担。

问题59：房屋买卖合同因履行不能而解除后，买方已实际支付交易双方税费该如何处理？

案例82：关某某等与卞某某等房屋买卖合同纠纷案[①]

【裁判要旨】

二手房屋交易中，在判决房屋买卖合同解除的情形下，纳税义务人可向税务管理部门申请办理退税事宜。营业税的纳税义务人系卖方，由于买方并非纳税义务人，无

① 北京市第一中级人民法院（2019）京01民终4194号。

法在合同解除之后向税务管理部门申请办理退税事宜，其支付的该笔费用应作为实际损失由卖方予以赔偿。契税的纳税义务人系买方，买方作为契税的纳税义务人首先应当向税务管理部门申请办理退税事宜，不应直接将契税款作为实际损失要求卖方予以赔偿。

【涉税案情】

2008年4月29日，房屋卖方与买方签订合同，将涉案房屋出售给买方，合同约定交易税费均由买方承担。2008年7月2日，为了办理房屋过户手续，买方缴纳契税74 320.8元，《契税专用税收缴款书》载明：缴款人买方王某。同日，买方王某支付营业税136 254.8元。《北京银行电子缴税付款凭证》载明：付款人为卖方代某、关某某、卞某某，征收机关名称为北京市海淀区地方税务局。

之后，因该房屋产权发生纠纷，房屋未能过户至买方名下。该房屋被法院强制执行过户至案外人名下，导致买方无法取得房屋产权。为此，买方到法院起诉卖方，要求卖方解除合同、退还已付购房款并赔偿买方实际支出的契税74 320.8元、营业税136 254.8元。

一审法院判决合同解除，同时判令卖方赔偿买方契税损失74 320.8元、营业税损失136 254.8元。卖方不服判决提起上诉，二审法院改判卖方赔偿买方营业税损失136 254.8元，无须赔偿契税损失74 320.8元。

【争议焦点】

买方（一审原告、二审上诉人）

诉争房屋已被法院判决至案外人名下，房屋买卖合同履行不能，故应当解除。合同解除后，买方为了购买房屋而实际支出的契税74 320.8元、营业税136 254.8元为买方的实际损失。因合同解除的原因是卖方违约，故该税费损失均应由卖方承担。

卖方（一审被告、二审上诉人）

在合同解除的情形下，买方可通过税务机关办理契税和营业税的退税，该两笔税款不属于买方的损失，不应判令卖方赔偿。

【裁判观点】

一审法院

买方已经按照约定支付了购房定金421 344元，并支付购房首付款2 026 996.40元、契税74 320.80元以及营业税136 254.80元。因卖方之原因导致合同目的无法实现，故合同解除后，卖方应返还相应的款项并承担相应违约责任。关于买方要求卖方返还定金421 344元以及购房首付款2 026 996.4元并赔偿契税损失和营业税损失的诉讼请求，具有事实及法律依据，予以支持。

二审法院

二手房屋交易中，在判决房屋买卖合同解除的情形下，纳税义务人可向税务管理部门申请办理退税事宜。营业税的纳税义务人系售房人，本案中，由于买方并非纳税义务人，无法在合同解除之后向税务管理部门申请办理退税事宜，其支付的该笔费用应作为实际损失由卖方予以赔偿，一审法院对此处理正确，本院予以确认。契税的纳税义务人系购房人，本案中买方作为契税的纳税义务人首先应当向税务管理部门申请办理退税事宜，不应直接将契税款作为实际损失要求卖方予以赔偿，一审法院对此处理不当，本院予以纠正。

【案例评析】

在二手房买卖交易中，双方往往约定交易中的税费包括卖方应当负担的税费均由买方承担。本案中也是如此，买方在房屋过户前支付了自己应当负担的契税 74 320. 8 元，并代卖方支付了营业税 136 254. 8 元。之后，在房屋买卖合同无法继续履行、买方无法取得房屋产权的时候，买方实际支出的上述税费该如何处理成为了本案的争议焦点。

对于契税而言，因契税的纳税义务人为房屋购买人，也就是买方。根据《财政部、国家税务总局关于购房人办理退房有关契税问题的通知》（财税〔2011〕32 号）规定："对已缴纳契税的购房单位和个人，在未办理房屋权属变更登记前退房的，退还已纳契税；在办理房屋权属变更登记后退房的，不予退还已纳契税。"因此，买方在未实际取得房屋产权的情况下可以尝试申请税务机关退税。如无法退税，则该支出的契税构成实际损失，可以向违约方索赔。

本案中，买方正确的操作方式应当是先向税务机关申请退还契税。如税务机关拒绝退还契税且经过行政复议、行政诉讼等救济程序后依然无法退税，则此时契税损失形成。在损失实际形成后，买方可以要求卖方予以赔偿。而本案中买方在未向税务机关申请退税的情况下直接起诉要求卖方赔偿该税款损失，因损失未实际形成，故法院无法支持买方的请求。对此，二审法院的处理结果正确，而一审法院处理不当。

对于营业税而言，根据《财政部、国家税务总局关于营业税若干政策问题的通知》（财税〔2003〕16 号）第 3 条第 1 项规定："单位和个人提供营业税应税劳务、转让无形资产和销售不动产发生退款，凡该项退款已征收过营业税的，允许退还已征税款，也可以从纳税人以后的营业额中减除。"由此可见，在诉争房屋过户前，如买卖双方解除合同的话，纳税人是有权申请税务机关退还已缴纳的营业税的。但需要注意的是，退税行为属于行政行为，需要遵循行政法律规范，只能由纳税人出面申请退税。因营业税的纳税义务人为房屋出售人，也就是卖方，故本案只有卖方有权申请退税。虽然营业税税款实际由买方支付，但因买方并非营业税纳税义务人，故买方不具备申请退税的主体资格。买卖双方关于税款承担的约定只能约束合同双方，不能约束合同以外的税务机关。

基于上述原因，本案一审法院认定买方支出的营业税 136 254.8 元构成实际损失，认定事实正确。二审法院也认可了一审法院对营业税损失的处理结果。作为买方而言，对于营业税损失可无须先行申请退税，而是可以直接要求卖方赔偿损失。对于卖方而言，因房屋买卖合同在房屋过户前已经解除，故卖方可在赔偿买方营业税损失的同时自行向税务机关申请退还营业税，最终达到收支平衡、未实际负担损失的结果。

因涉案交易行为发生在2008年，根据当时的税法规定，买卖房屋行为属于销售不动产，应当缴纳营业税。自2016年5月1日起，根据《财政部、国家税务总局关于全面推开营业税改征增值税试点的通知》（财税〔2016〕36号）规定，销售不动产不再征收营业税，而是改为征收增值税。因此，今后二手房买卖交易中，卖方不再缴纳营业税，而是需要缴纳增值税。对于增值税而言，在房屋过户前双方解除买卖合同的情况下，税法并未明确规定纳税人有权申请退税。因此，在实践中如遇到此类情况，需向主管税务机关咨询当地的操作口径。如增值税无法退税，则该实际支出的增值税税款构成实际损失，该损失由法院根据合同的履行情况确定具体由哪一方承担。

问题60：双方出于避税目的将赠与房屋以买卖合同形式过户，法院如何认定合同性质？

案例83：高某某与周某亮、周某濛房屋买卖合同纠纷案[①]

【裁判要旨】

合同系双方当事人之间协商一致的意思表示，相对人之间通过签订合同的方式实施其他民事法律行为，应根据所隐藏的民事法律行为，认定双方的关系。根据法律相关规定，以虚假的意思表示隐藏的民事法律行为，依照有关法律规定处理。本案合同双方属于以签订虚假的房屋买卖合同，隐藏真实的赠与合同并完成涉案房屋产权过户的行为，故双方之间存在真实的基础法律关系应为赠与合同关系。涉案《存量房买卖合同》是双方的虚假意思表示，不具备合同成立及生效的要件，依法应当认定无效，但双方之间协商达成的赠与合同，意思表示真实，且不违反法律行政法规强制性规定，应为合法有效合同。

【涉税案情】

周某海与高某某系夫妻关系，双方共生有三子女，女儿周某霞、儿子周某亮和周

① 南京市鼓楼区人民法院（2019）苏0106民初2085号。

某强，周某濛系周某亮儿子。诉争房屋原产权登记人为周某海，周某海一心想把房屋交由孙子周某濛继承。经人指点，比之赠与方式，以买卖方式过户更能节省税费。因此，周某海就决定在生前将房屋过户给孙子。

2018 年 12 月 21 日，周某海（甲方）与儿子周某亮、孙子周某濛（乙方）签订了《南京市存量房买卖合同》，合同内容为：周某海向儿子周某亮、孙子周某濛出售涉案房屋，房价人民币 50 万元整，付款方式为交易当日以现金方式结清，2018 年 12 月 30 日正式交付房屋，等等。合同签订当日，周某海与周某亮、周某濛办理了涉案房屋产权过户登记手续，周某亮、周某濛未向周某海支付 50 万元。税务部门实际按交易价 1 123 550 元开具发票和征税。2018 年 12 月 24 日，周某亮与周某濛领取了涉案房屋按份共有房产权证。

房屋过户后因家庭琐事纠纷，周某海后悔将房屋赠与儿子、孙子。2019 年 2 月 12 日，周某海向法院提起诉讼，以儿子周某亮、孙子周某濛违约未支付购房款为由要求解除合同，收回房屋。在诉讼过程中，周某海去世，由妻子高某某、女儿周某霞、儿子周某强作为继承人加入诉讼中代替周某海成为原告。

法院经审理后认为周某海（甲方）与儿子周某亮、孙子周某濛（乙方）签订的《存量房买卖合同》名为买卖、实为赠与，判决驳回原告诉讼请求。

【争议焦点】

高某某、周某霞、周某强（一审原告）

双方的法律关系是买卖关系，周某海与两被告签订买卖合同是事实，考虑到父子、祖孙子关系，并兼顾周某海两老人的养老需要和孙子结婚的现实需要，双方遂约定以 50 万元的低价成交，被告辩称双方名为买卖实为赠与，但未有效举证；被告构成违约，原告有权解除合同并要求被告返还房屋，经原告的多次催要，被告至今没有向原告履行付款义务，超过约定的付款时间已逾半年之久，已构成违约，依法原告有权解除合同，有权要求被告返还房屋；即便双方系赠与关系，亦属无效情形，双方所签订的房屋买卖合同是以虚假的意思表示所实施的民事法律行为，即以买卖的表面形式而行赠与之实质目的，违反了诚实信用原则，且双方为了避免税费而订立买卖合同也损害国家利益，因此依法虚假买卖涉案房屋的民事法律行为也应当认定为无效，被告基于无效的买卖行为取得涉案房屋应予以返还。

周某亮、周某濛（一审被告）

虽然签订的是买卖合同，但双方既无买卖房屋的意思表示，也没有实际支付价款，只是家庭成员之间为了完成房屋赠与行为而采取一种的更为经济、便捷的方式，并没有损害国家利益，所以爷爷周某海与周某亮、周某濛之间并没有形成房屋买卖合同关系，实际是赠与关系，况且过户手续也已办理完毕，赠与行为确已完成。

【裁判观点】

合同系双方当事人之间协商一致的意思表示，相对人之间通过签订合同的方式实施其他民事法律行为，应根据所隐藏的民事法律行为，认定双方的关系。本案中，根据查明的事实，周某海亲自前往房产管理部门与两被告签订房屋买卖合同，合同写明购房款50万元于交易当日以现金方式结清，故周某海对两被告交易当日付款的义务是明知的，但周某海并未要求两被告立即付款，而是在两被告未付款的情况下直接将房屋进行过户，且双方约定的房屋价款明显低于市场交易价格，结合原告未提供周某海诉前向两被告催要房款的证据，本院认定周某海与两被告之间并无买卖房屋的真实意思，周某海的真实意思应是以签订买卖合同的方式将涉案房屋赠与给两被告。根据法律相关规定，以虚假的意思表示隐藏的民事法律行为，依照有关法律规定处理。本案签合同双方属以签订虚假的房屋买卖合同，隐藏真实的赠与合同并完成涉案房屋产权过户的行为，故双方之间存在真实的基础法律关系应为赠与合同关系。涉案《存量房买卖合同》是双方的虚假意思表示，不具备合同成立及生效的要件，依法应当认定无效，但双方之间协商达成的赠与合同，意思表示真实，且不违反法律行政法规强制性规定，应为合法有效合同。因此，双方当事人依据赠与合同办理了涉案房屋的产权过户登记，依法应予确认，周某亮、周某濛已取得涉案房屋的所有权，故周某海及继承人以两被告违反买卖合同约定未支付房款为由要求解除买卖合同、返还涉案房屋并配合办理房屋过户的诉讼请求，无事实和法律依据，本院不予支持。

【案例评析】

本案对于法院的判决结果，编者不做过多分析，在“裁判观点”中法官已经阐述得非常详细了。这里编者主要介绍一下，为什么通过买卖的方式将房屋过户可以节省税费（下文房屋均指住房）。

在房屋传承中，房屋产权人可以选择过世后将房屋以继承方式过户给亲属，也可以选择生前将房屋以赠与方式过户给亲属或通过买卖方式过户给亲属。不同的方式税负不同。

根据现行税法，在产权人过世后以继承方式将房屋过户给亲属，被继承人在过户环节免征增值税、个人所得税等全部税种，继承人在过户环节免征契税，整个过户环节无任何税收；在产权人生前以赠与方式将房屋过户给亲属，赠与人在过户环节免征增值税、个人所得税等全部税种，受赠人在过户环节需缴纳契税。整个过户环节仅涉及契税；在产权人生前以买卖方式将房屋过户给亲属，出售方在过户环节需缴纳增值税及附加税费、个人所得税，受赠人在过户环节需缴纳契税。

通过上述三种方式可以看出，通过买卖方式过户税负最重，通过继承方式过户税负最轻。看到这里读者是不是感到迷糊？案例中不是说通过买卖方式过户可以规避税费嘛！怎么通过买卖方式过户税负最重？各位读者先别急，编者接下来详细说明原因。

在房屋传承税务筹划时，我们不能只考虑第一次过户环节的税收，还需考虑亲属在取得房屋后，如再次转让时的税负。需要将两次过户的税费相加，最后确定总税负。《国家税务总局关于个人住房转让所得征收个人所得税有关问题的通知》（国税发〔2006〕108号）第3条规定："纳税人未提供完整、准确的房屋原值凭证，不能正确计算房屋原值和应纳税额的，税务机关可根据《中华人民共和国税收征收管理法》第三十五条的规定，对其实行核定征税，即按纳税人住房转让收入的一定比例核定应纳个人所得税额。具体比例由省级地方税务局或者省级地方税务局授权的地市级地方税务局根据纳税人出售住房的所处区域、地理位置、建造时间、房屋类型、住房平均价格水平等因素，在住房转让收入1%－3%的幅度内确定。"此条确定了房屋转让时可以采取核定征收方式计算个人所得税。

我国房屋买卖个人所得税的征收方式包括据实征收与核定征收。据实征收，简而言之就是精确地计算出房屋买卖赚取的差价（即卖出价减买入价及其他税法认可的成本费用后的净额），然后以该差价乘以20%税率，从而计算出应纳税额。核定征收，简而言之就是以卖出价直接乘以征收率（1%－3%），从而算出应纳税额，而无须准确地计算买卖赚取的差价。

对于增值幅度较大的房屋而言，采取核定征收方式可以大大减少个人所得税金额。我国近几十年的房价走势都是一路向上，很多房屋动辄翻数倍，增值幅度巨大。在房屋增值至6倍的情况下，如果按照据实征收模式计算个人所得税，光税款就约等于当初购进房屋的价款，可谓税负极重。但如果采取核定征收的情况下，假设按3%征收率计算，个人所得税金额仅约为当初购进价格的18%，采取核定征收方式可以大大减少税负。由此可见，税务筹划的关键在于对个人所得税保留核定征收的方式。

然而，特定情况下个人所得税无法采取核定征收的方式计算。《财政部、国家税务总局关于个人无偿受赠房屋有关个人所得税问题的通知》（财税〔2009〕78号）第5条规定："受赠人转让受赠房屋的，以其转让受赠房屋的收入减除原捐赠人取得该房屋的实际购置成本以及赠与和转让过程中受赠人支付的相关税费后的余额，为受赠人的应纳税所得额，依法计征个人所得税。"因此，在接受赠与或继承的房屋的情况下再次转卖该房屋时无法采取核定征收的优惠计算方式计算个人所得税，这导致第二次转让时将面临高额税负。

在考虑到取得房屋后二次转让的税负时，不同的房屋传承方案税负效果又有新的变化。在产权人过世后以继承方式将房屋过户给亲属的情况下，虽然过户环节无任何税收。但在继承人再次转让房屋时，将面临因据实征收方式而产生的高额个人所得税。同理，在产权人生前以赠与方式将房屋过户给亲属的情况下，虽然过户环节仅涉及契税。但在受赠人再次转让房屋时，也将面临因据实征收方式而产生的高额个人所得税。

只有在产权人生前以买卖方式将房屋过户给亲属的情况下，虽然在过户环节双方需要缴纳增值税及附加税费、个人所得税、契税，但此时征收个人所得税时可采取核定征收方式，税负较低。在购买人再次转让房屋时，依然可以延续核定征收方式。在以买卖方式过户的情况下，两次交易的总税负往往比赠与模式、继承模式产生的总税负要低。

回到本案中，周某海之所以采取买卖方式将房屋过户至儿子、孙子名下，就是因为房屋的增值幅度较大，通过核定征收的方式可以较低的征收率将大额增值部分给"消化"掉，从而使得儿子、孙子将来转卖房屋时降低税负。仅从税务筹划角度来看，周某海的操作方式非常巧妙。

问题61：当事人一方主动履行税费负担义务后又拒绝分担另一方应缴税费，是否违背诚实信用原则？

案例84：黄平县鑫元甲机动车检测有限公司、黄平鑫元甲投资有限责任公司买卖合同纠纷案[①]

【裁判要旨】

合同各方在平等磋商中互谅互让所形成的关于应纳税额分摊平均缴纳的约定，在未违背前述法律、行政法规规定的前提下，本身并未侵害我国关于税收征收管理的国家利益。当事人一方在主动履行合同约定的过户费用负担义务之后又提出该过户费用不应包含另一方所缴纳税款的主张，明显违背诚实信用原则。

【涉税案情】

2015年12月25日，黄平鑫元甲投资有限责任公司（简称"投资公司"）作为出售方（甲方），黄平县鑫元甲机动车检测有限公司（简称"机动车检测公司"）作为购买方（乙方），双方订立《黄平县鑫元甲机动车检测站出让合同》（简称《出让合同》）。《出让合同》第三条关于检测站交付及产权登记、税费分担的约定：产权过户费用由甲乙双方平均分担。该合同签订后，机动车检测公司按约履行了给付投资公司价款1 038万元的义务，投资公司2019年4月24日出具发票给机动车检测公司。同日，机动车检测公司在办理过户过程向黄平县税务局等部门缴纳了税款及工本费

---

① 贵州省黔东南苗族侗族自治州中级人民法院民事判决书（2020）黔26民终572号、贵州省高级人民法院民事裁定书（2020）黔民申2318号。

299 716.43 元（包括房屋买卖契税三笔 296 571.43 元、产权转移书据印花税 2 595 元、工本费 550 元）。机动车检测公司通过银行转账方式垫付 122 273.93 元替投资公司缴纳税款。2019 年 4 月 24 日，投资公司向黄平县税务机关缴纳了增值税 494 285.71 元、附加税 49 428.57 元。2019 年 9 月 27 日，投资公司出具《收条》一份给机动车检测公司，载明“今收到黄平县鑫元甲检测站有限公司过户费一半 421 440.35 元，2019 年 4 月 26 日黄平检测站支付 299 166.43 元，余下费用 122 273.93 元，待明确各方应承担具体数额后多退少补”。尔后，双方在结算税费过程中，投资公司认为应将所缴增值税 494 285.71 元及附加税 49 428.57 元一并计入过户费用一起按《出让合同》第三条第 3 项约定计算平均分担，从而引发纠纷。2019 年 11 月 18 日，机动车检测公司遂向该院提起诉讼，请求判令投资公司返还机动车检测公司垫付税款 122 273.93 元和支付机动车检测公司过户费用 149 833.50 元。

一审法院判决投资公司退还机动车检测公司转账给其缴纳税款费用 122 273.93 元。双方均不服一审法院判决，分别提起上诉。二审法院撤销一审法院判决，驳回机动车检测公司的全部诉讼请求。机动车检测公司不服二审法院判决，申请再审，再审法院驳回其再审申请。

【争议焦点】

机动车检测公司（一审原告、二审上诉人、再审申请人）

本案法律事实清楚，《转让合同》约定的双方权利义务关系非常明确，需要双方平均分担的费用只有“过户费用”，而过户费用实际发生为契税、印花税、工本费共计 299 666.40 元，投资公司应返还机动车检测公司的垫付税款 122 273.93 元。

投资公司（一审被告、二审上诉人、再审被申请人）

双方签订的《出让合同》里面作出明确约定，产权过户费用由双方平均分担。既然应该归机动车检测公司承担的税费由投资公司分担了，而机动车检测公司却拒绝与投资公司分担其他税费责任，这一双重标准及其对合同条款的歪曲解释和利己主义的法律适用，是不讲诚信、不讲公平公正原则的具体表现。

【裁判观点】

一审法院

投资公司作为出卖人依法应当缴纳营业税、个人所得税、土地增值税等，而机动车检测公司作为买受人依法应当缴纳契税、印花税等。双方在《出让合同》中虽约定“产权过户费用由甲乙双方平均分担”，但该约定并未明确“产权过户费用”包括双方在交易过程中各自应当缴纳的税款，且也未按该《出让合同》第八条对未尽事宜，即产权过户费用包括的内容作另行约定，故双方此次买卖过程中产生的税款应各自按国家法律、法规规定予以缴纳。机动车检测公司按投资公司要求转账122 273.93元垫付缴纳税款的费用，投资公司应予退还机动车检测公司。

二审法院

一审法院基于本案事实，在本案引用《税收征管法》第4条规定并对营业税、个人所得税、土地增值税、契税、印花税的缴纳主体展开论述，系对法律、行政法规的误读，并据此导致本案法律适用错误，也明显有悖于双方的合同约定，本院二审予以纠正。

机动车检测公司一审诉请及其上诉请求均于约于法无据，亦有悖缔约诚信，不予支持。投资公司的上诉理由符合双方约定，能够成立，予以采纳。

再审法院

一般来说，过户费指资产转让之后交易双方为变更权属登记所支付的各种费用，并非只限于权属变更登记的费用。在本案中，对于涉案检测站的土地使用权和房屋所有权等物权的转让应当于办理权属变更登记后才能发生权属转移的法律效果，而在此过程中，双方当事人应当根据相关税收法律法规的规定缴纳相应的税费，即必须通过双方当事人履行相应的纳税义务才能实现合同目的。

机动车检测公司在主动履行合同约定的过户费用负担义务之后又提出该过户费用不应包含对方所缴纳税款的主张，明显违背诚实信用原则，故驳回机动车检测有限公司再审申请。

【案例评析】

纳税义务人与合同相对人能否就税费负担作出约定，专题2“包税约定纠纷”已有论述，本章不再展开。

《民法典》第510条规定：“合同生效后，当事人就质量、价款或者报酬、履行地点等内容没有约定或者约定不明确的，可以协议补充；不能达成补充协议的，按照合同相关条款或者交易习惯确定。”第511条规定，当事人就履行费用的负担约定不明确，依据第510条规定仍不能确定的，由履行义务一方负担。

一审法院认为本案双方在《出让合同》中虽约定“产权过户费用由甲乙双方平均分担”，但该约定并未明确“产权过户费用”包括双方在交易过程中各自应当缴纳的税款，且也未按该《出让合同》第八条对未尽事宜，即产权过户费用包括的内容作另行约定，故双方此次买卖过程中产生的税款应各自按国家法律、法规规定予以缴纳。但回顾双方交易价款支付过程，机动车检测公司在缴纳了所应负担的契税、印花税、工本费之后，又通过银行转账方式支付122 273.93元给投资公司，投资公司在其后续出具的《收条》上明确载明“今收到黄平县鑫元甲检测站有限公司过户费一半421 440.35元，2019年4月26日黄平检测站支付299 166.43元，余下费用122 273.93元，待明确各方应承担具体数额后多退少补”，机动车检测公司并未及时提出异议，且机动车检测公司后将该《收条》作为证据提交给法院，故二审法院、再审法院均认定机动车检测公司已经依约承担了全部过户费用的一半（即421 440.35元）。

诚信原则，被称为民法中的“帝王规则”。民事主体行使任何民事权利、履行任何民事义务，都应当遵守这一规则。诚信原则在民法中的具体表现为：一是要求民事主体正当行使民事权利，禁止滥用权利，造成对他人的损害。二是忍受轻微妨害的义务。三是以正当的方式履行义务。在合同对义务的履行没有作出明确规定的情形下，应当根据诚信原则履行义务。四是情势变更原则。五是附随义务的产生。六是禁止从违法行为中获利原则。诚信原则在民法中所派生的具体规则不限于此，从今后的发展趋势来看，必然会从诚信原则中产生出更多的民法规则。[①] 机动车检测公司在主动履行过户费用负担义务之后又提出该过户费用不应包含对方所缴纳税款的主张，明显有违诚实信用原则，故其诉讼请求难获支持。

问题62：商品房买卖合同解除后，开发商收取购房人退税保证金有无法律依据？

案例85：甘肃远达房地产置业有限公司和曾某某确认合同效力纠纷案[②]

【裁判要旨】

出卖人作为商品房开发及销售者，依法纳税是其法定义务，是否应该退税也是税务部门的职责，并非解除合同买受人的义务和职责，出卖人收取买受人退税保证金无法律依据。

【涉税案情】

2014年12月2日，曾某某与甘肃远达房地产置业有限公司（简称“远达房地产”）签订《商品房买卖合同》，合同约定：涉案房屋建筑面积441.02平方米，单价为每平方米29 862.59元，总金额13 170 000元。土地使用年限自2004年8月18日至2054年8月17日。合同签订后，曾某某依约一次性向远达房地产支付了全部购房款，远达房地产于2014年12月10日向曾某某出具了“销售不动产统一发票”。后曾某某与其协商解除《商品房买卖合同》。2016年9月22日，远达房地产通过银行转账向曾某某退还购房款13 170 000元。双方解除合同后，远达房地产以需要向税务机关申请退税为由，要求曾某某交纳退税保证金1 132 620元。2016年11月28日，曾某某向远达房地产交纳保证金，远达房地产出具收据，同日，远达房地产将所涉商铺出售给他人。

---

① 王利明. 中国民法典释评·总则编［M］. 北京：中国人民大学出版社，2020：24.

② 甘肃省兰州市安宁区人民法院民事判决书（2017）甘0105民初367号、甘肃省兰州市中级人民法院民事判决书（2017）甘01民终3120号。

曾某某向一审法院起诉请求：撤销其向远达房地产交纳退税保证金的行为；判令远达房地产返还退税保证金1 132 620元，并赔偿银行利息损失。庭审中，远达房地产亦表示认可并同意退还，但辩称因曾某某出具《承诺书》，保证“若税务局退税未完成，不向贵公司主张退回该笔保证”，因税务部门未办理完退税，故其无法退还曾某某退税保证金。一审法院判决远达房地产向曾某某返还退税保证金1 132 620元，远达房地产上诉请求撤销一审判决，二审法院维持一审法院判决，驳回曾某某的其他诉讼请求。

【争议焦点】

曾某某（一审原告、二审被上诉人）

远达房地产收取退税保证金没有事实及法律依据。《承诺书》是远达房地产打印好后要求曾某某丈夫吕某某捺的指印，当时吕某某对税收政策根本不了解，在存在重大误解的情况下盖了指印，后来到税务部门协调退税事宜，才得知商品房买卖中，纳税是卖方（远达房地产）的义务，况且曾某某本人未在《承诺书》上签字认可，也未授权吕某某，故该“承诺书”应予撤销。

远达房地产（一审被告、二审上诉人）

双方经协商一致后签订《承诺书》，不存在远达房地产要求曾某某缴纳退税保证金的认定事实。《承诺书》系双方真实意思表示，内容不违反《民法总则》《合同法》的规定，不存在欺诈、胁迫等导致合同无效的行为，不违反我国法律的强制性规定，故该约定应当依法受法律保护。

【裁判观点】

税务部门是否办理退税并非远达房地产向曾某某退回税金保证金的必然先决条件，远达房地产作为商品房开发及销售者，依法纳税是其法定义务，是否应该退税也是税务部门的职责，并非曾某某的义务和职责，远达房地产收取曾某某退税保证金无法律依据。曾某某诉请要求远达房地产返还退税保证金1 132 620元，予以支持；曾某某要求远达房地产赔偿其银行利息损失18 499.46元的诉请，因双方对利息损失未予约定，且曾某某未提交证据证明，故对其该项诉请不予支持。

【案例评析】

重大误解，是我国自《民法通则》和《合同法》以来一直沿用的概念。《民法通则》第59条规定，行为人对行为内容有重大误解的，当事人一方有权请求人民法院或者仲裁机关予以变更或者撤销；《合同法》第54条规定，因重大误解订立的合同，当事人一方有权请求人民法院或者仲裁机关予以变更或者撤销。经长期实践证明，《民法通则》和《合同法》关于撤销权行使方式的规定符合中国实际，《民法典总则编》予以维持。[①]《民法典》第147条规定："基于重大误解实施的民事法律行为，行为人有权请求人民法院或者仲裁机构予以撤销。"与《民法通则》第59条和《合同法》第54条规定相比较，删除了"可变更"的内容。

重大误解的构成要件包括：(1) 民事法律行为业已成立；(2) 须有一方或者双方对于情况的重大误解（误解的重大性）；(3) 因重大误解而成立民事法律行为（因果关系）；(4) 相对人的参与。[②] 本案中，曾某某认为，《承诺书》是远达房地产打印好后要求其丈夫吕某某捺的指印，吕某某对税收政策根本不了解，在存在重大误解的情况下盖了指印，后来到税务部门协调退税事宜，才得知商品房买卖中，纳税是远达房地产的义务。双方协商解除《商品房买卖合同》，开发商据此办理退税，相关行为属于纳税人（开发商）与税务机关之间的行政法律关系，能否办理退税与购房人无关，开发商向购房人收取退税保证金无法律依据，吕某某对《承诺书》存在重大误解。

《民法典》第157条规定，民事法律行为被撤销后，行为人因该行为取得的财产，应当予以返还；不能返还或者没有必要返还的，应当折价补偿。有过错的一方应当赔偿对方由此所受到的损失；各方都有过错的，应当各自承担相应的责任。法律另有规定的，依照其规定。本案审理法院以双方对利息损失未予约定，且曾某某未提交证据证明为由，对其要求远达房地产赔偿银行利息损失的诉请不予支持。编者对此持不同看法，被撤销的民事法律行为自始没有法律约束力，无论双方对利息损失有无约定，远达房地产收取曾某某退税保证金已构成占用资金的行为，应支付利息。

---

① 黄薇．中华人民共和国民法典总则编解读［M］．北京：中国法制出版社，2020：479.

② 韩世远．重大误解解释论纲［J］．中外法学，2017（3）.

专题8 侵权责任纠纷

问题63：当事人申请财产保全，导致对方存款被冻结无法缴纳税款产生滞纳金，申请人应否承担赔偿责任？

案例86：东方通汇（北京）投资有限责任公司与管某某因申请诉中财产保全损害责任案①

【裁判要旨】

被保全人因财产保全措施导致银行存款被冻结，致使无法按期缴纳税款而产生的滞纳金，应作为错误保全的财产损失。申请人在申请法院采取保全措施前应当预见到财产保全的风险，因此在保全期间产生的税款滞纳金作为直接损失，与申请人的错误保全之间具有因果关系。申请人需对财产保全措施之后产生的滞纳金承担赔偿责任。

【涉税案情】

2013年2月20日，法院依据管某某的申请对东方通汇（北京）投资有限责任公司（简称"东方通汇公司"）在广东发展银行股份有限公司北京朝阳门支行的账户存款人民币1 634万元裁定冻结。2014年6月20日，管某某申请保全的（2013）东民初字第03139号案件被北京市第二中级人民法院判决驳回起诉。2014年7月10日，法院解除对东方通汇公司银行存款1 634万元的冻结。

东方通汇公司因银行存款被冻结致使缺乏资金缴纳房产税，因此被税务机关加征滞纳金，为此到法院提起诉讼，要求管某某赔偿错误保全造成的滞纳金损失1 121 374.95元并承担本案的诉讼费用。

一审法院认定管某某保全错误造成了东方通汇公司的滞纳金损失，但仅支持采取保全措施之后产生的滞纳金982 113.02元，对保全措施之前产生的滞纳金不予支持。一审宣判后，管某某不服判决，提起上诉，二审法院驳回上诉、维持原判。

---

① 北京市东城区人民法院民事判决书（2014）东民初字第13480号、北京市第二中级人民法院民事判决书（2015）二中民终字第08338号、北京市高级人民法院民事裁定书（2015）高民申字第4171号。

【争议焦点】

东方通汇公司（一审原告、二审被上诉人）

管某某自2013年2月20日申请冻结了东方通汇公司的1 634万元人民币，直至2014年7月11日才解封，致使东方通汇公司无力支付在此期间应交纳的房产税6 510 604.43元及城镇土地使用税177 560.10元，被税务部门加收房产税滞纳金1 099 757.01元、城镇土地使用税滞纳金21 617.94元，共计1 121 374.95元。如无管某某的错误保全，东方通汇公司完全有能力按期支付应缴纳的房产税和城镇土地使用税，不会产生滞纳金，故诉至法院要求管某某赔偿东方通汇公司错误保全造成的损失1 121 374.95元并承担本案的诉讼费用。

管某某（一审被告、二审上诉人）

法院裁定采取财产保全措施与东方通汇公司不缴纳税款之间不存在法律上的因果关系。从东方通汇公司提交的审计报告等可以看出东方通汇公司有能力缴纳税款而不缴纳，应自行承担相应的法律责任。

【裁判观点】

管某某申请保全的案件，经法院审理最终未得到支持，故东方通汇公司据此要求管某某赔偿被查封款项的损失请求，理由正当，法院予以支持。但东方通汇公司负有举证证明其损失与管某某错误保全之间具有因果关系的举证责任。从东方通汇公司的证据可以证明其不存在缴纳房产税及城镇土地使用税的现金，管某某也未提供证据证明东方通汇公司有缴纳房产税及城镇土地使用税的现金。

关于房产税滞纳金，东方通汇公司不能证明征期为2012年4月及2012年10月产生的滞纳金额均系管某某错误保全造成的，对东方通汇公司该项诉讼请求法院不予支持。对其在该期间内产生的滞纳金额由法院根据冻结时间、滞纳天数、补缴房产税数额以及税率予以计算。管某某的保全措施使东方通汇公司无法在2013年2月20日后解除财产保全前缴纳2012年4月及2012年10月的房产税，在此期间产生的滞纳金，应作为错误保全的财产损失。

管某某在申请法院采取保全措施前其应当预见到财产保全的风险，因此，在保全期间产生的房产税滞纳金，作为直接损失，与管某某的错误保全之间具有因果关系。

【案例评析】

本案是基于一方申请财产保全错误导致对方存款被冻结无法缴纳税款产生滞纳金

损失的赔偿纠纷。

在司法实践中，保全错误的情形并不多见，主要体现在原告最终败诉导致其之前的财产保全行为丧失了合法性，损害了被保全人的财产利益。有时候，即使原告最终败诉导致保全错误，因被保全人无法证明其实际损失以及该损失与错误保全行为之间存在因果关系，导致无法追究原告（申请人）的赔偿责任。

但本案中的被保全人东方通汇公司系企业，其在运营过程中负有定期纳税的付款义务。企业的银行存款一旦被冻结将严重影响其流动性，致使其无法偿还对外债务，包括税收债务。而根据《税收征管法》第 32 条之规定，纳税人未按照规定期限缴纳税款的，从滞纳税款之日起，按日加收滞纳税款万分之五的滞纳金。故东方通汇公司因其银行存款被冻结导致无力缴纳房产税，自然需要额外承担滞纳金。由此可见，滞纳金的产生与财产保全措施存在直接因果关系，申请人需要对此承担赔偿责任。

需要特别指出的是，如果被保全人银行账户中除了被冻结的存款外，还有其他充足的存款足以支付税款，则滞纳金损失与申请人的财产保全措施之间就不存在因果关系，申请人无须对此承担赔偿责任。当然，这方面的举证责任需由申请保全人承担，管某某因未能对此进行举证，导致其承担不利的诉讼后果。

问题 64：护理费中的误工损失认定，护理人员收入证明与社会保险个人权益记录及完税证明不一致，法院如何判决？

案例 87：郝某 1 与北京趣学教育科技有限公司教育机构责任纠纷案①

【裁判要旨】

社会保险个人权益记录及完税证明也是证明收入标准的重要证据，当前者与单位出具的收入证明不一致时，视为当事人举证矛盾，未能履行证明义务。

【涉税案情】

郝某 2 为郝某 1 的父亲。2017 年 3 月，郝某 1 与北京趣学教育科技有限公司（简称“趣学教育”）签订《学员培训协议》，约定郝某 1 在趣学教育参加空翻培训。2017 年 8 月 16 日，郝某 1 在趣学教育进行空翻训练时受伤。为此，双方发生争议诉至公堂。

庭审时，郝某 1 主张其父亲郝某 2 向单位请假 20 天照顾郝某 1 导致收入减少，主张护理费 18 650 元。郝某 2 称其月均工资收入为 12 226 元，并提供其单位出具的收入

---

① 北京市海淀区人民法院民事判决书（2018）京 0108 民初 387 号。

证明。但其提供的社会保险个人权益记录及完税证明显示其申报月均工资收入 4 940 元，与单位收入证明金额相差悬殊。

法院最终未采纳郝某 2 的收入证明，根据鉴定意见书认定护理期限为 90 日，按照护理 1 人，每日 150 元的标准计算，判决护理费 13 500 元。

【争议焦点】

郝某 1（原告）

单位收入证明证实郝某 2 的月均工资收入为 12 226 元，应当以此作为计算护理人员护理费用的标准。

趣学教育（被告）

社会保险个人权益记录显示的月工资收入与收入证明的不符，完税证明显示的税款实缴金额也较少，因此不认可收入证明记载的月均收入。

【裁判观点】

档案资料中心并非有资格出具收入证明及误工证明的部门，而社会保险个人权益记录及完税证明亦未能佐证郝某 2 的误工损失，故郝某 1 提供的护理人误工损失证据形式不当，不予采信。

【案例评析】

本案是侵权纠纷案件，本身与税务无关。但是，个人所得税的完税证明却对证明护理人的工资标准起到了一定的佐证作用。

一般而言，工资收入的标准往往由《劳动合同》约定，该标准也是社会保险缴费基数，个人所得税也需按实际收入标准缴纳。案例中的郝某 2 虽然提供单位收入证明显示其月均工资收入为 12 226 元，但其社会保险个人权益记录及完税证明显示其申报月均工资收入 4 940 元，数据相差悬殊。

造成差距的原因可能是因为郝某 2 的单位出于规避缴纳社保、税收的动机，人为降低申报金额；也有可能是虚开收入证明，以骗取法院多判决护理费。到底是哪种原因，法院无从查证，这也不是民事审判关心的重点问题。对于法院而言，因为当事人提供的证据相互矛盾且无合理解释，故法院对该证据均不予采纳而直接酌定护理费金额。

本案给我们的教训是，平时务必重视税务合规问题，依法足额纳税。否则，在很多关键场合因为完税证明的金额与实际收入不符，将会带来各种麻烦和争议，使得合法权益无法得到充分的保护。

问题65：误工费认定中，以发票报销、公司高管私人账户汇款等形式发放的工资是否计入工资金额？

案例88：刘某某与王某、秦某等机动车交通事故责任纠纷案①

【裁判要旨】

单位收入证明、员工工资表及银行转账记录在相互印证的情况下可以共同证明员工的实际月工资标准，以发票报销形式发放工资不影响对实际月工资标准的认定。

【涉税案情】

2018年2月19日，王某驾驶小型普通客车，沿克拉玛依市区塔河路由南向北行驶至锦德酒店附近路段向左转弯驶出塔河路过程中，与行人刘某某相撞，造成刘某某受伤。该事故经交警部门认定，王某负事故的全部责任。事故发生后，刘某某被送至克拉玛依市中心医院进行治疗。刘某某多次前往医院进行康复治疗，产生医疗费3 046元，购买拐杖套和支具支出771元，医院建议2018年2月22日至2018年4月25日休病假。王某为原告赔付了机票改签费用及部分检查费用，其余费用因双方无法协商一致，故刘某某诉至本院。

2018年7月30日，深圳市海豚跨境科技有限公司出具证明一份，载明："证明深圳市海豚跨境科技有限公司隶属于深圳市有棵树科技股份有限公司。兹有员工刘某某受聘于我公司任销售部门经理，其个人月工资总额为39 320元，次月发放前月工资。发放方式为：除以工资和发票报销两种形式发放其个人工资卡内（数额见公司明细表）外，每月以公司高管私人户名发放给刘某某10 000元工资。2018年2月19日，刘某某因在新疆发生交通事故受伤后至2018年4月25日一直不能来公司工作，故本公司停发其62天工资共计80 148.16元（即刘某某个人2018年2月22日至2018年4月25日误工损失）。"

【争议焦点】

刘某某（原告）

无论公司以何种名义发放工资，其客观工资标准包括公司发放工资以及以发票报销形式由公司高管私人户名发放的工资。

大地财险克支公司（被告）

刘某某的误工费计算标准过高。

---

① 新疆维吾尔自治区克拉玛依市克拉玛依区人民法院民事判决书（2018）新0203民初2188号。

【裁判观点】

刘某某主张的误工费80 148元，有深圳市海豚跨境科技有限公司出具的证明、深圳市海豚跨境科技有限公司员工工资表及原告的招商银行交易明细可以证实，本院依法予以支持。

【案例评析】

本案是交通事故侵权案件，本身与税收无关。但案件中涉及刘某某的误工费损失计算时，牵扯出其工作单位采取发票报销形式发放工资的不规范行为，由此引发出一个问题：误工费认定中，发票报销、公司高管私人户名汇款等形式发放工资是否计入工资金额？

根据我国个人所得税法的规定，个人取得的全部收入均需依法申报纳税，支付单位有代扣代缴的义务。本案中的用人单位通过发票报销、以公司高管私人户名的形式发放工资的行为构成单位与个人双重偷税。其中，个人每月10 000元收入未申报个人所得税；而单位则每月虚构10 000元成本，偷逃企业所得税。

虽然上述做法违反了税法的规定，但其后果是承担包括罚款在内的行政责任，并不影响民事法律事实即员工收入标准的认定。民事审判中对收入标准的认定更注重案件事实的实质，违法违规行为不影响对案件事实的认定。因此，误工费认定中，以发票报销、公司高管私人账户汇款等形式发放的工资也应当计入工资金额。

需要特别指出的是，在某些案件中因单位出具的收入证明与完税证明内容矛盾导致法院没能采纳收入证明中的工资标准。法院之所以这么作出结论，并不是因为完税证明的效力比单位收入证明的效力高，而是因为仅凭单位收入证明这份孤证，无法全方位证明工资发放的实际资金流转情况。在本案中，当事人除了提供单位收入证明外，还提供了员工工资表、银行转账记录，其中银行转账记录作为独立第三方出具的文件，在认定工资标准时其证明效力往往要高于其他证据。在结合单位收入证明、员工工资表、银行转账记录三份证据后，法院就足以认定当事人主张的金额，哪怕完税证明的内容与之矛盾也不会影响法院的认定。

专题 9 涉税委托服务纠纷

争议 66：双方约定以取得税务稽查结论作为付款条件，税务机关作出税务处理决定和行政处罚决定，可否视为条件达成？

案例 89：四川同鑫税务师事务所有限责任公司、广元市精诚实业有限公司合同纠纷案①

【裁判要旨】

双方约定“余款在税收筹划方案得到主管税务机关认可，该项目清算完毕、取得税务稽查结论并达到本协议要求后 30 日内一次性付清”，税务局稽查局针对纳税人的税收违法行为作出《税务处理决定书》和《税务行政处罚决定书》，不能视为作出税务稽查结论。因此，付款条件尚未成就。

【涉税案情】

2011 年 4 月 30 日，四川同鑫税务师事务所有限责任公司（简称“同鑫公司”）与广元市精诚实业有限公司（简称“精诚公司”）订立《涉税服务业务约定书》，约定：由同鑫公司为精诚公司的“浅水湾”房地产项目提供税务顾问服务，包括税收筹划、办理账务处理、代理税务事项；完成时间从协议签订之日开始到“浅水湾”房地产项目税务稽查结束为止；收费按该项目总收入的千分之四收取服务费，该项目总收入既包括对外销售取得的收入，也包括土地提供者分房、公司或公司股东自用、以房抵债等视同销售应确认的收入，其中视同销售部分的单价按本项目相应的销售平均单价确定；费用采取分期付款的支付方式，自协议签订后 10 日内支付服务费 10 万元，2012 年 5 月 20 日、2013 年 5 月 20 日各支付服务费 10 万元，余款在同鑫公司提出的税收筹划方案得到主管税务机关认可，该项目清算完毕、取得税务稽查结论并达到本协议要求后 30 日内一次性付清。订立合同后，精诚公司已付服务费 30 万元，剩余服务费未支付。

---

① 四川省广元市利州区人民法院民事判决书（2016）川 0802 民初 2345 号、四川省广元市中级人民法院民事判决书（2017）川 08 民终 949 号、四川省高级人民法院民事裁定书（2018）川民申 4067 号。

2015 年 8 月 12 日起，四川省广元市地方税务局稽查局对精诚公司 2012 年 1 月 1 日至 2014 年 12 月 31 日涉税情况进行了专项检查，并于 2015 年 12 月 31 日作出税务处理决定，认定精诚公司少申报缴纳营业税等，应补缴税费、加收滞纳金共计 1 002 210. 51 元。并于同日作出税务行政处罚决定，以精诚公司在检查年度内未按规定期限办理纳税申报和报送纳税资料为由对精诚公司处以罚款 2 000 元。

同鑫公司认为精诚公司应当支付剩余服务费 2 617 381. 15 元，为此向法院提起诉讼。一审法院判决驳回同鑫公司的诉讼请求。同鑫公司不服一审判决，提起上诉，二审法院驳回上诉、维持原判。同鑫公司不服二审判决，申请再审。再审法院裁定驳回再审申请。

【争议焦点】

同鑫公司（一审原告、二审上诉人、再审申请人）

税务部门已就稽查行为出具了《税务处理决定书》《税务行政处罚决定书》，上述文书属于“税务稽查结论”，稽查程序已经结束。因此，精诚公司支付剩余服务费的条件已经成就。

精诚公司（一审被告、二审上诉人、再审被申请人）

“税务稽查结论”系单指税务机关经查处发现纳税人没有税收违法行为的情况下，而出具的《税务稽查结论》。在纳税人发生税收违法行为时，税务机关只能出具《税务处理决定书》《税务行政处罚决定书》《不予税务行政处罚决定书》，而不能出具《税务稽查结论》。本案因税务机关对精诚公司出具了《税务处理决定书》《税务行政处罚决定书》，故精诚公司未取得“税务稽查结论”，剩余服务费的支付条件也未成就。

【裁判观点】

本院经审查认为，关于精诚公司支付涉税服务费用余款的条件是否成就问题。第一，精诚公司与同鑫公司签订的涉税服务业务约定书第四条约定，收费标准按照注册税务师行业收费的有关规定执行，完成约定的事项，按该项目总收入的千分之四收取服务费；上述费用采取分期付款的支付方式，自协议签订后 10 日内支付服务费 10 万元，2012 年 5 月 20 日、2013 年 5 月 20 日各支付服务费 10 万元，余款在同鑫公司提出的税收筹划方案得到主管税务机关认可、该项目清算完毕、取得税务稽查结论并达到本协议要求后 30 日内一次性付清。以上内容表明，取得税务稽查结论系双方约定的精诚公司支付涉税服务费用余款的条件之一。第二，根据国家税务总局《税务稽查工作规程》（2010 年 1 月 1 日施行）第 55 条第 1 款“审理部门区分下列情形分别作出处理：（一）认为有税收违法行为，应当进行税务处理的，拟制《税务处理决定书》；

（二）认为有税收违法行为，应当进行税务行政处罚的，拟制《税务行政处罚决定书》；（三）认为税收违法行为轻微，依法可以不予税务行政处罚的，拟制《不予税务行政处罚决定书》；（四）认为没有税收违法行为的，拟制《税务稽查结论》”，第 3 款“《税务处理决定书》《税务行政处罚决定书》《不予税务行政处罚决定书》《税务稽查结论》经稽查局局长或者所属税务局领导批准后由执行部门送达执行”的规定，四川省广元市地方税务局稽查局系针对精诚公司的税收违法行为作出《税务处理决定书》和《税务行政处罚决定书》，不能视为税务部门已对该公司作出税务稽查结论。第三，同鑫公司未提交其他证据证实税务部门已针对精诚公司作出相应税务稽查结论。同鑫公司提出，精诚公司支付涉税服务费用余款的条件已成就，理由不能成立。

【案例评析】

本案是税务师事务所在提供涉税专业服务中与客户就剩余尾款支付事宜发生的争议。

首先，各级法院都认可了《涉税服务业务约定书》的效力，即同鑫公司为客户提供税务筹划服务的合同并未违反国家法律禁止性规定，合法有效。《涉税专业服务监管办法（试行）》（国家税务总局公告 2017 年第 13 号）第 5 条规定，涉税专业服务机构可以从事税收策划涉税业务，包括对纳税人、扣缴义务人的经营和投资活动提供符合税收法律法规及相关规定的纳税计划、纳税方案。近年来，国内多样化、个性化涉税服务专业需求不断增长，越来越多的企业借助外部专业机构的力量实现税务管理目标。如茅台集团在财务处下设了税收政策研究室，为提高风险防控能力，税收政策研究室每年都借助涉税专业服务机构的力量开展税务检查，并对检查出的问题进行专题研究，分析问题产生原因，从体制、制度、机制层面解决问题。① 在为纳税人服务上，涉税专业服务机构与税务部门的愿景是一致的，涉税专业服务机构和税务部门是相互协作、彼此补充的关系。税务部门可以向纳税人提供基础的税法宣传和纳税服务，但受到公共资源的限制，税务部门不可能也不应该“包办”涉税服务。在政府部门的基础版税务服务与经济主体广泛而又个性化的涉税服务需求之间，是涉税专业服务机构的用武之地。②

其次，根据本案双方签订的《涉税服务业务约定书》约定，作为税务师事务所的同鑫公司取得剩余服务费的前提条件之一是客户精诚公司取得“税务稽查结论”。但可惜的是，双方在合同中并未对“税务稽查结论”作出定义，从而在结算尾款时发生了争议。

---

① 周挺，李涛．茅台集团有个“税收政策研究室”［J］．中国税务报，2020.10.30．第 5 版．

② 赵成刚．坚守合规坚持创新 推动涉税专业服务机构健康发展［J］．注册税务师，2020（7）

如何理解“税务稽查结论”？有两种理解方式：（1）广义的理解。只要是税务机关在稽查程序结束后出具的一切结论性的书面意见均视为“税务稽查结论”，包括《税务处理决定书》《税务行政处罚决定书》《不予税务行政处罚决定书》。（2）狭义的理解。“税务稽查结论”单指税务机关经稽查后发现纳税人没有税收违法行为的情况下，而出具的《税务稽查结论》，即《税务稽查工作规程》（国税发〔2009〕157号）第55条第1款所规定的《税务稽查结论》。

因为上述两种理解方式，导致了本案双方的不同观点：同鑫公司认为应当采纳广义的理解方式，剩余服务费支付条件成就；而精诚公司则认为应当采纳狭义的理解方式，剩余服务费支付条件未成就。本案中该采取哪种观点呢？

编者认为，虽然《涉税服务业务约定书》没有明确约定“税务稽查结论”的定义，但从签订合同的目的来说，精诚公司支付服务费的前提肯定是希望在同鑫公司的专业服务下做到依法纳税，合理降低税负，不缴冤枉税、罚款、滞纳金，降低纳税风险，毕竟没有人会接受违法违规的税务筹划行为，更不愿为此而遭受处罚。因此，从目的解释的角度来看，对“税务稽查结论”采取狭义的理解方式更符合双方签订合同的目的。各级法院在这样一个前提下，认同了精诚公司的抗辩意见，最终判决同鑫公司败诉。

通过这个案例，编者提醒广大的涉税专业服务机构从业人员，在订立服务合同时，务必对专业术语作出详细解释，尤其是付款条件、违约责任等主要权利义务条款。否则，一旦约定不明，在后续诉讼中可能会产生不利后果。本案中的委托人、受托人双方如果在合同中明确约定“税务稽查结论”按照广义的理解方式定义，并最好加以列举，双方可能就不会因费用争议对簿公堂。

问题67：税务代理人是否应就纳税人补缴税款、被加收滞纳金承担赔偿责任？

案例90：安吉中誉塑料包装制品厂、安吉诚泰财务咨询有限公司财会服务合同纠纷案[①]

【裁判要旨】

税务代理人仅为纳税人提供会计服务辅助工作，并非纳税主体。纳税人一方面主张税务代理人未及时申报税款构成违约，另一方面又主张纳税代理人如实申报税款侵害其权利，仍希望少缴纳税款，亦有悖于诚信。纳税人应当为其未及时缴纳税

① 浙江省安吉县人民法院民事判决书（2018）浙0523民初4830号、浙江省湖州市中级人民法院民事判决书（2019）浙05民终1218号。

款的行为自行承担相应法律后果，税务代理人未及时向纳税人提出书面意见且放任纳税人的该行为，一定程度上助长了逃避纳税义务的不良风气，亦需承担一定的违约责任。

【涉税案情】

2011 年至 2016 年，安吉诚泰财务咨询有限公司（简称“诚泰公司”）为安吉中誉塑料包装制品厂（简称“中誉制品厂”）提供会计服务，《服务协议书》约定：中誉制品厂应向诚泰公司如实提供真实、完整的经营情况和财务会计资料等相关信息，诚泰公司仅对中誉制品厂提供的资料核算结果的准确性负责，因中誉制品厂无理由不提供相关资料或提供资料不真实、不完整、不及时、不准确等自身原因而造成的判断、核算结果错误，由中誉制品厂自行负责；诚泰公司遵守会计法规和国家统一会计准则、制度，按规定设置总账、明细账，填制记账凭证并登记入账、编制财务会计报表、纳税申报表，完成国税、地税纳税申报工作；如中誉制品厂提供的相关会计原始凭证、纳税申报基础信息等存在不符合规定的处理，诚泰公司必须依照法律、法规及有关规定，向中誉制品厂先提出书面意见，要求其改正，因中誉制品厂不采纳所造成的一切后果由中誉制品厂承担，为此诚泰公司可单方终止协议。

诚泰公司于 2011 年、2012 年、2013 年分别收取服务费 7 800 元，于 2014 年、2015 年分别收取服务费 9 300 元，2016 年服务费 9 300 元未收取。

2011 年至 2015 年期间，中誉制品厂未向地税部门纳税，诚泰公司亦未帮中誉制品厂向地税申报税款。2016 年，税务部门发现中誉制品厂未依法纳税，要求中誉制品厂依法履行纳税义务。诚泰公司向税务部门补充申报中誉制品厂自 2008 年起的全部地税税款，中誉制品厂缴纳自 2008 年起至 2015 年的税款及滞纳金 1 151 481 元。

中誉制品厂认为诚泰公司未能按照约定履行服务合同导致其多缴税费和滞纳金损失，为此向法院起诉，要求诚泰公司赔偿因不按合同约定申报纳税给中誉制品厂造成多缴税费和滞纳金的损失 1 054 488 元及相关利息损失。

一审法院判决诚泰公司支付中誉制品厂违约损失 8 400 元，驳回中誉制品厂其他的诉讼请求。中誉制品厂不服判决，提起上诉，二审法院判决驳回上诉、维持原判。

【争议焦点】

中誉制品厂（一审原告、二审上诉人）

诚泰公司从未提醒中誉制品厂申报地税事宜，中誉制品厂的员工不具备代理记账、纳税申报的专业能力，即使中誉制品厂向诚泰公司提出要求其不要申报地税税费，作为专门代理记账、国地税申报的专业公司，也应该提醒中誉制品厂，不申报就是偷逃税，是犯罪行为。诚泰公司不只是核算失误，而是未按规定记账、未及时进行纳税申报，中誉制品厂多缴税费的经济损失理应由诚泰公司全额赔偿。

诚泰公司（一审被告、二审被上诉人）

诚泰公司按照合同约定及中誉制品厂的做账报税习惯提供会计服务，不存在过错。诚泰公司作为专门从事会计服务业务的公司，对提供会计服务的其他对象均按照规定完成了国地税纳税申报工作。双方签订合同是在中誉制品厂的要求下延续之前的财务习惯提供会计记账服务，诚泰公司不可能也不存在因中誉制品厂少交或多交税款而额外获利，故诚泰公司无论主观上还是客观上均不存在违约情形，本质上还是因中誉制品厂自身想要逃避纳税义务。

【裁判观点】

依法纳税系每个公民应尽的义务，中誉制品厂应当依法履行纳税义务。诚泰公司仅为中誉制品厂提供会计服务辅助工作，并非中誉制品厂纳税主体。中誉制品厂一方面主张诚泰公司未及时申报税款构成违约，另一方面又主张诚泰公司如实申报税款侵害其权利，仍寄希望通过在税款申报上做文章让自己少缴纳税款，亦有悖于诚信。诚泰公司作为一家会计咨询和记账服务的专业公司，提供服务的企业不止中誉制品厂一家，就在案证据看，中誉制品厂尚不能证明其补缴税款和缴纳滞纳金系因诚泰公司的原因造成，其要求诚泰公司赔偿其损失法院难以支持。

中誉制品厂应当为其未及时缴纳税款的行为自行承担相应法律后果。诚泰公司未及时向中誉制品厂提出书面意见且放任中誉制品厂该行为，一定程度上助长了此类逃避纳税义务的不良风气，亦需承担一定的违约责任。鉴于原诚泰公司双方约定违约损失以年度会计服务费100%为限，违约金酌情按照自2011年起至2015年的服务费总额20%计算，即按照8 400元计算。

关于中誉制品厂提出的税务机关追征税款的期限是三年而诚泰公司为其补缴了九年税款的意见，如果中誉制品厂认为多缴纳了税款，其可以向税务机关主张退回，是否多缴纳税款不属于本案审理范围。

【案例评析】

本案是纳税人因虚假申报而被税务机关责令补税并加收滞纳金，从而其追究税务代理人责任而产生的争议。由此引申出问题：税务代理人是否应就纳税人补交的税款和滞纳金承担赔偿责任？

就本案案情而言，诚泰公司并非在中誉制品厂成立时即接手代理记账事宜，而是在其他代理记账公司退出后中途接手。在接手代理记账及代理报税工作后，诚泰公司应中誉制品厂的要求采取与原先相同的方式申报纳税，因此导致了中誉制品厂因虚假申报而被税务机关处理的后果。由此可见，本案税务代理人是在纳税人的授意下未能正规申报纳税，其主要责任在于中誉制品厂自身。

当然，诚泰公司身为专业代理机构，未能及时提醒纳税人纠正违法行为，有违执业道德及操守，也应当承担一定的过错责任。因此，法院最终判决诚泰公司承担20%的责任。应该说，该责任比例的划分还是公平、合理的。对于损失的范围，补缴的税款本身就是中誉制品厂的法定纳税义务，故该税款不属于损失。滞纳金是因违规申报而产生的惩罚性质的款项，故构成中誉制品厂的损失。但法院在本案确定违约金金额时并未按照滞纳金的金额作为计算基数，而是采取2011年起至2015年的服务费总额作为计算基数，以此金额的20%确定违约金金额。对比滞纳金损失而言，该违约金的金额明显偏低，可见在本案中法院偏向保护税务代理人的利益。《民法典》第592条规定："当事人都违反合同的，应当各自承担相应的责任。当事人一方违约造成对方损失，对方对损失的发生有过错的，可以减少相应的损失赔偿额。"第929条规定："有偿的委托合同，因受托人的过错造成委托人损失的，委托人可以请求赔偿损失。无偿的委托合同，因受托人的故意或者重大过失造成委托人损失的，委托人可以请求赔偿损失。受托人超越权限造成委托人损失的，应当赔偿损失。"当然，本案的责任认定及损失赔偿金额的判定毕竟只是个例，不具有普遍适用性。编者认为，今后在类似的案件中，确定税务代理人是否需要承担赔偿责任可考虑以下因素：（1）税务代理人是否存在违法行为；（2）违法行为是否是委托人（纳税人、扣缴义务人）授意；（3）税务代理人主观上是故意违法还是过失；（4）税务代理人对于委托人的违法行为是否提出纠正建议；（5）税务代理人在违法行为发生后，是否采取补救措施。

对于损失的范围，包括滞纳金、罚款、税收利息，原则上不包括补缴税款。但是，如果因税务代理人错误申报导致委托人多缴税款，并且在该税款无法申请退税的情况下，该"冤枉税"（多缴税款）及资金占用利息损失构成委托人的损失。

本案裁判文书未披露诚泰公司是否因中誉制品厂未申报纳税行为而受到税务机关行政处罚，《税收征管法实施细则》第98条规定："税务代理人违反税收法律、行政法规，造成纳税人未缴或者少缴税款的，除由纳税人缴纳或者补缴应纳税款、滞纳金外，对税务代理人处纳税人未缴或者少缴税款50%以上3倍以下的罚款。"纳税人选择合适的中介机构为其纳税把关，自然为中介机构拓展业务提供了商机，然而，法律是一把双刃剑，也同时赋予中介机构严格执行税法的义务，中介机构的不规范执业不仅承担民事、行政责任，还有可能承担刑事责任。新疆巴音郭楞蒙古自治州一家涉税中介机构的法定代表人刘某，自作聪明地在所服务的几家企业之间穿针引线，凭借在当地多年积累的人脉，将一家企业"富余"出来的增值税专用发票虚开给需要进项发票的企业，扮演起开票人、中间人、受票人的角色，虚开、传递、取得增值税发票，向自己代理账务的企业积极推销他的"虚开发票"业务，每份虚开发票，从中收取

4 000 元的开票费，税务机关依法提交当地司法部门追究其刑事责任。[①] 四川某税务师事务所法定代表人喻某，利用负责该事务所全面工作并具体负责为某集团提供税务服务的职务便利，在为某集团进行企业所得税清缴汇算、税务筹划等税务服务过程中，自行或指派该事务所工作人员帮助委托人在财务资料中增加经营成本、减少纳税申报金额、少缴税款，先后收受“好处费”共计 65.4 万元现金。2018 年，四川省税务局稽查局调查核实后，要求某集团自行补缴税款。某集团经自查，补缴企业所得税 3 315 615.85 元、滞纳金 2 373 431.62 元。喻某被成都市武侯区人民法院以非国家工作人员受贿罪，判处有期徒刑三年，缓刑五年，没收“好处费”65.4 万元。[②]

问题 68：委托人未办理发票认证致税务登记注销手续未办理完毕，可否要求税务代理人退还服务费？

案例 91：鲁某某、青岛灏恒财税事务有限公司委托合同纠纷案[③]

【裁判要旨】

委托人主张税务代理人违约，没有完成税务注销手续，主张税务代理人补偿其已产生的实际损失的，对该事实委托人负有举证责任。委托人未举证证明其已完全履行了合同义务、代理人未完成代办事务系因代理人原因造成，应承担举证不能的法律后果。

【涉税案情】

甲方青岛杰鹏包装制品有限公司（简称“杰鹏公司”）与乙方青岛灏恒财税实务有限公司（简称“灏恒公司”）于 2016 年 2 月 22 日签订《注销代理协议书》一份，约定由灏恒公司为杰鹏公司代办工商、税务等注销手续。合同约定：杰鹏公司应及时提供灏恒公司要求的相关证照，答复灏恒公司提出的有关本次注销的相关问题；……甲方需在三个工作日内支付 6 000 元（其中代理费 2 000 元、预收政府规费 4 000 元）……

协议签订后，杰鹏公司将代理费 2 000 元、预收政府规费 4 000 元支付给灏恒公司；灏恒公司为杰鹏公司代办完成了营业执照、质监局组织机构代码证注销手续，但未完成税务注销手续。根据当地税务机关的要求，需要杰鹏公司的财务人员前往办理增值税发票认证手续。杰鹏公司的股东鲁某某未积极配合，而灏恒公司无法代办增值税发票认证。

---

① 李文．中介“坐庄”虚开发票 3 000 多万元．中国税务报，2016.6.21. 第 6 版．

② 成都市武侯区人民法院刑事判决书（2020）川 0107 刑初 305 号。

③ 山东省青岛市中级人民法院民事判决书（2020）鲁 02 民终 1928 号。

杰鹏公司因工商已经注销，故其唯一股东鲁某某向法院起诉灏恒公司，要求其退还 2 000 元代理费，理由是杰鹏公司税务登记注销事项仍未完成，灏恒公司已构成违约，该 2 000 元代办费是鲁某某的实际损失，要求灏恒公司退还作为补偿。

一审法院询问鲁某某是否主张解除合同，鲁某某不同意。一审法院判决驳回鲁某某的诉讼请求。鲁某某不服一审判决，提起上诉，二审法院驳回上诉、维持原判。

【争议焦点】

鲁某某（一审原告、二审上诉人）

双方签订的《注销代理协议书》约定，灏恒公司应当负责注销杰鹏公司，鲁某某已依约向灏恒公司支付了代理费 2 000 元，履行了协议约定的义务。现因杰鹏公司相关税务登记注销事项仍未完成，属于灏恒公司违约，该 2 000 元代办费是鲁某某的实际损失，因相关问题现无法解决，因此要求灏恒公司退还作为补偿。

灏恒公司（一审被告、二审被上诉人）

未完成税务注销手续的原因是杰鹏公司的增值税发票未到税务机关完成认证，灏恒公司无法代办认证手续。因杰鹏公司的股东鲁某某未积极配合，导致认证手续未完成而无法办理注销手续。

【裁判观点】

当事人对自己提出的诉讼请求所依据的事实或者反驳对方诉讼请求所依据的事实，应当提供证据加以证明。在作出判决前，当事人未能提供证据或者证据不足以证明其事实主张的，由负有举证证明责任的当事人承担不利的后果。灏恒公司提交的杰鹏公司《完税证明》、行政审批机关出具的《清算报告》及 2016 年 3 月 11 日代交注销公司的税收费用 4 033.91 元的交费凭证，上述证据能够证明灏恒公司积极履行合同约定的义务。鲁某某未举证证明其已完全履行了合同义务、灏恒公司未完成代办税务注销事务系因灏恒公司原因造成，应承担举证不能的法律后果。本案鲁某某亦不同意解除合同，其主张退还 2 000 元无法律依据。

【案例评析】

根据双方签订的《注销代理协议书》约定，税务注销工作应当由税务代理人灏恒公司负责，委托人应当提供配合义务。协议书约定："杰鹏公司应及时提供灏恒公司要求的相关证照，答复灏恒公司提出的有关本次注销的相关问题。因杰鹏公司提供的相关证照或答复不及时，而导致的延误，由其自行负责。"由此可见，委托人需提供办理注销手续所需的证照，包括发票认证相关证明。违约责任，是合同当事人不履行合同义务或者履行合同义务不符合约定时，依法产生的法律责任。违约责任的发生以当事人违约为前提。[①] 本案中，因委托人并未配合办理发票认证手续，未提供发票认证相关证明，由此导致税务注销工作无法完成，其责任在于委托人自身。而税务代理人已积极办理了相关注销手续，履行了合同约定的义务，并不存在违约行为。为此法院判决委托人败诉可谓认定事实清楚、适用法律正确。

另外，本案审理法院还特别询问了鲁某某是否愿意解除合同。法院之所以问这个问题，主要原因是确定鲁某某要求返还 2 000 元的法律依据。合同解除，是指在合同有效成立后，因一方或双方当事人的意思表示，使合同关系终了，未履行的部分不必继续履行，既已履行部分依具体情形进行清算的制度，它是合同特有的终止原因。[②]《民法典》第 562 条规定："当事人协商一致，可以解除合同。当事人可以约定一方解除合同的事由。解除合同的事由发生时，解除权人可以解除合同。"第 566 条第 1 款规定："合同解除后，尚未履行的，终止履行；已经履行的，根据履行情况和合同性质，当事人可以请求恢复原状或者采取其他补救措施，并有权请求赔偿损失。"

本案中鲁某某的诉讼主张看似要求赔偿损失，其实本质是要求解除合同，返还合同价款。编者猜测鲁某某未能明白法院的用意，故作出了不愿解除合同的"错误"回答，最终导致法院无法支持其诉讼请求。如果法院支持鲁某某赔偿损失的请求，前提条件是鲁某某得证明其存在损失以及具体的损失金额。鲁某某并未另行聘请他人代办注销手续，并无实际支出，也不存在其他客观证据证明其损失金额，因此法院无法判决支持其赔偿损失的诉讼请求。

争议 69：双方签订税务筹划服务合同后，委托人能否以自身不具备税法专业知识为由，主张重大误解、显失公平，进而撤销合同？

案例 92：上海苇翊贸易有限公司与上海某某律师事务所法律服务合同纠纷案[③]

【裁判要旨】

委托人是否具备税法专业知识不影响对是否存在重大误解情形的认定，法律一经公布即推定所有人明知，不知法律不免责。受托人在主观上不存在利用委托人处于危困状态、缺乏判断能力等情形的故意，客观上不存在双方之间的权利义务处于显失均衡的状态的情况下，哪怕合同内容对受托人有利，也不构成显失公平。

【涉税案情】

2018 年 4 月 26 日，上海苇翊贸易有限公司（简称"苇翊公司"）在竞拍上海市第

---

① 韩世远．合同法总论［M］．北京：法律出版社，2018：742.

② 韩世远．合同法总论［M］．北京：法律出版社，2018：644.

③ 上海市第一中级人民法院民事判决书（2019）沪 01 民终 13814 号。

一中级人民法院（简称“一中院”）拍卖的房屋过程中，涉及到需要承担房屋出售方缴纳的税费，为了能合法节省税费，与乙方上海某某律师事务所（简称“某某律所”）签订《聘请律师合同》一份，约定由某某律所就苇翊公司竞拍房屋事宜提供税务筹划以及法律咨询服务。服务内容为：某某律所为苇翊公司提供税务策划、代理纳税申报、与税务机关沟通交涉等服务。税务筹划报酬分为两部分：（1）增值税、附加税、土地增值税、合同印花税、交易手续费节税额的18%，具体计算公式如下：律师费＝(7 500万元－实际缴纳的增值税、附加税、土地增值税、合同印花税、交易手续费)×18%；（2）企业所得税节税额的20%，如房产出售方实际缴纳企业所得税少于1 000万元，则某某公司同意将该部分差额部分的20%另行支付作为律师费，律师费＝(1 000万元－实际缴纳的企业所得税)×20%。

同年7月31日，双方又签订《聘请律师合同之补充协议》一份，约定律师费增加一项，本次交易过程中（截至法院分配执行款之日），如税务机关要求缴纳的房产税及滞纳金少于917万元，则苇翊公司同意将该部分差额的18%另行支付给某某律所作为律师费，计算公式为（917万元－实际缴纳的房产税－实际缴纳的滞纳金）×18%。

《聘请律师合同》签订后，双方仍就涉案房地产税务筹划问题进行沟通。某某律所的某律师代表苇翊公司多次到某某区税务局进行沟通交涉，最终确定房地产过户事项所涉交易税费共计45 341 413.52元（增值税10 126 666.67元、附加税1 113 933.34元、土地增值税34 100 813.51元），税务机关未征收企业所得税及房产税。一审审理中，一审法院前往某某区税务局了解情况，某某区税务局工作人员告知：（1）涉案房地产主要涉及的税种为增值税、附加税、土地增值税、企业所得税、房产税；（2）双方就涉案房地产应缴税收的税种及征税时间曾有争议；苇翊公司方律师曾多次前往税务局进行交流，陈述观点，后该局部分采纳某某律所某律师的观点；（3）税收沟通过程中，都是某某律所某律师出面的，与一中院的沟通也是通过某律师进行的。

房屋过户后，某某律所向苇翊公司索要律师费人民币8 689 145.56元及违约金，苇翊公司以自身不具备税法专业知识为由，称自己在签订《聘请律师合同》时存在重大误解，《聘请律师合同》条款显失公平，应当予以撤销。为此，苇翊公司拒绝支付律师费。某某律所将苇翊公司起诉至法院，一审法院判决支持了某某律所关于律师费的诉讼请求。某某公司不服一审判决，提出上诉，二审法院判决维持了某某律所关于律师费的诉讼请求。

一审法院另认定，2017年12月，一中院在公拍网上就前述房地产进行网络司法拍卖，《竞买公告》及《竞买须知》中均载明：标的物转让登记手续由买受人自行办理，依照相关法律法规和政策的规定，在交易过程中所发生的应由相应主体承担的一切税费其中包括但不限于营业税及附加、土地增值税、契税、印花税、交易手续费、权证工本费、个人（企业）所得税、房产税和其他相关费用按政府有关部门规定由原权利人和买受人各自承担，标的物可能存在的水、电、煤、有线、物业管理费、车位管理费等欠费及所有滞纳金由买受人承担，未明确缴纳义务人的税费亦全部由买受人承担。

2018 年 2 月 2 日，一中院出具《成交确认书》一份，载明：苇翊公司就前述房地产在司法拍卖项目公开竞价中，以最高应价胜出，网络拍卖成交价格为 2.1266 亿元。同月 26 日，一中院出具《执行裁定书》，载明苇翊公司可持该裁定书到相关登记机构办理产权过户登记手续。一中院分别向某某区税务局、某某区不动产登记中心出具《协助执行通知书》，载明苇翊公司可到相关机构自行办理过户登记手续。2018 年 6 月 7 日，一中院又分别向某某区税务局、某某区不动产登记中心出具《协助执行通知书》，载明：解除前述房地产的查封，将上述房地产过户到苇翊公司名下，由苇翊公司代替原产权人××公司办理房屋产权变更及纳税申报相关手续，××公司因上述房地产过户事项所应缴纳的税费一中院将从拍卖款中支付。

2018 年 7 月 26 日，某某区税务局向一中院发送《关于协助执行××公司房产过户所涉税收有关事项的回函》，载明：该局已于 2018 年 6 月 12 日收到《协助执行通知书》，就相关问题函告如下：（1）该通知书中“由苇翊公司代替原产权人××公司办理房屋产权变更及纳税申报相关手续”是否表明，对××公司所涉的前述房地产，执行中所涉及的交易税费由一中院代为申报，一中院继而指定由苇翊公司前来该局办理相关交易税费申报事宜，以上情况特此征询，请一中院予以确认；（2）待该局完成相关税费审核后，另行发函告知一中院相关税费明细及申报缴纳的方式，并由一中院按上述《协助执行通知书》的规定从拍卖款中支付。同年 8 月 2 日，某某区税务局向一中院发送《关于协助执行××公司房产过户所涉税款申报及入库有关事项的告知函》，载明：该局已于 2018 年 6 月 12 日收到，已完成相关税费审核，现就相关税款申报及入库事项函复如下：（1）××公司系该局户管企业，该企业因一中院本次协助执行房地产过户事项所涉交易税费共计 45 341 413.52 元；（2）请一中院通知指定的申报代理人（苇翊公司）前来办理相关税费申报手续；（3）请一中院于申报代理人办理申报前三天将上述税款按规定划缴至国库中间账户；（4）待税收解缴入库完毕后，该局将通知申请执行人前来领取《完税联系单》，继而前往房地产交易中心办理相关过户手续。一中院执行局于同年 8 月 7 日收到该二份函件。

同年 8 月 7 日，一中院向某某区税务局出具《关于缴纳拍卖房地产过户所涉相关税费的函》，载明：根据某某区税务局审核，前述房地产，××公司需缴纳的各种税费共计 45 341 413.52 元，现该院已从拍卖款中将上述款项划至某某区税务局指定银行账户。

【争议焦点】

苇翊公司（一审被告、二审上诉人）

苇翊公司无专业的税务人员，对税收相关知识不了解，导致在约定律师费计算公式时高估了应交税费金额。本案增值税、附加税、土地增值税、合同印花税、交易手续费最高仅为 52 621 649.79 元，但某某律所在洽谈系争合同时却将该等税收金额高估冒算为 7 500 万元，并以此作为风险收费的基数。而且，某某律所利用专业优势，将企业所得税及房产税这两种本就不应在此次房地产交易过程中缴纳的税种作为风险收费标的。因此，苹翊公司存在重大误解。另外，系争合同中权利义务明显不对等，某某律所仅仅完成简单的纳税申报工作却要收取巨额律师费，显失公平。

系争合同因苹翊公司存在重大误解、显失公平而应当撤销，某某公司无须支付某某律所律师费。

某某律所（一审原告、二审被上诉人）

系争合同中的条款是经过双方多次洽谈、协商、修订的结果，尤其是在合同修改方面，更是经过苹翊公司所属集团内部律师多次修改，故不存在重大误解情形。经过某某律所近四个月的法律服务，系争合同的处理结果客观上全面实现苹翊公司的合同目的，双方之间不存在任何显失公平。

【裁判观点】

重大误解的当事人自知道或者应当知道撤销事由之日起三个月内没有行使撤销权的，撤销权消灭。本案中，《聘请律师合同》签订于 2018 年 4 月 26 日，补充协议签订于同年 7 月 31 日，涉案房地产的《不动产权证书》日期为同年 8 月 28 日，苹翊公司自某某律所处收到前述《不动产权证书》为同年 8 月 29 日，某某律所发送《请款申请书》为同年 8 月 30 日，故苹翊公司最迟应当于收到权属证书之日即同年 8 月 29 日知道其所称的重大误解的存在；而苹翊公司提起反诉的日期为 2018 年 12 月 3 日，已超过三个月的除斥期间，其撤销权应当归于消灭。

此外，某某律所与苹翊公司在签订合同前后多次沟通，苹翊公司方人员亦明确表示“经过内部讨论，某某律所方案比较下来在操作方式上有竞争力”，并对某某律所方发送的合同走内部法审流程，故苹翊公司在签订合同时应当已经经过充分衡量与考虑；合同中亦明示双方已对条款的内容与含义详细了解并十分清楚，苹翊公司在签订合同时并未提出异议，乃至在合同签订后到苹翊公司实际获得涉案房地产的《不动产权证书》的数月中，苹翊公司均未对合同约定的税收种类和金额提出异议；苹翊公司虽辩称其无专业的税务人员、对税收相关知识不了解，但法院已在竞买公告中告知有税费承担的事宜，苹翊公司既然参与司法拍卖活动，应当对可能承担的税费有所了解，且税务部门系依据法律规定征收税收，根据法律一经公布即推定所有人明知及不知法律不免责的法理，苹翊公司辩称的重大误解于法无据，不予采信。

从现有证据来看，苹翊公司无法证明某某律所在主观上存在利用苹翊公司处于危困状态、缺乏判断能力等情形的故意，及双方之间的权利义务在客观上处于显失均衡的状态。

【案例评析】

本案是律师事务所为纳税人提供税务筹划服务而引发的争议，案例非常具有代表性。

我们先探讨一下律师事务所是否能为纳税人提供税务筹划服务。根据《涉税专业服务监管办法（试行）》（国家税务总局公告2017年第13号）规定，涉税专业服务是指涉税专业服务机构接受委托，利用专业知识和技能，就涉税事项向委托人提供的税务代理等服务。涉税专业服务机构是指税务师事务所和从事涉税专业服务的会计师事务所、律师事务所、代理记账机构、税务代理公司、财税类咨询公司等机构。涉税专业服务机构可以从事纳税申报代理、一般税务咨询、专业税务顾问、税收策划、涉税鉴证、纳税情况审查、其他税务事项代理、其他涉税服务，专业税务顾问、税收策划、涉税鉴证、纳税情况审查4类业务应当由具有税务师事务所、会计师事务所、律师事务所资质的涉税专业服务机构从事，相关文书应由税务师、注册会计师、律师签字，并承担相应的责任。因此，律师事务所可以提供税收策划服务，即对纳税人、扣缴义务人的经营和投资活动提供符合税收法律法规及相关规定的纳税计划、纳税方案。随着我国税法制度的不断完善，涉税服务市场规模不断增长，涉税服务行业处于明显的上升期，而在这其中，律师事务所是涉税服务参与者中的重要主体之一。本案审理法院认可涉案《聘请律师合同》的效力。

茸翊公司为什么要聘请律师事务所进行税务筹划呢？本案中，茸翊公司作为拍卖房产的竞买人，按照税法规定，在竞买房屋时仅需支付契税、印花税等。虽然本案执行法院在拍卖公告中明确税费由原权利人和买受人各自承担，但原权利人一般已无纳税能力，而现行不动产登记流程为税收前置，如原权利人不缴纳交易税费，茸翊公司无法办理涉案房产过户手续，故茸翊公司选择以申报代理人名义代为缴纳原权利人××公司应纳税款。茸翊公司为了减少税费支出，聘请某某律所提供税务筹划服务。

对于涉案服务的报酬，双方采取风险收费的方式，即以节税额的一定比例支付税务筹划报酬，本案约定的比例为18%。在确定节税额时，需要确定以下金额：（1）交易时可能产生的最大应纳税额；（2）经税务筹划后实际缴纳的税额。上述金额相减的差就是节税额。在确定节税额时，双方往往会约定：（1）税务筹划方案必须合法合规，违法筹划而节税的金额不能计算在内，因为会有补税风险；（2）选取一个时间节点确定税务筹划行为结束，本案中双方选取茸翊公司取得拍卖房屋的《不动产权证》之日为节点，因为在取得《不动产权证》前必须缴纳税费，在取得《不动产权证》后意味着税费已经缴清，实际缴纳的税款金额已经固定。

本案双方除了对增值税及附加税费、土地增值税、印花税进行筹划外，还对企业所得税与房产税节税事宜单独进行约定。

对于企业所得税，被执行人在房屋拍卖后必定会产生资产转让收入，该收入并入当年收入总额用以计算企业所得税。但产生收入并不意味着必须要缴纳企业所得税，因为如果被执行人有足够的税前扣除费用及待弥补亏损足以覆盖收入金额，则被执行人无须缴纳企业所得税。并且企业所得税按全年应纳税所得额进行计算，并非与出售房屋行为直接对应，故该税种缴纳的时间并不在房屋过户时。对于房产税，该税费并非基于房屋拍卖行为而产生，而是在房屋拍卖前就已经产生的税费，属于被执行人的欠税。故该税费因不属于交易过程中的税费，无须由竞买人承担。《上海市高级人民法院关于进一步规范不动产司法拍卖中有关事项的指导意见》第4条规定："执行法院在不动产拍卖公告和特别提示中关于税费承担的内容应当仅针对因拍卖本身而形成的税费（目前为增值税、土地增值税、个人所得税和契税），对于被执行人历史欠缴税费由税务部门负责追缴或者依法申请受偿，执行法院不应在拍卖公告和特别提示中作出规定，也不应载明由买受人承担。"且涉案房屋竞买公告及竞买须知中均载明，"在交易过程中所发生的应由相应主体承担的一切税费其中包括但不限于营业税及附加、土地增值税、契税、印花税、交易手续费、权证工本费、个人（企业）所得税、房产税和其它相关费用按政府有关部门规定由原权利人和买受人各自承担"。故茸翊公司拍卖涉税房屋，根本不会涉及承担被执行人企业所得税、房产税事宜。可惜，茸翊公司所属集团内部律师在合同磋商过程中，均未对合同约定的税收种类和金额提出异议。

接下来，我们猜测一下，茸翊公司为什么在房屋过户后后悔了，不愿支付律师费给某某律所。

如上文所述，双方将交易时可能产生的最大应纳税额估算为7 500万元，该税费中包含了企业所得税，某某律所可以从节税额中收取18%的费用。然而，除了上述节税报酬外，双方还对企业所得税的筹划做了单独约定，某某律所可以针对企业所得税的节税额额外收取20%的费用。为此，委托人感到严重的不平衡，才会主张重大误解、显失公平。按照茸翊公司的主张，要么将最大应纳税额调低至52 621 649.79元，这样就无须支付增值税等节税报酬，仅就后续的企业所得税节税额单独支付20%的报酬；要么按最大应纳税额7 500万元计算节税额，但后续的企业所得税节税报酬无须支付。

应该说茸翊公司的观点有一定的道理，但法院为什么没能支持其主张呢？主要原因在于茸翊公司遭遇的情形不足以构成重大误解、显失公平的认定条件。认定重大误解需满足以下四个构成要件：表意人对合同的内容等发生误解；误解必须是重大的；误解是由误解方自己的过失造成的；表意人因为误解作出了意思表示。本案中茸翊公司与某某律所在签订合同前有过好几轮邮件往来，茸翊公司方面还有专业律师团队作为法律顾问审查了《聘请律师合同》，双方还签订了补充协议，在此基础上某某公司很难说自己构成重大误解。至于某某公司是否具备税法专业知识不影响对是否存在重大误解情形的认定，由于法律一经公布即推定所有人明知，不知法律不免责，因此茸翊公司以其不了解税收法律规范为由来主张存在重大误解，依据不足。

认定显失公平需满足以下两个构成要件：主观上，民事法律行为的一方当事人利用了对方处于危困状态、缺乏判断能力等情形。这意味着，一方当事人主观上意识到对方当事人处于不利情境，且有利用这一不利情境之故意。客观上，民事法律行为成立时显失公平。对于显失公平的判断时点，应以民事法律行为成立时为限。本案中从系争合同的签订过程来看，茸翊公司是经过充分考量的，不存在某某律所故意利用茸翊公司急迫、轻率及缺乏判断力等情况。其次，从《聘请律师合同》的约定来看，某某律所进行的是风险代理收费。对于委托人和代理律师而言，风险代理收费对双方均有风险。由此可见，本案系争合同也不存在显失公平的情况。

综上分析，虽然《聘请律师合同》中对于节税报酬计算的条款存在不公平之处，茸翊公司在本案中可能就企业所得税节税报酬产生重复支出，但还不足以达到显失公平的程度，且因不存在重大误解的情形，故茸翊公司无法撤销该合同。我们可以换个角度来看，本案双方在合同条款中就企业所得税节税报酬进行重复约定，相当于变相增加了某某律所的节税报酬，只要没有确凿证据证明该约定存在重大误解、显失公平情况，该约定就合法有效。

由此，本案给广大的纳税人一个提醒，在签订税务筹划委托服务合同时务必仔细审查合同条款，尤其是报酬（费用、价格）条款。如双方约定按节税额一定比例计算服务费，在约定节税额公式时需充分注意节税基数的计算依据及合法合规性，在自身专业力量难以给出准确判断的情况下，积极寻求外部税务专业资源的帮助，以保障自身权益。

问题 70：税务机关签订的购买涉税专业服务协议是否因违反《政府采购法》而无效？

案例 93：张家口嘉诚税务师事务所、国家税务总局张家口市桥西区税务局服务合同纠纷案①

【裁判要旨】

《合同法解释（二）》第 14 条对违反法律的强制性规定作出了限制，仅是指违反效力性强制性规定而订立的合同无效，并非全部无效。税务局主张双方签订的“约定

① 河北省张家口市中级人民法院民事判决书（2020）冀 07 民终 1242 号。

书”违反了《政府采购法》的强制性规定，因《政府采购法》是一部为了规范政府采购行为而制定的管理性规定的法律，故税务局所列举的该法相关规定应为管理性强制性规定，并非效力性强制性规定。

【涉税案情】

2014年5月12日，张家口市桥西区地方税务局（简称“桥西区税务局”）作为甲方，张家口嘉诚税务师事务所（简称“嘉诚事务所”）作为乙方，双方签订了《土地增值税复审鉴证业务约定书》（简称《约定书》）。双方约定桥西区税务局在对管辖的房地产项目进行土地增值税清算时，委托嘉诚事务所对应税项目进行土地增值税及其他相关税种税款进行复审鉴证审核，并出具复审鉴证报告。委托事项收取两项费用：(1) 基础收费，为人民币2万元整；(2) 增值收费，以纳税人报送税务部门税款申报数为基数，按乙方复审鉴证报告审计调增应补各种税款3%计算收取。该协议落款处甲方加盖了桥西区税务局公章，由时任局长的王某某进行了签名（实为宋某某代签）。乙方加盖了事务所公章，由负责人谢某某进行了签名。协议签订后，嘉诚事务所进行了相应的税务审核工作。

2018年6月20日，桥西区税务局向张家口市桥西区综合治税领导小组（简称“综合治税领导小组”）上报审计经费申请报告。报告中写明“从2014年5月开始到2017年年底，事务所共完成29个房地产开发项目的纳税审查。共计查出各项税款25 583 803.5元。根据我局与事务所签订的委托协议，完成上述委托任务，应支付事务所审计费共计1 347 514.11元，其中基础费用580 000元，绩效费用767 514.11元。请区综合治税领导小组审核批准，给予财政支付审计费用1 347 514.11元”。该金额与嘉诚事务所提供的桥西区税务局土地增值税审核收费计算表中的金额一致，嘉诚事务所完成相应审计工作并向桥西区税务局发送鉴证报告电子版后，桥西区税务局未提出异议，亦未支付嘉诚事务所相应费用。嘉诚事务所求偿服务费用无果后，向法院提起民事诉讼，请求桥西区税务局支付审核费用。

【争议焦点】

嘉诚事务所（一审原告、二审上诉人）

要求桥西区税务局按《约定书》约定支付嘉诚事务所为其提供税务审核服务的各项审核费用。

桥西区税务局（一审被告、二审被上诉人）

嘉诚事务所提供的2014年5月12日《约定书》属无效合同，其依据无效合同主张服务费于法无据。《合同法》第52条规定违反法律、行政法规的强制性规定的合同无效，《政府采购法》《河北省政府采购管理办法》《河北省财政厅关于调整河北省政府采购集中采购目录和限额标准的通知》均有相关规定。2017 年 7 月 26 日，张家口市桥西区财政局在“中国河北政府采购网”发布招标公告针对原张家口市桥西区地方税务局土地增值税清算审核发布招标公告。2017 年 8 月 21 日，张家口市桥西区财政局发布土地增值税清算审核服务中标公告，中标单位中没有嘉诚事务所事务所。

【裁判观点】

桥西区税务局主张双方签订的《约定书》违反了《政府采购法》的强制性规定，因《政府采购法》是一部为了规范政府采购行为而制定的管理性规定的法律，故桥西区税务局所列举的该法相关规定应为管理性强制性规定，并非效力性强制性规定。桥西区税务局列举的《河北省政府采购管理办法》《河北省财政厅关于调整河北省政府采购集中采购目录和限额标准的通知》，不是国务院制定的行政法规，不属于行政法规的规定，故依法不能认定双方签订的《约定书》违反了法律、行政法规的强制性规定。

【案例评析】

近年来，税务部门在购买涉税专业服务方面进行了有益探索。在制度建设上，2018 年，国家税务总局印发《全国税务系统政府购买服务指导性目录》，明确了税务系统政府购买服务的范围，包括“技术评审鉴定评估”“鉴证服务”“财务会计审计服务”等事项。2019 年，国家税务总局办公厅印发《国家税务总局办公厅关于统筹做好纳税服务工作的通知》（税总办发〔2019〕82 号），明确在推进个人所得税改革、落实减税降费等重大任务时，各地税务机关可按照《全国税务系统政府购买服务指导性目录》等有关规定，向涉税专业服务机构购买涉税专业服务，以满足纳税人多元化、个性化需求。在具体实践上，部分税务机关根据工作需要，利用涉税专业服务组织的专业和人才优势，通过购买涉税专业服务方式，发挥其助力减税降费政策措施落地生根、促进实体经济发展的重要作用。①

桥西区税务局主张双方签订的《约定书》违反了《政府采购法》的强制性规定，属无效合同。《政府采购法》规制了政府采购当事人、政府采购方式、政府采购程序、政府采购合同、质疑和投诉、监督检查等内容，但违反了《政府采购法》的合同是否必然无效？《合同法解释二》第 14 条规定：“合同法第五十二条第（五）项规定“强制性规定”，是指效力性强制性规定。”《民法典》第 153 条第 1 款规定：“违反法律、

① 《对十三届全国人大三次会议第 3049 号建议的答复》，载国家税务总局网站：http：//www. chinatax. gov. cn/chinatax/n810214/n2015391/c5157867/content. html，最后访问日期 2020 年 12 月 28 日。

行政法规的强制性规定的民事法律行为无效。但是，该强制性规定不导致该民事法律行为无效的除外。”其中前半句的强制性规定，违反的后果是导致合同无效，因而其性质属于效力性规定；后半句的强制性规定，则指的是管理性规定。[①] 对于如何识别效力性强制性规定，应当采取正反两个标准。在肯定性识别上，首先的判断标准是该强制性规定是否明确规定了违反的后果是合同无效。其次，法律、行政法规虽然没有规定违反将导致合同无效的，但违反该规定如使合同继续有效将损害国家利益和社会公共利益的，也应当认定该规定是效力性强制性规定。[②]《政府采购法》没有通过例举立法的形式罗列无效合同的法定情形，桥西区税务局亦未提供证据证明合同继续有效将损害国家利益和社会公共利益。《民商审判会议纪要》第 30 条规定：人民法院在审理合同纠纷案件时，要依据《民法总则》第 153 条第 1 款和合同法司法解释（二）第 14 条的规定慎重判断“强制性规定”的性质，特别是要在考量强制性规定所保护的法益类型、违法行为的法律后果以及交易安全保护等因素的基础上认定其性质，并在裁判文书中充分说明理由。“镇远百龙旅游营销有限责任公司与镇远县人民政府合同纠纷案”[③] 中，最高人民法院认为，《政府采购法》中虽然规定对于不同货物和服务的采购，有不同的采购方式和程序，但原审法院以涉案合同未履行行政主管部门的审批及其他程序为由认定合同无效属于适用法律错误。故桥西区税务局关于《约定书》应属无效合同的主张难以得到法院支持。

争议 71：没有证据证明双方是合理避税，受托避税行为是否受法律保护？

案例 94：郑州鑫德亿实业有限公司、刘某某委托合同纠纷案[④]

【裁判要旨】

受托方通过收取委托活动费的方式欲帮助委托方达到免交税费的目的，在没有证据证明双方的行为是合理避税的情况下，该行为会妨碍国家税收及房产登记过户制度的正常运行，导致权力寻租腐败行为的发生，该行为不能得到法律的保护。

【涉税案情】

2012 年 10 月 22 日，郑州鑫德亿实业有限公司（简称“鑫德亿公司”）作为甲方

---

① 最高人民法院民法典贯彻实施工作领导小组．中华人民共和国民法典总则编理解与适用（下）［M］．北京：人民法院出版社，2020：755 – 756.

② 沈德咏．最高人民法院关于合同法司法解释（二）理解与适用［M］．北京：人民法院出版社，2009. 112 页

③ 最高人民法院民事裁定书（2015）民二终字第 215 号。

④ 河南省高级人民法院民事判决书（2015）豫法民二终字第 173 号、最高人民法院民事裁定书（2017）最高法民申 4580 号。

（委托方），刘某某作为乙方（受托方），乔海永作为丙方（担保方），三方签订《郑州鑫德亿实业有限公司竞买河南德亿娱乐有限公司的房产与土地过户事宜委托合同》，约定由乙方代甲方办理涉案不动产权证事宜，所需总体费用为 1 050 万元（其中包括过户所需手续费、评估费及其他规费、税费等所有费用）。费用分期支付，2012 年 11 月 2 日前支付 550 万元作为甲方支付有关部门的税费，剩余费用分三次支付，税费办理完（税票出来之后）两日内支付 150 万元，拿到房产证后再支付 150 万元，剩余 170 万元在拿到 7 个分割后房产证后支付。合同签订后，鑫德亿公司分别于 2012 年 10 月 24 日、2012 年 11 月 2 日分两笔将共计 550 万元汇至刘某某指定账户。

2012 年 11 月 14 日，鑫德亿公司给刘某某出具向郑州市地方税务局国际税收管理税务分局（简称“国际税收分局”）递交的《申请》，请求税务机关给予办理完税证明及其他证明手续。国际税收分局受理了该《申请》，后刘某某办理了《非正常户认定登记表》（该表加盖了国际税收分局公章），并将该《非正常户认定登记表》交于鑫德亿公司，鑫德亿公司于 2012 年 11 月 22 日在该《非正常户认定登记表》复印件上加盖鑫德亿公司公章并注明“仅限于办理河南德亿娱乐有限公司房产过户事宜，他用无效”，刘某某要求鑫德亿公司支付第二次款项 150 万元，鑫德亿公司拒绝支付，刘某某亦未继续办理委托事项。

鑫德亿公司向法院起诉请求判令：刘某某向鑫德亿公司返还 550 万元，并支付违约金 550 万元。刘某某反诉请求判令：鑫德亿公司支付税费办理完毕后的款项 150 万元，鑫德亿公司承担违约责任，赔偿损失 150 万元，鑫德亿公司继续履行委托合同。一审法院判决：驳回鑫德亿公司的诉讼请求，驳回刘某某的反诉请求。二审法院判决：撤销一审判决；刘某某返还鑫德亿公司 550 万元，乔某某承担连带责任；鑫德亿公司支付刘某某报酬 15 万元。

【争议焦点】

鑫德亿公司（一审原告、反诉被告、二审上诉人、再审被申请人）

涉案房屋按照有关法律规定，房屋买卖合同的营业税和企业所得税由出卖人承担，鑫德亿公司作为买受人不应承担这些税费。鑫德亿公司根据税务机关的有关规定缴纳了相关税费，然后持完税凭证到房产局办理房屋登记手续。刘某某没有履行约定缴纳任何税费，严重违约。《非正常户认定登记表》从时间上早于双方签订的《委托合同》，只是对 2009 年 2 月 17 日前河南德亿房地产开发有限公司纳税状况的认定，并非刘某某办理，将登记表从税务机关调出是刘某某的义务和办理委托事项的必要过程，即使可以据此享受税费减免，也是鑫德亿公司依法依规应享受的政策，与刘某某应尽的代委托方缴纳税费及提供真实合法税票和发票义务没有关联。

刘某某（一审被告、反诉原告、二审上诉人、再审申请人）

涉案房屋及土地过户一般需要缴纳的税费大约有营业税、企业所得税、交易费、土地增值税、评估费、契税等，鑫德亿公司仅缴纳300多万元的契税就拿到了房产证，说明刘某某完成了前面受托的工作，帮助鑫德亿公司省去好几千万元，故鑫德亿公司应当支付刘某某完成工作的报酬和损失。虽然委托合同可以任意解除，但就解除前已经实际履行的部分应当有效，故根据《委托合同》约定，鑫德亿公司应当在刘某某办理完《非正常户认定登记表》2日内支付150万元。刘某某办理完《非正常户认定登记表》，即为完成本次委托的大部分、疑难工作，剩下的办理房产证等事宜只是扫尾的程序工作，而鑫德亿公司恶意违约行为已经严重损害了刘某某的利益，且依照《委托合同》双倍返还的约定，刘某某要求鑫德亿公司承担150万元的损失合理合约合法。

【裁判观点】

根据《合同法》第399条的规定，受托人应当按照委托人的指示处理委托事务。需要变更委托人指示的，应当经委托人同意。双方《委托合同》约定，鑫德亿公司首批支付给刘某某的550万元是作为鑫德亿公司支付给有关部门的税费，并且余下款项的支付也是以税费办理完（税票出来后）为条件。据此，双方对550万元的用途约定是明确的，刘某某应该按照该约定处理委托事务。但是刘某某收到该550万元后，并未向有关机关缴纳税费，亦不能提供缴款的税票和发票。刘某某其变更550万元款项用途亦未经鑫德亿公司同意，主张按《委托合同》的约定履行了义务证据不足。委托合同的委托人可以随时解除合同。鑫德亿公司自行办理了房产证，本案委托合同已解除，双方应依法各自承担相应责任。

非正常户的证明只用于办理所涉及的房产、土地过户手续，不能凭此办理其他涉税事宜，刘某某主张《非正常户认定登记表》系免税凭证没有提供相关法律依据。

从鑫德亿公司自行办理房产证的相关手续来看，鑫德亿公司自行缴纳了契税以及相关费用，房产登记部门为其办理了产权证。刘某某称“鑫德亿公司需缴纳营业税、企业所得税、土地增值税、契税等约数千万元”亦没有相关依据。鑫德亿公司取得房产应缴纳的税费种类及数额均应依据相关法律规定进行，行政机关也应依据法律规定征收税款并办理登记过户手续。刘某某通过收取委托活动费的方式欲帮助鑫德亿公司达到免交税费的目的，在没有证据证明双方的行为是合理避税的情况下，该行为会妨碍国家税收及房产登记过户制度的正常运行，导致权力寻租腐败行为的发生，该行为不能得到法律的保护。

二审法院判决刘某某向鑫德亿公司返还550万元款项并无不当。考虑到刘某某前期有一定的付出，二审法院酌定鑫德亿公司适当支付刘某某15万元报酬亦无不当。故驳回刘某某的再审申请。

【案例评析】

《税务登记管理办法》（国家税务总局令第 36 号）规定，已办理税务登记的纳税人未按照规定的期限申报纳税，在税务机关责令其限期改正后，逾期不改正的，税务机关应当派员实地检查，查无下落并且无法强制其履行纳税义务的，由检查人员制作非正常户认定书，存入纳税人档案，税务机关暂停其税务登记证件、发票领购簿和发票的使用。鑫德亿公司通过司法拍卖取得原属于河南德亿娱乐有限公司房产，涉案《非正常户认定登记表》形成于 2009 年 2 月 17 日，时间点在本案之前。2011 年 7 月 1 日，郑州市地税局、郑州新区地税局、郑州市房管局、郑州市国土资源局联合下发《关于完善房地产税收一体化管理的意见》（郑地税发〔2011〕135 号），该《意见》第三条规定，“对于转让方已转入非正常、失效的，由县、市、区级主管税务机关出具纳税人已转入非正常、失效证明，房管、土地管理部门依据房屋、土地管理的法律、法规规定办理房产、土地过户手续。该证明只用于办理所涉及的房产、土地过户手续，不能凭此办理其它涉税事宜”。据此规定，鑫德亿公司无须承担河南德亿娱乐有限公司应缴纳的不动产过户环节税费，仅需缴纳契税即可办理过户手续，且河南德亿娱乐有限公司并未因被认定为非正常户从而免除纳税义务，刘某某辩称帮助鑫德亿公司省去好几千万元于法无据。

《民法典》第 922 条规定：“受托人应当按照委托人的指示处理委托事务。需要变更委托人指示的，应当经委托人同意；因情况紧急，难以和委托人取得联系的，受托人应当妥善处理委托事务，但是事后应当将该情况及时报告委托人。”既然受托人是为委托人处理事务，处理事务的收益和风险最终由委托人承受，那么，受托人应当按照委托人的指示处理委托事务。委托人的指示包括在订立委托合同时的指示和在订立委托合同后的指示，受托人都应当服从这些指示，否则应当承担违约责任。[①] 鑫德亿公司与刘某某已约定前期 550 万元付款“作为甲方支付有关部门的税费”，鑫德亿公司已自行缴纳涉案房产契税，故刘某某应予返还 550 万元。

《民法典》第 933 条规定：“委托人或者受托人可以随时解除委托合同。因解除合同造成对方损失的，除不可归责于该当事人的事由外，无偿委托合同的解除方应当赔偿因解除时间不当造成的直接损失，有偿委托合同的解除方应当赔偿对方的直接损失和合同履行后可以获得的利益。”纵观本案，《非正常户认定登记表》载明的形成时间是 2009 年 2 月 17 日，《委托合同》签订于 2012 年 10 月 22 日，刘某某仅是将已经存在的《非正常户认定登记表》交给了鑫德亿公司，刘某某并未实际履行

---

① 王利明．中国民法典释评·合同编·典型合同［M］．北京：中国人民大学出版社，2020：408.

合同义务，故二审法院考虑到刘某某前期有一定的付出，酌定鑫德亿公司适当支付刘某某15万元报酬。

在中国法学会财税法学研究会、首都经济贸易大学法学院、首都经济贸易大学财税法研究中心和德恒律师事务所联合开展的2018年度影响力税务司法审判案例评选活动中，本案入选十大年度影响力税务司法审判案例。评委推选理由：税务代理纠纷，少见于司法。对单纯以合理避税为目的的委托合同，在无证据证明其合法性的情况下否认其效力，有利于维护税收征管秩序，防范权力寻租，阻止恶意、违法的税务代理。本案也对税收法定原则有所阐述。

专题 10 政府税收奖励纠纷

问题 72：招商引资协议中的税收返还条款是否合法有效？

案例 95：漯河经济技术开发区管理委员会、河南博顺置业有限公司合同纠纷案①

【裁判要旨】

无法律、法规对税收返还条款作出效力性禁止性规定，约定内容既不违反法律、法规的禁止性规定，又不违反当事人意思自治，应属有效合同，双方当事人均应按合同内容行使权力、履行合同义务。

【涉税案情】

2010 年 12 月 8 日甲方漯河经济技术开发区管理委员会（简称“管委会”）与乙方河南博顺置业有限公司（简称“博顺公司”）签订《漯河市经济技术开发区朱庄村及中央商务区开发项目合同》（简称《项目合同》），该合同第 2.3 条约定：朱庄村土地整理具备“招拍挂”条件后，甲方同意净地地价以最终价格 40 万元/亩给乙方，如竞拍价超出 40 万元/亩，超出部分金额以及受此影响的所有税费，由甲方财政部门退还给乙方。第 2.4 条约定：乙方提供用于朱庄村城中村改造的资金如超出朱庄村土地竞拍后的出让金额，超额部分则以本合同范围内的土地按每亩 40 万元的净地价作为返还资金给乙方。

双方后就涉案合同利益分配问题产生争议，博顺公司主张按照合同约定内容的分成收益应为 11 448.5 万元，管委会计算博顺公司应分的收益为 8 694.15 万元。

博顺公司于 2017 年 3 月 22 日诉请法院判决管委会偿还博顺公司土地收益款 11 448.5万元，并赔偿损失。一审法院判决管委会向博顺公司支付土地收益款11 448.5 万元及其利息损失，管委会不服，提起上诉。二审法院认为双方签订的《项目合同》不违反法律、法规的禁止性规定，又不违反当事人意思自治，应属有效合同。管委会不服，申请再审，再审法院裁定驳回再审申请。

---

① 河南省高级人民法院民事判决书（2017）豫民终 967 号、最高人民法院民事裁定书（2019）最高法民申 715 号。

【争议焦点】

博顺公司（一审原告、二审被上诉人、再审被申请人）

当事人双方签订的《项目合同》真实有效，合同约定的土地收益条款实质上是管委会利用博顺公司前期投入的拆迁资金的一种方式，具有政策依据和法律依据，管委会主张土地收益分配条款无效的理由不能成立。

管委会（一审被告、二审上诉人、再审申请人）

《项目合同》中所涉“税收返还”条款，违反《税收征管法》等法律法规规定的税收法定原则，属于《合同法》第52条第5项规定的无效情形，该合同应认定无效。

【裁判观点】

《合同法司法解释（一）》第4条规定：“合同法实施以后，人民法院确认合同无效，应当以全国人大及其常委会制定的法律和国务院制定的行政法规为依据，不得以地方性法规、行政规章为依据。”《合同法司法解释（二）》第14条规定：“合同法第五十二第（五）项规定的‘强制性规定’，是指效力性强制性规定。”本案中，管委会辩称的涉案合同所涉及的税收返还条款违反法律规定，均为无效条款的理由，因无法律、法规对上述内容作出效力性禁止性规定，法院对此项辩解不予采信。《项目合同》约定的超出40万元/亩部分相应税费由管委会退还给博顺公司，属于管委会对博顺公司投资及资金的一种返还，并不当然违反税收法律规定。

【案例评析】

实践中，地方政府给予纳税人优惠总体上可以分为四种情况：第一种是地方政府直接在规范性文件或合作协议中承诺给予减税、免税、退税，如安丘市人民政府与潍坊讯驰置业发展有限公司行政纠纷一案①，涉案《合同书》约定免缴土地增值税、城镇土地使用税；第二种情况是地方政府承诺先征后返，并通过财政补贴或者各类明目的奖励形式向纳税人返还，且返还金额与纳税人缴纳的税款挂钩，如本案《项目合同》相关条款；第三种情况是地方政府以纳税人的投资额、产值金额、就业数据等各项经营数据指标为基础，按照一定的计算方法计算财政奖励金向投资方或被投资企业支付，各项奖励金并不与被投资企业缴纳税款的金额挂钩；第四种情况是改变税款征收方式、时间等因素或给予其他形式的财政奖励，如部分地区承诺对投资企业的所得税实行核定征收。

---

① 山东省高级人民法院行政判决书（2017）鲁行终495号，最高人民法院行政裁定书（2017）最高法行申7679号。

20 世纪 80 年代以来，我国创造了举世瞩目的经济增长奇迹，层出不穷的税收优惠政策可以说是其中最重要的制度性诱因。除了法律法规设定的税收优惠条款和中央政府依法制定的税收优惠政策外，还有地方政府擅自制定"政策"或签订协议而作出的税收减免承诺。[①] 2014 年 11 月，国务院发布《国务院关于清理规范税收等优惠政策的通知》（国发〔2014〕62 号），要求各地区、各部门对自己制定的税收优惠等政策开展一次专项清理，然而，这一轮税收优惠政策清理并未如期进行，仅仅不到半年，国务院发布《国务院关于税收等优惠政策相关事项的通知》（国发〔2015〕25 号），明确"62 号文规定的专项清理工作，待今后另行部署后再进行"，并对现行税收优惠政策实行了按规定期限执行、设立过渡期、继续有效、不溯及既往等分类处置规则以及出台了新优惠政策的审批制度。2016 年，国务院发布《关于加强政务诚信建设的指导意见》（国发〔2016〕76 号），要求"规范地方人民政府招商引资行为，认真履行依法作出的政策承诺和签订的各类合同、协议，不得以政府换届、相关责任人更替等理由毁约。因国家利益、公共利益或其他法定事由需要改变政府承诺和合同约定的，要严格依照法定权限和程序进行，并对相关企业和投资人的财产损失依法予以补偿"。2017 年 9 月，国务院办公厅发布《关于进一步激发民间有效投资活力促进经济持续健康发展的指导意见》（国办发〔2017〕79 号）强调，"地方各级政府向民营企业作出政策承诺要严格依法依规，并严格兑现合法合规的政策承诺，不得违法违规承诺优惠条件。要认真履行与民营企业签订的合法合规协议或合同，不得以政府换届、相关责任人更替等理由拒不执行，不得随意改变约定，不得出现'新官不理旧账'等情况"。

税收作为国家财政收入的主要部分，是国家法定收入，它的特点之一是固定性。《税收征管法》第 3 条规定，任何机关、单位和个人不得违反法律、行政法规的规定，擅自作出税收开征、停征以及减税、免税、退税、补税和其他同税收法律、行政法规相抵触的决定。《税收征管法实施细则》第 3 条规定，纳税人应当依照税收法律、行政法规的规定履行纳税义务；其签订的合同、协议等与税收法律、行政法规相抵触的，一律无效。政府税收奖励（返还）争议案中，地方政府多以上述条款作为税收奖励（返还）承诺无效的抗辩，如"四川新光硅业科技有限责任公司与乐山高新技术产业开发区管理委员会税收行政允诺案"[②]、"安徽省庐江县天友房地产开发有限公司与庐江县人民政府行政协议案"[③] 等。编者认为，税收奖励（返还）行为的主体是地方政府，不是税务机关；税收奖励（返还）动用的资金是地方政府的财政资金；税收奖励（返还）是地方政府与企业之间的民事法律或行政允诺法律关系，并不是税务机关与

① 叶姗．地方政府税收减免承诺的效力瑕疵［J］．当代法学，2017（6）．

② 四川省乐山市中级人民法院行政判决书（2016）川 11 行终 56 号。

③ 安徽省高级人民法院行政判决书（2018）皖行终 674 号。

企业之间的税收征纳关系。因此，地方政府依据《税收征管法》相关条款的抗辩理由无法成立。诚信原则堪称法律领域的帝王原则，“一切权利的行使与义务的履行均应遵守此一原则，此为现代立法例及学说所公认”，“非仅得适用于民法，即公法及诉讼法均应受其规律，故学者特称之为帝王条款，君临法域”。[①] “峨眉山市开元房产置业有限公司与丹棱县人民政府、丹棱县住房和城乡建设局合同纠纷案”[②] 中，四川省高级人民法院认为，“《丹棱县南苑滨河路新区开发建设协议书》是丹棱县人民政府、丹棱县住房和城乡建设局为了加快城镇化建设步伐，发展丹棱经济建设，因旧城改造通过招商引资而分别与开元公司签订的协议。根据双方的约定，开元公司负责承担了市政设施建设和房地产开发中的相关税费，政府部门也对各项税费按实征收，但开元公司可以享受优惠政策，即税收的地方留存部分全额返还开元公司，故开元公司基于对丹棱县政府、丹棱县建设局承诺的优惠政策已产生信赖利益，因此，当这种信赖利益具有正当性而应受到保护时，丹棱县政府、丹棱县建设局不得撤销这种信赖利益。故丹棱县政府、丹棱县建设局认为涉案合同条款违反法律、行政法规强制性规定应属无效及二审判决适用法律错误的再审理由不能成立”。

最高人民法院于2020年7月印发《关于统一法律适用加强类案检索的指导意见（试行）》，明确了类案检索的范围：一是最高人民法院发布的指导性案例；二是最高人民法院发布的典型案例及裁判生效的案件；三是本省（自治区、直辖市）高级人民法院发布的参考性案例及裁判生效的案件；四是上一级人民法院及本院裁判生效的案件。根据我国现行法律制度，检索的类案不具有法定的约束力，但事实上会存在一定的约束性和参考性。除指导性案例以外的其他案例或者案件虽不具有约束力，但也具有一定的参考借鉴价值，人民法院对检索到的此种类案可以将其作为裁判的参考。鉴于司法实践中各级法院对税收奖励（返还）约定纠纷审判观点不一，当事人可充分检索类案以支持己方诉请。

问题73：招商引资协议税收返还兑现纠纷是否属于民事案件受理范围？

案例96：延津县人民政府、假日花园（新乡）置业有限公司确认合同效力纠纷案[③]

【裁判要旨】

从双方签订的《合作投资协议书》内容来看，有关行政性收费、税款的地方留成

---

① 王泽鉴. 民法学说与判例研究（第5册）[M]. 北京：北京大学出版社，2009：150.

② 四川省高级人民法院民事裁定书（2018）川民申5429号。

③ 河南省新乡市中级人民法院民事裁定书（2017）豫07民终2805号、河南省高级人民法院民事裁定书（2018）豫民申6171号。

部分的奖惩返还、房地产交易费的减免等有关优惠政策优惠条款等内容，属于政府行使行政权的范畴。双方在履行《合作投资协议书》过程中，又签订《补充协议》《会议纪要》；此后又有多份请示、情况报告、汇报等，反映双方之间非平等的民事主体。双方签订的投资协议的签订人身份、协议内容与《合同法》第2条规定的“合同是平等主体的自然人、法人、其他组织之间设立、变更、终止民事权利义务关系的协议”定义明显不符，诉争法律纠纷不属于人民法院民商事案件受案范围。

【涉税案情】

2006年10月18日，延津县人民政府（简称“延津县政府”）与假日花园（新乡）置业有限公司（简称“假日花园公司”）签订了《合作投资协议书》，约定假日会议公司总投资1 400万美元，建设宾馆一座并开发商品房。该协议书中约定了项目建设期、项目用地、付款方式、项目建设、甲方（延津县政府）建设支持，项目除享受延津县鼓励外商投资优惠办法有关条款规定外，享有其他一定特殊优惠条件，不可抗力、争议解决及违约责任等条款。合同签订后因各种原因，项目未完全履行。

2015年5月14日，双方签订《补充协议》。其中，乙方假日花园公司承诺在2015年11月30日前酒店正式开业。但酒店至今并未开业，延津县政府提起民事诉讼。一审、二审法院均认为：双方并非平等民事主体之间的民事权利义务法律纠纷，不属于人民法院民商事案件受案范围。延津县政府申请再审，再审法院裁定驳回再审申请。

【争议焦点】

延津县政府（一审原告、二审上诉人、再审申请人）

在《合作投资协议》中优惠政策为政府招商引资通用政策，为政府的承诺行为，非政府行政管理职责。除优惠政策外，不涉及任何的行政管理内容，不存在政府作出行政管理行为的内容。且在双方协商的《补充协议》中假日花园公司明确放弃要求政府返还土地款、税款的权利。二审裁定认定优惠政策属于政府行使管理权的范畴没有事实依据。

假日花园公司（一审被告、二审被上诉人、再审被申请人）

双方签订的《合作投资协议》和《补充协议》中关于政策优惠及为项目制定特殊优惠条件等行政措施内容均属于政府行政权的范畴，签订人的身份、所签订的内容不符合我国《合同法》第2条规定的平等主体的特征，双方纠纷不属于平等民事主体之间具有民事权利义务的纠纷，不属于人民法院民商事案件受理的范围。

【裁判观点】

延津县政府与被上诉人假日花园公司之间签订的《合作投资协议》第六大项“项

目除享受延津县鼓励外商投资优惠办法有关条款规定外，享有以下特殊优惠条件”，该条款下关于行政性收费、税款的地方提留成部分的奖励返还、房地产交易费的减免等有关政策优惠条件等内容，均属于政府行使行政权的范畴。《补充协议》《延津县人民政府会议纪要》及假日花园公司此后多份请示、情况报告、汇报等内容更能直观反映出双方争议并非平等民事主体之间的民事权利义务法律纠纷，不属于人民法院民商事案件受案范围。

案例97：香港斯托尔实业（集团）有限公司、泰州市人民政府经贸行政纠纷案①

【裁判要旨】

行政协议一般包括以下要素：一是协议有一方当事人必须是行政主体；二是该行政主体行使的是行政职权；三是协议目的是为实现社会公共利益或者行政管理目标；四是协议的主要内容约定的是行政法上的权利义务关系。由于行政管理的复杂性以及双方当事人协议约定内容的多样性，判断一项协议是属于行政协议还是属于民事协议，不能仅看其名称，也不能仅依据其中的少数或者个别条文来判定，而应当结合以上要素和协议的主要内容综合判断。

【涉税案情】

甲方江苏泰州海陵工业园区管理委员会（简称“海陵工业园管委会”）、乙方香港斯托尔实业（集团）有限公司（简称“斯托尔公司”），先后于2013年9月16日、2013年12月15日，签订《海陵工业园区工业项目招商合同书》《补充协议书》（简称《招商引资协议》），斯托尔公司于2014年12月1日完成土地摘牌，以新注册的森托尔机器人有限公司作为受让人，与出让人泰州市国土资源局签订《国有建设用地使用权出让合同》。《招商引资协议》的涉税条款包括：斯托尔公司在招商引资协议生效后，及时完成外资企业工商注册登记，缴纳相关税费；投产后第一年，开票销售额达3亿元人民币，第二年开票销售额达5亿元人民币，第三年开票销售额达6亿元人民币；海陵工业园管委会在斯托尔公司完成相关纳税义务的条件下，就近预留100亩土地，用于斯托尔公司二期项目扩产；斯托尔公司投产前三年所缴纳国税、地税、基金、地税，其中由海陵工业园管委会留成部分全额奖励斯托尔公司，后两年减半奖励。

双方还约定以下权利义务：（1）合同项下国有建设用地使用权以人民币5万元/亩为基数，招拍挂成交价与基数差额部分，由海陵工业园管委会以借款形式出借给斯托尔公司，期限为5年；（2）对上述借款，斯托尔公司以泰州市天圣针织机械实业有限

① 最高人民法院行政裁定书（2017）最高法行再99号。

公司和在江苏泰州海陵工业园区内新注册建成企业的全部资产作为担保，并承担土地招拍挂后各项土地税费；(3) 海陵工业园管委会将项目地块招拍挂成交价与基数的差额部分提前支付给斯托尔公司，保障斯托尔公司按时交纳土地出让金；(4) 斯托尔公司以土地摘牌之日后24个月为起始时间，连续三年企业入库税收达人民币10万元/亩以上，海陵工业园管委会将以奖励形式对上述借款予以全部冲抵；(5) 斯托尔公司以土地摘牌之日后24个月为起始时间，连续三年企业入库税收达人民币15万元/亩以上，海陵工业园管委会除将上述借款全部冲抵以外，另按国有建设用地使用权证载明的土地使用权面积奖励斯托尔公司2万元/亩。

因认为泰州市政府、海陵区政府、海陵工业园管委会未依照《招商引资协议》的约定履行义务，斯托尔公司于2015年5月18日提起行政诉讼，请求判令：(1) 泰州市政府、海陵区政府、海陵工业园管委会立即履行《招商引资协议》；(2) 海陵工业园管委会支付土地差价款，并承担相应的违约责任。

一审法院认为，本案《招商引资协议》实质上是借款与赠与的民事法律关系，不具有行政法上的权利义务内容，不属于行政诉讼受案范围，裁定驳回斯托尔公司的起诉。二审法院认为，本案《招商引资协议》纠纷不受修改后的《行政诉讼法》调整，斯托尔公司的起诉不属于行政诉讼受案范围，裁定驳回上诉、维持一审裁定。斯托尔公司申请再审，最高人民法院裁定撤销一、二审法院行政裁定，指令一审法院继续审理本案。

【争议焦点】

斯托尔公司（一审原告、二审上诉人、再审申请人）

《招商引资协议》系海陵工业园管委会与斯托尔公司签订，协议内容涉及与招商引资有关的大量行政管理事项，符合公共利益需要，依法属于《行政诉讼法》规定的行政协议，斯托尔公司就协议履行问题提起行政诉讼，符合行政诉讼受理条件。

海陵工业园管委会（一审被告、二审被上诉人、再审被申请人）

根据双方约定，《招商引资协议》是平等主体间经友好协商签订的民事合同，海陵工业园管委会不享有单方面变更或者解除合同的行政优益权，该协议争议依法不属于行政诉讼受案范围。

【裁判观点】

协议是经过谈判、协商而制定的共同承认、共同遵守的文件。利用协议来约定权利义务是各种社会主体普遍采用的手段。平等的民事主体间签订的协议，属民事协议；引发的纠纷，按照民事救济程序解决。随着行政管理方式的多样化和行政管理理念从高权命令向协商、合作的转变，行政机关在法律规定的职权范围内，通过协商一致的方式约定其与行政管理相对人之间的权利义务关系，此种协议也被统称为行政协议

（行政契约、行政合同）；由此引发的纠纷，一般通过行政救济程序解决。行政协议一般包括以下要素：一是协议有一方当事人必须是行政主体；二是该行政主体行使的是行政职权；三是协议目的是为实现社会公共利益或者行政管理目标；四是协议的主要内容约定的是行政法上的权利义务关系。由于行政管理的复杂性以及双方当事人协议约定内容的多样性，判断一项协议是属于行政协议还是属于民事协议，不能仅看其名称，也不能仅依据其中的少数或者个别条文来判定，而应当结合以上要素和协议的主要内容综合判断。

本案《招商引资协议》一方为行政主体，协议目的符合公共利益需要，海陵工业园管委会行使的主要是《江苏省经济技术开发区管理条例》规定的行政职权，协议内容除包括相关民事权利义务约定外，还包括大量难以与协议相分离的行政权利义务约定，依法属于《行诉解释》第11条第1款规定的行政协议范畴。斯托尔公司作为一审原告，在诉讼请求、诉讼类型及诉讼标的等问题上依法具有选择权，其有权就《招商引资协议》的全部或部分内容提起诉讼。如果斯托尔公司在一审诉讼期间或者根据一审法院的指引，选择通过民事诉讼解决本案纠纷，亦无不可。在此情形下，上级法院应当尊重当事人选择权，而不宜仅因协议定性问题推翻下级法院生效裁判。但鉴于斯托尔公司因诉讼管辖等方面考虑，坚持选择行政诉讼程序寻求救济，则人民法院应同样予以尊重，并作为行政案件立案和审理。

【案例评析】

企业和地方政府就税收奖励（返还）事宜发生争议时，首先应明确该类纠纷的性质，各级法院对此有不同的裁判标准。上述案例中，博顺置业公司、延津县政府均依据《合同法》提起诉请，斯托尔公司则依据《行政诉讼法》提起诉请。

《行政诉讼法》第12条规定，公民、法人或者其他组织认为行政机关不依法履行、未按照约定履行或者违法变更、解除政府特许经营协议、土地房屋征收补偿协议等协议提起的诉讼，人民法院予以受理。《行政协议司法解释》第1条规定，行政机关为了实现行政管理或者公共服务目标，与公民、法人或者其他组织协商订立的具有行政法上权利义务内容的协议，属于行政诉讼法第十二条第一款第十一项规定的行政协议。从上述规定内容看，行政协议应当包括以下四个方面的要素：（1）主体要素——“行政机关与公民、法人或者其他组织”；（2）目的要素——“为了实现行政管理或者公共服务目标”；（3）意思要素——“协商订立”；（4）内容要素——“具有行政法上权利义务内容”。只有同时满足这四个要素，才属于行政协议。[①] 对于包含

---

① 最高人民法院行政审判庭．最高人民法院关于审理行政协议案件若干问题的规定理解与适用［M］，北京：人民法院出版社，2020：31－33.

税收奖励（返还）条款的招商引资协议，主体要素和意思要素自不用说；目的要素方面，行政机关是为了引进资金、加快基础设施建设、改善城市面貌、带动就业、优化产业结构、增加地方财税收入等公共利益；内容要素方面，实现税收奖励（返还）需要行政机关行使其行政管理职能或利用其行政职权带来的便利及资源。故编者认为，该类协议具有明显的公共利益属性和行政职权因素，在协议订立主体、目的、内容上都与民事合同具有明显不同，属于行政协议。

从诉讼策略方面考虑，税收奖励（返还）争议如果作为民事案件，可能会因该税收奖励（返还）约定违反相关税收管理法律法规而被判无效，各地法院也不乏此类判例。而如果作为行政诉讼案件，行政协议则会受到信赖利益保护原则的相关规制，《中共中央　国务院关于完善产权保护制度依法保护产权的意见》《国务院关于税收等优惠政策相关事项的通知》（国发〔2015〕25号）等文件关于完善政府守信践诺机制、已经订立的优惠政策继续有效的规定，就是行政法信赖利益保护原则的重要体现。因此，将该类合同作为行政协议纳入行政诉讼无疑比民事诉讼胜诉几率更大。[①]“如皋市丁堰镇人民政府与如皋市广信房地产开发有限公司不履行法定职责行政纠纷案”[②]中，起诉之初，广信公司曾以合同纠纷向法院提起民事诉讼，后采纳代理律师的意见，未就所提民事案件缴纳案件受理费，而是以行政诉讼案件另行立案起诉，一二审法院均采纳广信公司观点，判决镇政府按照行政协议支付税收奖励款。当然，从效率优先的角度，如果提起行政诉讼被驳回，可直接提起民事诉讼，避免冗长的诉讼过程。

当事人如坚持选择民事诉讼程序寻求救济，法院应当尊重当事人的选择。“北京林达投资集团有限公司与江苏省通州湾江海联动开发示范区管理委员会合同纠纷案”[③]中，江苏省高级人民法院认为，“目前我国尚无法律法规明确规定招商引资协议属于行政协议。但从本案中双方签订的一系列协议内容来看，协议内容除包含了通州湾管委会需承担的场地平整工程、供水、排水、燃气、电力等民事权利义务的约定外，还包括行政审批、规划编制、给予并落实招商政策优惠等行政权利义务。因本案协议有关民事权利义务的约定与行政权利义务的约定相互交织，而在目前法律、法规并无明文规定招商引资协议属于行政协议的前提下，林达公司作为一审原告，在诉讼请求、诉讼类型及诉讼标的等问题上依法具有选择权。在林达公司坚持选择民事诉讼程序寻求救济的情况下，法院应当尊重当事人的选择，将本案作为民事案件进行审理”。

① 王志勇．行政机关应履行招商引资协议中的税收奖励条款［J］，上海商业，2020（8）．

② 江苏省南通市中级人民法院行政判决书（2019）苏06行终95号。

③ 江苏省高级人民法院民事裁定书（2020）苏民终676号。

专题11 劳动争议

问题74：劳动者与用人单位就工资是否含税发生的纠纷，是否属于劳动争议纠纷？

案例98：江苏太瑞生诺生物医药科技有限公司与郝某某劳动争议纠纷案[①]

【裁判要旨】

用人单位与劳动者建立了劳动合同关系，双方就工资是否含税问题发生的纠纷，是双方在订立、履行劳动合同过程中就劳动报酬等问题发生的争议，根据《劳动争议调解仲裁法》相关规定属于劳动争议纠纷，依法应先向劳动争议仲裁委员会申请仲裁。

【涉税案情】

郝某某原为江苏太瑞生诺生物医药科技有限公司（简称“太瑞公司”）员工，后发生劳动纠纷。太瑞公司认为，郝某某在没有证据证明太瑞公司承诺了代缴个人所得税的情况下，其理应自行缴纳。而太瑞公司因为行政法规的规定被迫为郝某某代缴了个人所得税，但是郝某某以暂支款或者暂支差旅费等名义，领取了太瑞公司的款项拒不归还或者结算，导致太瑞公司无法扣还，因此郝某某行为的性质属于侵占太瑞公司的财产，所以本案不是关于劳动报酬的争议。而郝某某认为本案属于劳动争议的范围，争议发生的前提是双方建立了劳动关系，且太瑞公司给郝某某出具的《外籍人士合法收入证明》上可以看出郝某某是属于免交个人所得税范围内的人员。

太瑞公司特诉至法院，请求判令郝某某返还不当得利171 445.75元（其中：太瑞公司代缴的个人所得税90 116.5元、郝某某欠缴个人所得税造成税务机关处罚太瑞公司的45 058.25元、郝某某没有合理销账而无故占用的临时性暂支款36 271元）。

一审法院认为本案属于劳动争议受案范围，依法应当先向劳动争议仲裁委员会申

---

① 湖南省长沙市岳麓区人民法院民事裁定书（2013）岳民初字第02785号、湖南省长沙市中级人民法院民事裁定书（2014）长中民四终字第00608号。

请仲裁，驳回太瑞公司起诉。太瑞公司不服，提起上诉，二审法院裁定驳回上诉、维持原裁定。

【争议焦点】

太瑞公司（一审原告、二审上诉人）

缴纳个人所得税属于公民个人的基本义务，郝某某在没有证据证明太瑞公司承诺代缴个人所得税的情况下，其理应自行缴纳，而太瑞公司因为行政法规的规定被迫为郝某某代缴了个人所得税，本应在太瑞公司给郝某某的工资中扣还，但是郝某某以暂支款或者暂支差旅费等名义，领取了太瑞公司的款项拒不归还或者结算，导致太瑞公司无法扣还，因此郝某某的行为性质上属于侵占太瑞公司的财产，所以本案不是关于劳动报酬的争议。

郝某某（一审被告、二审被上诉人）

双方约定的薪资待遇是税后收入，因此，郝某某的个人所得税应由太瑞公司承担。太瑞公司出具的《外籍人士合法收入证明》中明确指出郝某某系太瑞公司引进的外籍高层次人才，持有《娄东英才证》，依据《太仓市高层次人才享受生活待遇暂行办法》的规定，符合规定的外籍专家，在太仓工作期间取得的工资、薪金所得，免征个人所得税，作为用人单位的太瑞公司理应了解相关政策并承担及时向上级主管部门报批的义务，因此，太瑞公司所谓“补交税款”的主张与其出具的证明文件自相矛盾。

【裁判观点】

郝某某系太瑞公司工作人员，双方签订了书面劳动合同，建立了劳动合同关系。双方就郝某某的工资是否含税问题发生的纠纷，是双方在订立、履行劳动合同过程中就劳动报酬等问题发生的争议，根据《劳动争议调解仲裁法》相关规定属于劳动争议纠纷，依法应先向劳动争议仲裁委员会申请仲裁。

【案例评析】

《民法典》第122条规定：“因他人没有法律根据，取得不当利益，受损失的人有权请求其返还不当利益。”构成不当得利，有以下几个要件：一是民事主体一方取得利益。二是民事主体他方受到损失。三是一方取得利益与他方受到损失之间有因果关系。四是没有法律根据。[①]

太瑞公司主张其被迫为郝某某代缴了个人所得税，诉请法院判令郝某某返还不当

① 黄薇．中华人民共和国总则编解读［M］．北京：中国法制出版社，2020：388.

得利。因双方就约定的薪资待遇属税前还是税后收入未达成一致，故不当得利要件尚无法确认已构成。

我国实行仲裁前置，诉讼经过两级人民法院审判即告终的劳动争议处理制度。《劳动法》第 77 条规定：“用人单位与劳动者发生劳动争议，当事人可以依法申请调解、仲裁、提起诉讼，也可以协商解决。调解原则适用于仲裁和诉讼程序。”第 79 条规定：“劳动争议发生后，当事人可以向本单位劳动争议调解委员会申请调解；调解不成，当事人一方要求仲裁的，可以向劳动争议仲裁委员会申请仲裁。当事人一方也可以直接向劳动争议仲裁委员会申请仲裁。对仲裁裁决不服的，可以向人民法院提起诉讼。”《劳动争议调解仲裁法》第 2 条规定：“中华人民共和国境内的用人单位与劳动者发生的下列劳动争议，适用本法：（一）因确认劳动关系发生的争议；（二）因订立、履行、变更、解除和终止劳动合同发生的争议；（三）因除名、辞退和辞职、离职发生的争议；（四）因工作时间、休息休假、社会保险、福利、培训以及劳动保护发生的争议；（五）因劳动报酬、工伤医疗费、经济补偿或者赔偿金等发生的争议；（六）法律、法规规定的其他劳动争议。”太瑞公司与郝某某就双方约定的薪资待遇属税前还是税后收入产生争议，属于劳动争议，故应当先向劳动争议仲裁委员会申请仲裁。

当事人提及的《太仓市高层次人才享受生活待遇暂行办法》[①] 第 8 条规定：“符合规定的外籍专家，在太工作期间取得的工资、薪金所得，免征个人所得税。”我国现行个人所得税政策中，外籍个人仅就住房补贴、语言训练费、子女教育费等津补贴享受优惠政策。《财政部、国家税务总局关于个人所得税法修改后有关优惠政策衔接问题的通知》（财税〔2018〕164 号）规定：“2019 年 1 月 1 日至 2021 年 12 月 31 日期间，外籍个人符合居民个人条件的，可以选择享受个人所得税专项附加扣除，也可以选择按照《财政部、国家税务总局关于个人所得税若干政策问题的通知》（财税〔1994〕20 号）、《国家税务总局关于外籍个人取得有关补贴征免个人所得税执行问题的通知》（国税发〔1997〕54 号）和《财政部、国家税务总局关于外籍个人取得港澳地区住房等补贴征免个人所得税的通知》（财税〔2004〕29 号）规定，享受住房补贴、语言训练费、子女教育费等津补贴免税优惠政策，但不得同时享受。外籍个人一经选择，在一个纳税年度内不得变更。自 2022 年 1 月 1 日起，外籍个人不再享受住房补贴、语言训练费、子女教育费津补贴免税优惠政策，应按规定享受专项附加扣除。”《太仓市高层次人才享受生活待遇暂行办法》随意扩大税收优惠范围，实有违反税收法定原则之嫌。

---

① 《关于印发〈太仓市高层次人才享受生活待遇暂行办法〉的通知》（太委办〔2010〕49 号）：载太仓人才网：http://www.tcrc.com.cn/Html/NewsHtml/2015-3/26/9642.html，最后访问日期 2021 年 1 月 3 日。

问题75：劳动者违反用人单位规章制度及忠诚义务，提供虚假发票用于报销，用人单位解除其劳动关系是否合法?

案例99：石某、乐金电子（中国）有限公司沈阳分公司劳动争议案①

【裁判要旨】

忠实义务是劳动者应尽的劳动义务。劳动者工作过程中应当诚实守信、遵守劳动纪律、遵守用人单位的规章制度。劳动者严重违反用人单位的规章制度的，用人单位可以解除劳动合同。当事人未入住酒店而持酒店发票报销住宿费用，已构成虚假报销。用人单位依据单位内部《惩戒规定》解除双方劳动合同并无不当，当事人主张用人单位违法解除劳动合同应支付赔偿金，无事实及法律依据。

【涉税案情】

2004年1月1日，石某就职于乐金电子（中国）有限公司沈阳分公司（简称“乐金公司”），双方签订书面劳动合同。2014年4月1日，双方签订无固定期限劳动合同，约定“工作内容：销售，工作地点：沈阳/长春/哈尔滨/大连，工作制：采取不定时工作制，合同的附件：参见《考勤与休假管理制度》和《惩戒规定》”，乐金公司安排石某执行不定时工作制已经劳动部门审批。乐金公司于2013年11月25日经工会民主程序制定通过了《乐金电子（中国）有限公司惩戒规定》（简称《惩戒规定》），《惩戒规定》12－6－2内容为“虚假报告、变造或者伪造文件、数据和以获取利益为目的的提供虚假业绩、考勤记录”等。2016年2月4日，乐金公司作出《惩戒通知单》，内容大致为：由于石某存在虚假报销出差费用700元以谋取个人利益的违纪行为，违反了公司规定，惩戒委员会经研究讨论决定，对石某作出“1级－解雇惩戒”。乐金公司主张石某存在虚假报销出差费用，从中谋取个人利益的违纪行为指2013年1月31日石某到佳木斯出差，虚报350元住宿发票；同年4月25日，石某到牡丹江市出差，所报销的350元住宿发票系虚假发票。同年2月19日，乐金公司作出《解除劳动合同通知书》，解除理由为：“由于你在黑龙江支社任职期间，存在虚假报销出差费用，从而谋取个人利益的违纪行为严重违反了《劳动法》《劳动合同法》的有关规定以及公司规章制度，公司决定与你的劳动合同于2016年2月19日起解除。”该份《解除劳动合同通知书》已经送达给石某。

2016年3月14日，石某向沈阳市劳动人事争议仲裁委员会申请劳动仲裁，该仲裁委员会于2016年6月7日作出《仲裁裁决书》，对于石某的全部仲裁请求，不予支持。

---

① 辽宁省沈阳市中级人民法院民事判决书（2019）辽01民终8535号。

石某不服，遂起诉至一审法院，石某主张用人单位违法解除劳动合同应支付赔偿金，一审法院判决驳回石某的全部诉讼请求。石某不服，上诉至二审法院，二审法院驳回上诉、维持原判。

案件重审期间，依乐金公司申请，法院对石某 2013 年 1 月 27 日至 2015 年 9 月 27 日期间出差的四个时间段共四家酒店入住信息进行调查，均未查询到入住信息，且存在两次出差入住时间购买往返沈阳的火车票。

【争议焦点】

石某（一审原告、二审上诉人）

乐金公司制定的《惩戒规定》没有经过民主程序，石某不知晓内容，对其没有约束力。入住信息查询结果不能排除公安系统存在故障、酒店未及时上传等因素，故对此不认可。

乐金公司（一审被告、二审被上诉人）

石某存在虚假报销出差费用 700 元以谋取个人利益的违纪行为，违反了公司《惩戒规定》12－6－2“虚假报告，变造或伪造文件、数据和以获得利益为目的的提供虚假业绩、考勤记录等（1－3 级）”等内容。惩戒委员会经研究讨论决定，对石某作出“1 级－解雇惩戒”。

【裁判观点】

用人单位与劳动者之间建立平等的劳动合同关系，双方均应按照劳动合同的约定履行各自的权利和义务。忠实义务是劳动者应尽的劳动义务，劳动者应当诚实守信，遵守劳动纪律，遵守用人单位的规章制度。石某多次持未实际入住酒店的发票报销住宿费的行为，已构成虚假报销。此行为违反基本的职业道德和劳动纪律，用人单位可以依据规章制度予以处理。

乐金公司申请人民法院依职权对石某出差酒店登记入住信息情况依法调查，现经法院调查，石某出差时不止一次存在未实际入住酒店的行为，未入住酒店而持该酒店发票报销住宿费用，已构成虚假报销。乐金公司依据单位内部《惩戒规定》，以“存在虚假或者故意错误报告的或者制作虚假文件、数据行为”为由，对石某处以“一级惩戒”即解除双方劳动合同并无不当，石某主张用人单位违法解除劳动合同应支付赔偿金，无事实及法律依据，

虽然石某抗辩其住宿记录可能由于酒店网络系统等原因没有上传至公安信息网，但其并未提供证据予以证明，故对其此抗辩不予采纳。石某主张《惩戒规定》没有经过民主程序，但其并未提供充分有效的证据予以证明。石某主张不清楚《惩戒规定》及《惩戒规定》并非本人签字，因经生效判决确认石某在仲裁机关已经提交了无固定

期限劳动合同，应认定其对无固定期限劳动合同的真实性不存在异议，而在劳动合同中已经明确合同的附件：参见《考勤与休假管理制度》和《惩戒规定》，即视为石某应该知晓《惩戒规定》的相关内容，故乐金公司依据用人单位规章制度对石某的虚假报销行为作出解除劳动合同的处理并无不当。

【案例评析】

根据我国现行立法对劳动合同解除的相关规定，劳动合同解除的方式包括：(1) 用人单位和劳动者协商解除劳动合同；(2) 劳动者自行解除劳动合同；(3) 用人单位单方解除劳动合同。为了保障劳动者合法权益，在劳动法中对于用人单位单方面解除劳动合同的几种情况和具体范围等进行了严格的限定，即包括三种解除方式，预告解除、即时解除和经济性裁员。① 即时解除，又称过失性辞退。《劳动合同法》第39条规定，劳动者有下列情形之一的，用人单位可以解除劳动合同：（一）在试用期间被证明不符合录用条件的；（二）严重违反用人单位的规章制度的；（三）严重失职，营私舞弊，给用人单位造成重大损害的；（四）劳动者同时与其他用人单位建立劳动关系，对完成本单位的工作任务造成严重影响，或者经用人单位提出，拒不改正的；（五）因本法第二十六条第一款第一项规定的情形致使劳动合同无效的；（六）被依法追究刑事责任的。劳动者必须遵守用人单位的规章制度。用人单位的规章制度根据国家法律、法规制定，是维护用人单位正常生产秩序和经营活动的保证，也是劳动合同各项内容中劳动者必须履行的义务之一。如果劳动者严重违反劳动纪律和规章制度，用人单位有权依法解除劳动合同。②

具体到本案，乐金公司提交了涉案无固定期限劳动合同和《惩戒规定》，且经生效判决已确认石某在仲裁机关已经提交了无固定期限劳动合同，故法院认定其对无固定期限劳动合同的真实性不存在异议，而在劳动合同中已经明确合同的附件为《考勤与休假管理制度》和《惩戒规定》。《劳动争议司法解释（一）》第44条规定："因用人单位作出的开除、除名、辞退、解除劳动合同、减少劳动报酬、计算劳动者工作年限等决定而发生的劳动争议，用人单位负举证责任。"第50条规定："用人单位根据劳动合同法第四条规定，通过民主程序制定的规章制度，不违反国家法律、行政法规及政策规定，并已向劳动者公示的，可以作为确定双方权利义务的依据。"乐金公司已提供证据证明，其依据规章制度对石某的虚假报销行为作出解除劳动合同的处理并无不当，可以认定乐金公司完成了对解除劳动合同合法性的举证责任。根据《劳动合同法》第46条，用人单位向劳动者支付经济补偿金的条件可分为两种类型：一类是因用

---

① 辛临军，孙新鸿．论劳动合同的基础［M］．中国市场，2019（6）．

② 吴高盛．《中华人民共和国劳动合同法》释义及实用指南［M］．北京：中国民主法制出版社，2013：78．

人单位违反劳动合同而支付的经济补偿金，一类是作为合法解除劳动合同的经济补偿金。劳动者因严重违反用人单位的规章制度，被用人单位单方解除劳动合同，无须支付补偿金。

本案中，乐金公司申请人民法院依职权对石某出差酒店登记入住信息真实性进行调查，确认石某存在虚假报销。司法实践中，亦有用人单位提供税务机关对报销发票的鉴定意见，以证明劳动者存在虚假报销行为。《发票管理办法实施细则》第33条规定："用票单位和个人有权申请税务机关对发票的真伪进行鉴别。收到申请的税务机关应当受理并负责鉴别发票的真伪；鉴别有困难的，可以提请发票监制税务机关协助鉴别。在伪造、变造现场以及买卖地、存放地查获的发票，由当地税务机关鉴别。"

由于缺乏相关风险控制设计理念，发票管理成为不少用人单位内部控制建设中的薄弱环节，常见的主要风险点包括：发票的真实、合理性欠约束，获取发票途径欠合法、合规，发票适用范围不明，错误开具发票，信息化程度低，缺乏对电子发票的使用、推广与审核等。用人单位应从建立健全发票管理制度、强化发票知识普及培训、加强内部和外部审计、应用发票信息化系统、完善电子发票管控手段等方面着手，降低涉税风险。

问题 76：如何判断劳动者严重失职，营私舞弊，对用人单位利益造成重大损害？

案例 100：汇通百达网络科技（上海）有限公司与葛某某劳动合同纠纷案①

【裁判要旨】

因用人单位作出的解除劳动合同等决定而发生的劳动争议，用人单位负举证责任。由于劳动者严重失职的行为，进而导致用人单位被税务部门处罚。劳动者严重失职给用人单位造成重大损害的，用人单位可以解除劳动合同。

【涉税案情】

2015 年 10 月 19 日，汇通百达网络科技（上海）有限公司（简称"汇通公司"）与葛某某签订劳动合同，约定葛某某在汇通公司处担任财务总监，劳动合同期限自 2015 年 10 月 19 日起至 2017 年 10 月 18 日止。

2016 年 5 月 16 日，汇通公司转帐支付给上海蕴通旅行社有限公司 14 702 175 元。2016 年 6 月 1 日，汇通公司作出《劳动合同解除通知书》：由于葛某某严重违反公司

① 上海市静安区人民法院民事判决书（2016）沪 0106 民初 18725 号。

内部规章制度，严重失职、营私舞弊，给公司造成了重大损害，公司通过本通知并依据劳动合同、员工手册及其他内部规章制度和适用的中国法律，特此通知：公司于2016年6月1日解除与葛某某的劳动合同。最后工作日为2016年6月1日。

2016年10月17日，上海市地方税务局杨浦区分局第六税务所出具《税务处理决定书》，认定汇通公司于2016年5月16日支付高管张某、高某目标奖励A合计225万美元，其中张某150万美元，高某75万美元，未扣缴个人所得税。张某应补缴个人所得税4 410 000.70元；高某应补缴个人所得税2 201 419.91元。同日，上海市地方税务局杨浦区分局出具《税务行政处罚决定书》，对汇通公司未依法代扣代缴张某、高某个人所得税处以应扣未扣税款百分之五十罚款计3 305 710.31元。

2016年6月6日，葛某某向上海市劳动人事争议仲裁委员会申请劳动仲裁，要求撤销解除劳动合同决定，恢复双方劳动关系并补发工资。2016年8月10日，上海市劳动人事争议仲裁委员会裁决：一、撤销解除劳动合同决定，恢复劳动关系；二、汇通公司向葛某某支付2016年6月6日至裁决之日的工资。

裁决后，汇通公司不服，向法院起诉，请求确认双方劳动关系于2016年6月1日解除，不恢复双方劳动关系，不支付葛某某2016年6月6日起至判决生效之日止的工资。

【争议焦点】

汇通公司（一审原告）

葛某某作为财务总监存在严重失职、营私舞弊的行为，给汇通公司造成了重大损失：2016年5月16日，葛某某与张某、高某恶意串通，将14 702 175元公司资金转帐至上海蕴通旅行社有限公司。葛某某的行为严重违反了员工手册中关于保护公司资产的相关规定，葛某某利用职务便利，营私舞弊，挪用公司资金，给汇通公司造成了重大损失。

葛某某（一审被告）

葛某某在任职期间兢兢业业，工作表现和工作业绩均得到汇通公司充分认可。然而，2016年6月1日，汇通公司突然通知葛某某解除劳动合同，葛某某认为汇通公司此举违法。

【裁判观点】

张某向葛某某出示的《公司董事一致书面决议》《关于员工目标奖励A的支付协议》两份文件明确14 702 175元系用于支付张某、高某的目标奖励，葛某某作为财务总监，理应知晓该款项属于个人所得，应由公司代扣代缴个人所得税，在完税后才能支付。在此情况下，葛某某未能履行其法定职责，未及时要求填报人员予以更正，仍签字批准同意，将未完税的14 702 175元奖金转帐至上海蕴通旅行社有限公司进而导致税务机关对汇通公司作出处罚，罚款金额高达3 305 710.31元。对此，葛某某作为财务总监负有主要责任。由于葛某某的严重失职，导致汇通公司被税务部门处罚。劳动者严重失职给用人单位造成重大损害的，用人单位可以解除劳动合同，据此，对汇通公司主张不恢复双方劳动关系的诉讼请求，法院予以支持。

【案例评析】

《劳动合同法》第39条规定，劳动者严重失职，营私舞弊，给用人单位造成重大损害的，用人单位可以解除劳动合同。这具体指劳动者在履行劳动合同期间，违反了忠于职守，维护、增进以及创造用人单位利益的义务，存在未尽职责等严重失职行为或故意利用职务之便谋取私利的行为，使用人单位的有形财产、无形财产甚至工作人员遭受重大损失，但尚未达到刑事处罚的程度。[①]

《劳动争议司法解释（一）》第44条规定，因用人单位作出的开除、除名、辞退、解除劳动合同、减少劳动报酬、计算劳动者工作年限等决定而发生的劳动争议，用人单位负举证责任。汇通公司向法院提交了付款申请单及相关凭证、银行对账单、会计账簿原件、税务机关出具的税务行政处罚决定书等证据资料，证明葛某某在审批张某、高某付款申请单及进行付款安排时，未对公司经营过程履行财务监督的岗位职责及相应的注意义务，致使汇通公司面临巨额税务处罚，给汇通公司造成了重大损失。

法院认定葛某某严重失职、营私舞弊，给公司造成了重大损害，可否要求其赔偿因税务行政处罚产生的经济损失？本案关联案件“汇通百达网络科技（上海）有限公司与上海蕴通旅行社有限公司、张某等损害公司利益责任纠纷案”[②]中，基于张某系汇通公司原法定代表人兼总经理，高某系汇通公司原监事兼首席运营官，葛某某系汇通公司原财务总监，上海蕴通旅行社有限公司（简称蕴通公司）系张某及高某开办并实际掌控的公司，汇通公司向法院提出诉讼请求：判令上述四被告赔偿其因税务罚款遭受的经济损失3 305 710.31元及其利息损失（以罚款3 305 710.31元为本金，按银行同期贷款利率支付自2016年11月9日起至实际支付日的利息损失）。法院认为，根据约定汇通公司应支付张某、高某的一次性目标奖励14 702 175元中包含个人所得税，故在实际支付时汇通公司作为用人单位应代扣代缴，但张某、高某及葛某某作为汇通公司高级管理人员，在汇通公司内部的金额为14 702 175元

---

① 朱捷著. 劳动合同法深度解读与案例详评［M］. 北京：中国政法大学出版社，2015：248.

② 上海市杨浦区人民法院民事判决书（2017）沪0110民初18377号。

的《付款申请单》上签字，导致该款项未扣除税款即转账至蕴通公司，违反了相关法律规定，进而导致汇通公司被税务机关罚款，张某、高某及葛某某对此均负有责任。判决：张某赔偿汇通公司罚款损失 2 205 000.35 元及利息；高某、葛某某对于张某的上述第一项付款义务承担补充赔偿责任；高某赔偿汇通公司罚款损失 1 100 709.96 元及利息；张某、葛某某对于高某的上述付款义务承担补充赔偿责任。

问题 77：劳动者违反竞业限制规定，返还竞业限制补偿金时是否包括用人单位已代扣代缴的个人所得税？

案例 101：中芯国际集成电路制造（上海）有限公司与李某某竞业限制纠纷案①

【裁判要旨】

根据法律规定，对负有保密义务的劳动者，用人单位可以在劳动合同或者保密协议中与劳动者约定竞业限制条款，并约定在解除或者终止劳动合同后，在竞业限制期限内按月给予劳动者经济补偿。劳动者违反竞业限制约定的，应当按照约定向用人单位支付违约金。用人单位要求劳动者返还竞业限制补偿金（包括代扣代缴个人所得税部分在内）的诉讼请求，予以支持。

【涉税案情】

乙方李某某于 2016 年 10 月 8 日入职甲方中芯国际集成电路制造（上海）有限公司（简称“中芯公司”），双方签订期限为 2016 年 10 月 8 日至 2019 年 10 月 7 日的《劳动合同》，《劳动合同》第九条约定发明创造所有权归属、机密信息保护及其他义务，其中 9.2 载明：“为保护甲方商业秘密，保障甲乙双方的利益，乙方同意并承诺严格遵守《机密信息保护及其它义务遵守承诺函》（附件三）。”9.3 载明：“对知悉甲方商业秘密的员工，甲方可以要求乙方另行签订保密协议、竞业限制协议，保密协议、竞业限制协议视为劳动合同的补充协议，与劳动合同具有同等法律效力。”《机密信息保护及其它义务遵守承诺函》约定：“竞业限制规定是指：在任职期间由本人或公司方提出终止劳动关系之日起两年内，不论出于何种原因离职，未经公司事先的书面同意，本人不得：①在与公司业务相似或具有竞争性业务的公司，担任合伙人、职员、顾问、主管、董事、经理、代理人或其他人员……”2018 年 7 月 20 日双方的劳动合同因李某某提出辞职而解除。2018 年 7 月，李某某签收了由中芯公司邮寄送达的《履

① 上海市浦东新区人民法院民事判决书（2019）沪 0115 民初 69130 号、上海市第一中级人民法院民事判决书（2019）沪 01 民终 14824 号。

行竞业限制义务通知书》，该通知书载明：“……1. 您所承担的竞业限制义务自 2018 年 8 月 1 日起至 2019 年 7 月 31 日止，…… 3. ‘竞争对手’的清单包括但不限于以下所列举的实体。为避免疑义，以下所列举的实体并非单指某一具体实体，而是包括了该等实体以及这些实体投资或实际控制的其他实体：…… 上海华力、华虹宏力……5. 如您违反竞业限制规定，您应当赔偿公司违约金，违约金金额包括返还公司已实际支付的竞业限制补偿金和约定违约金。约定违约金数额为公司应当向您支付的整个竞业限制期内竞业限制补偿金总额的 3 倍……” 李某某自中芯公司离职后，入职上海华力集成电路制造有限公司（简称“华力公司”）。

2019 年 4 月 11 日，中芯公司向上海市劳动人事争议仲裁委员会申请仲裁，要求李某某：返还竞业限制补偿金 46 991 元、支付违反竞业限制违约金 628 411 元、继续履行竞业限制协议。经该委仲裁，裁决如下：李某某返还竞业限制补偿金 44 305. 80 元、支付竞业限制违约金 241 668 元、继续履行竞业限制义务。双方均不服该裁决，遂起诉。

一审法院对中芯公司要求李某某返还竞业限制补偿金（包括代扣代缴个人所得税部分在内）46 991 元的诉讼请求，予以支持。李某某不服，提起上诉，二审法院驳回上诉，维持原判。

【争议焦点】

中芯公司（一审原告、二审被上诉人）

从实践操作看，如未明确说明，都应按税前标准来处理。中芯公司在支付竞业限制补偿金时只是履行了代扣代缴个人所得税义务，李某某是最终受益人，应按税前标准承担返还责任。

李某某（一审被告、二审上诉人）

对中芯公司发放补偿金及代扣代缴个人所得税的金额计算无异议，但认为双方在无劳动关系情形下，中芯公司代扣代缴税费行为无法律依据，且双方未约定发放补偿金为税前金额，故代扣代缴部分的个人所得税不应由其返还。

【裁判观点】

根据双方关于竞业限制的约定，劳动者违反竞业限制义务的，应当返还用人单位已支付的竞业限制补偿金。如前所述，李某某已经违反了竞业限制义务，应当返还相应的补偿金。现李某某对中芯公司已经发放竞业限制补偿金及代扣代缴个人所得税的金额不持异议，法院予以确认；中芯公司要求李某某返还竞业限制补偿金（包括代扣代缴个人所得税部分在内）的诉讼请求，法院予以支持，李某某要求不需返还该部分补偿金的诉讼请求，法院不予支持。

案例102：网易（杭州）网络有限公司与武某劳动争议案①

【裁判要旨】

劳动者违反竞业限制义务，应返还用人单位实际的竞业限制补偿金，至于用人单位已代扣缴的个人所得税款，根据税务部门的意见，应由用人单位另行向税务部门主张为宜。

【涉税案情】

武某于2011年7月14日入职广州博冠信息科技有限公司，2012年4月1日起与网易（杭州）网络有限公司（简称“网易公司”）签订劳动合同，由网易公司承接武某在广州博冠信息科技有限公司的工作年限。

2014年至2018年期间，武某（乙方）与网易公司（甲方）共签署了五份《NETEASEINC. 2009年限制性股权计划——限制性股票单位激励协议》及附件《保密与不竞争协议》。

2018年10月22日，武某离职，同时签署《关于离职员工遵守〈保密协议〉及〈限制性股份股奖协议〉相关规定的提醒》，内容为要求武某在离职后继续严格履行公司与其签署的相关协议所约定的劳动关系解除后义务。

网易公司2019年6月5日向广州市劳动人事争议仲裁委员会申请仲裁。2019年7月31日，该会出具裁决驳回网易公司的仲裁请求。网易公司不服上述裁决，提起本案诉讼，要求武某返还已付的竞业限制补偿金，并承担网易公司为制止其违约行为产生的公证费等9 600元，一审法院判决武某向网易公司返还竞业限制补偿金，驳回网易公司其他诉请。网易公司、武某均不服，提起上诉，二审法院变更一审法院判决第一项，判决武某按网易公司实际支付至其账号的竞业限制补偿金予以返还，至于网易公司代扣缴的税款，根据税务部门的意见，应由网易公司另行向税务部门主张。

【争议焦点】

网易公司（一审原告、二审上诉人）

乐趣公司属于与网易公司有竞争关系的用人单位，武某入职乐趣公司的行为构成竞业限制义务的违反。武某与网易公司已通过签订《保密与不竞争协议》达成关于竞

① 广东省广州市天河区人民法院民事判决书（2019）粤0106民初34914号、广东省广州市中级人民法院民事判决书（2020）粤01民终13365号。

业限制义务的合意，《保密与不竞争协议》合法有效，武某应依约履行竞业限制义务。（一）没有约定关于竞业限制的补偿不代表竞业限制协议没有达成合意。（二）没有就竞业限制义务约定违约金无法推导双方没有达成关于竞业限制的合意。（三）没有在离职时催告或通知不代表武某无须履行竞业限制义务，事实上网易公司已在离职时提醒武某应遵守相关竞业协议义务。（四）法律没有强制要求用人单位必须每月支付竞业限制经济补偿，即使用人单位没有按月支付也无从推导双方没有达成竞业限制的合意。

武某违反竞业限制义务，网易公司有权要求其返还竞业限制补偿。

武某（一审被告、二审上诉人）

双方在《保密与不竞争协议》中没有对竞业限制补偿、补偿标准及支付周期等核心内容有过约定或承诺，双方约定武某的违约责任是返还限制性股票，武某离职前网易公司既未告知其需要开始履行竞业限制义务，也没有承诺会依法支付竞业限制补偿金，更没有依法按月支付任何补偿款项。乐趣公司与网易公司不存在竞争关系，武某入职乐趣公司不构成违反竞业限制。

网易公司在武某离职后转账支付的 573 807.6 元为工资奖金，无论从时间、金额、转账明细等均与竞业限制补偿金无关。结合网易公司提供的工资台账、银行流水等证据已清楚表明该款项属于武某个人的工资奖金，且网易公司支付该款项的时间并非在武江离职后按月支付，支付金额也非所谓离职前 12 个月平均工资，纵观这些情况均与法律规定的竞业限制补偿特征不符。网易公司声称代扣税款也未提供证据予以佐证，即使存在扣税事实，已扣税款项也并非武某所得。

【裁判观点】

鉴于：（1）双方签订的《保密与不竞争协议》虽未约定竞业限制经济补偿金的标准，但明确约定了武某在与网易公司劳动关系解除或终止之日起 24 个月内的竞业限制，武某在离职时签署的《关于离职员工遵守〈保密协议〉及〈限制性股份股奖协议〉相关规定的提醒》中亦承诺在离职后继续严格履行网易公司与其签署的相关协议所约定的劳动关系解除后义务；（2）武某离职后，在网易公司未向其支付竞业限制补偿金前，并未向网易公司主张解除竞业限制约定；（3）网易公司在武某离职后的合理期限内向其邮寄了《竞业限制开始通知书》，告知其履行竞业限制义务的期限、竞业限制补偿金支付的期限及标准，武某收到该通知后并无提出异议，视为武某认可该竞业限制补偿金的标准，网易公司随后亦按照通知书向武某支付了竞业限制补偿金。故武某在离职后应遵守竞业限制。

虽网易公司于 2019 年 1 月 18 日系以“解除劳动合同一次性补偿金”向武某账号转入了 573 807.6 元，并因此代扣缴了税费 57 569.4 元，该两笔金额共计 631 377 元，与上述《竞业限制开始通知书》载明竞业限制补偿金金额一致，每月的竞业限制补偿金已达武某离职前月平均工资的30%，且武某并未提供证据证实网易公司需向其支付“解除劳动合同一次性补偿金”，故法院采信网易公司的主张，认定该573 807.6元为竞业限制补偿金，武某以该款项不是竞业限制补偿金为由主张其不需承担竞业限制义务的理由不成立。

网易公司实际支付至武某账号的竞业限制补偿金为573 807.6元，武某应予以返还，至于网易公司代扣缴的税款，根据税务部门的意见，应由网易公司另行向税务部门主张为宜。

【案例评析】

竞业限制契约的效力，可分为在职竞业限制契约的效力和离职后竞业限制契约的效力。在职竞业限制，主要是指在雇佣关系存续期间对雇员的特定竞业行为予以合理限制。除此之外，广义上的在职竞业限制还包括董事、经理及其他高管人员、合伙人、代理人等人员于其任职期间的竞业限制。离职后竞业限制，是指雇佣关系终止以后对原雇员的特定竞业行为，在一定期限内予以合理限制。[①]《劳动合同法》第23条、第24条、第90条分别就保密义务和竞业限制、竞业限制的范围和期限、劳动者的赔偿责任作了规定。由于立法固有的局限性，也因为实践中现实情况的纷繁复杂，《劳动争议司法解释（一）》第36条、第37条、第38条、第39条、第40条对竞业限制相关问题进行了翔实规定。本文讨论的两个案例均为离职后竞业限制纠纷。

竞业限制条款在劳动合同中为延迟生效条款，也就是劳动合同的其他条款法律约束力终结后，该条款开始生效，用人单位在解除或终止劳动合同后，在不超过两年的竞业限制期间内给予劳动者经济补偿。劳动者收到竞业限制补偿金时，劳动合同已解除或终止，现行税法对竞业限制补偿金如何计征个人所得税无明确规定，地方执行实践常见两种处理方式：（1）按照解除劳动合同一次性经济补偿金计征个税，如案例102中杭州市滨江区税务机关函复内容；（2）按照偶然所得计征个税，即参照《财政部、国家税务总局关于企业向个人支付不竞争款项征收个人所得税问题的批复》（财税〔2007〕102号）中资产购买方企业在向资产出售方企业自然人股东支付不竞争款项的税务处理，“3M中国有限公司与王某某竞业限制纠纷案”[②] 中，3M公司对每月支付给王某某的竞业限制补偿金按照“偶然所得”项目对应的税率20%代扣代缴个人所得税。

---

① 王博．竞业限制契约的效力及其违约救济［J］．中国人力资源开发，2016（12）．

② 上海市第一中级人民法院民事判决书（2019）沪01民终11829号。

用人单位代扣代缴竞业限制补偿金对应个税后，如劳动者违反竞业限制义务，劳动者返还用人单位的竞业限制补偿金是否应当包括已扣缴个税，如上述案例，法院观点不一。编者支持案例 102 中法院观点，劳动者返还竞业限制补偿金不应包括用人单位已代扣代缴的个人所得税。正如案例 102 中国家税务总局杭州市滨江区税务局函复广东省广州市中级人民法院载明：如武某需返还该笔款项，因对应的计税依据已消失，该笔税款可予以退还，因该笔税款由网易公司扣缴入库，如需退税，建议仍由网易公司申请退税。

实践中，用人单位作为扣缴义务人如果认为多扣多缴了税款，是否有权申请退税？对此，税务机关存在不同观点，一种观点认为扣缴义务人不是纳税人，不是《征管法》第 51 条规定的有权申请退税的主体，因而不能申请退税；另一种观点认为，虽然《征管法》第 51 的立法目的是出于保护纳税人的合法权益，赋予纳税人申请退还多缴税款的权利，据此规定纳税人有权申请退税，但在程序上并没有排斥扣缴义务人因多扣多缴提出退税申请，多扣多缴税款的行为是扣缴义务人履行法定义务所产生的，多扣多缴的税款也是由扣缴义务人解缴入库，因此扣缴义务人也可以作为申请人申请退还多扣多缴的税款。[①] 编者赞成后一种观点。

综上，劳动者如违反竞业限制义务，应当返还相应的竞业限制补偿金。用人单位如已代扣代缴竞业限制补偿金个人所得税的，因对应的计税依据已消失，可向税务机关申请退税，劳动者应按用人单位实际支付的税后金额返还竞业限制补偿金。

问题 78：用人单位以报销差旅费形式支付劳动者报酬，事后补缴的个人所得税应由谁承担？

案例 103：欧必斯（上海）物流设备有限公司与曹某不当得利纠纷案[②]

【裁判要旨】

当事人对自己诉讼请求所依据的事实或者反驳对方诉讼请求所依据的事实，有责任提供证据加以证明。没有证据或者证据不足以证明当事人主张的，由负有举证责任的当事人承担不利后果。用人单位提供的、劳动者签字认可的《员工手册》中，已就员工报酬的个人所得税问题进行约定，“公司将在每次支付时，代为扣缴相应的个人所得税”。故劳动者有理由相信其领取的款项均已按照有关法律法规及《员工手册》的约定缴纳了个人所得税。补缴个人所得税系因用人单位在支付员工报酬的过程中故意

① 王家本．家本说案：扣缴义务人申请退税案［J］．注册税务师，2020（5）．

② 上海市浦东新区人民法院民事判决书（2017）沪 0115 民初 12837 号、上海市第一中级人民法院民事判决书（2017）沪 01 民终 12663 号。

逃税所致，其主张劳动者承担补缴的个人所得税，不应予以支持。

【涉税案情】

曹某自2007年起在欧必斯（上海）物流设备有限公司（简称“欧必斯公司”）处工作，任销售市场总监。2016年7月12日，欧必斯公司以曹某违纪为由，解除了与曹某的劳动合同。后欧必斯公司在内部审计过程中，认为2009年至2016年期间，曹某以差旅费等名义报销发票实际领取了佣金2 916 356.12元，该钱款应当作为曹某收入，故向税务机关补缴了曹某个人所得税1 126 781.60元。

欧必斯公司多次要求曹某归还上述钱款未果，故请求法院判令曹某支付欧必斯公司代缴的个人所得税税款及按同期银行贷款利率计算的相应利息。

审理中，双方对是否有佣金的报酬方式存在争议，但欧必斯公司提供的2014年12月24日曹某签名的申请中明确曹某向欧必斯公司申请了佣金，且欧必斯公司以报销差旅费形式支付。

一审法院判决曹某承担20%的补缴税款，对欧必斯公司主张的利息请求，不予支持。双方均不服，提起上诉，二审法院撤销一审法院判决，驳回欧必斯公司的诉讼请求。

【争议焦点】

欧必斯公司（一审原告、二审上诉人）

2009年至2016年，曹某于欧必斯公司担任销售市场总监期间，以差旅费等名义报销发票领取佣金，领取数额与公司的佣金计划相吻合。佣金作为曹某的收入，应当缴纳个人所得税。欧必斯公司仅是代扣代缴义务人，为曹某补缴佣金的个人所得税后，相关税款应当由曹某承担。

曹某（一审被告、二审上诉人）

曹某领取的是差旅费等费用的报销款，款项系通过欧必斯公司的报销流程审核后，由公司委托银行付款。公司委托银行付款时也均备注款项为报销款。欧必斯公司现单方面向税务机关将该款项申报为曹某的个人收入并补缴个人所得税，与曹某无关。即便存在佣金，公司作为代扣代缴义务人，劳动者获得的收入也应当是税后的，补缴的个人所得税应当由欧必斯公司承担。

【裁判观点】

一审法院

曹某除按劳动合同约定从欧必斯公司处取得劳动报酬外，还存在以报销差旅费等费用的形式从欧必斯公司处取得销售佣金收入的事实，该部分收入依法应当交纳个人所得税，且事实上欧必斯公司也就曹某取得的该部分收入向税务机关补缴了税款。用人单位与劳动者之间关于报酬是税前还是税后的争议应当事先明确约定，而欧必斯公司对于曹某按销售额提取的佣金为税前还是税后未作约定，但却以报销差旅费等费用的形式足额支付了曹某佣金，对这种故意逃税的行为应予以严肃批评。尽管双方对于税前税后未作约定，且欧必斯公司也已按报销发票的金额实际全额支付曹某，但基于公平角度考虑，对于由此补缴的税款欧必斯公司应当承担主要部分，由曹某承担20%的补缴税款。欧必斯公司主张的利息请求，没有法律依据，不予支持。

二审法院

当事人对自己诉讼请求所依据的事实或者反驳对方诉讼请求所依据的事实，有责任提供证据加以证明。没有证据或者证据不足以证明当事人主张的，由负有举证责任的当事人承担不利后果。根据欧必斯公司提供的、曹某签字认可的《员工手册》，第10.4条就员工报酬的个人所得税问题进行了约定，“公司将在每次支付时，代为扣缴相应的个人所得税”。故曹某作为劳动者有理由相信其领取的款项均已按照有关法律法规及《员工手册》的约定缴纳了个人所得税。补缴个人所得税系因欧必斯公司在支付员工报酬的过程中故意逃税所致，欧必斯公司主张曹某承担补缴的个人所得税，不应予以支持。

【案例评析】

《民事诉讼法》第64条规定，当事人对自己提出的主张，有责任提供证据。在诉讼过程中，无论是原告还是被告都会为了支持己方诉请或答辩意见而提供意见，由于诉讼是原被告双方互相进行对抗，因此一般情况下，一方都会对自己提供的证据的“三性”予以认可，而对对方提供的不利于己方的证据不予认可。因此，在诉讼中，如果能有效利用对方提供的证据为我所用，使得对方提供的证据能证明己方需要证明的事实，不仅可以在庭审中打击对方士气，使对方无法辩驳，更可以强化自己观点以及需要证明的事实，如此往往会使己方在诉讼中处于有利的地位，且己方诉请或抗辩更容易得到法官支持。[①]

本案中证据之一《员工手册》由欧必斯公司提供、曹某签字认可，第10.4条就员工报酬的个人所得税问题约定，“公司将在每次支付时，代为扣缴相应的个人所得税”。法官由此认为当事人曹某作为劳动者，有理由相信其领取的款项均已按照有关法律法规及《员工手册》的约定缴纳了个人所得税，故判决撤销一审判决，曹某从承担20%的补缴税款变为无须承担补缴税款，可以说是出奇制胜。

---

① 杨中洁．民事诉讼实务：思维·策略·技巧［M］．北京：法律出版社，2020：195．

问题79：劳动合同到期终止，劳动者取得的经济补偿金是否适用个人所得税优惠政策？

案例104：王某某与世格流体控制（上海）有限公司劳动合同纠纷案[①]

【裁判要旨】

劳动合同到期终止时的经济补偿金，不同于劳动合同解除时的一次性经济补偿，不符合个人所得税税收优惠条件。

【涉税案情】

王某某与世格流体控制（上海）有限公司（简称“世格公司”）于2014年8月5日建立劳动关系，王某某在世格公司处从事仓管工作。双方签有自2015年10月1日起至2018年9月30日止的劳动合同。世格公司于2018年9月21日通知王某某合同到期不再续签劳动合同。2018年9月27日，世格公司向王某某结算了2018年9月工资、结余年休假未休工资、2018年年终奖、终止劳动合同经济补偿金及福利费共计应得收入31 490元，世格公司向王某某支付上述收入时，代扣个人所得税5 992.50元。王某某向法院提出诉讼，请求判令世格公司支付其经济补偿金差额5 992.50元。世格公司应向王某某支付经济补偿金21 129元，王某某认为该经济补偿金无须缴纳税金，故其要求世格公司归还从中所扣除的税金5 992.50元。

【争议焦点】

王某某（原告）

该经济补偿金无须缴纳税金。

世格公司（被告）

适用免税政策的是劳动合同解除时的一次性经济补偿，而本案的经济补偿金则是劳动合同到期终止时的经济补偿金。世格公司也通过拨打税务部门热线电话的方式进行了询问，得到的答复是本案中的经济补偿金不适用免税政策。此外，世格公司也查到了2015年上海市浦东新区人民法院的一份行政判决书，与本案的情况类似，请求予以参考。本案所涉的个人所得税税款，世格公司已经向税务部门进行了缴纳。

【裁判观点】

当事人对自己提出的诉讼请求所依据的事实或者反驳对方诉讼请求所依据的事

① 上海市松江区人民法院民事判决书（2019）沪0117民初181号。

实，有责任提供证据加以证明。没有证据或者证据不足以证明当事人的事实主张的，由负有举证责任的当事人承担不利后果。本案中，根据双方当事人的陈述及相关证据，王某某主张的经济补偿金差额 5 992.50 元实际为世格公司代扣代缴的原告个人所得税 5 992.50 元。根据《个人所得税法》的相关规定，王某某在世格公司处工作，作为纳税人应当缴纳个人所得税，世格公司作为扣缴义务人，有义务为王某某代扣代缴税款。本案世格公司从应当支付给王某某的 2018 年 9 月工资、结余年休假未休工资、2018 年年终奖、终止劳动合同经济补偿金及福利费共计 31 490 元中代扣 5 992.50 元以缴纳王某某的个人所得税，系世格公司作为扣缴义务人履行其扣缴义务，并无不当。王某某据此为由要求世格公司支付补偿金差额，依据不足。

【案例评析】

劳动合同的终止是劳动合同因一定法律事实的出现而终结，劳动合同的终止不同于劳动合同的解除，虽然两者都是使当事人之间的劳动关系消灭，但两者有着本质的区别。劳动合同终止的条件是劳动合同到期或者当事人事先约定的条件出现，或者是作为劳动关系的主体消灭，是劳动合同权利义务关系履行完毕后的自然的结果；劳动合同的解除是双方当事人通过协商达成一致意见，提前中断劳动合同履行或者其中一方当事人根据法律规定单方面中断劳动合同的履行，是劳动合同订立后因在履行中发生法律规定的事实而中断劳动关系的情形。[①]

在劳动合同的订立、履行、变更、解除和终止过程中，劳动者相对于用人单位而言，往往处于弱势地位。劳动关系的解除，通常会对作为合同当事人的劳动者产生一些不利影响。为了平衡两者的权益，《劳动合同法》第 46 条规定了不同情形下的经济补偿金制度，涉及劳动合同终止情形的有：除用人单位维持或者提高劳动合同约定条件续订劳动合同，劳动者不同意续订的情形外，劳动合同期满终止固定期限劳动合同；用人单位被依法宣告破产，劳动合同终止；用人单位被吊销营业执照、责令关闭、撤销或者用人单位决定提前解散，劳动合同终止。

《财政部、国家税务总局关于个人所得税法修改后有关优惠政策衔接问题的通知》（财税〔2018〕164 号）规定，自 2019 年 1 月 1 日起，个人与用人单位解除劳动关系取得一次性补偿收入（包括用人单位发放的经济补偿金、生活补助费和其他补助费），在当地上年职工平均工资 3 倍数额以内的部分，免征个人所得税；超过 3 倍数额的部分，不并入当年综合所得，单独适用综合所得税率表，计算纳税。

本案所涉经济补偿金并非劳动者与用人单位解除劳动关系取得经济补偿金，故不

① 吴高盛.《中华人民共和国劳动合同法》释义及实用指南［M］. 北京：中国民主法制出版社，2013：86 - 87.

能适用上述个人所得税优惠政策。世格公司作为扣缴义务人，依法履行其扣缴义务，并无不当。

问题80：扣缴义务人自行将纳税人他处工资合并计税，是否应向纳税人返还多扣缴税款？

案例105：台骏国际租赁有限公司、周某某劳动争议案①

【裁判要旨】

用人单位并未提供充分证据证明员工在他处获得的收入符合大陆的纳税范畴而员工未就此进行申报，或员工同意用人单位将他处工资与用人单位发放的工资一起合并计税的，应承担举证不能的不利后果。故用人单位自行扣发导致诉请期间员工工资收入减少，无事实及法律依据，应予以返还。

【涉税案情】

周某某曾就工资差额、经济补偿金、代通知金、年终奖等事宜，以台骏国际租赁有限公司（简称“台骏公司”）为被申请人向天津市劳动人事争议仲裁委员会申请仲裁，仲裁机构作出裁决。周某某未就该仲裁裁决向法院起诉，台骏公司不服该仲裁裁决部分内容，提起诉讼。

台骏公司向一审法院起诉请求：台骏公司不支付周某某2018年1月1日至同年9月30日因合并计税导致的工资差额66 572.63元。

双方对诉请期间台骏公司应支付周某某的工资数额并无分歧，只是因台骏公司将周某某在案外人工银公司所获薪资一并与周某某在台骏公司处的工资合并计税，导致税基增高致使周某某多缴纳了税款66 572.63元而致工资损失存在分歧，且双方均认可，上述款项已由台骏公司在周某某工资中扣除并向税务部门缴纳完毕。一审法院就本案税务政策问题，向税务部门进行了咨询。

一审法院认为，台骏公司自行扣发导致诉请期间周某某工资收入减少66 572.63元，无事实及法律依据，台骏公司应予以返还。台骏公司不服，提起上诉，二审法院驳回上诉，维持原判。

【争议焦点】

台骏公司（一审原告、二审上诉人）

台骏公司作为周某某个人所得税扣缴义务人，有法定义务据实汇集申报有关资料

---

① 天津市第一中级人民法院民事判决书（2019）津01民终5151号。

并负责代扣代缴其个人所得税，不存在误缴导致周某某受损的情形。周某某指称短少的工资，实为台骏公司已支付并为其代缴了的个人所得税税款，且相关金额已由税务部门实际征收，周某某要求台骏公司支付所谓短缺的工资于法无据。周某某于大陆已缴纳的税款仍可以在台湾地区申请抵扣，故其主张数额并不正确。

周某某（一审被告、二审被上诉人）

台骏公司主张将海外所得并入大陆收入并征税，根据目前的税法规定是不正确的。根据 2019 年 3 月 14 日财政部、国家税务总局发布的《关于在中国境内无住所的个人居住时间判定标准的公告》（2019 年第 34 号）第一条的规定，周某某的条件符合免予缴纳个人所得税的情形，而台骏公司去年在没有通知员工的情况下，私自将台湾地区所得并税，造成了周某某经济上的损失。

【裁判观点】

法律、行政法规规定负有纳税义务的单位和个人为纳税人。法律、行政法规规定负有代扣代缴、代收代缴义务的单位和个人为扣缴义务人。纳税人、扣缴义务人必须依照法律、行政法规的规定缴纳税款，代扣代缴、代收代缴税款。相关法律规定，用人单位应当按照劳动合同约定和国家规定，向劳动者及时足额支付劳动报酬，工资应当以货币形式按月支付给劳动者本人，不得克扣或者无故拖欠劳动者的工资。本案中，双方签订劳动合同，其中明确约定了工资数额，台骏公司应按其发放的工资数额依法扣税，然台骏公司并未提供充分证据证明周某某在案外人工银公司处获得的收入符合大陆的纳税范畴而周某某并未就此进行申报，或周某某同意台骏公司将案外人台湾工银向其发放的工资与台骏公司发放的工资一起合并计税，应承担举证不能的不利后果，故台骏公司自行扣发导致诉请期间周某某工资收入减少 66 572.63 元，无事实及法律依据，台骏公司应予以返还。

【案例评析】

《个人所得税法》将我国个人所得税纳税人分为居民个人和非居民个人，居民个人就其境内所得和境外所得承担纳税义务，非居民个人仅就其来源于中国境内的所得承担有限纳税义务。居民个人与非居民个人的判定标准，主要包括以下两点：（1）在我国境内是否有住所；（2）在我国境内的居住时间。在对居民个人身份进行判断时，其是否在我国境内有住所是第一判断标准。如果该个人在我国境内有住所，就不用再看其年度内我国境内的居住天数，可以直接认定为我国的居民纳税人。对于在我国境内无住所个人，要结合其一个纳税年度内在我国境内的居住天数来判断是否构成我国居民个人身份。《财政部、税务总局关于在中国境内无住所的个人居住时间判定标准的公告》（财政部、税务总局公告 2019 年第 34 号，简称 34 号文）规定，无住所个人一个纳税年度在中国境内累计居住满183天的，如果此前六年在中国境内每年累计居住天数都满183天而且没有任何一年单次离境超过30天，该纳税年度来源于中国境内、境外所得应当缴纳个人所得税；如果此前六年的任一年在中国境内累计居住天数不满183天或者单次离境超过30天，该纳税年度来源于中国境外且由境外单位或者个人支付的所得，免予缴纳个人所得税。

本案当事人周某某称其条件符合34号文免予缴纳个人所得税的情形，一审法院亦表示曾向税务部门有关机构咨询本案税务政策问题。周某某来源于台湾地区所得符合34号文免税条件，而台骏公司将周某某台湾地区所得并入大陆收入并扣缴税款，且台骏公司无证据证明周某某台湾地区所得符合计税条件或周某某同意其合并计税，台骏公司应承担举证不能的后果。法院判决台骏公司向周某某返还其多扣缴税款所致工资差额部分，并无不当。台骏公司返还因合并计税导致的工资差额后，可作为申请人向税务机关申请退还多扣缴的个人所得税。

问题81：用人单位代扣代缴个税是否视为履行生效判决确定的金钱给付义务？

案例106：陈某某与可口可乐公司劳动争议纠纷执行复议案[①]

【裁判要旨】

扣缴义务人依法履行代扣、代收税款义务时，纳税人不得拒绝。纳税人拒绝的，扣缴义务人应当及时报告税务机关处理。执行法院向扣缴义务人发出相关执行通知，扣缴义务人已向税务机关报告相关事宜的，税务机关向执行法院出具相关的函件，确认扣缴义务人已经实际代扣代缴申请执行人个人所得税，可视为被执行人履行了生效判决确定的义务。

【涉税案情】

上海市闵行区人民法院（简称“闵行法院”）在执行申请执行人陈某某与被执行人可口可乐饮料（上海）有限公司（简称“可口可乐公司”）劳动合同纠纷一案过程中，申请执行人陈某某对闵行法院作出的执行裁定提出书面异议，认为该裁定驳回其执行申请，违反法律规定，应予撤销，要求继续执行。

闵行法院查明，陈某某与可口可乐公司劳动合同纠纷一案，该院作出的民事判决书已经发生法律效力，判决指出：“……可口可乐公司支付陈某某违法解除劳动合同的赔偿金669 348.76元、额外经济补偿830 651.24元……”陈某某以可口可乐公司未全

---

① 上海市第一中级人民法院执行裁定书（2020）沪01执复119号。

部履行付款义务为由，向闵行法院申请执行，要求可口可乐公司支付378 504.3元。该院立案执行，执行中，被执行人可口可乐公司认为根据有关税收规定，其作为扣税义务人依法向税务机关代扣代缴了申请执行人因赔偿金及额外经济补偿应缴纳的个人所得税378 504.3元，已经履行了民事判决书确定总计150万元的付款义务，请求驳回申请执行人的执行申请。

执行过程中，闵行法院向国家税务总局上海市闵行区税务局发出《商请征询相关涉税问题的函》，该局回函："一、关于扣缴依据，可口可乐公司是生效判决确定的所得支付人，具有代扣代缴义务；二、关于金额计算与缴纳，可口可乐公司依据生效判决支付陈某某的150万元，按照规定计算个人所得税为378 504.30元，并已实际代扣代缴378 504.30元，符合规定。"据此，该院出具裁定书，认定被执行人可口可乐公司已履行完毕判决确定的义务，裁定驳回申请执行人陈某某的执行申请。陈某某遂向该院提出执行异议。

在闵行法院受理陈某某的执行申请后，可口可乐公司于2019年4月17日向国家税务总局上海市闵行区税务局报告相关情况，因陈某某要求申请执行离职补偿金差额378 504.3元（即该公司于2018年7月为陈某某代扣代缴的个人所得税），闵行法院向该公司发出《执行通知书》，要求该公司支付上述款项，故可口可乐公司向税务机关申请办理退税事宜。国家税务总局上海市闵行区税务局第一税务所作出《税务事项通知书》，告知可口可乐公司其提出的退抵税事项，不符合要求，不予审批。

【争议焦点】

陈某某（申请执行人、复议申请人）

生效民事判决未明确缴税事宜，可口可乐公司存在恶意违反法律规定超额纳税的行为，可口可乐公司应当按照生效判决全额履行。

可口可乐公司（被执行人）

生效判决确定的补偿和赔偿金共计150万元系税前金额，可口可乐公司系陈某某离职补偿个人所得税法定的扣税义务人，依法应为陈某某代扣代缴。税务机关已对上述情况予以认定，故可口可乐公司代扣代缴的行为符合法律规定，可口可乐公司已经履行了全部的付款义务，不应继续执行。

【裁判观点】

扣缴义务人依法履行代扣、代收税款义务时，纳税人不得拒绝。纳税人拒绝的，扣缴义务人应当及时报告税务机关处理。在陈某某向闵行法院申请执行可口可乐公司于2018年7月为其代扣代缴个人所得税378 504.3元后，闵行法院向可口可乐公司发出相关执行通知。可口可乐公司已向税务机关报告相关事宜。税务机关也向闵行法院出具相关的函件，确认可口可乐公司依据生效判决支付给陈某某的150万元，已经实际代扣代缴个人所得税378 504.3元，符合规定，故可视为可口可乐公司履行了生效判决确定的义务。执行法院据此驳回陈某某的执行申请及执行异议，并无不当。陈某某也未在本院举证证明，可口可乐公司上述代扣代缴个人所得税的行为，违反法律规定并损害其合法权益。陈某某如果对税务机关上述行政行为不服，应当通过其他法律途径救济。故对陈某某的复议申请，法院不予支持。

案例107：姚某与金田豪迈北分公司劳动争议纠纷执行监督案①

【裁判要旨】

发生法律效力的法律文书，当事人必须履行，一方当事人未履行的，人民法院可以依据对方当事人的申请依法强制执行。

【涉税案情】

2019年7月11日，北京市东城区人民法院（简称“东城法院”）对姚某诉东莞金田豪迈木工机械贸易有限公司北京分公司（简称“金田豪迈北分公司”）劳动争议一案作出《民事调解书》，确定金田豪迈北分公司应于2019年7月18日之前一次性支付姚某佣金共157 581.8元。该调解书生效后，金田豪迈北分公司于2019年7月18日将147 843.62元以银行转账方式汇付给姚某，另有9 738.18元以代扣代缴个人所得税名义扣除。姚某于2019年8月6日向东城法院申请执行，要求金田豪迈北分公司给付157 581.8元。东城法院立案执行，执行过程中，该院向金田豪迈北分公司送达《执行通知书》，要求该公司履行法律文书确定的义务并冻结了该公司银行账户内人民币157 581.8元，现已解除冻结。金田豪迈北分公司应该院要求缴纳了9 738.18元后，即提出执行异议。

【争议焦点】

金田豪迈北分公司（被执行人、异议人、申诉人）

工资薪金所得、劳务报酬所得应缴纳个人所得税。故个人所得税是纳税人应尽的法定义务，该义务并不因人民法院强制执行而予以免除。法院僵化的认为依照生效法律文书要求被执行人按照调解书履行给付义务并无不当，实际上已将我国法律明文规定的用人单位代扣代缴个人所得税的法定内容弃之不顾，明显属于适用法律错误。

---

① 北京市高级人民法院执行裁定书（2020）京执监59号。

姚某（申请执行人）

姚某与金田豪迈北分公司达成的调解书中确定的157 581.8元属于税后金额，非税前金额。案件调解程序中，东城法院特别要求金田豪迈北分公司将调解款打入法院农行账户，而非直接支付到姚某本人账户。调解结案是做了巨大让步妥协后的结果，目的是尽快结束漫长的诉讼程序早日拿到钱，调解金额不可能是一个不确定的税前金额。金田豪迈北分公司如认为调解金额为税前金额，应对原调解书提起再审，而不应对法院的执行提起执行异议。执行法官按照生效法律文书确认的数额进行划扣符合法律规定。

【裁判观点】

发生法律效力的法律文书，当事人必须履行，一方当事人未履行的，人民法院可以依据对方当事人的申请依法强制执行。姚某申请执行金田豪迈北分公司劳动争议一案，生效《民事调解书》确定金田豪迈北分公司应支付姚某佣金157 581.8元，金田豪迈北分公司仅履行147 843.62元，东城法院依据申请执行人姚某的申请，要求金田豪迈北分公司按照《民事调解书》继续履行剩余9 738.18元，并无不当。金田豪迈北分公司认为《民事调解书》确认的款项应包含代缴税款，而姚某认为《民事调解书》确认的款项不应包含代缴税款，双方的此项争议属于对《民事调解书》内容的争议，其不属于执行案件审查范围。

【案例评析】

司法实践中，在劳动争议案件执行中，各地法院对用人单位代扣代缴个税是否视为履行生效判决确定给付义务观点不一。用人单位如依照税法履行代扣代缴义务，代扣代缴的税款无法抵减生效判决所确定的金额，等于支付了两次代扣代缴的税款：一次是向税务机关缴纳；一次是通过法院的执行支付给劳动者。用人单位如果不依据税法履行代扣代缴义务，虽然满足了生效判决的要求，但却违反了税法的规定，后续将面临着税务机关责令补扣补缴税款和予以行政处罚的税务风险。

鉴于此，建议用人单位在履行裁判给付内容时首先向主管税务机关确认扣缴数额与方式，并与执行法院及时沟通，必要时可申请执行法院向税务机关发出协助函，确认是否由用人单位履行给付内容代扣代缴个人所得税义务。用人单位确已代扣代缴劳动者个人所得税后又被强制执行了相应财产的，可采取以下救济方式：一是在执行程序中提出执行异议，二是另行提起不当得利之诉。不论采取何种措施，用人单位应提供缴税记录和主管税务机关就扣缴事宜出具的有效说明，以证明代扣代缴行为的合法性与必要性。

专题 12 税款追索纠纷

问题 82：当事人一方向另一方追偿垫付税款，是否属于民事案件受理范围？

案例 108：黄某某合同纠纷案[①]

【裁判要旨】

当事人一方诉另一方返还税款及资金占用利息纠纷，系平等主体之间的财产纠纷，属于民事案件受理范围，符合《民事诉讼法》第 119 条的规定。

【涉税案情】

2017 年 6 月 27 日至 2017 年 6 月 28 日，通山县人民法院在淘宝网司法拍卖网络平台依法公开拍卖，拍卖陈某某名下房屋，经竞拍，黄某某以 13 205 400 元价格获得该房屋。2017 年 9 月 26 日，拍卖房屋在办理产权过户时，上海市税务局依法收取陈某某土地增值税、城市维护建设税、地方教育附加、教育费附加合计税款 578 954. 68 元，收取黄某某契税 190 327. 15 元。该房屋办理过户后，黄某某找陈某某理论，要求陈某某负担 578 954. 68 元税款及孳息，陈某某先是同意支付，同意协商，但是此后又不同意并拒接电话。陈某某房屋拍卖价款 13 205 400 元，通山法院将 578 954. 68 元留存外，其余拍卖价款都支付给了陈某某。黄某某认为，578 954. 68 元土地增值税依法应由陈某某负担，其垫付后，陈某某构成不当得利，为此，诉至法院。

【争议焦点】

黄某某（一审原告、二审上诉人）

诉争税款负担是黄某某与陈某某平等主体之间的民事法律关系，不具有公法性质。黄某某已经支付了全部房屋价款，在购房款以外，替陈某某垫付了 578 954. 68 元税费，依法对陈某某享有追偿权。在陈某某拒不清偿的情况下，向法院具状起诉，并非对法院的拍卖行为有异议，涉及的是平等主体之间的民事纠纷，依法应予受理。

---

① 湖北省通山县人民法院民事裁定书（2018）鄂 1224 民初 2311 号、湖北省咸宁市中级人民法院民事裁定书（2018）鄂 12 民终 1787 号。

【裁判观点】

一审法院

人民法院强制拍卖属一种执行行为，具有公法性质。黄某某提起的诉讼不属人民法院民事诉讼受案范围。

二审法院

黄某某诉陈某某返还税款及资金占用利息纠纷，系平等主体之间的财产纠纷，属于民事案件受理范围，黄某某的起诉符合《民事诉讼法》第119条的规定。依照《民事诉讼法》第171条、《民事诉讼法司法解释》第332条规定，裁定撤销原审民事裁定，指令原审法院立案受理。

【案例评析】

《民事诉讼法》第3条规定，人民法院受理公民之间、法人之间、其他组织之间以及他们相互之间因财产关系和人身关系提起的民事诉讼，适用本法的规定；第119条规定，起诉必须属于人民法院受理民事诉讼的范围和受诉人民法院管辖。

执行法院对被执行人的财产进行强制执行并委托拍卖人进行拍卖，系基于《民事诉讼法》相关规定履行国家司法机关的司法职能，既不是民事法律行为，也不是以营利为目的的商事交易。[①] 执行法院与竞买人没有形成平等民事主体之间的等价有偿的民事法律关系。但本案起诉人并非对通山县人民法院司法拍卖行为提起诉讼，而是在参加通山县人民法院在淘宝网司法拍卖网络平台公开拍卖并竞得涉案房屋后，向被执行人追偿税款，属于公民之间因财产关系提起的民事诉讼。

《民事诉讼法司法解释》第332条规定，第二审人民法院查明第一审人民法院作出的不予受理裁定有错误的，应当在撤销原裁定的同时，指令第一审人民法院立案受理。故咸宁市中级人民法院裁定撤销通山县人民法院原审民事裁定，指令其立案受理。

问题83：劳动合同解除后履行判决确定给付义务所发生税款追偿争议，属劳动争议还是不当得利纠纷？

案例109：淘宝（中国）软件有限公司与佟某某不当得利纠纷案[②]

【裁判要旨】

当事人系劳动合同解除后履行人民法院生效民事判决确定给付义务所发生争议，

---

① 最高人民法院民事裁定书（2016）最高法民终343号。

② 吉林省洮南市人民法院民事判决书（2018）吉0881民初445号、吉林省白城市中级人民法院民事判决书（2019）吉08民终75号、吉林省高级人民法院民事裁定书（2019）吉民申2725号、吉林省高级人民法院民事判决书（2020）吉民再56号。

并非履行劳动合同发生争议，应属不当得利纠纷。

【涉税案情】

佟某某曾系淘宝（中国）软件有限公司（简称“淘宝公司”）员工，淘宝公司于2014年11月12日以佟某某严重违反公司规章制度为由，解除了与佟某某的劳动合同。2014年11月18日，佟某某向杭州市余杭区劳动人事争议仲裁委员会提出仲裁申请，该委员会于2015年3月13日作出仲裁裁决，佟某某和淘宝公司均不服，佟某某于2015年3月26日向浙江省杭州市余杭区人民法院提起诉讼。双方之间的纠纷经余杭区人民法院及杭州市中级人民法院审理，最终判决淘宝公司支付佟某某2014年11月1日至2015年2月12日工资54 600元。淘宝公司称此后代扣代缴了2014年11月的五险一金个人部分及个税，但余杭区人民法院对于代扣代缴部分仍然强制执行，导致依法应当由佟某某承担的款项最终由淘宝公司负担。淘宝公司主张其为佟某某代缴了个人所得税9 142.63元、2014年11月份的三险一金2 785.31元、2014年12月至2015年2月的住房公积金5 040.00元，诉请佟某某返还。一审法院认为，淘宝公司主张要求佟某某返还代为缴纳的个人所得税9 142.63元，对应缴纳数额的来源，没有事实和法律依据，且无相关的证据证实，对淘宝公司主请求不予支持。二审法院认为，淘宝公司依据生效判决给付佟某某工资54 600元，其上诉主张佟某某应返还该笔工资所产生的个人所得税9 142.63元，没有事实和法律依据。淘宝公司不服二审法院判决，向吉林省高级人民法院申请再审。再审法院判决佟某某返还淘宝公司代缴的个人所得税应纳税款9 142.63元等合计16 967.94元。

【裁判观点】

《最高人民法院关于印发修改后的《民事案件案由规定》的通知》（法〔2011〕42号）之“三、适用修改后的《民事案件案由规定》时应注意的几个问题”第5条规定：“当事人起诉的法律关系与实际诉争的法律关系不一致的，人民法院结案时应当根据法庭查明的当事人之间实际存在的法律关系的性质，相应变更案件的案由。”本案中，淘宝公司与佟某某系劳动合同解除后履行人民法院生效民事判决确定给付义务所发生争议，并非履行劳动合同发生争议，因此应属不当得利纠纷。浙江省杭州市余杭区人民法院已发生法律效力的民事裁定亦已认定本案争议不属劳动争议案件范围。故一、二审法院在查明事实后，确定劳动合同纠纷案由不当，本院依法变更本案案由为不当得利纠纷。

【案例评析】

劳动争议，是中国境内的用人单位与劳动者发生的劳动合同纠纷、社会保险（劳动保险）纠纷、福利待遇纠纷等。劳动合同纠纷是劳动争议的一种。根据《劳动争议调解仲裁法》的规定，在中国境内的用人单位与劳动者因订立、履行、变更、解除和终止劳动合同发生的争议都属于劳动合同纠纷。《民事案件案由规定》对劳动合同纠纷列举了七种情形：（1）确认劳动关系纠纷；（2）集体合同纠纷；（3）劳务派遣合同纠纷；（4）非全日制用工纠纷；（5）追索劳动报酬纠纷；（6）经济补偿金纠纷；（7）竞业限制纠纷。①

淘宝公司请求判令佟某某返还其代为缴付的个人所得税、养老保险金、医疗保险金等的纠纷，系基于淘宝公司代为缴款后产生的平等民事主体之间的债务纠纷，而非基于其履行劳动合同过程中行使扣款义务产生的纠纷，不应归于劳动争议。

不当得利是指没有合法根据取得利益而使他人受损失的事实。不当得利的事实发生后，依据法律规定，造成他人损失的一方，应将取得的不当利益返还受损的人，取得不当利益的人对受损人的这一返还义务，就是法律规定的因不当得利所生之债。不当得利纠纷是因不当得利事实而引起的权利义务争议。② 故淘宝公司请求判令佟某某返还其代为缴付个人所得税等的纠纷应属不当得利纠纷。

问题 84：开发商按合同约定以公用设施建设费的名义取得土地出让金及税费返还款，合同被认定无效后应否退回？

案例 110：邵东县人民政府、湖南省邵东生态产业园管理委员会等与邵东邦盛置业有限公司合同纠纷案③

【裁判要旨】

在签订《补充协议书》过程中起决定性作用的周某某与邦盛公司之间存在恶意串通行为，给国家造成损失，根据《合同法》第 52 条第 2 项的规定，涉案《补充协议书》第三条亦因存在恶意串通损害国家利益的情形，应认定为无效。根据《合同法》第 58 条的规定，邦盛公司获得的邵东县政府以“公用设施建设费用”名义返还的土地出让价款以及减少的土地价款对应的税费，应返还给邵东县政府。

【涉税案情】

2008 年至 2010 年，邵东市委决定成立邵东生态产业园，并决定将该产业园内

① 人民法院出版社．最高人民法院民事案件案由适用要点与请求权规范指引（第二版）上册［M］．北京：人民法院出版社，2020：560－565．

② 人民法院出版社．最高人民法院民事案件案由适用要点与请求权规范指引（第二版）上册［M］．北京：人民法院出版社，2020：405．

③ 湖南省高级人民法院民事判决书（2018）湘民初 47 号、最高人民法院民事判决书（2019）最高法民终 1942 号。

3 000亩土地的土地使用权出让给邵东邦盛置业有限公司（简称“邦盛公司”）从事项目建设。2010年4月23日，邵东市委召开市委常委会，研究决定以公用设施建设补贴的名义将土地出让金返还给邦盛公司，并形成了市委常委会纪要。2010年6月23日，甲方邵东市人民政府（原邵东县人民政府，简称“邵东市政府”）、乙方邵东县生态产业园管理委员会（简称“邵东生态产业园”）按照邵东市委常委会的决定等，与丙方邦盛公司签订《项目合作开发合同书》及《项目合作开发合同补充协议书》（简称《补充协议书》）。

2010年9月至2017年12月，邦盛公司与邵东市国土资源局陆续签订了23宗土地的《国有建设用地使用权出让合同》，挂牌成交价共计86 385.0848万元。邦盛公司按摘牌价缴纳了绝大部分土地出让价款和契税，邵东市财政局、邵东生态产业园分期将土地出让摘牌价高于23.24万元/亩的土地出让价款和契税以公用设施建设费名义返还给邦盛公司，共计返还土地出让金43 707.2735万元和与减少的土地出让金对应的契税2 084.81568万元，共计45 792.08918万元。

湘潭市中级人民法院于2019年4月25日判处原邵东市委书记周某某犯受贿罪、滥用职权罪和巨额财产来源不明罪，数罪并罚，决定执行有期徒刑十七年，并处罚金人民币七十万元。判决书认定：“2009年至2012年，被告人周某某利用担任中共邵阳市委常委、中共邵东县县委书记的职务便利，在国有土地使用权出让、违法返还土地出让金和契税等方面，为邦盛公司法定代表人刘某某（另案处理）提供帮助。2009年至2016年，周某某多次收受刘某某给予的财物，折合人民币共计33万元。”“在周某某主导下……为了规避土地出让金、契税不能返还的相关法律法规、政策，在2010年4月23日周某某主持召开县委常委会，研究决定以公用设施建设补贴的名义将土地出让金变相返还给邦盛公司，并形成了县常委会纪要……经鉴定，邵东县财政局、邵东生态产业园以公用设施建设费用名义返还邦盛公司土地出让金人民币43 707.2735万元、契税人民币2 084.8156万元，共计给国家造成人民币45 792.08918万元土地出让收益损失。”“被告人周某某身为国家工作人员，利用职务便利及其职权所形成的便利条件，为他人谋取利益，单独或伙同他人非法收受他人财物，数额特别巨大，其行为构成受贿罪。”“被告人周某某在担任邵东县委书记期间，在招商引资过程中，以常委会会议讨论等集体研究的形式，违法决定将邵东县人民政府应得的国有土地出让金、契税以公用设施建设费用的名义返还给邦盛公司，给国家造成人民币45 792.08918万元国有土地出让收益流失，情节特别严重，其行为构成滥用职权罪。”

【争议焦点】

邵东市政府、邵东生态产业园（一审原告、二审被上诉人）

涉案土地使用权的出让虽系采取招标方式进行的，但三方当事人通过事先的合同约定将土地价格确定为较低价格，并以“公用设施建设费用”的名义作为地方政策优惠将该价格与公开竞价的价格之间的差价返还给土地使用权竞得人，实质上违反了《物权法》第137条第2款关于国有建设用地使用权应通过公开竞价方式取得的效力性强制性规定，损害国家利益。

邦盛公司只承建了招商公告和土地规划条件书中要求承建的公用配套基础设施，并未额外承建由政府负担的公用基础设施。邦盛公司采取向国家工作人员行贿的手段签订涉案协议，属于恶意串通损害国家利益的行为，涉案《补充协议书》第三条应认定为无效。邦盛公司据此取得的土地出让金返还款及税费返还款，应返还给邵东市政府。

邦盛公司（一审被告、二审上诉人）

政府决策的程序合法、内容合理，并非个人行为，是签约当事人的真实意思表示。至于以何种名目返还对邦盛公司而言并无差别，也并不要求提供任何“公用设施建设单据”进行核验。涉案合同不存在以合法形式掩盖非法目的或恶意串通的情况，没有违反国家法律行政法规效力性强制性规定，不应认定为合同无效。邵东市政府与邦盛公司主观上都无损害国家集体或第三人利益的恶意，也没有实施相互串通的行为，不存在恶意串通。个别人之间的经济往来不能代表邵东市政府和邦盛公司。

在涉案项目招商公告期内，并无第二家企业参与谈判，不存在损害潜在商业竞争者的合法权益，更没有破坏公平竞争的秩序。招商程序公开合法，且并不存在《物权法》第137条第2款规定的两个以上意向用地者，该条也不属于效力性强制性规定。

生态园区开发前土地市场价格极低，涉案项目地区的住宅用地基准地价为192元/平方米，商服用地基准地价为243元/平方米，远低于涉案合同约定的邦盛公司受惠价格23.24万元/亩。邦盛公司以23.24万元/亩的价格取得涉案土地，明显高于基准地价。刑事判决认定涉案合同是周某某“滥用职权”的结果，没有事实依据，且刑事判决的认定并不具有拘束力，如有相反证据亦可推翻。

《国务院关于税收等优惠政策相关事项的通知》明确强调“各地与企业已签订合同中的优惠政策，继续有效，对已兑现的部分，不溯及既往”。

【裁判观点】

邵东县政府和邵东生态产业园虽主张合同全部无效，但并无证据证明这些条款存在无效情形，邦盛公司也是通过建设用地使用权出让挂牌程序竞得涉案土地使用权，因此，该协议的上述部分条款应属有效。

但《补充协议书》第三条“土地价格的约定”，违反了法律、法规的强制性规定，且存在恶意串通损害国家利益的情形，应属无效。理由如下：（一）该补充协议第三条违反了《物权法》对建设用地使用权出让的相关规定。《物权法》第 137 条第 2 款规定，“工业、商业、旅游、娱乐和商品住宅等经营性用地以及同一宗地有两个以上意向用地者的，应当采取招标、拍卖等公开竞价的方式出让”，涉案土地使用权的出让虽系采取招标方式进行的，但本案三方当事人通过事先的合同约定将土地价格确定为较低价格，并以“公用设施建设费用”的名义作为地方政策优惠将该价格与公开竞价的价格之间的差价返还给土地使用权竞得人，三方当事人这一行为系规避《物权法》第 137 条第 2 款规定的行为，实质上违反了该条关于国有建设用地使用权应通过公开竞价方式取得的强制性规定，损害国家利益。（二）根据湖南省湘潭市中级人民法院刑事判决认定的事实，周某某在担任邵东县委书记期间，收受刘某某的贿赂，并通过召开县委常委会的方式研究决定以公用设施建设补贴的名义将土地出让金变相返还给邦盛公司，邵东县政府、邵东生态产业园按照该常委会的决定与邦盛公司签订《项目合作开发合同书》及《补充协议书》，给国家造成共计 43 707. 2735 万元的土地出让金收益和 2 084. 81568 万元的契税损失。这些事实表明在签订《补充协议书》过程中起决定性作用的周某某与邦盛公司之间存在恶意串通行为，给国家造成损失。

根据《合同法》第 58 条规定，合同无效或者被撤销后，因该合同取得的财产，应当予以返还。邦盛公司获得的邵东县政府以“公用设施建设费用”名义返还的土地出让价款 43 707. 2735 万元以及减少的土地价款对应的税费 2 084. 81568 万元，共计 45 792. 08918万元，应返还给邵东县政府。

【案例评析】

土地出让收入、契税减免有严格规定。《国有土地使用权出让收支管理办法》（财综〔2006〕68 号）规定：任何地区、部门和单位都不得以“招商引资”“旧城改造”“国有企业改制”等各种名义减免土地出让收入，实行“零地价”，甚至“负地价”，或者以土地换项目、先征后返、补贴等形式变相减免土地出让收入；也不得违反规定通过签订协议等方式，将应缴地方国库的土地出让收入，由国有土地使用权受让人直接将征地和拆迁补偿费支付给村集体经济组织或农民等。《税收征管法》规定，任何机关、单位和个人不得违反法律、行政法规的规定，擅自作出税收开征、停征以及减税、免税、退税、补税和其他同税收法律、行政法规相抵触的决定。本案中，邵东县政府、邵东生态产业园按照县委常委会研究决定，以“公用设施建设补贴”的名义将土地出让金和契税变相返还给邦盛公司，损害了国家利益。而且，“周某某、李某某受贿、滥用职权、巨额财产来源不明案”① 中邵东县仁和置业有限公司、湖南中意鸿

---

① 湖南省湘潭市中级人民法院刑事判决书（2018）湘 03 刑初 22 号。

源有限公司、邵东泰鑫置业有限公司在邵东县开发区、邵东县生态园受让土地的相关资料证实：土地出让金以及契税返还只是针对邦盛公司的个性化定制优惠，除邦盛公司外，无其他任何公司享受过该种特定优惠。此外还证实中意鸿源有限公司与邵东泰鑫置业有限公司都从邵东生态产业园里安区受让土地，土地摘牌方同样都存在代建道路的情况，但邵东县财政局、邵东生态产业园没有返还土地出让金和契税给上述两公司。

《民法通则》和《合同法》都对恶意串通作了规定。《民法通则》第58条规定，恶意串通，损害国家、集体或者第三人利益的民事行为无效；《合同法》第52条第2项作了相同的规定。《民法典》第154条规定，行为人与相对人恶意串通，损害他人合法权益的民事法律行为无效。所谓恶意串通，是指行为人与相对人互相勾结，为牟取私利而实施的损害他人合法权益的民事法律行为。恶意串通的民事法律行为在主观上要求双方有互相串通、为满足私利而损害他人合法权益的目的，客观上表现为实施了一定形式的行为来达到这一目的。① 关于恶意串通类案件如何举证证明的问题。不仅要证明当事人之间主观上具有损害自己利益的意图，而且要证明双方必须有相互串通的行为，这类案件主要还是应该通过当事人实施的行为本身来认定该行为是恶意串通所为，其判断标准就是社会一般观念。② 生效刑事判决已经认定周某某在担任邵东市委书记期间，收受刘某某的贿赂，并通过召开市委常委会的方式研究决定以拨付基础设施建设费等名义违法返还土地出让金及税费，给国家利益造成重大损失。法院根据上述事实，认定在签订《补充协议书》过程中起决定性作用的周某某与邦盛公司之间存在恶意串通行为，给国家造成损失。

《民事证据规定》第10条规定，已为人民法院发生法律效力的裁判所确认的基本事实，当事人无须举证证明，当事人有相反证据足以推翻的除外。邦盛公司代理律师在二审中引用《民事诉讼法解释》第109条之规定，“当事人对其提出的存在恶意串通的事实主张，应提供充分的证据以达到足以排除合理怀疑的证明标准，否则，其主张的恶意串通的待证事实便难以认定”，认为邵东市政府与邦盛公司主观上都无损害国家集体或第三人利益的恶意，也没有实施相互串通的行为，不存在恶意串通，代理律师辩解未获法院支持。

编者以往了解的案例多为企业诉请政府部门支付招商引资协议约定的税费财政返还，政府部门诉请企业退回已取得税费财政返还的，颇为罕见。招商引资协议涉税条款的合规性和法律风险，值得企业关注。

---

① 黄薇．中华人民共和国民法典释义［M］．北京：法律出版社，2020：305.

② 最高人民法院民法典贯彻实施工作领导小组．中华人民共和国民法典总则编理解与适用（下）［M］．北京：人民法院出版社，2020：776－777.

问题85：出让方违约致土地出让合同解除，是否应承担受让方契税损失？

案例111：大连联发置业有限公司与长海县自然资源局、国家税务总局长海县税务局、长海县财政局、长海县人民政府建设用地使用权合同纠纷案[①]

【裁判要旨】

因依法纳税系法定权利和义务，结合《税收征管法》和《税务行政复议规则》相关规定，虽然纳税人依法享有退税权利，但是否符合退税条件以及如何履行退税程序不属于民事诉讼法律规范调整范围，故受让方诉请退还税款、给付税款利息等诉讼请求，不属于民事诉讼受理范围，应驳回起诉。

【涉税案情】

2013年11月7日，长海县自然资源局针对涉案四宗土地（6号宗地、7号宗地、8号宗地和9号宗地）作出四份《大连市国有建设用地使用权挂牌出让竞买须知》，在第五条相关事项处均记载土地系净地出让，由长海县人民政府以地上建筑物、构筑物全部拆除后的现状移交。2013年12月9日，大连联发置业有限公司（简称“联发公司”）竞买取得涉案四宗土地并签订四份成交确认书。2013年12月16日，联发公司与长海县自然资源局分别签订涉案四宗土地的《国有建设用地使用权出让合同》，该四份合同中除涉案四宗土地位置、面积、出让价款及付款方式等内容不同外，其他约定内容基本一致。

前述合同签订后，除9号地出让金全额支付外，其余三宗地出让金联发公司均未足额支付。除前述土地出让金外，联发公司分别于2013年12月24日缴纳契税615万元，2014年12月23日缴纳印花税和契税共计1 445 775元。2014年9月22日，长海县自然资源局将涉案四宗土地向联发公司交付。

2016年3月23日，长海县国土局通过在《大连日报》公告的方式以联发公司欠缴土地出让金且经催缴后仍未缴纳为由，解除了涉案6号地、7号地和8号地的合同，并收回前述三宗土地的国有建设用地使用权，联发公司对前述三份合同解除予以认可；2017年1月20日，长海县国土局向联发公司作出《收回国有建设用地使用权决定书》，以涉案9号地为闲置土地为由无偿收回闲置土地使用权。

联发公司诉请法院：解除涉案9号地《国有建设用地使用权出让合同》，返还已交纳的土地出让金，返还已缴纳的税款7 595 775元，第三人国家税务总局长海县税务

---

① 辽宁省高级人民法院民事判决书（2019）辽民终1566号、最高人民法院民事裁定书（2020）最高法民申817号。

局就该笔税款返还承担连带责任，按照年利率12%支付税款7 595 775元的资金占用期间利息，直至款项全部退还为止。

【争议焦点】

联发公司（一审原告、二审上诉人、再审被申请人）

在合同履行过程中，当地以财政收入紧张为由，提前收取联发公司取得的国有土地使用权上尚未建设的地上物所有权的税费，合计人民币7 595 775元，由第三人长海县地方税务局收取，并出具票据。现长海县自然资源局解除与联发公司签订的国有土地使用权出让合同，因此依据上述合同提前收取的税费理应返还，第三人长海县税务局就税费的返还承担连带责任。

长海县自然资源局（一审被告、二审上诉人、再审申请人）

《契税暂行条例》第八条规定"契税的纳税义务发生时间，为纳税人签订土地、房屋权属转移合同的当天，或者纳税人取得其他具有土地、房屋权属转移合同性质凭证的当天"，《大连市地方税务局关于调整土地权属转移契税缴税期限的公告》"一、纳税人应当自纳税义务发生之日起10日内，到主管契税征收的地税机关办理纳税申报，并在办理土地权属证明前（时）缴纳契税"，联发公司向税务部门缴纳税款属于其与第三人之间的缴纳与征收的管理与被管理关系。无论土地出让金还是税款，长海县自然资源局无权就此返还，也不存在返还的问题。根据《行政诉讼法》第12条之规定，行政机关的征收行为属于人民法院行政诉讼受案范围。《民事诉讼法》第124条第（1）项规定："依照行政诉讼法的规定，属于行政诉讼受案范围的，告知原告提起行政诉讼。"对征收土地出让金和税款等行政征收行为不服，可依法提起行政诉讼，联发公司对此提起民事诉讼不符合法律规定。

长海县税务局（第三人）

一、根据《税收征管法》第2条、第3条规定，本案征收税款行为具有合法性，联发公司请求返还税款于法无据。联发公司在2013年12月16日签订了4份《国有建设用地使用权出让合同》，合同确定的土地价款总额为18 755万元。依据《契税暂行条例》第8条规定，联发公司应纳契税的纳税义务发生时间为2013年12月16日。依据《大连市地方税务局关于调整土地权属转移契税缴税期限的公告》（大地税公告〔2013〕7号）规定，联发公司应当于2013年12月26日前办理契税纳税申报。依据《契税暂行条例》第4条、《契税暂行条例细则》第9条、《辽宁省契税暂行实施办法》第3条、《财政部 国家税务总局关于印花税若干政策的通知》（财税〔2006〕162号）第3条等有关规定，联发公司应当缴纳产权转移印花税93 775元。联发公司应纳税款均是在2013年12月16日签订4份《国有建设用地使用权出让合同》后自行缴纳的，不存在提前收取税费的问题。联发公司在缴纳上述税款的过程中，税务机关没有向其送达《责令限期改正通知书》和《限期缴纳税款通知书》等相关催报催缴税务文书，其缴纳税款的行为属于自行履行纳税人的义务。

二、联发公司返还税款的请求不属于人民法院民事诉讼案件的受案范围。根据《行政诉讼法》第12条，《税收征管法》第8条第3款和第4款，《税务行政复议规则》（国家税务总局令第21号）第14条和第33条第1款、第2款，《民事诉讼法》第124条第（1）项规定，联发公司请求返还税款应依法向税务机关提出退税申请，对税务机关作出具体行政行为不服的，在履行行政复议前置程序之后方可提起行政诉讼。

【裁判观点】

案涉四份《国有建设用地使用权出让合同》是长海县自然资源局以民事主体的身份与联发公司签订的合同，且联发公司不是对长海县自然资源局收取出让金的行政行为本身有异议，而是对于该合同应否解除以及解除后的法律后果等问题提起诉讼，故联发公司诉请解除合同、返还出让金、给付利息等属于民事诉讼受理范围和本院管辖。然而，因依法纳税系法定权利和义务，结合《税收征管法》和《税务行政复议规则》相关规定，虽然纳税人依法享有退税权利，但是否符合退税条件以及如何履行退税程序不属于民事诉讼法律规范调整范围，故联发公司诉请退还税款、给付税款利息等诉讼请求，不属于民事诉讼受理范围，应驳回起诉。

案例112：营口天赋房地产开发有限公司与营口市自然资源局老边分局建设用地使用权合同纠纷案①

【裁判要旨】

国有土地使用权出让合同签订后，受让方虽然全额支付了出让金，但由于出让方违约的原因未能取得土地使用权，在出让合同解除后因税务部门认为不符合退税条件，成为出让方实际产生的损失，根据违约过错责任，该税款依法应当由违约方承担。

【涉税案情】

营口天赋房地产开发有限公司（简称“天赋公司”）与原营口市国土资源老边分局（现更名为营口市自然资源局老边分局，简称“自然资源局老边分局”）于2010年11月12日签订《国有建设用地使用权出让合同》（面积是87 347m^2，宗地全款

① 辽宁省高级人民法院民事判决书（2019）辽民终1570号。

8 734.7万元，简称“6号宗地”）。合同中约定“受让人应当按照本合同约定，按时支付国有建设用地使用权出让价款。受让人不能按时支付国有建设用地使用权出让价款的，自滞纳之日起，每日按迟延支付款项的1‰向出让人缴纳违约金”“受让人按本合同约定支付国有建设用地使用权出让价款的，出让人必须按照合同约定按时交付土地。由于出让人未按时提供出让土地而致使受让人本合同项下宗地占有延期的，每延期一日，出让人应当按受让人已经支付的国有建设用地使用权出让价款的0.1‰向受让人给付违约金”。

6号宗地实际交纳土地出让金日期为2010年2月26日。天赋公司与自然资源局老边分局于2011年6月20日签订《补充合同》，约定6号宗地交付时间由2010年6月1日变更为2011年7月30日。土地出让合同在实际履行过程中，因出让土地动迁受阻等因素，6号宗地一直未实际交付，自然资源局老边分局分别于2014年4月23日、2014年8月26日退还天赋公司土地出让金2 324.4万元、6 410.4万元，双方协商对6号宗地进行了退地处理。天赋公司在办理6号宗地土地使用权时，缴纳契税375万元，税务局明确答复375万属于交易契税，依法不予退还。

天赋公司诉请375万元税款应该由自然资源局老边分局承担。

【争议焦点】

天赋公司（一审原告、二审上诉人）

6号宗地契税375万元已经缴纳完毕，由于未能完成动迁，所以天赋公司和自然资源局老边分局解除了6号宗地合同，但是税务局明确答复375万元属于交易契税，依法不予退还，375万元税款应该由自然资源局老边分局承担。

自然资源局老边分局（一审被告、二审上诉人）

6号宗地土地出让合同双方已经协商解除了，土地出让金已经全部返还，双方已经无争议，不存在375万元税款由自然资源局老边分局承担的问题。

【裁判观点】

通常情况下，6号宗地土地使用权出让合同如果能够实际履行，该税款应当由天赋公司承担，因为该税款属于天赋公司正常应当负担的经营成本。事实是，6号宗地使用权出让合同签订后，天赋公司虽然全额支付了出让金，但由于自然资源局老边分局违约的原因未能取得该地块土地使用权，无法实现营利目的，使得该税款交纳后即成为天赋公司的实际损失，故该税款依法应当由违约方自然资源局老边分局承担。一审法院未判令自然资源局老边分局承担该税款的偿付责任，二审予以纠正。天赋公司上诉提出该税款应由自然资源局老边分局承担的主张，具有事实和法律依据。

【案例评析】

对于国有土地使用权出让协议属于民事合同还是行政协议的问题，司法实践中存在较大的争议。在《行政协议司法解释》讨论过程中，立法机关民法室的同志认为，国有土地使用权出让合同等合同的性质属于民事合同；还有的观点认为，国有土地使用权出让协议既不属于民事合同，也不属于行政协议，而是一种混合合同；讨论过程中，比较一致的意见是，国有土地使用权出让协议是典型的行政协议，但考虑民事审判部门和行政审判部门尚存在不同意见，最终，《行政协议司法解释》没有采用“国有土地使用权出让协议等国有自然资源使用权出让协议”的表述，而是采用“矿业权出让协议等国有资源出让协议”的表述。①

现行税收制度下，契税退税的常见情形包括：一、多缴税款退税。《税收征管法》第51条，“纳税人超过应纳税额缴纳的税款，税务机关发现后应当立即退还；纳税人自结算缴纳税款之日起三年内发现的，可以向税务机关要求退还多缴的税款并加算银行同期存款利息，税务机关及时查实后应当立即退还；涉及从国库中退库的，依照法律、行政法规有关国库管理的规定退还。”二、退房退税。《财政部国家税务总局关于购房人办理退房有关契税问题的通知（财税〔2011〕32号）规定：“对已缴纳契税的购房单位和个人，在未办理房屋权属变更登记前退房的，退还已纳契税；在办理房屋权属变更登记后退房的，不予退还已纳契税。”三、无效产权转移退税。《国家税务总局关于无效产权转移征收契税的批复》（国税函〔2008〕438号）规定：“对经法院判决的无效产权转移行为不征收契税。法院判决撤销房屋所有权证后，已纳契税款应予退还。”纳税人可否在出让合同被解除后申请办理退税，实务中存在不同观点，《解除土地出让合同是否退还契税》② 一文作者认为，“受让方因法定事由解除土地出让合同，尽管存在取得土地使用权的事实，但不是最终与土地管理部门签订出让合同的土地使用权属承受人”，故应准予退税。“淮安飞龙置业有限公司与江苏省淮安地方税务局第五税务分局、淮安市人民政府税务行政管理纠纷案”③ 中，法院支持税务机关观点，即“作为国有土地使用权受让方，其契税纳税义务在签订《国有建设用地使用权出让合同》之日即产生，其在该合同签订之时即构成印花税纳税人。受让方在缴纳契税后得以办理国有土地使用权证，取得土地权属，其已构成契税纳税人。故受让方基于《国有建设用地使用权出让合同》已经解除要求退还已缴纳的契税没有法律依据”。需要提醒读者的是，自2021年9月1日起施行的《契税法》完善了退税规定，纳税人权益更有保障，第12条规定：“在依法办理土地、房屋权属登记前，权属转移合同、

---

① 梁凤云．行政协议司法解释讲义［M］．北京：人民法院出版社，2020：26－33.

② 唐剑．解除土地出让合同是否退还契税．中国税务报，2017.08.11．第07版．

③ 江苏省淮安市中级人民法院行政判决书（2018）苏08行终71号。

权属转移合同性质凭证不生效、无效、被撤销或者被解除的，纳税人可以向税务机关申请退还已缴纳的税款，税务机关应当依法办理。”纳税人如果存在这些情形，可持相关资料，向主管税务机关提出退税申请。

案例111和案例112情节相似，但却因诉讼策略错误，导致不同的结果。民事诉讼中起诉必须同时符合四个条件：原告是与本案有直接利害关系的公民、法人和其他组织；有明确的被告；有具体的诉讼请求和事实、理由；属于人民法院受理民事诉讼的范围和受诉人民法院管辖。民事诉讼的第三人，是指对当事人争议的诉讼标的具有独立的请求权，或者虽无独立的请求权，但同案件处理结果有法律上的利害关系，从而参加到他人已开始的诉讼中去的人。① 联发公司如认为税务机关不同意办理契税退税的行政行为违法，侵犯其合法权益，可申请行政复议，对行政复议决定不服，可向人民法院提起行政诉讼。联发公司亦可参考天赋公司，诉请违约方长海县自然资源局承担因合同解除导致的契税损失。联发公司在民事诉讼中，将国家税务总局长海县税务局、长海县财政局、长海县人民政府列为第三人，诉请长海县自然资源局返还提前收取的税费，并要求第三人就税费的返还承担连带责任，于法无据。

争议86：股权受让方承担转让方企业所得税应如何计算？

案例113：沈阳同联集团有限公司、恒大集团（南昌）有限公司股权转让纠纷案②

【裁判要旨】

按照合同约定，受让方仅就因本次交易而产生的部分增值税和部分企业所得税给予转让方补偿，而非对全部税费承担补偿责任，汇算清缴仅是税金计算的标准。涉案补偿款已是作为合同价款的税金补偿，如按转让方主张，则会产生受让方对已补偿税金再进行税金补偿的无限循环，明显不符合交易常理和公平原则。

【涉税案情】

2016年4月28日，沈阳同联集团有限公司（简称“同联公司”）与恒大集团（南昌）有限公司（简称“恒大南昌公司”）签订了《股份购买协议》。同联公司将其持有的盛京银行股份有限公司壹亿伍仟万内资股股份，以每股10元的价格出售给恒大公司，交易价款为15亿元。《股份购买协议》中的“税费承担”条款约定：因本次交易所产生的税费，双方按法律规定各自承担，但买方应就卖方因本次交易而产生的部分

---

① 吴高盛.《中华人民共和国民事诉讼法》释义及实用指南［M］. 北京：中国民主法制出版社，2012.

② 辽宁省高级人民法院民事判决书（2019）辽民终74号、最高人民法院民事裁定书（2019）最高法民申4428号。

增值税（如有）和部分企业所得税（以汇算清缴的结果为准）给予卖方足额补偿。买方应在双方对卖方应支付的预缴和汇算清缴后的企业所得税确认之日起十（10）个工作日将金额等同于前述增值税（如有）和企业所得税（以汇算清缴的结果为准）的款项支付至卖方指定的账户。以上“部分增值税（如有）和部分企业所得税（以汇算清缴的结果为准）”指卖方就标的股份按照每股初始成本（即每股1.3元）至每股7元的部分计算而产生的增值税（如有）和企业所得税（以汇算清缴的结果为准）。买方应根据本协议第4.2条向监管银行支付交易价款时一并支付2.1375亿元，以作为买方给予卖方的上述补偿。

协议签订后，恒大南昌公司于2016年5月3日、5月23日，向双方约定的监管账户陆续存入资金1.5亿元、13.5亿元及同联公司可能产生的所得税补偿款2.1375亿元。2016年7月27日，双方办理了盛京银行股份有限公司壹亿伍仟万股标的股份的交割。

根据同联公司的《企业所得税月（季）度预缴纳税申报表》《银行终端查询缴税凭证》《结算业务申请书》等资料，恒大南昌公司确认同联公司因本次股权交易需要向税务机关缴纳195 952 334.20元，监管账户剩余的补偿款17 797 665.80元及利息由恒大公司划回。

2017年4月5日，同联公司向恒大南昌公司发出《关于支付后续股权转让补偿价款的函》，提出同联公司2016年度应纳税所得1 428 575 511.10元，应缴所得税率为25%，公司尚需补交2016年度企业所得税48 691 543.58元，要求恒大南昌公司于2017年4月28日前，将上述股权交易补偿款存入同联公司银行账户。

恒大南昌公司于4月19日向同联公司作出回函，提出需另行缴付的税金系同联公司自行将收取的15亿元的所得税补偿款195 952 334.20元纳入2016年损益核算及汇算清缴所致，并不属于15亿股权出让所得税款，也不属于股权转让合同约定的补偿范围，不同意向同联公司继续支付后续股权转让补偿款。

因对上述约定存在不同解读，同联公司和恒大南昌公司遂产生争议，同联公司起诉至法院。

【争议焦点】

同联公司（一审原告、二审上诉人）

根据双方合同约定，恒大南昌公司应就同联公司因本股权交易而产生的部分企业所得税给予其足额补偿，该足额针对的是最终由汇算清缴确定的、就标的股份按每股初始成本1.3元至每股7元计算的企业所得税。恒大南昌公司向税务机关缴纳的195 952 334.20元是预缴税款，并非是最终汇算清缴确定的纳税金额。同联公司将恒大南昌公司支付的195 952 334.20元税款补偿款计入收入，是唯一符合税法及会计收入准则规定的会计处理方式。恒大南昌公司在要求将汇算清缴作为计算补偿款的方式时，其应当清楚先行支付的预缴税款补偿款必将根据税法规定计入同联公司收入，也必将进一步产生企业所得税。争议的48 691 543.58元企业所得税是合同安排直接的、必然的结果，更是按照合同约定根据汇算清缴所最终确定的税款补偿额。

恒大南昌公司（一审被告、二审被上诉人）

根据法律规定，同联公司作为股权出卖方，应负担缴纳企业所得税的义务。恒大南昌公司给予同联公司的补偿款并非股权转让的对价款，合同中也没有约定恒大南昌公司需要对同联公司因收取补偿款而增加的税款承担补偿义务。同联公司《2016年度企业所得税汇算清缴纳税调整审核事项说明》中调增应纳税所得额1 396 563.28元及《中华人民共和国企业所得税年度纳税申报表（A类）》中营业收入15 055 523.05元，与本次股权交易无关。新产生的企业所得税系同联公司将不是涉案合同价款的组成部分195 952 334.20元，计入了2016年度的营业收入后计算得出的，合同中并没有约定该部分税款由恒大南昌公司负担。

【裁判观点】

根据双方约定，恒大南昌公司仅就因本次交易而产生的部分增值税和部分企业所得税给予同联公司补偿，而非对全部税费承担补偿责任。195 952 334.20元补偿款已是作为合同价款15亿元的税金补偿，如按同联公司主张，则会产生恒大南昌公司对已补偿税金再进行税金补偿的无限循环，明显不符合交易常理和公平原则。本案产生195 952 334.20元的二次税金争议，其主要原因在于将恒大南昌公司已补偿的该税金打入同联公司账户，同联公司并将其列为企业所得，产生相应的企业所得税。同联公司作为出卖方，其作为长期从事商事行为，特别是经历多次股权交易的主体，要求对方将195 952 334.20元税金补偿款打入己方账户自行缴税，理应对补偿款打入其账户会衍生的后果有预见性，在明确由自身承担税负的情况下，应承担合同后果。双方《股份购买协议》仅约定"本次交易""部分企业所得税"，并无明确以同联公司全年"汇算清缴"后的全部应税金额，作为恒大南昌公司应负担的补偿款数额。

【案例评析】

虽然最高人民法院裁定驳回同联公司再审申请，但编者认为辽宁省高级人民法院和最高人民法院审判观点有待商榷。

交易双方在协议中约定由受让方补偿转让方交易环节税费，是股权转让中常见操作，站在税法的角度，恒大南昌公司给予同联公司的税费补偿属于标的物盛京银行股权转让对价的组成部分。由受让方负担的企业所得税属于"价内税"，其计税依据包含受让方负担的税款，故在计算企业所得税时应当将转让方"到手价"换算成"含税价”。整个交易行为需待同联公司所属年度（2016 年）企业所得税汇算清缴结果来确认交易所产生的企业所得税，且恒大南昌公司支付应补偿税款后，才可认定协议履行完毕。恒大南昌公司在答辩意见中所称“同联公司作为股权出卖方，应负担缴纳企业所得税的义务。恒大南昌公司给予同联公司的补偿款并非股权转让的对价款，合同中也没有约定恒大南昌公司需要对同联公司因收取补偿款而增加的税款承担补偿义务”，编者认为逻辑错误。恒大南昌公司并非因支付补偿款而增加税款承担补偿义务，而是因补偿款本身就是股权转让对价的一部分，就如同承债式收购中交易总对价包括债权转让对价。恒大南昌公司向同联公司回函中称，“另行缴付的税金系同联公司自行将收取的 15 亿元的所得税补偿款 195 952 334.20 元纳入 2016 年损益核算及汇算清缴所致”，编者有这样的疑问，何谓自行将补偿款纳入 2016 年损益核算及汇算清缴？同联公司是否不该在账面记载此笔补偿款？企业所得税难道不是通过汇算清缴才能最终确认应纳税额？

《股份购买协议》约定“交易价款为 15 亿元”“因本次交易而产生的部分增值税（如有）和部分企业所得税（以汇算清缴的结果为准）由恒大南昌公司补偿给同联公司”“部分企业所得税（以汇算清缴的结果为准）指卖方就标的股份按照每股初始成本（即每股 1.3 元）至每股 7 元的部分计算而产生的企业所得税（以汇算清缴的结果为准）”，换言之，同联公司本次股权转让不含税收入应为 15 亿元，恒大南昌公司按比例负担同联公司企业所得税（每股成本 1.3 元，转让价 10 元，恒大南昌公司负担 1.3 元至 7 元转让收益所对应的企业所得税），税款负担比例约为 65.52%。

参考《国家税务总局关于非居民企业所得税源泉扣缴有关问题的公告》（国家税务总局公告 2017 年第 37 号）第 6 条之规定，“扣缴义务人与非居民企业签订与企业所得税法第三条第三款规定的所得有关的业务合同时，凡合同中约定由扣缴义务人实际承担应纳税款的，应将非居民企业取得的不含税所得换算为含税所得计算并解缴应扣税款”。假设恒大南昌公司本次交易应补偿同联公司企业所得税为 X 元，在不考虑其他因素影响下，则（不含税转让收入 1 500 000 000 + X − 150 000 000 × 1.5）× 25% = X ×（10 − 1.3）/（7 − 1.3），X 应为 255 618 556.7 元。

还原验算交易数据，含税转让收入为 1 755 618 556.7 元（不含税转让收入 1 500 000 000 + 受让方负担税款 255 618 556.7），同联公司股权转让所得为 1 560 618 556.7 元（含税转让收入 1 755 618 556.7 − 转让成本 150 000 000 × 1.3），应缴纳企业所得税 390 154 639.18 元（股权转让所得 1 560 618 556.7 × 25%），恒大南昌公司实际负担股权转让企业所得税税款比例为 65.62%（255 618 556.7/390 154 639.18），合同目的实现。

编者认为，同联公司对涉案企业所得税补偿款的计算原理和主张金额解释有误，导致法官得出“如按同联公司主张，则会产生恒大南昌公司对已补偿税金再进行税金补偿的无限循环”这样貌似合理的结论。同联公司不应主张对已补偿税金再进行税金补偿，而应主张恒大南昌公司未按合同约定足额支付税金补偿款 255 618 556.7 元，应承担差额补偿款 59 666 222.5 元补偿责任。

问题 87：当事人能否主张尚未实际发生税款损失？

案例 114：辽阳晟宝龙房地产开发有限公司与浙江众立建设集团有限公司、许某某建设工程施工合同纠纷案[①]

【裁判要旨】

发包人尚未进行土地增值税清算，增值额及税率均未确定，故应缴纳的税款数额无法确定。且发包人尚有另案生效判决确定的给付义务没有完全履行，该部分数额可以计入增值额的扣除项目，对最终的土地增值税数额势必产生影响。因此，对于发包人主张的承包人未足额开具发票造成的损失尚未实际发生，不予支持，发包人可在土地增值税损失实际发生时另行主张权利。

【涉税案情】

2013 年 7 月 16 日，浙江众立建设集团有限公司（简称“众立公司”）中标后与辽阳晟宝龙房地产开发有限公司（简称“晟宝龙公司”）签订《建设工程施工合同》，约定：众立公司承包建设晟宝龙公司开发的辽阳晟宝龙广场 B 区二期项目。2014 年 9 月 9 日，众立公司向晟宝龙公司发出通知要求解除合同，同年 9 月 16 日，晟宝龙公司向众立公司发出回复函同意解除合同。2014 年 10 月 20 日，晟宝龙公司向众立公司发函要求将已经支付的工程款发票补齐。2014 年 10 月 24 日，众立公司向晟宝龙公司回函称晟宝龙公司将欠付工程款付清后，众立公司将立即补齐所有的工程款发票。众立公司、许某某与晟宝龙公司经过辽宁省高级人民法院一审、最高人民法院 2019 年 10 月 30 日作出的二审判决确认：晟宝龙公司在涉案工程中的已付工程款合计应为 155 090 873 元，尚欠众立公司和许某某涉案工程款 43 923 509.57 元。众立公司就涉案工程共向晟宝龙公司开具发票金额 80 000 000 元。

晟宝龙公司诉请法院依法判令众立公司和许某某赔偿因欠开发票造成的土地增值税损失 25 867 121.97 元。

【争议焦点】

晟宝龙公司（原告）

晟宝龙广场 B 区二期项目楼盘现基本售罄，根据《土地增值税清算管理规程》第

---

① 辽宁省辽阳市中级人民法院民事判决书（2020）辽 10 民初 1 号。

10条第1款“对已竣工验收的房地产开发项目，已转让的房地产建筑面积占整个项目可售建筑面积的比例在85%以上，或该比例虽未超过85%，但剩余的可售建筑面积已经出租或自用的，主管税务机关可要求纳税人进行土地增值税清算”之规定，在规定的期限内拒不清算的，税务机关可依据《税收征管法》有关规定处理。根据《土地增值税清算管理规程》第20条第1款：“在土地增值税清算中，计算扣除项目金额时，其实际发生的支出应当取得但未取得合法凭据的不得扣除。”因二被告未足额为原告开具发票，欠开的发票金额86 223 739.89元共计造成原告土地增值税损失25 867 121.97元。

众立公司、许某某（被告）

原告主张土地增值税损失，既未发生，也无法判断是否会发生，其主张完全没有事实依据。原告至今未进行土地增值税清算，其也未向税务机关缴纳过土地增值税，因此其并不存在土地增值税的损失。原告最终需要缴纳税收的数额应当由税务机关确定，而并非是原告自我计算。根据《土地增值税暂行条例》规定，土地增值税实行四级超率累进税率及两种免征土地增值税的情况。其中，增值额未超过扣除项目金额50%的部分，税率为30%。纳税人建造普通标准住宅出售的，增值额未超过扣除项目金额20%的，免征土地增值税。从原告现有证据来看，其既未说明增值额是多少，也未说明项目金额是多少，根本无法判断其是否应当缴纳土地增值税。

【裁判观点】

晟宝龙公司尚未进行土地增值税清算，增值额及税率均未确定，故应缴纳的税款数额无法确定。晟宝龙公司尚有另案生效判决确定的43 923 509.57元给付义务没有完全履行，该部分数额可以计入增值额的扣除项目，对最终的土地增值税数额势必产生影响。庭审中，众立公司愿意补开发票，晟宝龙公司不要求开具发票，仅要求赔偿未开发票部分造成的损失，但晟宝龙公司又不能提供证据证明众立公司补开的发票在土地增值税清算中不能进行认证抵扣。因此，对于晟宝龙公司主张的二被告未足额开具发票造成的损失尚未实际发生，不予支持。晟宝龙公司可在土地增值税损失实际发生时另行主张权利。

案例115：肇庆联德房地产开发有限公司与肇庆珠影文体产业投资有限公司合同纠纷案①

【裁判要旨】

当事人一方主张另一方退还涉案企业所得税数额，并提供了税务师事务所出具的

① 广东省肇庆市中级人民法院民事判决书（2020）粤12民终1569号。

报告书来证实。该报告书仅说明涉案交易可能产生企业所得税，但由于当事人并未实际缴纳，因此，该报告书在本案中不具参考价值。在当事人一方尚未缴纳企业所得税的情况下，请求另一方向其返还企业所得税款，没有事实依据。

【涉税案情】

经已生效的民事判决认定，肇庆联德房地产开发有限公司（简称“联德公司”）与肇庆珠影文体产业投资有限公司（简称“珠影公司”）签订的《土地使用权转让合同》及《补充协议》是双方真实意思表示，自双方签字盖章即成立。该判决认定的事实：联德公司与珠影公司于2016年11月前签订《土地使用权转让合同》，约定联德公司提供其名下两地块以6 300万元转让给珠影公司。后双方知道法院将公开拍卖前述土地使用权后，在2016年11月再签订《补充协议》，约定《土地使用权转让合同》中约定的两地块转让价格变更为7 500万元，该价格不因任何情势变迁而增减，该价格包含土地使用权转让费6 300万元和前期工程费1 200万元，前期工程费在协议签订后5日内支付，司法拍卖不影响合同的继续履行，经拍卖，拍卖成交价低于合同约定交易价7 500万元的，差额部分由珠影公司补足，拍卖成交价高于合同约定交易价7 500万元的，超出部分所得归珠影公司所有。珠影公司于2017年1月16日以最高价90 012 800元竞得前述两地块的土地使用权。已生效民事判决认为：珠影公司以90 012 800元竞拍价竞得本案土地使用权，依照《补充协议》的约定，超过双方约定的土地转让价7 500万元的部分归珠影公司所有，因此联德公司因本案土地被拍卖所得的90 012 800元中超过7 500万元部分的15 012 800元应退还珠影公司；但因为珠影公司直至土地拍卖前并未按协议约定向联德公司支付前期工程费1 200万元，没有履行《补充协议》约定的主要义务，应当承担违约责任。酌量认定联德公司退还15 012 800元的50%即7 506 400元给珠影公司。

双方在《补充协议》中约定，拍卖成交价高于合同约定的交易价格7 500万元的，超出部分拍卖所得归珠影公司所有，同时珠影公司必须承担超出部分金额所产生的一切税费。根据双方《补充协议》的约定，珠影公司须承担超出部分金额所产生的一切税费，即拍卖成交价应缴纳的税费总额，减去按双方约定的地块恒定交易价格7 500万元应缴纳的税费总额，为溢价部分应缴纳的税费。

联德公司诉请珠影公司就溢价部分额外产生的企业所得税，由珠影公司退还。

【争议焦点】

联德公司（一审原告、二审上诉人）

联德公司按实际拍卖价90 012 800元交易额缴纳了税费，相关税费差额应按拍卖价计算由珠影公司承担。

珠影公司（一审被告、二审被上诉人）

无论联德公司是否缴纳企业所得税，应当以税务部门出具的相关凭证为准，而非联德公司认为的企业所得税应由珠影公司承担。

【裁判观点】

联德公司主张珠影公司退还地块溢价部分额外产生的企业所得税数额，并提供了税务师事务所出具的报告书来证实。该报告书仅说明涉案交易可能产生企业所得税，但由于联德公司并未实际缴纳，因此，该报告书在本案中不具参考价值。二审诉讼中，联德公司确认涉案土地交易年度并未缴纳企业所得税，土地交易利润用于弥补亏损，也就是说，联德公司并未因涉案交易向税务部门缴纳企业所得税，后续年度内仍可在履行另案生效判决后，将向珠影公司退还的土地转让价款作为支出列入企业成本，在实际退还的会计年度内进行抵扣。另案生效判决认定联德公司向珠影公司退还土地转让价款，并未加重联德公司的企业所得税负担，因此，在联德公司尚未缴纳企业所得税的情况下，请求珠影公司向其返还企业所得税款，没有事实依据。

案例116：云南正晓电缆有限公司、何某某合同纠纷案①

【裁判要旨】

当事人一方未能提供证据证明其就与另一方之间的借贷关系签订了书面借款合同，并就另一方应向其开具发票或交付完税凭证作出了约定，故当事人一方主张的利息支出不能进行企业所得税税前扣除。同时，当事人一方也没有提供已缴纳企业所得税的完税凭证，故其主张因另一方没有开具发票或交付完税凭证，导致无法就利息支出的企业所得税进行税前扣除，并就此遭受了损失，不能成立。

【涉税案情】

2012年5月24日至2014年期间，何某某向江某某、陈某某、云南正晓电缆有限公司（简称“正晓公司”）、云南正晓环保投资有限公司（简称“正晓环保公司”）、云南东联盟电缆集团有限公司（简称“东联盟电缆公司”）多次出借款项。2012年11月16日至2015年3月17日期间，江某某、陈某某、正晓公司、正晓环保公司、东联盟电缆公司陆续向何某某归还借款本息。2015年3月14日，经过对账后，江某某、陈某某、正晓公司、正晓环保公司、东联盟电缆公司针对其中的三笔借款向何某某出具三份《还款承诺书》。何某某、陈某某依据三份《还款承诺书》向法院起诉，分别要

① 云南省高级人民法院民事判决书（2018）云民初289号、最高人民法院民事判决书（2019）最高法民终1358号。

求江某某、陈某某、正晓公司、正晓环保公司、东联盟电缆公司还款1 600万元、950万元、1 600万元及相应利息，该院作出判决，支持了何某某、陈某某的诉讼请求。上述判决书认定“何某某自2012年5月24日起至2014年期间向江正云等出借本金金额为1.70425亿元，江某某等实际归还款项的金额为1.779378亿元”。一审判决作出后，江某某、陈某某、正晓公司、正晓环保公司、东联盟电缆公司均不服，提起上诉。二审法院对该三上诉案件均判决：“驳回上诉，维持原判”。

2016年11月16日，江某某、陈某某、正晓公司、正晓环保公司、东联盟电缆公司起诉何某某、陈某某，要求判令：由何某某、陈某某共同返还江某某、陈某某、正晓公司、正晓环保公司、东联盟电缆公司超额支付的款项61 235 950元。一审法院于2018年7月5日作出判决：“一、由何某某、陈某某于本判决生效后十日内向江某某、陈某某、云南东联盟电缆集团有限公司、云南正晓电缆有限公司、云南正晓环保投资有限公司返还款项14 897 032.78元；二、驳回江某某、陈某某、云南东联盟电缆集团有限公司、云南正晓电缆有限公司、云南正晓环保投资有限公司的其他诉讼请求。”一审宣判后，双方均不服，提起上诉，最高人民法院于2019年1月3日作出判决“驳回上诉，维持原判。”

正晓公司向法院提出诉讼请求：因何某某、陈某某一直拒绝开具正式发票，导致正晓公司不能取得税前抵扣的合法财务凭证，造成正晓公司企业所得税（按25%的税率计）、增值税（按17%的税率计）（庭审中，将增值税变更为按照20%税率计算的代扣代缴的个人所得税）损失共计50 600 547元，请求判令何某某、陈某某偿还正晓公司的税款损失及资金占用费损失（以税款损失为基数，自2015年3月17日起计算至实际付清之日止，按年利率11.5%计算）。

【争议焦点】

正晓公司（一审原告、二审上诉人）

正晓公司因民间借贷所支付的利息，在企业所得税纳税所得额核定之时可予以扣除。但因何某某、陈某某一直拒绝开具正式发票，导致正晓公司不能取得税前抵扣的合法财务凭证，造成正晓公司企业所得税（按25%的税率计）、增值税（按17%的税率计）（庭审中，将增值税变更为按照20%税率计算的代扣代缴的个人所得税）损失共计50 600 547元。

何某某、陈某某（二审被告、二审被上诉人）

何某某、陈某某就利息开具发票或完税凭证不属于正晓公司与何某某、陈某某之间就民间借贷关系成立的合同附随义务。按照民间借贷交易习惯，债权人一般都不开具发票或者完税凭证。自2012年开始至今，双方发生的所有民间借贷关系都没有就利息开具过发票或完税凭证。正晓公司主张的抵扣企业所得税损失与何某某、陈某某是否开具发票或完税凭证之间没有因果关系。

【裁判观点】

何某某、陈某某系基于三份《还款承诺书》向正晓公司等人起诉要求归还借款本金及利息。正晓公司未能提供证据证明其就与何某某、陈某某之间的借贷关系签订了书面借款合同，并就何某某、陈某某应向正晓公司开具发票或交付完税凭证作出了约定，故正晓公司主张的利息支出不能进行企业所得税税前扣除。同时，正晓公司也没有提供已缴纳企业所得税的完税凭证，故正晓公司主张因何某某、陈某某没有开具发票或交付完税凭证，导致正晓公司无法就利息支出的企业所得税进行税前扣除，并就此遭受了损失，不能成立。

【案例评析】

《民事诉讼法》第 64 条第 1 款规定："当事人对自己提出的主张，有责任提供证据。"《民事诉讼法司法解释》第 90 条规定："当事人对自己提出的诉讼请求所依据的事实或者反驳对方诉讼请求所依据的事实，应当提供证据加以证明，但法律另有规定的除外。在作出判决前，当事人未能提供证据或者证据不足以证明其事实主张的，由负有举证证明责任的当事人承担不利的后果。"案例 114、115、116 主张税款损失的当事人，无论缴纳的是企业所得税，还是土地增值税，均未提供证据证明相关损失已实际发生，向另一方主张赔偿损失自难获得法院支持。

以案例 114 为例，编者曾在另一文章中引用鲁迅语："一部《红楼梦》，经学家看见《易》，道学家看见淫，才子看见缠绵，革命家看见排满，流言家看见宫闱秘事。"针对颇具"争议"的土地增值税，一千个人清算同一项目，可能会有一千种结果。既然发包人应缴纳的税款数额都无法确定，就更谈不上向承包人主张未开具发票所导致的预计土地增值税损失。

《税务司法鉴定业务指引（试行）》（中税协发〔2020〕040 号）第五条规定："税务司法鉴定业务鉴定事项的范围包括：（一）具体税种纳税义务的发生与税款缴纳情况；（二）增值税专用发票开具、认证、抵扣情况；（三）其他可以用于抵扣税款发票的开具与抵扣情况；（四）获取国家减税、免税、退税、出口退税情况；（五）民事平等主体之间发生的涉税争议事项；（六）其他在诉讼活动中需要进行鉴定的涉税事项。"对于尚未实际发生的涉案税款，当事人可否通过申请税务司法鉴定来确认？编者认为，税务司法鉴定前提亦是涉案税款实际发生。"郴州笑傲房地产经纪有限责任公司与长沙市新途房地产开发有限公司商品房委托代理销售合同纠纷案"① 中，双方因项目包销税款分担事宜产生争议，涉案项目土地增值税、企业所得税等最终应税金额尚未确定，委托方

---

① 湖南省郴州市中级人民法院民事判决书（2020）湘 10 民终 138 号。

申请对包销溢价款的应纳税款数额进行税务司法鉴定申请，法院不予支持，认定委托方可以在税务部门就涉案项目税务清算完成，待税费实际产生后另行主张权利。

民事主体从事民事活动，应当遵循自愿原则，如当事人双方已在协议中就承担税款损失金额达成一致，即使没有税务机关出具可以证明造成税款损失的事实依据，双方约定也应为合法有效。“富源华庭房地产开发有限公司、云南大为制焦有限公司买卖合同纠纷案”① 中，当事人一方辩称“税款损失必须是实际发生的，而且须有税务机关的相关证明，否则诉讼主张不能成立”，但法院认为，当事人对如何承担税费损失的约定，不违反法律规定，应为合法有效的协议。当事人一方履行合同义务不符合约定，给另一方造成损失，理应承担违约责任。

问题 88：当事人一方向另一方主张火灾损失赔偿，应否包含进项税额？

案例 117：丹阳启元电器有限公司、丹阳市兴隆包装彩印厂财产损害赔偿纠纷案②

【裁判要旨】

非正常损失，是指因管理不善造成被盗、丢失、霉烂变质的损失。当事人遭受的火灾不属于非正常损失，火灾财物损失净损金额所包含的进项税额无须转出。该进项税额符合《增值税暂行条例》第 8 条规定的准予从销项税额中抵扣的条件，责任人一方只需就火灾净损金额中扣除进项税额的部分承担赔偿责任。

【涉税案情】

2016 年 10 月 20 日，丹阳启元电器有限公司（简称“启元公司”）与丹阳市兴隆包装彩印厂（简称“兴隆彩印厂”）签订《厂房租赁合同》，约定兴隆彩印厂将其部分厂房出租给启元公司用于经营，在租赁期间，启元公司必须加强治安防范和消防安全管理，对职工进行普法教育，如发生工伤、火灾等一切事故所造成的损失均由启元公司自行承担等。

2017 年 8 月 7 日 18 时许，兴隆彩印厂发生火灾，烧毁了兴隆彩印厂的烘房、丹阳市喜来临酒业有限公司仓库内酒水饮料等商品、启元公司仓库内空调等电器商品。同年 9 月 4 日，丹阳市公安消防大队作出《火灾事故认定书》，对起火原因认定如下：起火部位位于兴隆彩印厂车间内烘箱处，起火原因可以排除雷击、遗留火种、生活用火不慎等引发火灾的可能，不能排除烘箱设备电气线路故障引起的可能。

---

① 云南省曲靖市中级人民法院民事判决书（2017）云 03 民终 651 号。

② 江苏省丹阳市人民法院民事判决书（2018）苏 1181 民初 4762 号、江苏省镇江市中级人民法院民事判决书（2019）苏 11 民终 2170 号、江苏省高级人民法院民事裁定书（2020）苏民申 8305 号。

2017 年 9 月 18 日，启元公司、兴隆彩印厂与中衡保险公估股份有限公司签订《评估委托书》一份，启元公司、兴隆彩印厂共同委托该公司对 2017 年 8 月 7 日火灾造成的直接财产损失进行评估。2018 年 2 月 4 日，该公司出具《公估报告》，公估结论：核损金额 612 084.02 元，残值金额 95 530.45 元，净损金额 516 553.57 元。

2018 年 5 月，启元公司诉至法院，要求兴隆彩印厂赔偿财产直接损失 612 084.02 元、进项税损失 87 616.45 元。

【争议焦点】

启元公司（一审原告、二审上诉人、再审申请人）

兴隆彩印厂租赁启元公司的房屋批发经营空调等家电商品。2017 年 8 月 7 日，兴隆彩印厂的厂房发生火灾，导致启元公司价值巨大的家电商品全部烧毁。之后，经丹阳市公安消防大队火灾事故认定书认定，起火原因是由于兴隆彩印厂的烘箱设备电器线路故障引起，即兴隆彩印厂应对火灾事故负全部责任。二审法院未经重新鉴定或补充鉴定无权变更数额，进项税数额应当纳入我方损失范围内。

兴隆彩印厂（一审被告、二审被上诉人、再审被申请人）

启元公司主张的进项税损失没有法律依据，该进项税无须转出。

【裁判观点】

一审法院

启元公司主张的进项税损失 87 616.45 元，系因家电等货物被烧毁导致无法抵扣进项税，多缴税 87 616.45 元，该损失已经实际形成，且与本次事故存在因果关系，故予以支持。

二审法院

《增值税暂行条例实施细则》第 24 条规定：条例第十条所称非正常损失，是指因管理不善造成被盗、丢失、霉烂变质的损失。中衡保险公估股份有限公司出具的公估报告认定上诉人丹阳启元电器有限公司此次火灾的净损金额为 516 553.57 元，其中也包含进项税额为 87 616.45 元。因启元公司遭受的火灾不属于非正常损失，故火灾财物损失净损金额 516 553.57 元包含的进项税额 87 616.45 元无须转出，该进项税额符合《增值税暂行条例》第 8 条规定的准予从销项税额中抵扣的条件。兴隆彩印厂只需向启元公司就火灾的净损金额 516 553.57 元中扣除进项税额 87 616.45 元的部分承担赔偿责任。

再审法院

本案火灾造成的损失不属于增值税中“非正常损失”范围，二审法院从净损金额中扣除进项税额符合本案实际情况，并无不当。

【案例评析】

企业在生产经营中不免会发生各种情况的存货损失，而存货损失是否可以作进项税转出，关键是要把握对非正常损失的界定。根据《增值税暂行条例》等制度规定，下列项目的进项税额不得从销项税额中抵扣：（一）用于简易计税方法计税项目、免征增值税项目、集体福利或者个人消费的购进货物、加工修理修配劳务、服务、无形资产和不动产。（二）非正常损失的购进货物，以及相关的加工修理修配劳务和交通运输服务。（三）非正常损失的在产品、产成品所耗用的购进货物（不包括固定资产）、加工修理修配劳务和交通运输服务。（四）非正常损失的不动产，以及该不动产所耗用的购进货物、设计服务和建筑服务。（五）非正常损失的不动产在建工程所耗用的购进货物、设计服务和建筑服务。（六）购进的贷款服务、餐饮服务、居民日常服务和娱乐服务。（七）财政部和国家税务总局规定的其他情形。

《增值税暂行条例实施细则》第24条规定，条例第十条第（二）项所称非正常损失，是指因管理不善造成被盗、丢失、霉烂变质的损失。《财政部、国家税务总局关于全面推开营业税改征增值税试点的通知》（财税〔2016〕36号）附件1《营业税改征增值税试点实施办法》第28条规定，非正常损失，是指因管理不善造成货物被盗、丢失、霉烂变质，以及因违反法律法规造成货物或者不动产被依法没收、销毁、拆除的情形。相比《增值税暂行条例实施细则》，增加了因违反法律法规造成货物或者不动产被依法没收、销毁、拆除的情形，增加的内容进一步体现了增值税税收法律法规的公正性和惩戒性。

启元公司遭受火灾损失，既非被盗抢也非霉烂变质，不属于增值税范畴的非正常损失，不需要做进项税的转出处理，87 616.45元进项税额可以从销项税额中抵扣。《民事诉讼法》第170条第1款第2项规定，对上诉案件，经过审理，原判决、裁定认定事实错误或者适用法律错误的，第二审人民法院以判决、裁定方式依法改判、撤销或者变更。二审法院从火灾造成的损失净损金额中扣除进项税额符合本案实际情况，并无不当。

企业资产损失资料是证明企业资产损失真实发生的重要依据，也是税务机关有效监管的重要抓手。除了增值税进项税相关处理外，启元公司还应关注火灾损失的企业所得税事宜处理。《国家税务总局关于商业零售企业存货损失税前扣除问题的公告》（国家税务总局公告2014年第3号）规定，商业零售企业存货因风、火、雷、震等自然灾害，仓储、运输失事，重大案件等非正常因素形成的损失，为存货非正常损失，应当以专项申报形式进行企业所得税纳税申报。《国家税务总局关于企业所得税资产损失资料留存备查有关事项的公告》（国家税务总局公告2018年第15号）规定，企业向税务机关申报扣除资产损失，仅需填报企业所得税年度纳税申报表“资产损失税前扣除及纳税调整明细表”，不再报送资产损失相关资料。相关资料由企业留存备查。企业应当完整保存资产损失相关资料，保证资料的真实性、合法性。启元公司应对仓库火灾损失相关资料进行整理归集，并妥善保管，不需在申报环节向税务机关报送。

问题89：当事人一方可否要求另一方承担未开具增值税专用发票而造成的进项税损失？

案例118：广西田东民泰实业有限责任公司、巩义市金源炉料厂买卖合同纠纷案[①]

【裁判要旨】

《税收征管法》特别规定中的税收种类、开征、减税、免税、补税等均由税务机构执法，我国宪法体系中未给予人民法院适用税法对民事主体行使裁判的权利。如当事人一方主张另一方违反税收征管法及法规或条例的规定给其造成金钱损失，应向法院提交税务机关的书证以证明受到的金钱损失具体数额，当事人未能举证，应承担举证不能责任。

【涉税案情】

2016年12月17日、2017年3月11日，广西田东民泰实业有限责任公司（简称“田东民泰公司”）与巩义市金源炉料厂（简称“金源厂”）签订了两份《耐火保温材料订货合同》，合同约定，田东民泰公司向金源厂购买耐火保温材料，金额分别为607 075元及67 310元，金源厂负责送货到田东民泰公司处，货物验收按国家标准，合同还对付款方式等作了约定。2017年8月4日，经双方对账，田东民泰公司向金源厂支付货款共665 000元，金源厂交付的货物价值为612 129元，尚余52 871元。2018年12月4日，金源厂向田东民泰公司背书转让两张承兑汇票，金额共计52 273.5元，田东民泰公司对该数额予以认可。

田东民泰公司诉至法院，称金源厂未按合同约定开具增值税专用发票，经多次催告，仍不履行义务。金源厂的违约行为，导致田东民泰公司在购进货物所负担的增值税额因缺乏增值税专用发票，而无法作为进项税额从销项税额中予以抵扣，由此产生进项税损失人民币88 941.8元，要求金源厂承担违约责任，赔偿田东民泰公司实际发生的进项税损失。

【争议焦点】

田东民泰公司（一审原告、二审上诉人）

金源厂的违约行为，导致田东民泰公司在购进货物所负担的增值税额因缺乏增值

---

① 田东县人民法院民事裁定书（2018）桂1022民初1282号、百色市中级人民法院民事裁定书（2019）桂10民终272号、百色市中级人民法院民事判决书（2019）桂10民终1618号。

税专用发票，而无法作为进项税额从销项税额中予以抵扣，由此产生进项税损失人民币 88 941.8 元，田东民泰公司有权要求金源厂承担违约责任，赔偿实际发生的进项税损失。一审法院混淆了行政法律关系和民事法律关系。根据田东民泰公司的投诉，税务机关只能催促、责令甚至处罚金源厂，但无权强制金源厂向田东民泰公司开具发票。根据《合同法》和合同的约定，金源厂对因其违约行为所造成的经济损失必须承担违约责任，当其拒绝开具发票时，其承担违约责任的方式应为直接赔偿现金经济损失。

【裁判观点】

税收法定是税法基本原则的核心，税法的执行必须通过国家宪法的方式确定，并非由民事诉讼法的条文确定。《税收征管法》特别规定中的税收种类、开征、减税、免税、补税等均由税务机构执法，我国宪法体系中未给予人民法院适用税法对民事主体行使裁判的权利。如田东民泰公司主张金源厂违反《税收征管法》及法规或条例的规定给其造成金钱损失，应向法院提交税务机关的书证以证明受到的金钱损失具体数额，田东民泰公司未能举证，应承担举证不能责任。

案例 119：营口盼盼起重机制造有限公司与辽宁坤霖机械设备有限公司加工合同纠纷案[①]

【裁判要旨】

出卖人未能提供所售给买受人的增值税发票，致使买受人无法在当期货物销售时抵扣应纳税额，该部分损失因出卖人未履行义务所引起，出卖人应承担损失赔偿责任。

【涉税案情】

营口盼盼起重机制造有限公司（简称“盼盼公司”）、辽宁坤霖机械设备有限公司（简称“坤霖公司”）于 2011 年 4 月 14 日、2011 年 5 月 4 日、2011 年 8 月 1 日、2011 年 6 月 29 日、2011 年 7 月 18 日分别签订《工矿产品加工合同》五份，货款共计 1 522 712 元。坤霖公司于 2012 年起诉盼盼公司，原辽中县法院判决盼盼公司给付坤霖公司货款 578 193 元。坤霖公司于 2013 年起诉盼盼公司，营口市西市区法院判决盼盼公司给付坤霖公司货款 183 163 元及利息。现两份判决均已发生法律效力。盼盼公司共欠坤霖公司货款 761 356 元，盼盼公司已支付坤霖公司货款 578 193 元及相应的利息及诉讼费，另 183 163 元货款在营口市西市区法院执行局保存。盼盼公司起诉要求坤霖公司

---

① 沈阳市辽中区人民法院民事判决书（2016）辽 0122 民初 2106 号、辽宁省沈阳市中级人民法院民事判决书（2017）辽 01 民终 1520 号、辽宁省高级人民法院民事裁定书（2017）辽民申 3423 号、辽宁省沈阳市中级人民法院民事判决书（2018）辽 01 民再 189 号。

赔偿进项税损失221 248.75元及利息（从2014年2月24日起至实际给付之日止，按照人民银行同期同类贷款利率计算利息）。

【争议焦点】

盼盼公司（一审原告、二审上诉人、再审申请人）

原坤霖公司在2017年5月5日工商核准注销，民事主体已经丧失，不具备开具发票的条件，不能向盼盼公司履行提供发票的义务，已经给盼盼公司造成损失。由此，盼盼公司要求将被申请人变更为该公司的股东王某某和杨某某，要求该两位股东承担赔偿盼盼公司进项税损失的民事责任。

坤霖公司（一审被告、二审被上诉人）

未收到全部货款，发票只能在收到全部货款的情况下才能开具。

【裁判观点】

一审法院

双方是在平等自愿的基础上签订的加工承揽合同，符合法律规定，合法有效。在合同履行过程中，盼盼公司存在违约行为，坤霖公司未得到货款，盼盼公司无权要求辽宁坤霖公司开具增值税发票。坤霖公司工商登记资料显示其仍然在运营中，没有证据证明其已被注销登记，故其仍然存在，应当行使本企业的民事权利和承担民事责任，故盼盼公司的诉讼请求证据不充分。

二审法院

坤霖公司尚未注销，该法人组织并未消灭。即使税务登记已经注销但仍可恢复或重新登记，即其仍具备开具相关发票的能力。盼盼公司直接请求辽宁坤霖公司赔偿进项税损失的条件尚不具备，本院不予支持。

再审法院

本案的争议焦点为坤霖公司应否为盼盼公司开具增值税专用发票，若应开具而未开具应否赔偿其所造成的相应损失。

第一，坤霖公司有向盼盼公司开具增值税发票的义务。坤霖公司与盼盼公司双方已形成买卖关系，且坤霖公司向盼盼公司出售的货物价格均已包含税金，故在双方之间的货款数额确定后，坤霖公司应依据税收制度规定，履行向盼盼公司出具增值税专用发票的义务。

第二，坤霖公司未履行开具增值税发票的义务致使盼盼公司利益受损。因坤霖公司未能提供所售给盼盼公司的增值税发票，致使盼盼公司无法在当期货物销售时抵扣应纳税额，该部分损失因坤霖公司未履行义务所引起，该公司应承担损失赔偿责任。因盼盼公司已经提供了该公司相应的销售货物的增值税专用发票，故盼盼公司的该项损失已实际发生。

第三，盼盼公司直接起诉坤霖公司请求损失赔偿并无不当。2013 年 7 月 8 日，坤霖公司已注销税务登记，且本案再审时，坤霖公司已经被注销，不再具有为盼盼公司开具增值税专用发票的客观可能性。

第四，盼盼公司所主张应抵扣的增值税损失数额应予支持。依据增值税制度规定且王某某、杨某某亦认可的计算方法，因坤霖公司销售给盼盼公司的货物总额（含税）应为 1 522 712 元，依此计算盼盼公司用以抵扣的增值税款为 221 248.75 元。

第五，关于盼盼公司所主张的利息应否支持问题。坤霖公司负有开具发票的义务，该公司及时足额为盼盼公司开具发票，是盼盼公司及时抵扣增值税的必要条件，而坤霖公司未开具发票造成盼盼公司未能及时抵扣增值税，盼盼公司因此需要先行支付该部分应抵扣的增值税款，该部分损失坤霖公司应予给付。但盼盼公司主张该部分损失的利息并无充分依据，且该公司主张的该部分损失何时发生无法确定，因而对盼盼公司的该项请求无法支持。

第六，关于本案的责任承担主体问题。坤霖公司已于 2017 年 5 月 5 日注销，该公司已不具备法人资格。但依据 2017 年 5 月 9 日坤霖公司的清算报告，该公司注销后若出现债权债务，由股东杨某某、王某某承担相应的责任，故杨某某、王某某应承担对盼盼公司损失的赔偿责任。

案例 120：深圳市建侨建工集团有限公司、江西荣威陶瓷有限公司买卖合同纠纷案①

【裁判要旨】

虽然税务机关向企业征缴税费系行政行为，但当事人在商事活动中约定的税票给付行为属于当事人合同项下的义务，应受合同法调整，当事人应就其违约行为承担合同法上的民事责任。出卖人虽交付了货物但未向买受人开具增值税专用发票，未全面履行自己的义务，构成违约，应承担违约责任。出卖人经买受人催告并向人民法院起诉之后仍不能交付增值税专用发票的，买受人因出卖人未交付增值税专用发票所造成的损失，应由出卖人赔偿。

【涉税案情】

2018 年 8 月 12 日深圳市建侨建工集团有限公司（简称“建侨公司”）与江西荣威陶瓷有限公司（简称“荣威公司”）签订了一份《购销合同》，合同约定建侨公司向荣威公司购买抛光砖 76 000 片，价格为 6.825 元/片，货款总金额为 518 700 元，提货时

① 宜春市中级人民法院民事判决书（2020）赣 09 民终 155 号。

间为2018年8月27日，下注“含16%增值税专用发票”。建侨公司、荣威公司均在合同“单位名称”处盖有公章，且该合同第五条结算方式及期限条款经手写改动为“2018年8月17日前全部付清”，荣威公司在手写内容处盖章确认。签订合同后，至2018年9月25日建侨公司向荣威公司付清货款，荣威公司亦向建侨公司交付了合同约定的全部瓷砖，但未向建侨公司开具合同约定的“16%增值税专用发票”。2019年5月23日，建侨公司委托律师事务所向荣威公司发出《律师函》，催告荣威公司在收到律师函后5日内向建侨公司开具518 700元货款的增值税专用发票。因荣威公司至今未向建侨公司开具该笔货款的增值税发票，建侨公司诉至法院。

【争议焦点】

建侨公司（一审原告、二审上诉人）

一审法院要求建侨公司提供荣威公司应开具的发票，作为证明自己应税款抵扣的进项税损失的证据，属于增加当事人的举证责任。荣威公司一直拒不向建侨公司开具增值专用税发票，导致建侨公司无法向税务部门提供应税抵扣发票。为此，建侨公司的该项损失的证据是增值税发票，因荣威公司不开具发票，建侨公司无法拿购货发票抵扣进项税82 992元。该项损失的计算有双方《购销合同》的约定以及《增值税暂行条例》的规定。

一审法院适用《税收征管法》和《发票管理办法》，认定荣威公司未能开具发票的行为不具有民事法律行为性质，不受民法调整，应由税务机关调整，忽略了给付增值税发票同时也是荣威公司作为民事法律关系主体应履行的合同义务。

荣威公司（一审被告、二审被上诉人）

荣威公司未按合同给付增值税发票，不具有民事法律行为的性质，不受民法调整。

【裁判观点】

荣威公司与建侨公司签订的《购销合同》系双方真实意思表示，合法有效。荣威公司虽交付了货物但未向建侨公司开具增值税专用发票，未全面履行自己的义务，构成违约，应承担违约责任。荣威公司经建侨公司催告并向人民法院起诉之后，仍不能向建侨公司交付增值税发票，荣威公司应向建侨公司赔偿损失。

建侨公司从荣威公司处购进抛光砖所负担的增值税额为进项税额，即其从荣威公司取得的增值税专用发票上注明的增值税额可抵扣建侨公司的销项税。由于荣威公司未能就货款518 700元向建侨公司出具16%的增值税专用发票，致使该项货款中的进项税额82 992元（518 700元×16%）不能抵扣建侨公司当期销项税，建侨公司的应纳税额相应增加82 992元。荣威公司作为一家建筑陶瓷产品的生产销售企业，理应知晓增值税抵扣规定，应当预见到其不能交付增值税专用发票将导致建侨公司无法抵扣销项税的后果。建侨公司应纳税额中增加的 82 992 元即为荣威公司未交付 16% 增值税专用发票所造成的损失，应由荣威公司赔偿。建侨公司请求荣威公司赔偿该部分损失，本院予以支持。

虽然税务机关向企业征缴税费系行政行为，但当事人在商事活动中约定的税票给付行为属于当事人合同项下的义务，应受合同法所调整，荣威公司应就其违约行为承担合同法上的民事责任。

案例 121：成都东英科技发展有限公司与重庆九鑫水泥（集团）有限公司买卖合同纠纷案①

【裁判要旨】

由于增值税发票的核心功能之一是取得发票的纳税人可以依法抵扣购货进项税额。由于出卖人的违约行为，导致买受人无法抵扣增值税发票进项税额，应当属于赔偿损失的范围。买卖合同当事人一方违约造成对方损失，对方对损失的发生也有过错，违约方主张扣减相应损失赔偿额的，人民法院应予支持。

【涉税案情】

2009 年 3 月 19 日，重庆九鑫水泥（集团）有限公司（简称“九鑫公司”）与成都东英科技发展有限公司（简称“东英公司”）签订《买卖合同》，约定九鑫公司向东英公司购买设备，合计金额 730 万元。2009 年 4 月 3 日至 2010 年 10 月 26 日，九鑫公司分 10 次向东英公司支付设备款共计 730 万元。东英公司分别于 2010 年 12 月 30 日开具增值税发票 300 390 元、2011 年 1 月 27 日开具增值税发票 792 050 元、2011 年 11 月 24 日开具增值税发票 1 455 720 元、2012 年 2 月 29 日开具增值税发票 2 302 020 元、2012 年 9 月 24 日开具增值税发票 1 588 020 元，共计金额 6 438 200 元，九鑫公司已收到上述增值税发票。

2011 年 8 月 31 日，东英公司开具增值税发票 8 张，金额为 861 800 元，于 2011 年 9 月 1 日通过 EMS 邮寄，收件人为谢某某，单位名称为九鑫公司。通过 EMS 官网查询不到该件签收情况。九鑫公司陈述未收到该邮件，收件人并非该公司财务人员或负责收件的人员。

九鑫公司于 2019 年诉请判令东英公司向九鑫公司开具增值税专用发票 861 800 元或者支付 146 506 元税金损失。庭审中，东英公司陈述经向当地税务机关咨询，因开

① 重庆市酉阳土家族苗族自治县人民法院（2019）渝 0242 民初 3179 号、重庆市第四中级人民法院民事判决（2019）渝 04 民终 1449 号。

票时间过久，无法通过作废、挂失等其他方式补开税票。

【争议焦点】

东英公司（一审被告、二审上诉人）

东英公司已经通过邮寄交付了涉案的861 800元增值税发票，“谢某某”系九鑫公司的工作人员。一审判决东英公司承担赔偿责任没有合同和法律依据。本案案由是买卖合同，并不是侵权责任纠纷。

九鑫公司（一审原告、二审被上诉人）

“谢某某”不是被上诉人的工作人员，系外包工程的工程师。九鑫公司在支付货款后才能要求东英公司出具增值税发票。涉案的861 800元增值税发票确实是没有收到。

【裁判观点】

东英公司与九鑫公司《买卖合同》中明确约定东英公司应当向九鑫公司提供增值税发票。东英公司现提供的证据不足证明东英公司已经向九鑫公司交付了861 800元增值税发票的事实，应由东英公司承担不利的法律后果。

东英公司未履行合同约定交付861 800元增值税发票的义务，且东英公司诉讼中明确表示由于时间过长不能采取挂失等补开增值税发票补救措施。增值税发票的核心功能之一是取得发票的纳税人可以依法抵扣购货进项税额，由于东英公司的违约行为，导致九鑫公司无法抵扣861 800元增值税发票进项税额，应当属于赔偿损失的范围。九鑫公司在货款支付后，长期怠于与东英公司沟通开票事宜，造成增值税发票开出后未能在法定期限内用于抵扣进项税，且因年限太久，致使东英公司无法通过其他方式进行补救，对此，九鑫公司应当承担主要责任。酌定由东英公司承担40%即58 602元（146 506元×40%），其余损失由九鑫公司自行承担。

【案例评析】

出卖人未按约定向买受人开具发票，应否承担赔偿责任，编者认为应明确以下事宜：

一、合同约定的开具发票义务属于民事法律关系范畴。《税收征管法》第21条第1款规定：“单位、个人在购销商品、提供或者接受经营服务以及从事其他经营活动中，应当按照规定开具、使用、取得发票。”《发票管理办法》第19条规定：“销售商品、提供服务以及从事其他经营活动的单位和个人，对外发生经营业务收取款项，收款方应当向付款方开具发票；特殊情况下，由付款方向收款方开具发票。”有义务开具发票的当事人在遵守税收法律法规的前提下，可以自主作出向其他民事主体开具发票的意思表示，该行为属于民事法律行为；对于接受发票的一方当事人来说，是否可以取得发票将影响其民事权益，因此当事人之间就一方自主申请开具发票与另一方取得发票的关系，属于民事法律关系范畴，人民法院应当依法审理。①

二、未按约定履行开票义务应承担违约责任。《民法典》第 509 条规定，当事人应当按照约定全面履行自己的义务；第 540 条规定，当事人一方不履行合同义务或者履行合同义务不符合约定，造成对方损失的，损失赔偿额应当相当于因违约所造成的损失，包括合同履行后可以获得的利益；但是，不得超过违约一方订立合同时预见到或者应当预见到的因违约可能造成的损失；第 570 条规定，当事人一方不履行合同义务或者履行合同义务不符合约定的，应当承担继续履行、采取补救措施或者赔偿损失等违约责任。开票方不履行开票义务或者履行开票义务不符合约定，应补开发票，确无法补开发票的，应承担赔偿损失等责任；开票方赔偿损失可基于取得发票的纳税人可以依法抵扣的进项税额予以认定。

三、当事人应确认损失是否发生。“上海骏森明电子科技有限公司与江苏先腾建设集团有限公司华东分公司、江苏先腾建设集团有限公司买卖合同纠纷案”中②，江苏先腾建设集团有限公司华东分公司虽辩称发生了税款损失，但二审认定无论供应商是否迟延开具发票，均不会给其造成无法抵扣增值税进项税的损失，故驳回其反诉请求。

四、受票方应注意对损失的发生有无过错。《民法典》第 592 条规定，当事人一方违约造成对方损失，对方对损失的发生有过错的，可以减少相应的损失赔偿额。《民法典》吸收了《买卖合同司法解释》第 30 条的规定，确立了过失相抵规则。过失相抵的适用条件包括：(1) 受损失方因对方违约受有损害。(2) 双方均有过错。(3) 双方过错与损害之间有因果关系。受损失方的行为可以是积极行为，也可以是消极行为，正是由于双方行为的结合才导致最终损害后果的发生。③ 案例 121 中，九鑫公司长期怠于与东英公司沟通开票事宜，故被法院认定其对损失的发生也有过错。

五、受票方应承担进项税损失的举证责任。当事人对自己提出的诉讼请求所依据的事实有责任提供证据加以证明，没有证据或证据不足以证明当事人的主张的，由负有举证责任的当事人承担不利的后果。“唐山市永盛工贸有限公司与石家庄市矿区金喜经贸有限公司买卖合同纠纷案”中④，法院认定当事人不能举证证明导致其进项税税

---

① 青海临峰房地产开发有限公司、浙江中业建设集团有限公司建设工程施工合同纠纷再审民事判决书，最高人民法院民事判决书（2019）最高法民再 166 号。

② 江苏省无锡市滨湖区人民法院民事判决书（2017）苏 0211 民初 7208 号、江苏省无锡市中级人民法院民事判决书（2019）苏 02 民终 891 号。

③ 最高人民法院民法典贯彻实施工作领导小组主编．中华人民共和国民法典合同编理解与适用（二）[M]．北京：人民法院出版社，2020. 840 页

④ 石家庄市井陉矿区人民法院民事判决书（2018）冀 0107 民初 139 号、河北省石家庄市中级人民法院民事判决书（2018）冀 01 民终 9276 号。

款抵扣的损失是否实际发生与具体数额，对其索要进项税损失的主张不予支持。当事人可提供合同、双方联络记录、催告函件及送达记录、双方结算资料、对账单、税收完税证明、纳税申报资料等书证及当事人陈述等证据。如人民法院要求当事人提供税务机关的书证，当事人可申请税务司法鉴定。《税务司法鉴定业务指引（试行）》（中税协发〔2019〕040 号）第 5 条规定，税务司法鉴定业务鉴定事项的范围包括民事平等主体之间发生的涉税争议事项。

六、受票方可同时主张利息损失。未按约定向受票方开具发票，视为对当事人资金的占用，当事人一方可向法院诉请另一方承担未按时开具增值税发票造成未能及时抵扣的资金利息损失，行为发生在 2019 年 8 月 19 日之前的，可以参考中国人民银行同期同类人民币贷款基准利率计算；行为发生在 2019 年 8 月 20 日之后的，可以参考贷款市场报价利率（LPR）计算。

问题 90：购货方接受虚开发票被税务机关查处，销售方应否赔偿损失?

案例 122：康达（山东）水泥有限公司与高邑县运兴商贸有限公司买卖合同纠纷案①

【裁判要旨】

销售方与购货方签订的《买卖合同》系双方真实意思表示，合同内容不违反法律、行政法规的强制性规定，合法有效。合同双方应依据合同约定严格履行各自义务。销售方开具的增值税专用发票经税务机关定性为异常抵扣凭证，导致购货方向税务机关补交增值税，该税款系因销售方的违约行为给购货方造成的经济损失，销售方应予承担赔偿责任。

【涉税案情】

2017 年 10 月 2 日，买方康达（山东）水泥制成品有限公司（简称“康达水泥制成品”）与卖方高邑县运兴商贸有限公司（简称“运兴商贸”）签订《煤炭买卖合同》（简称《买卖合同》），约定购买烟煤，吨位以实际过磅为准，价格为 895 元每吨，卖方开具全额增值税发票。卖方必须保证开具发票的合法性，若发票不合法，买方有权拒付货款，因此造成的损失全部由卖方承担，包括日后卖方出现的因发票虚开或其他原因造成买方税款罚款、滞纳金或当地税务要求的其他罚款全部由卖方承担。运兴商贸于 2017 年 10 月供货 5 602.70 吨，陆续开具增值税专用发票 44 张，金额为 5 014 428.47元。康达水泥制成品已向运兴商贸付清全部货款并作税款抵扣。

2016 年 3 月 30 日，经相关部门核准，康达（山东）水泥有限公司（简称“康达

---

① 山东省蓬莱市人民法院民事判决书（2019）鲁 0684 民初 2653 号。

水泥”）吸收合并康达（山东）水泥制成品有限公司。

之后，运兴商贸开具的 44 张增值税专用发票被税务部门核查属于异常抵扣凭证，2019 年 7 月 4 日，蓬莱市税务局大辛店税务分局向康达水泥下发税务事项通知书，通知涉案 44 张增值税发票尚未申报抵扣或申请出口退税的，暂不允许抵扣或者办理退税；已经申报抵扣的，一律先作进项税额转出。康达水泥收到通知后，于 2019 年 7 月 15 日做增值税申报，交纳增值税 1 155 302. 56 元，其中含涉案补交税款 728 592. 10 元。

康达水泥提出诉讼请求，请求判令运兴商贸赔偿经济损失 728 592. 10 元。

【争议焦点】

康达水泥（原告）

双方签订《买卖合同》，由康达水泥购买运兴商贸烟煤，因运兴商贸违约行为给康达水泥造成经济损失 728 592. 10 元。

运兴商贸（被告）

未作答辩。

【裁判观点】

双方签订的《买卖合同》，系双方的真实意思表示，合同内容不违反法律、行政法规的强制性规定，合法有效。双方应依据合同约定严格履行各自义务。康达水泥吸引合并康达水泥制成品后，承继康达水泥制成品的一切权利义务。运兴商贸开具的 44 张增值税专用发票经税务部门定性为异常抵扣凭证，导致康达水泥向税务部门补交纳增值税 728 592. 10 元，该 728 592. 10 元系因运兴商贸的违约行为给康达水泥造成的经济损失，运兴商贸应予承担赔偿责任。

案例 123：上海缇森实业有限公司、李某财产损害赔偿纠纷案①

【裁判要旨】

购货方是行政机关追缴税款和行政处罚的对象，承担的是行政法上的责任。购货方无法提供充分有效的证据证明其补缴税款、罚款系因销售方委托他人虚开增值税专用发票所致。购货方以自己的行为受到行政机关的追究而向销售方主张经济损失赔偿，于法无据。

【涉税案情】

潮州市湘桥区锌鑫手袋配件厂（简称“锌鑫厂”）系个体工商户，经营者为李某。

---

① 广东省潮州市中级人民法院民事判决书（2019）粤 51 民终 430 号、广东省高级人民法院民事裁定书（2019）粤民申 13337 号。

上海市奉贤区国家税务局稽查局于2018年4月24日作出《税务处理决定书》《税务行政处罚决定书》，上海缇森实业有限公司（简称“缇森公司”）因存在收受虚开19份增值税专用发票的违法行为而被追缴税款及加收滞纳金并受到行政处罚。缇森公司主张，李某开办的锌鑫厂在与其发生业务往来期间，委托深圳市朗鑫智博科技有限公司（简称“朗鑫公司”）向其虚开增值税专用发票，致使其补缴税款、罚款和滞纳金737 840.82元，请求李某赔偿经济损失。

缇森公司主张锌鑫厂委托朗鑫公司向其虚开增值税专用发票，对此，李某予以否认。在法定期限内，缇森公司对其主张仅提供2015年4月17日的订单1份、深圳增值税专用发票8份、中国民生银行支付业务回单（付款）7份及缇森公司的业务员与李某的录音1份。但缇森公司对该订单已经实际履行，该增值税发票、付款凭证及录音与本案的关联性均没有提供证据证明，也没有提供其他充分有效的证据对其主张予以证明。

【争议焦点】

缇森公司（一审原告、二审上诉人）

李某应按照合同要求出具增值税专用发票，缇森公司则可使用该发票抵扣税款。但李某违约提供虚开的增值税专用发票，致使缇森公司不能实现抵扣以及由此产生了额外的滞纳金，这是李某违反民事责任致缇森公司产生了民事损失后果。

李某（一审被告、二审被上诉人）

缇森公司应提供充分确凿的证据予以证明，李某没有义务证明，也无法证明不存在的事实。缇森公司是因为使用了朗鑫公司开具的增值税专用发票而被税务机关处罚，是明知故犯的行为受的处罚，与被告李某无关。民事主体的合法财产才受到法律保护，缇森公司因为自己明知故犯的行为受到处罚遭受财产损失，不在法律的保护范围内。如果法院支持缇森公司的诉求，就是间接认可缇森公司这种明知故犯的违法行为。

【裁判观点】

缇森公司无法提供充分有效的证据证明上述订单已经实际履行，以及增值税发票、付款凭证及录音与本案的关联性。其提供的各项证据既无法单独证明其主张，也无法形成完整的证据链，又不能提供其他有效证据与其主张相互印证，无法达到确信该待证事实存在的高度可能性。根据《民事诉讼证据规定》第2条“当事人对自己提出的诉讼请求所依据的事实或者反驳对方诉讼请求所依据的事实有责任提供证据加以证明。没有证据或者证据不足以证明当事人的事实主张的，由负有举证责任的当事人承担不利后果”的规定，缇森公司提出锌鑫厂委托朗鑫公司向其虚开增值税专用发票，致使其补缴相应的税费及罚款，其财产遭受损失的主张依据不足。

案例124：周某某与佛山市顺德区捷勒塑料设备有限公司财产损害赔偿纠纷案[①]

【裁判要旨】

销售方对发票虚假应为明知却提供给购货方作申请税前扣除之用，显然存在过错，且与购货方被税务机关追缴税款并加收滞纳金的结果之间存在因果关系。购货方要求销售方赔偿被追缴的税款、截止至税务机关送达《税务处理决定书》之日的滞纳金的诉讼请求，理由充分，予以支持；但购货方在收到《税务处理决定书》后未按期足额补缴税款所导致的加收滞纳金，为其自身行为所致的扩大损失，由购货方自行承担。

【涉税案情】

2012年至2014年期间，周某某承包佛山市顺德区捷勒塑料设备有限公司（简称"捷勒公司"）的塔架工程，结算时捷勒公司要求周某某提供发票。周某某为了收取捷勒公司的承揽款，支付票面金额5%的"手续费"向一名叫"阿鬼"的男子先后购买了十五份广东增值税普通发票，所载销货单位均为"佛山市吉利贸易有限公司"（简称"吉利公司"），货物名称为钢构件或钢材，金额合计2 959 295元，然后将前述发票提供给捷勒公司入账。捷勒公司收到前述发票后即提交给税务机关申请税前扣除。2015年8月25日16时许，周某某主动到佛山市公安局禅城分局经侦大队投案，供述了其虚开其中两张票面金额共计人民币850 023元的广东增值税普通发票的事实。2016年12月22日，一审法院依法判决"周某某犯虚开发票罪，判处有期徒刑八个月，缓刑一年，并处罚金人民币一万元"。2017年9月28日，佛山市税务局稽查局向捷勒公司送达《税务处理决定书》，告知上述15份广东增值税普通发票为假发票，属未按规定取得合法有效凭据，不得在税前扣除；认定捷勒公司接受上述增值税普通发票的行为构成少缴企业所得税的行为，造成少计应纳税所得额2 959 295元；据此决定对捷勒公司追缴2012年度企业所得税334 818元、2013年度企业所得税293 540.47元，并对前述少缴的税款从滞纳税款之日起按日加收万分之五的滞纳金。捷勒公司向周某某追收其被追缴的税款及滞纳金未果，遂引起诉讼。

【争议焦点】

捷勒公司（一审原告、二审被上诉人）

周某某涉嫌虚开发票罪，公安机关经调查捷勒公司并不是共犯，且对周某某虚开发票的事情并不知情。捷勒公司要求周某某开具发票，是其法定权利，依法报税，是其

---

① 广东省佛山市中级人民法院民事判决书（2019）粤06民终6716号。

法定义务。周某某因自身过错导致捷勒公司的损失已实际发生，周某某应承担赔偿责任。

周某某（一审被告、二审上诉人）

捷勒公司是有过错的，如果将所有责任都推由周某某一人承担，有损法律的公平公正。周某某违法购买增值税发票固然是错，但捷勒公司明知购买增值税发票违法，其过错程度与周某某相当。周某某与捷勒公司应共同承担补交税款和滞纳金的责任。

【裁判观点】

捷勒公司因其报税提交的15份广东增值税普通发票为假发票，违反“未按规定取得的合法有效凭据不得在税前扣除”的规定，被税务机关追缴税款并加收滞纳金。上述15份虚假发票均由周某某低价向案外人购买再向捷勒公司提供，周某某上诉称捷勒公司对此知情，但未能提供证据证明捷勒公司在接受上述发票当时或者将上述发票提交税务机关之前，明知或应当知道发票是假的，应由其承担举证不能的不利后果。

周某某对发票虚假应为明知却提供给捷勒公司作申请税前扣除之用，显然存在过错，且与捷勒公司被税务机关追缴税款并加收滞纳金的结果之间存在因果关系。周某某上诉主张捷勒公司也有过错应共同担责，不予支持。

周某某承担侵权责任，赔偿捷勒公司被追缴的税款、截至税务机关向捷勒公司送达《税务处理决定书》之日的滞纳金。

案例125：甘肃新时代商贸有限公司与广州盖世电声科技有限公司、王某买卖合同纠纷案[①]

【裁判要旨】

销售方交给购货方的增值税专用发票为虚开的发票，导致购货方被税务机关责令补缴税款，由此造成购货方经济损失。而购货方明知销售方没有一般纳税人资格仍与其达成增值税税率为17%的约定，并通过他人虚开增值税专用发票，以及在签订合同时未注意审查销售方的纳税人资格，且在收到记载非销售方开具的增值税专用发票后，仍使用该发票申报抵扣，购货方和销售方对税款损失的产生均有过错。据此确定由销售方和购货方分别承担税款损失的50%。

【涉税案情】

2016年1月12日，甘肃新时代商贸有限公司（简称“新时代公司”）与广州盖世电声科技有限公司（简称“盖世公司”）签订《舞台音响购销合同书》，约定盖世公司

---

① 广东省广州市花都区人民法院民事判决书（2019）粤0114民初9622号、广东省广州市中级人民法院民事判决书（2020）粤01民终14346号。

向新时代公司提供舞台音响设备，合同总额为768 000元。合同约定盖世公司的收款账户为王某（盖世公司的法定代表人）个人账户。合同签订后，新时代公司、盖世公司均依约履行了各自的供货、付款义务。上述货款未通过公司账户支付，由伏某某（新时代公司的法定代表人）支付给王某。

2016年9月22日，盖世公司通过广州骏强电子科技有限公司（简称“骏强公司”）开具了七张增值税专用发票，该七张发票载明的购买方为新时代公司，销售方为骏强公司，七张发票含税总金额合计为768 000元，税率为17%，税额合计为111 589.73元。

新时代公司自认收到盖世公司提供的上述发票后，立即通过电话方式与盖世公司联系，对开票方为骏强公司提出异议，要求盖世公司重新开具增值税专用发票。盖世公司对此予以否认，称其系小规模纳税人，只能开具增值税普通发票或者通过税务机关代开税率为3%的增值税专用发票，不能直接开具税率为17%的增值税专用发票。且新时代公司明知该事实，找他人代开发票系按照新时代公司的要求所为，新时代公司收到发票后从未提出异议。新时代公司对盖世公司的上述陈述予以否认。

2017年4月28日，伏某某向公安机关举报盖世公司虚开增值税专用发票。同年5月16日，王某被刑事拘留，并于同年6月22日被批准逮捕，后于2018年2月12日被取保候审。2019年10月23日，检察机关作出《不起诉决定书》，查明以下事实：2016年1月，王某经营的盖世公司与伏某某经营的新时代公司签订《音箱买卖合同》，由盖世公司向新时代公司出售总价值为764 984.25元的音箱，收货后，伏某某要求王某提供增值税专用发票，王某遂联系同案人陈某某，陈某某联系他人获得七张销售方为骏强公司、价税合计768 000元的增值税专用发票，并以57 600元的价格向王某出售，新时代公司在明知涉案发票系他人代开的情况下仍接收发票，向王某支付商品尾款并使用上述发票向国税部门申报抵扣。检察机关认为王某实施了我国《刑法》第208条规定的行为，但犯罪情节轻微，不需要判处刑罚，依据我国《刑事诉讼法》相关规定，决定对王某不起诉。另，根据检察机关《不起诉理由说明书》所载，伏某某最终未能利用涉案发票实现抵扣。

2017年6月－7月期间，税务机关对新时代公司自2015年1月1日至2017年5月31日期间涉税情况及发票使用情况进行检查，发现其取得的涉案七张增值税专用发票为虚开发票，责令新时代公司补缴税款111 589.73元。

新时代公司向法院起诉请求：盖世公司、王某、骏强公司、魏某某向新时代公司赔偿经济损失。

【争议焦点】

新时代公司（一审原告、二审被上诉人）

盖世公司、王某私自找骏强公司开票完全是其自己的行为，新时代公司从未要求其找他人代开发票。收到对方提供的发票并发现问题后，新时代公司多次与盖世公司、王某沟通，在得知盖世公司的确无法提供以其名义开具的发票后，新时代公司多次跟其沟通要求退税费，但是对方仍不予理睬。王某实施犯罪行为是已知且确定之事实，只因其犯罪情节特别轻微而不需判处刑罚，但其免受刑事处罚，并不代表无须承担民事责任，其犯罪行为已对新时代公司产生经济损失，其应承担赔偿责任。

盖世公司、王某（一审被告、二审上诉人）

签合同时盖世公司就告知新时代公司其为小规模纳税人，并将营业执照、纳税登记证复印件交给了新时代公司，如果新时代公司对盖世公司的纳税人资格有异议，完全可以审查纳税人资格。但新时代公司考虑到盖世公司产品的价格低，仍然和盖世公司签订《舞台音响购销合同书》。在合同履行过程中，新时代公司为了能少缴税款，货款没有经过对公账户，然后通过各种方式要求盖世公司让第三方开具17%税率的增值税专用发票，其主观存在明知和故意。盖世公司按照新时代公司的要求，将涉案七张由骏强公司开具的增值税专用发票快递给新时代公司，新时代公司在明知增值税专用发票是虚开的情况下，按照常理应当予以拒绝或者在收到发票后予以退回，及时向公安机关报案，但是仍然使用该发票向国税部门申报抵扣。由于后来税务部门检查，为了减轻自身的责任和降低损失，才向公安机关报案，故新时代公司的行为涉嫌违法，因此造成的损失应由其自身承担。新时代公司向税务机关补缴的税款111 589.73元属于其在经营过程中销售产品应当缴纳的销项税额，其向税务机关补交税款也是其应当履行的法定义务，与盖世公司无关。

盖世公司并没有违约行为，即使没有开具发票也是新时代公司的原因所致，不应将双方约定交易增值税税率为17%，以及新时代公司要求盖世公司通过第三方虚开增值税专用发票等违反法律规定的行为，认定为盖世公司的违约行为，故盖世公司不应当承担违约责任。

【裁判观点】

新时代公司按照含税的涉案《舞台音响购销合同书》总额向盖世公司支付了货款，即新时代公司承担了相应的税款，后因盖世公司交给新时代公司的增值税专用发票为盖世公司通过骏强公司虚开的发票，导致新时代公司被当地税务机关责令补缴税款，由此造成新时代公司经济损失。而盖世公司明知其没有一般纳税人资格，仍与新时代公司达成增值税税率为17%的约定，并认可骏强公司虚开增值税专用发票的行为，以及新时代公司在签订合同时未注意审查盖世公司的纳税人资格，且在收到记载销售方为骏强公司而非盖世公司的增值税专用发票后，仍使用该发票向税务机关申报抵扣的行为，系造成新时代公司上述税款损失的原因。因此，盖世公司和新时代公司对上述税款损失的产生均有过错，据此确定由盖世公司和新时代公司分别承担上述税款损失的50%。盖世公司、王某主张新时代公司在签订涉案买卖合同时知道盖世公司系小规模纳税人，并要求盖世公司通过第三方开具17%税率的增值税专用发票的事实，证据不足。且即使该事实成立，盖世公司应当知道找他人虚开增值税专用发票系违法犯罪行为而仍然为之，盖世公司亦有过错，不能因该事实成立而免除盖世公司的过错责任。

关于新时代公司主张的税款滞纳金及被税务机关要求缴纳的罚款，因新时代公司并未提供证据证明前述费用已实际发生，不予支持。

案例126：苏州利莱博电梯部件有限公司与上海申浦建筑安装有限公司、周某某财产损害赔偿纠纷案①

【裁判要旨】

受票方接受由销售方提供的劳务，却从销售方处取得他人虚开的增值税专用发票。受票方被追缴税款及承担罚款、滞纳金等，是应得的行政处罚，其要求销售方赔偿，缺乏依据。

【涉税案情】

2015年1月2日，甲方发包人苏州利莱博电梯部件有限公司（简称“利莱博公司”）与乙方承包人上海申浦建筑安装有限公司（简称“申浦公司”）签订《工程承包合同》，合同总价（含税价）暂估62万元。该合同落款处，利莱博公司及其法定代表人季某在甲方栏盖章、签名；乙方栏印刷字样为“乙方：周某某；单位名称：上海申浦建筑安装有限公司”，申浦公司在乙方栏盖章，周某某未签名。

2015年1月5日至2月9日，利莱博公司向申浦公司支付70万元，附言“装修款”。2015年2月6日、2月10日，申浦公司向利莱博公司开具了金额分别为40万元、30万元的建筑业统一发票两张，结算项目载为工程款。2015年3月18日至7月28日，利莱博公司向周某某支付140万元，附言“装修款”。2015年6月，周某某向利莱博公司交付星光路达公司开具的增值税专用发票4张，合计420 044.60元（含税）。2015年7月，周某某又向利莱博公司交付伟恒华辉公司开具的增值税专用发票，合计701 190元（含税），应税货物均记载为“螺纹”。

2017年1月11日，周某某至苏州市吴江区公安局汾湖派出所投案。2017年4月7日，江苏省苏州市吴江区人民法院作出刑事判决，查明周某某在没有真实货物交易的情况下，以支付开票手续费的方式，让他人为自己虚开购货单位名称为利莱博公司，

① 上海市浦东新区人民法院民事判决书（2019）沪0115民初50413号。

销货单位名称为伟恒华辉公司的北京增值税专用发票6份，价税合计701 190元，其中税款101 882.30元已由利莱博公司申报抵扣，周某某的行为构成虚开增值税专用发票罪，判处被告周某某拘役四个月，缓刑六个月，并处罚金3万元。

2017年11月17日，苏州市吴江区国家税务局稽查局作出《税务行政处罚决定书》及《税务处理决定书》。《税务行政处罚决定书》载明，利莱博公司2015年6月、7月期间接受由周某某提供的装修劳务，却分别从周某某处取得由星光路达公司、伟恒华辉公司虚开的增值税专用发票共10份，合计税款162 914.43元，已申报抵扣，造成少缴增值税162 914.43元，并应追缴2015年企业所得税239 580.04元。《税务行政处理决定书》载明，决定追缴增值税162 914.43元、企业所得税239 580.04元，并加收相应滞纳金。《税务行政处罚决定书》对利莱博公司行为定性为偷税，处所偷税款0.5倍罚款计201 247.24元。利莱博公司已于2016年12月16日至2018年1月21日期间，陆续向税务机关缴纳了税款、滞纳金、罚款共计718 155.78元。

2016年11月8日，周某某通过网银向利莱博公司支付119 000元，附言“大额支付转入”。2017年11月1日，周某某又通过网银向利莱博公司支付151 000元，附言空白。

利莱博公司向法院提出诉讼请求：判令申浦公司、周某某赔偿经济损失人民币448 155.78元及利息损失。

【争议焦点】

利莱博公司（原告）

周某某因涉嫌虚开增值税发票被公安机关立案后，其获悉补缴税款和罚金能够从轻从宽处罚，但其无法以个人名义补缴，才请求利莱博公司代为补缴，并答应相应款项会支付给原告。利莱博公司已向税务机关缴款，但周某某仅支付了27万元，仍有448 155.78元损失无从弥补。周某某为逃避自身交税义务，以支付手续费方式购买虚开发票，属故意犯罪，并导致利莱博公司受到行政处罚、遭受经济损失。申浦公司、周某某应对此承担过错责任。

申浦公司、周某某（被告）

《工程承包合同》已履行完毕。周某某与利莱博公司另行口头达成了装修合同，利莱博公司所付210万元中，付给周某某的是140万元装修款。利莱博公司与周某某缔结装修合同时，就知晓周某某作为个人无法提供增值税发票，但仍坚持要求周某某提供增值税发票，双方口头协商以后，约定由周某某委托他人开具增值税发票。利莱博公司在取得发票后，在明知自身与伟恒华辉公司、星光路达公司无交易的情况下申报抵扣，自身存在过错，应自行承担后果。周某某是曾向利莱博公司支付27万元，但不意味着愿意承担损失，而是为了帮利莱博公司减轻处罚，因利莱博公司称资金困难，故周某某帮其垫付，利莱博公司是承诺返还的。

申浦公司（被告）

周某某挂靠在申浦公司处，其与利莱博公司之间的口头装修合同与本案《工程承包合同》无关。申浦公司没有向利莱博公司开具过增值税专用发票，申浦公司也不清楚周某某向利莱博公司开具增值税专用发票的事。利莱博公司被税务机关行政处罚，与申浦公司无关。

【裁判观点】

根据国家税务总局相关规定，周某某作为个人，在装修劳务中是不可能开具或申请代开增值税专用发票的。在利莱博公司与周某某达成装修合同关系时，对该税务常识即应明知，利莱博公司原本就不存在取得增值税专用发票抵扣税款的可能。利莱博公司被追缴税款及承担罚款、滞纳金等，是其偷税行为应得的行政处罚，其要求申浦公司、周某某赔偿，缺乏依据。

【案例评析】

虚开发票行为包括为他人、为自己、让他人为自己、介绍他人开具与实际经营业务情况不符的发票。

受票方接受虚开发票，可能存在以下后果：（1）恶意取得增值税专用发票抵扣进项税的，除依照《税收征管法》及有关规定追缴税款外，还要处以偷税数额5倍以下的罚款；进项税金大于销项税金的，应当调减其留抵的进项税额。利用虚开的专用发票进行骗取出口退税的，依法追缴税款，处以骗税数额5倍以下的罚款。构成犯罪的，追究刑事责任。（2）善意取得虚开的增值税专用发票，如能重新取得合法、有效的专用发票，准许其抵扣进项税款；如不能重新取得合法、有效的专用发票，不准其抵扣进项税款或者追缴其已抵扣的进项税款。被追缴已抵扣税款的，不适用《税收征管法》第32条加收滞纳金的规定。（3）税务机关依照《发票管理办法》对虚开行为处以罚款。（4）成本费用支出无法税前扣除。《企业所得税税前扣除凭证管理办法》（国家税务总局公告2018年第28号）第14条规定："企业在补开、换开发票、其他外部凭证过程中，因对方注销、撤销、依法被吊销营业执照、被税务机关认定为非正常户等特殊原因无法补开、换开发票、其他外部凭证的，可凭以下资料证实支出真实性后，其支出允许税前扣除：（一）无法补开、换开发票、其他外部凭证原因的证明资料（包括工商注销、机构撤销、列入非正常经营户、破产公告等证明资料）；（二）相关业务活动的合同或者协议；（三）采用非现金方式支付的付款凭证；（四）货物运输的证明资料；（五）货物入库、出库内部凭证；（六）企业会计核算记录以及其他资料。前款第一项至第三项为必备资料。"第16

条规定："企业在规定的期限未能补开、换开符合规定的发票、其他外部凭证，并且未能按照本办法第十四条的规定提供相关资料证实其支出真实性的，相应支出不得在发生年度税前扣除。"

对于因接受虚开发票造成的损失，包括税款、滞纳金、罚款等，受票方可结合实际向销售方追偿损失，操作中应注意以下事宜：

一、民事责任构成要件是否具备。民事责任构成要看是否存在违法行为、损害事实、因果关系以及过错。受票方向销售方追偿损失，首先应确认销售方的虚开行为是否存在、受票方的损失是否产生、虚开行为和损失之间有无因果关系、双方有无过错。案例 123 中，销售方坚称缇森公司接受朗鑫公司开具的增值税专用发票行为与其无关，最终法院亦未支持缇森公司诉求。

二、诉讼证据准备是否充分。在民事诉讼中，证据的有无、多少、真伪直接决定了民事案件的最终判决结果。民事证据有哪些，如何调查、审核、质证、采信，兹事体大。《民事诉讼法解释》第 90 条规定："当事人对自己提出的诉讼请求所依据的事实或者反驳对方诉讼请求所依据的事实，应当提供证据加以证明，但法律另有规定的除外。在作出判决前，当事人未能提供证据或者证据不足以证明其事实主张的，由负有举证证明责任的当事人承担不利的后果。"受票方应关注涉案各项证据能否形成完整的证据链，能否达到确信待证事实存在的高度可能性。

三、受票方自身有无过错。《民法典》第 592 条规定："当事人都违反合同的，应当各自承担相应的责任。当事人一方违约造成对方损失，对方对损失的发生有过错的，可以减少相应的损失赔偿额。"过失相抵的适用条件主要有：（1）受损失方因对方违约受有损害。（2）双方均有过错。（3）双方过错与损害之间有因果关系。案例 125 中，新时代公司与盖世公司签订买卖合同，收到记载销售方为骏强公司的增值税专用发票后，仍继续申报抵扣，对损害的发生均有过错，应承担相应的责任。司法实践中，法官会根据双方的过错程度，酌定责任承担比例。不排除会出现案例 126 的类似结果，法官认定受票方不具善意，驳回其要求销售方赔偿损失的请求。

问题 91：非扣缴义务人垫付个人所得税后，能否向纳税人追偿？

案例 127：上海金政科技股份有限公司与罗某某财产损害赔偿纠纷案[①]

【裁判要旨】

个人所得税以所得人为纳税义务人，以支付所得的单位或个人为扣缴义务人。当

① 江西省南昌市东湖区人民法院民事判决书（2018）赣 0102 民初 5662 号、江西省南昌市中级人民法院民事判决书（2018）赣 01 民终 2825 号。

事人既非股权转让中的法定纳税人，也不是法定扣缴义务人，无权向纳税义务人追偿诉争股权转让所得个人所得税。

【涉税案情】

2015年8月31日，罗某某与案外人蔡某某签订《股份转让协议》一份，主要约定内容为：罗某某按每股1元的单价转让阿兰德电器公司165万股股份，总计股份转让款为165万元，本次转让所涉税费各自依法承担。2017年8月25日，南昌高新技术产业开发区税务局向阿兰德电器公司下发《税务检查通知书》，决定对阿兰德电器公司2016年1月1日至2017年8月21日期间的涉税情况进行检查。2017年8月30日，阿兰德电器公司向税务机关申报罗某某及案外人刘某某、张某某于2015年12月1日至12月31日的利息、股息、红利所得应纳税所得额为2 552 164.65元，应扣缴税额为510 432.93元，其中申报罗某某应纳税所得额为1 417 869.25元，应扣缴税额为283 573.85元；同日，南昌市地方税务局办税服务厅向阿兰德电器公司出具了一张金额合计为660 500.21元的《税收完税证明》，列明其他利息、股息、红利所得的个人所得税为510 432.93元，滞纳金为150 067.28元，罚款为50元，其中申报罗某某应纳税所得额为714 617.57元，应扣缴税额为142 923.51元；后国家税务总局南昌高新技术产业开发区税务局将税收品目名称中的"其他利息、股息、红利所得"更正为"财产转让所得"。2017年8月31日，阿兰德电器公司向税务机关申报罗某某及案外人张某某于2016年12月1日至12月31日的利息、股息、红利所得应纳税所得额为815 395.17元，应扣缴税额为163 079.03元；同日，南昌市地方税务局办税服务厅向阿兰德电器公司出具了一张金额合计197 034.97元的《税收完税证明》，其中列明其他转让所得的个人所得税为163 079.03元，滞纳金为18 509.47元。2018年6月11日，罗某某向上海金政科技股份有限公司（简称"金政科技公司"）寄送《质询函》一份，就金政科技公司于网络上披露的2017年度报告中涉及的应向罗某某收取款项426 497.36元提出质疑，同年6月15日，金政科技公司向罗某某寄送回函、《催款函》各一份，催促罗某某归还本案诉请的税金426 497.36元及滞纳金96 619.54元，合计523 116.9元。现金政科技公司因催收未果，故诉至法院。

另查明，阿兰德电器公司已于2017年7月28日申请变更为金政科技公司，罗某某原系阿兰德电器公司的发起人。

【争议焦点】

金政科技公司（一审原告、二审上诉人）

罗某某无法律根据取得523 116.90元利益，致金政科技公司受到523 116.90元损失，两者之间构成不当得利，罗某某取得利益与金政科技公司受到损失之间具有直接的因果关系。

2017 年 8 月，南昌高新技术产业开发区地方税务局来金政科技公司进行税务检查，其提出根据国家税收管理法律法规和税务清算要求，企业税务清算需要原股东转让股权交清个人所得税，金政科技公司遂先行垫付补缴罗某某个人应缴未缴的股权转让所得个人所得税税金合计 523 116.90 元，其中，股权转让所得个人所得税 426 497.36元，滞纳税款滞纳金 96 619.54 元。基于公平理念和社会一般观念，应当认定两者之间具有实质上的牵连关系，足以成立因果关系。罗某某与金政科技公司之间依法构成不当得利法律关系，罗某某负有返还金政科技公司 523 116.90 元及相应利息的义务。

罗某某（一审被告、二审被上诉人）

罗某某是原值转让股权并没有收益所得，无须缴纳税款。若征税的品目名称为股权转让所得个人所得税，则依据《股权转让所得个人所得税管理办法（试行）》之规定，金政科技公司既不是纳税义务人也不是适格的扣缴义务人，无权代扣代缴。

【裁判观点】

依法纳税是公民的基本义务。具有纳税义务的主体是税法规定直接负有纳税义务的单位和个人；具有扣缴义务的主体是法律、行政法规规定负有代扣代缴、代收代缴税款义务的单位和个人。个人所得税，以所得人为纳税义务人，以支付所得的单位或者个人为扣缴义务人。金政科技公司主张，罗某某将所持有的阿兰德电器公司的股权转让给案外人而产生的股权转让所得个人所得税，罗某某作为转让方，为法律规定的纳税义务人；案外人作为受让方，为法律规定的扣缴义务人；金政科技公司并非是此次股权转让的纳税义务人，也不是扣缴义务人，其无权向罗某某追偿诉争股权转让所得个人所得税。

【案例评析】

《股权转让所得个人所得税管理办法（试行）》（国家税务总局公告 2014 年第 67 号）规定，个人股权转让所得个人所得税，以股权转让方为纳税人，以受让方为扣缴义务人。罗某某与案外人蔡某某约定转让阿兰德电器公司股份，阿兰德电器公司作为被投资企业，需要做的是“在董事会或股东会结束后 5 个工作日内，向主管税务机关报送与股权变动事项相关的董事会或股东会决议、会议纪要等资料。被投资企业发生个人股东变动或者个人股东所持股权变动的，应当在次月 15 日内向主管税务机关报送含有股东变动信息的《个人所得税基础信息表（A 表）》及股东变更情况说明”。《税收征管法》第 89 条规定：“纳税人、扣缴义务人可以委托税务代理人代为办理税务事宜。”在本次股权转让交易中，阿兰德电器公司既不是扣缴义务人，也不是税务代理人，无权办理罗某某财产转让所得个人所得税纳税申报。

金政科技公司在答辩中称，罗某某取得利益与金政科技公司受到损失之间具有直接的因果关系，依法构成不当得利法律关系。《民法典》第 985 条规定："得利人没有法律根据取得不当利益的，受损失的人可以请求得利人返还取得的利益，但是有下列情形之一的除外：（一）为履行道德义务进行的给付；（二）债务到期之前的清偿；（三）明知无给付义务而进行的债务清偿。"不当得利的构成要件包括四个方面：一方取得利益；另一方受到损失；获益与受损之间存在因果关系；一方获益无法律依据。罗某某平价转让股权，即使税务机关认为申报的股权转让收入明显偏低且无正当理由，从而核定股权转让收入，阿兰德电器公司未经罗某某授权，自行为纳税人办理"税务清算"，税款缴纳金额的确定性更无从判定。受损人明知没有债务，不存在给付义务而向他人给付，应视为对自己权利的处分，这种情况不构成不当得利，故无权向罗某某追偿诉争股权转让所得个人所得税。

编者提醒读者注意的是，对于扣缴义务人应扣未扣税款的行为，法律责任只有追缴税款和处以罚款，并不涉及加收滞纳金。《税收征管法》第 69 条规定："扣缴义务人应扣未扣、应收而不收税款的，由税务机关向纳税人追缴税款，对扣缴义务人处应扣未扣、应收未收税款百分之五十以上三倍以下的罚款。"《国家税务总局关于行政机关应扣未扣个人所得税问题的批复》（国税函［2004］1199 号）第 3 条规定："按照《税收征管法》规定的原则，扣缴义务人应扣未扣税款，无论适用修订前还是修订后的《税收征管法》，均不得向纳税人或扣缴义务人加收滞纳金。"

问题 92：员工使用虚假房租发票报销致用人单位受税务行政处罚，应否赔偿用人单位损失？

案例 128：慧与（中国）有限公司与李某某劳动争议案①

【裁判要旨】

税务机关责成用人单位补缴应扣未扣的个人所得税，应由员工支付，用人单位代员工垫付，员工应予以返还。用人单位作为税收征管扣缴义务人，对员工使用虚假发票报销行为未履行审查义务，应承担相应的法律责任。

【涉税案情】

慧与（中国）有限公司（简称"慧与公司"）的前身中国惠普有限公司与李某某于 2011 年 11 月 26 日签订《劳动合同书》，双方约定李某某在职期间可以享受外国人

① 北京市朝阳区人民法院民事判决书（2019）京 0105 民初 19023 号。

个税抵扣优惠政策，以本人名义支付的房租在提供租金发票、租房合同、出租房产权证明及租金支付凭证后，在工资40%的范围内可免于缴纳个人所得税。2016年5月底，李某某辞职。2017年9月1日，慧与公司收到北京市地方税务局的《税务检查通知书》，对其2014年至2016年涉税情况进行检查，税务机关发现部分外籍员工存在违反税收征管法规的问题，向慧与公司追缴个人所得税并处以罚款。慧与公司认为李某某涉及提供虚假房租发票13张，欠缴个人所得税税款875 249.98元。

2018年10月10日慧与公司向北京市劳动人事争议仲裁委员会申请仲裁，要求李某某支付其垫付的个人所得税款及罚款，该仲裁委裁决李某某支付慧与公司垫付的个人所得税款875 249.98元，驳回了慧与公司的其他仲裁请求。慧与公司不服裁决诉至法院。

【争议焦点】

慧与公司（原告）

李某某的行为违反了《税收征管法》的规定及《劳动合同书》关于"不得以不真实的陈述、文件和报销凭证从慧与公司获得报销或其他现金与财物"的规定，是造成税务机关对慧与公司进行行政处罚的直接原因，因此李某某应补偿慧与公司因缴纳行政处罚罚金产生的损失。

李某某（被告）

慧与公司是知名单位，有大量专业财务人员，有条件审核财务报销凭证，即便提交的财务报销凭证有问题，2013－2015年期间审核发票时即应知道自身的权益受到侵害了。李某某作为高管，离职时经过了离任审计，未发现财务问题。慧与公司未能审核发票导致出现问题，导致李某某补缴个税，面临巨额损失，慧与公司要求李某某承担责任有违公平。李某某不直接承担纳税义务，税务机关处罚对象是慧与公司不是李某某，李某某不存在违约行为。

【裁判观点】

关于追缴的个人所得税，应由李某某支付，慧与公司代李某某垫付，李某某应予以返还。关于罚款部分，税务机关系依据《税收征管法》第69条对慧与公司处以罚款，《税收征管法》第69条规定："扣缴义务人应扣未扣、应收而不收税款的，由税务机关向纳税人追缴税款，对扣缴义务人处应扣未扣、应收未收税款百分之五十以上三倍以下的罚款。"其处罚对象为慧与公司，慧与公司应当就其违法行为承担支付罚款的责任。对此慧与公司提出李某某的行为违反了《税收征管法》第63条之规定，属于偷税，且依据双方签订的《劳动合同书》第24.5条约定"乙方不得以不真实的陈述、文件和报销凭证从甲方获得报销或其他现金与财务"，主张李某某提交虚假发票，属于违约行为，因此要求李某某依据该《劳动合同书》第49条“乙方违反本合同的约定解除劳动合同，或违反甲方就培训、保密义务、竞业禁止等事项所达成的约定，或由于故意、重大过失对甲方造成损失的，应按本合同、专项约定、或甲方政策、规章、制度承担相应的违约、赔偿和/或补偿责任”的约定，承担补偿该公司罚款损失的责任。法院认为，慧与公司作为用人单位负有代扣代缴个人所得税的义务，对于外籍员工提交的用以抵扣工资的房租发票负有基本的核查责任，亦有能力组织专业人员对发票进行核查，其核查能力远超过作为外籍员工且并非财会专业的李某某。根据双方陈述，李某某为报销房租补贴除提交发票外还需提交租赁合同、租金支付凭证等其他材料，李某某称已按要求提交全部材料，否认其知晓发票系虚假，且称已支付开票单位营业税，而慧与公司显然未对李某某提交的发票进行基本的审核，因此根据本案现有证据，不能认定李某某具有提供虚假发票以逃税的故意或重大过失，慧与公司要求李某某补偿其因罚款遭受的损失，缺乏依据，不予支持。

【案例评析】

关于外籍个人有关津补贴的税收优惠，《财政部、国家税务总局关于个人所得税若干政策问题的通知》（财税〔1994〕20号）规定，外籍个人以非现金形式或实报实销形式取得的住房补贴、伙食补贴、搬迁费、洗衣费，暂免征收个人所得税。个人所得税法修改后，上述优惠政策得以延续。《财政部、税务总局关于个人所得税法修改后有关优惠政策衔接问题的通知》（财税〔2018〕164号）第7条规定：“（一）2019年1月1日至2021年12月31日期间，外籍个人符合居民个人条件的，可以选择享受个人所得税专项附加扣除，也可以选择按照《财政部、国家税务总局关于个人所得税若干政策问题的通知》（财税〔1994〕20号）、《国家税务总局关于外籍个人取得有关补贴征免个人所得税执行问题的通知》（国税发〔1997〕54号）和《财政部、国家税务总局关于外籍个人取得港澳地区住房等补贴征免个人所得税的通知》（财税〔2004〕29号）规定，享受住房补贴、语言训练费、子女教育费等津补贴免税优惠政策，但不得同时享受。外籍个人一经选择，在一个纳税年度内不得变更。（二）自2022年1月1日起，外籍个人不再享受住房补贴、语言训练费、子女教育费津补贴免税优惠政策，应按规定享受专项附加扣除。”

《国家税务总局关于贯彻〈中华人民共和国税收征收管理法〉及其实施细则若干具体问题的通知》（国税发〔2003〕47号）规定，扣缴义务人违反征管法及其实施细则规定应扣未扣、应收未收税款的，税务机关除按征管法及其实施细则的有关规定对其给予处罚外，应当责成扣缴义务人限期将应扣未扣、应收未收的税款补扣或补收。本案当事人提供虚假发票报销房租，税务机关责成慧与公司补扣并缴纳税款，是慧与公司代纳税义务人补缴税款的行为，李某某应予返还。

关于本案案由，编者认为法院将之确定为劳动合同纠纷案由不甚恰当。慧与公司与李某某系劳动合同解除后所发生争议，并非履行劳动合同发生争议，因此应属不当得利纠纷。税务机关追缴税款已经完成，慧与公司所主张的应是其已经代缴了本应由李某某缴纳的税款而造成李某某不当得利。《最高人民法院关于印发修改后的《民事案件案由规定》的通知》（法〔2011〕42号）之“三、适用修改后的《民事案件案由规定》时应注意的几个问题”第5条规定：“当事人起诉的法律关系与实际诉争的法律关系不一致的，人民法院结案时应当根据法庭查明的当事人之间实际存在的法律关系的性质，相应变更案件的案由。”法院可依法变更本案案由为不当得利纠纷。

关于本案的过错责任认定，编者认为裁判观点有待商榷。虽然法院认为慧与公司对于涉案房租发票负有基本的核查责任，且其核查能力远超过作为非财会专业的外籍员工，但客观而言，当事人双方均存在过错，涉案税务行政处罚应当按各自的过错责任比例分担。

问题93：当事人一方向另一方追偿税款损失，诉讼时效何时起算？

案例129：上海林登国际货物运输代理有限公司与张某财产损害赔偿纠纷案①

【裁判要旨】

受票方诉讼请求的本质并非要求销售方履行原合同的义务，而是要求销售方承担因其未能开具合法发票而造成损失的违约责任。受票方收到税务机关的《税务行政处罚决定书》《税务处理决定书》及此后对上述决定书中税费、滞纳金、罚款等项目的缴纳行为，表明受票方明知其损失已实际发生，受票方要求销售方出具承诺书的行为表明，受票方知道销售方系前述损失的赔偿义务人，故此时即应当起算诉讼时效。受票方怠于行使权利之法律后果，应由其自行承担。

【涉税案情】

2006年至2013年期间，上海林登国际货物运输代理有限公司（简称“林登公司”）、张某建立运输合同关系，约定张某为林登公司提供集装箱陆路运输服务，林登公司支付相应运费。

2012年2月至3月间，张某向林登公司交付三份由上海精信国际物流有限公司开具的增值税专用发票，发票金额合计182 771.69元，税额合计10 966.31元，价税合计193 738元，应税劳务名称均为运费。林登公司持上述发票向税务机关抵扣后，经税务机关核查发现，上述增值税专用发票属虚开。

① 上海市第二中级人民法院民事判决书（2020）沪02民终5626号。

2014年5月7日，张某向林登公司出具书面承诺，称关于双方业务所开的精信物流的发票是找有业务往来的朋友开的，其本人也不知情，其愿意承担林登公司在税务上所产生的罚金及补交的税款及相关责任。

2014年7月，税务机关向林登公司送达《税务行政处罚决定书》《税务处理决定书》，对林登公司追缴税款、加收滞纳金、处以罚款。2014年8月11日，林登公司缴纳了上述税费、滞纳金、罚款等共计126 236.55元。

2014年10月20日，张某因虚开涉案三份增值税专用发票，构成虚开增值税专用发票罪，被判处拘役四个月，缓刑四个月，并处罚金人民币二万元。

林登公司于2019年6月向法院起诉请求：张某向林登公司支付滞纳金、罚款损失共计126 236.55元；支付自起诉之日起至实际支付之日止的利息（以126 236.55元为基数，按年利率6%计算）。

【争议焦点】

林登公司（一审原告、二审上诉人）

由于张某的违约行为导致林登公司损失，张某就违约赔偿损失自愿出具承诺书，该承诺书系原运输合同的补充约定，故本案诉请所涉的履约依据为该承诺书，诉讼时效起算应当依据该承诺书。因张某出具承诺书时，双方口头约定张某以继续提供运输服务的方式抵偿，未约定具体的履行期限，根据《民事诉讼时效规定》第6条：未约定履行期限的合同，依照《合同法》第61条、第62条的规定，可以确定履行期限的，诉讼时效期间从履行期限届满之日起计算；不能确定履行期限的，诉讼时效期间从债权人要求债务人履行义务的宽限期届满之日起计算，但债务人在债权人第一次向其主张权利之时明确表示不履行义务的，诉讼时效期间从债务人明确表示不履行义务之日起计算。张某于2019年才明确表示不愿承接林登公司运输业务，彼时林登公司的请求权方才受到损害，诉讼时效开始计算，故林登公司的诉请并未超过诉讼时效。

张某（一审被告、二审被上诉人）

林登公司起诉已经超过诉讼时效。因为《税务行政处罚决定书》都是发生在2014年7月25日，林登公司当天就知道或者应当知道自己享有了诉权，但直到2019年6月才开始起诉，已经超过了诉讼时效。

【裁判观点】

林登公司诉讼请求的本质并非要求张某履行原运输合同的义务，而是要求张某承担因其未能开具合法发票而给林登公司造成损失的违约责任。林登公司对张某上述违约行为造成的权利损害是早已明知的，林登公司收到税务机关的《税务行政处罚决定书》《税务处理决定书》及此后对上述决定书中税费、滞纳金、罚款等项目的缴纳行为，表明林登公司明知其损失已实际发生，林登公司要求张某出具承诺书的行为表明林登公司知道张某系前述损失的赔偿义务人，故此时即应当起算诉讼时效。林登公司要求依据张某出具的承诺书确定诉讼时效，但张某出具的承诺书不具有独立性，仅是张某对其因违反运输合同义务而需承担违约责任的确认，该承诺书并不形成新的债权债务关系。林登公司自述在涉案损失发生后，因自身业务变化、张某陷入刑事诉讼等原因主动终止了与张某的业务往来，此后长达近5年未向张某主张赔偿或恢复业务往来，林登公司怠于行使权利之法律后果，应由其自行承担，林登公司之诉讼主张，法院实难支持。

【案例评析】

诉讼时效，是指权利人未在法定期间内行使权利而丧失请求人民法院依法保护其权利的法律制度。对于原告已过诉讼时效的请求，人民法院将驳回其诉讼请求，但权利人仍享有实体权利，如果义务人自愿履行，权利人仍有权受领。通说认为，诉讼时效制度的立法目的有四：一是督促权利人行使权利，因在权利上的睡眠者不值保护。二是由于持续性事实被认为在盖然性上较能正确地反映事实，因此基于盖然性原则，诉讼时效期间届满，推定义务人不负有义务。三是避免举证困难，减轻法院负担。四是保护交易安全，尊重现存社会秩序，维护社会公共利益。[①]《民法典》同时规定了普通诉讼时效期间、特别诉讼时效期间和最长诉讼时效期间，第188条规定："向人民法院请求保护民事权利的诉讼时效期间为三年。法律另有规定的，依照其规定。诉讼时效期间自权利人知道或者应当知道权利受到损害以及义务人之日起计算。法律另有规定的，依照其规定。但是，自权利受到损害之日起超过二十年的，人民法院不予保护，有特殊情况的，人民法院可以根据权利人的申请决定延长。"普通时效期间的起算需满足以下条件：（1）权利客观上受到侵害。（2）权利人知道或应当知道权利受到侵害。（3）权利人知道或应当知道具体侵害人。[②]

林登公司于2014年7月收到税务机关的《税务处理决定书》《税务行政处罚决定书》，已知道权利受到侵害，即应当起算诉讼时效。林登公司所引《民事诉讼时效规定》第6条，即"未约定履行期限的合同，依照合同法第六十一条、第六十二条的规定，可以确定履行期限的，诉讼时效期间从履行期限届满之日起计算；不能确定履行期限的，诉讼时效期间从债权人要求债务人履行义务的宽限期届满之日起计算，但债

---

① 宋晓明，刘竹梅，张雪楳．《关于审理民事案件适用诉讼时效制度若干问题的规定》的理解与适用［J］．人民司法，2008（21）．

② 最高人民法院民法典贯彻实施工作领导小组．中华人民共和国民法典总则编理解与适用（下）［M］．北京：人民法院出版社，2020：948．

务人在债权人第一次向其主张权利之时明确表示不履行义务的，诉讼时效期间从债务人明确表示不履行义务之日起计算"，认为张某于 2019 年才明确表示不愿承接林登公司运输业务，所以林登公司的请求权方才受到损害，诉讼时效应自张某明确表示不履行义务之日起开始计算。《民事诉讼时效规定》第 6 条是关于未约定履行期限的合同所涉债权请求权诉讼时效起算点的规定，主要适用于权利人第一次主张权利、债务人即表明其不同意履行义务的情形①，与本案请求权无关，故一审法院、二审法院不支持林登公司上述观点，驳回林登公司的全部诉讼请求。

① 最高人民法院民事审判第二庭．最高人民法院关于民事案件诉讼时效司法解释理解与适用［M］．北京：人民法院出版社，2015：121.

专题13 人格权纠纷

问题94：税务机关在报纸公告送达税务文书是否构成侵害纳税人名誉权？

案例130：杨某某与福建省诏安县地方税务局稽查局、福建省诏安县地方税务局名誉权纠纷案①

【裁判要旨】

税务机关在媒体上对纳税人公告送达《税务处理事项告知书》及《税务行政处罚事项告知书》，是履行行政机关作出具体行政处理决定的法定程序。因此，纳税人以税务机关的行为损害其名誉权为由提起诉讼，不应当属于人民法院民事诉讼管辖范围。

【涉税案情】

诏安县地方税务局稽查局于2013年7月8日作出税务行政处罚决定和税务处理决定，认定杨某某存在税务违法行为，对其作出补缴税款、处以罚款等决定。诏安县地方税务局稽查局及诏安县地方税务局于2014年7月9日在《闽南日报》刊登送达公告，公告内容包含杨某某姓名、身份证号码，并认定杨某某存在税务违法行为等。

杨某某诉称其在诏安县兴办企业，遵纪守法，获得多方肯定，具有良好的口碑，诉请法院判决两税务机关共同在《闽南日报》刊登内容经执行法院审查的《道歉声明》，对其赔礼道歉，消除不良影响，以恢复名誉。法院裁定驳回原告杨某某的起诉。

【争议焦点】

杨某某（原告）

税务机关公然披露原告身份信息，未经生效法律文书证明、没有事实依据地认定原告存在税务违法行为，对原告的隐私进行宣扬，对原告的人格进行丑化和贬损。违法公告送达给从事企业经营的原告带来无尽的精神痛苦和巨大的经济损失，严重侵犯了原告的名誉权等。诏安县地方税务局稽查局是违法公告的具体署名发布者，诏安县地方税务局是诏安县地方税务局稽查局的上级机关和违法公告的指示者和审批者，身

① 福建省诏安县人民法民事裁定书（2014）诏民初字第1073号。

为执法机关的被告，不作执法的表率，反而借行政执法之名，行任意侵犯原告合法权利之实。

【裁判观点】

被告税务机关在《闽南日报》中对原告公告送达《税务处理事项告知书》及《税务行政处罚事项告知书》，是行政机关作出具体行政处理决定的法定程序。因此，原告认为税务机关的行为损害其名誉权，进而提起的诉讼，不应当属于人民法院民事诉讼管辖范围。根据《最高人民法院关于审理名誉权案件若干问题的解释》第4条规定：国家机关、社会团体、企事业单位等部门对其管理的人员作出的结论或者处理决定，当事人以其侵害名誉权向人民法院提起诉讼的，人民法院不予受理。因此，原告提起的诉讼，不符合民事诉讼法规定的民事诉讼受理范围，原告起诉应予驳回。

【案例评析】

送达是行政程序中重要的一环，在税务行政程序中也不例外。税务文书送达是税务文书生效的前提，有效送达与否直接关系到税务机关的行政行为是否合法有效。[①]《税收征管法实施细则》第101条至第105条中，明确了直接送达、委托送达、留置送达、邮寄送达的适用范围和操作要求；《税收征管法实施细则》第106条规定，可以公告送达的情形包括“同一送达事项的受送达人众多”和“采用本章规定的其他送达方式无法送达”。本案原告如认为税务机关公告送达程序违法，可另行提起行政诉讼。“马某某与潢川县地方税务局稽查局税务行政管理纠纷案”中[②]，税务机关采取公告方式送达《税务行政处罚决定书》《税务行政处罚事项告知书》，但未提供证据证明其依照法律规定采取了直接送达、委托送达、邮寄送达等方式均无法送达，法院认定税务文书送达程序违法并判决撤销行政处罚决定。

名誉权是民事主体所享有的一种重要人格权，其关系到一个民事主体在社会经济生活中所处的地位，以及应当受到信赖和受到尊重的程度。自改革开放以来，我国就相当重视名誉权的保护，《宪法》第38条、《民法通则》第101条、《侵权责任法》第2条、《民法总则》第110条、《民法典》第1024条均作了相关规定，不少单行法律对名誉权保护亦有规定。传播了虚假的事实、造成受害人的社会评价降低是构成名誉权侵权必须具备的两个要件。[③] 涉案税务机关在《闽南日报》中对纳税人公告送达《税务处理事项告知书》及《税务行政处罚事项告知书》，是行使《税收征管法》等法律法规赋予的税务管理行政职权，属于具体行政行为，不属于民事诉讼的受案范围。纳

---

① 徐迪佳. 税务文书公告送达需要清晰指引. 中国税务报，2019.7.30.

② 河南省信阳市中级人民法院行政判决书（2016）豫15行终120号。

③ 黄薇. 中华人民共和国民法典人格权编解读［M］. 北京：中国法律出版社，2020：163.

税人税收违法信息的公开披露，除了公告送达税务文书这一途径外，国家税务总局于2014年发布了《重大税收违法案件信息公布办法（试行）》，俗称“税收违法黑名单制度”，通过税务机关公告栏、报纸、广播、电视、网络媒体等途径以及新闻发布会等形式向社会公布重大税收违法案件信息。对自然人，公布重大税收违法案件信息包括其姓名、性别、身份证号码（隐去出生年、月、日号码段）、主要违法事实、相关法律依据、行政处理、行政处罚情况。2014年10月至2020年8月底，税务部门累计公布3.6万件“黑名单”案件。[①]

编者认为本案裁定驳回起诉无争议，但对裁定书所适用法律存有异议。《〈最高人民法院关于审理名誉权案件若干问题的解释〉的理解与适用》一文认为，“国家机关、社会团体、企事业单位等部门与其管理的人员之间是一种领导与被领导、管理与被管理的关系。这些部门对其被管理的人员所作某种结论或者处理决定，是一种内部管理的行政行为，由此引起的法律关系是内部行政法律关系。这种内部行政行为即使有错误，损害了被管理者的合法权益包括其名誉，也应由有关部门依照法定程序解决，如当事人可以依法提出申诉等，通过申诉等程序解决。据此，《最高人民法院关于审理名誉权案件若干问题的解释》作出不予受理的规定，是不无道理的。”[②] 本案中税务机关与纳税人间的法律关系，显然不属于内部行政法律关系，故裁定书不宜适用《最高人民法院关于审理名誉权案件若干问题的解释》第4条。

问题95：税收违法行为的被检举人张贴检举人照片，是否构成侵犯肖像权？

案例131：朱某某与佛山华丰纺织有限公司肖像权纠纷案[③]

【裁判要旨】

被告并非以营利为目的张贴原告照片，其行为亦未造成严重不良后果，且原告未提供证据证明其因被告张贴其照片的行为遭受到任何实质性损害，被告未构成对原告肖像权的侵害。

【涉税案情】

朱某某于2016年3月9日入职佛山华丰纺织有限公司（简称“华丰公司”），于2016年12月12日离职。2017年8月，朱某某前往华丰公司，公司保安员拒绝其进

① 郭瑞轩．减税费增活力 优服务添动能．中国税务报，2020.9.30．第01版．

② 梁书文：《〈最高人民法院关于审理名誉权案件若干问题的解释〉的理解与适用》，载中国人大网：http://www.npc.gov.cn/zgrdw/huiyi/lfzt/qqzrfca/2008－12/21/content_1462860.htm，最后访问日期2020年11月28日。

③ 广东省佛山市南海区人民法院民事判决书（2017）粤0605民初14457号。

入。朱某某发现公司保安亭窗口处张贴其照片，后该照片被风吹到了地上，保安员遂将该照片收回室内。朱某某主张华丰公司在保安亭外、公交站牌张贴其照片的行为侵害了其肖像权，提起本案诉讼。

【争议焦点】

朱某某（原告）

原告于 2017 年 3 月 6 日向广东省国家税务局、广东省地方税务局、佛山市国家税务局及南海区工商局举报被告偷税漏税及世佳国际企业无工商执照非法经营，被告主要负责人陈某某不配合政府部门调查，打击报复原告，把原告的相片冲洗放大，未经原告同意张贴在人员比较集中的地方，损害原告肖像权，并在相片下面注明其为广西博白县人等个人信息。

华丰公司（被告）

2016 年 3 月 9 日，原告入职被告处，工作岗位为后整车间普工。原告在双方的劳动争议案件中提交了华丰公司的资产负债表、现金流量表等财务资料作为证据。在原告离职后，为避免华丰公司的商业秘密再被非法窃取，华丰公司通知保安室将原告列为禁入对象，严禁原告进入华丰公司生产经营场地。为便于识别，华丰公司将原告的照片挂在保安室内。

【裁判观点】

本案系肖像权纠纷，原告主张华丰公司在公交站牌张贴其照片，侵害了其肖像权，但未能提供充分证据证明，故本院对原告上述主张不予采纳。关于原告主张华丰公司在其保安亭外张贴原告照片侵害其肖像权的问题，本院分析如下：1. 原告已从华丰公司离职，华丰公司张贴原告照片是为了方便保安员识别原告，阻止原告进入华丰公司，并非以营利为目的；2. 华丰公司没有实施对原告的照片进行毁损、涂污等有损原告肖像完整性的行为，亦没有在照片上书写任何带有侮辱性的文字损害原告的形象；3. 原告在庭审中确认当时照片被风吹落在地，并未继续张贴，华丰公司的行为亦未造成严重不良后果。

综上，华丰公司并非以营利为目的张贴原告照片，其行为亦未造成严重不良后果，且原告亦未提供证据证明其因华丰公司张贴其照片的行为遭受到任何实质性损害。因此，华丰公司的上述行为并未构成对原告肖像权的侵害，故原告主张被告赔偿精神损失费 4 万元及停止侵权的请求缺乏依据，不予支持。

【案例评析】

《税收违法行为检举管理办法》（国家税务总局令第 49 号）第 13 条规定：举报中

心可以应来访的实名检举人要求出具接收回执；对多人联名进行实名来访检举的，向其确定的第一联系人或者第一署名人出具接收回执。本案证据举证和质证过程中，原告提交了检举税收违法行为受理回执、限期提供证据材料通知书，法院虽对上述证据的真实性予以确认，但认定上述证据与本案纠纷无关，对其关联性不予确认。

修改前的《最高人民法院关于民事诉讼证据的若干规定》（法释〔2001〕33 号）第 50 条规定，“质证时，当事人应当围绕证据的真实性、关联性、合法性，针对证据证明力有无以及证明力大小，进行质疑、说明与辩驳”。关联性是将证据材料作为证据的必要条件，把握关联性在审判中具有重要的意义。在诉讼中，当事人应当收集具有关联性的证据材料，并在质证中说明其所提供的证据与待证事实之间具有什么样的内在联系；法官则在对证据材料进行审查时，根据关联性这一特征，把与待证事实无关联的材料排除出去。[①] 本案原告虽然提交了税收违法行为检举行为相关证据，但并未提供证据证明检举行为与被张贴照片之间存在内在的、必然的联系。

关于肖像权的保护，《民法通则》第 100 条规定，“公民享有肖像权，未经本人同意，不得以营利为目的使用公民的肖像”；《民法通则意见》第 139 条规定，“以营利为目的，未经公民同意利用其肖像做广告、商标、装饰橱窗等，应当认定为侵犯公民肖像权的行为”。由此可见，构成侵犯公民肖像权的行为，通常应具备两个要件：一是未经本人同意；二是以营利为目的。从近四十年的实践看，该规定是不完备的，不利于保护肖像权人的权益，需要修改完善。[②]《民法典》对此作了修改，不再以“他人的使用是否营利”作为判断是否侵犯肖像权的要件。《民法典》第 1018 条规定，“自然人享有肖像权，有权依法制作、使用、公开或者许可他人使用自己的肖像”。从这一规定来看，一般情况下，不论侵权人是否用于商业目的，只要未经肖像权人同意，随意制作、使用、公开他人肖像，即可能构成侵权。

---

① 人民法院出版社．司法解释理解与适用全集・民事诉讼卷 4［M］．北京：人民法院出版社，2018：2357.

② 黄薇．中华人民共和国民法典人格权编解读［M］．北京：中国法制出版社，2020：141.

专题 14 税收优先权纠纷

问题 96：非税务机关当事人可否以税收优先权抗辩或提出执行异议？

案例 132：朔州市平鲁区农村信用合作联社与朔州市万通源平鲁宾馆有限公司、朔州万通源大酒店有限公司、朔州万通源能源投资集团有限公司金融借款合同纠纷案①

【裁判要旨】

行使税收优先权的主体应是税务机关，税务机关既不是案件的当事人，也未参加案件诉讼，审理法院不能就欠税问题径行判决。税务机关可在执行程序中，通过参与分配的方式主张税收优先权。

【涉税案情】

朔州市万通源平鲁宾馆有限公司（简称“万通源宾馆”）向朔州市平鲁区农村信用合作联社（简称“平鲁农信社”）贷款，并将其名下房地产抵押给平鲁农信社，作为对贷款的担保。之后，万通源宾馆因未及时归还贷款，而被平鲁农信社起诉。审理中，万通源宾馆称其因欠税导致其名下抵押房地产被税务机关查封，万通源宾馆要求主张税收优先权，即抵押房地产的变现款应当先行清缴欠税然后才能由抵押权人优先受偿。

一审法院判决万通源宾馆强制归还贷款并承担抵押责任，但在判决主文中对平鲁农信社的抵押权作出了限制，需在万通源宾馆缴纳欠税后享有优先受偿权。一审判决后，平鲁农信社提起上诉，二审法院采纳了平鲁农信社的上诉意见，依法改判平鲁农信社对抵押房地产享有优先受偿权。

【争议焦点】

平鲁农信社（一审原告、二审上诉人）

法院无权就平鲁公司是否欠税问题进行判决。本案系民事诉讼，解决的是双方当

---

① 山西省朔州市中级人民法院民事判决书（2016）晋 06 民终 271 号。

事人之间的金融借款合同纠纷，至于万通源宾馆是否欠税，应当如何缴纳税款等均属于行政法律关系调整的范畴，并非本案应当审理的内容。况且，税务机关既不是本案的当事人，也未参加本案诉讼。即使万通源宾馆欠税，法院也无权在未查明其欠税时间的情况下，判决税款先于抵押权受偿。

万通源宾馆（一审被告、二审被上诉人）

法院有权对欠税问题进行审理与判决。因万通源宾馆欠税时间早于借款时间，故税务机关对税款享有优先权。法院在判决平鲁农信社享有抵押权的同时应当先行清偿欠税。

【裁判观点】

一审法院

虽然平鲁农信社对涉案抵押物享有抵押权，但平鲁农信社就此抵押物并不必然具有最优先受偿权。因万通源宾馆欠税，该抵押物被税务机关查封，根据《税收征管法》第 45 条之规定，平鲁农信社在放贷款前应当审查借款人的完税情况，以便对欠税的财产降低抵押率或在放贷前要求借款人完税。所以，平鲁农信社对抵押物的优先权应后于所欠税款。其中判决第三项：如万通源宾馆未能履行还款义务，平鲁农信社有权根据双方的抵押合同对抵押房屋的拍卖、变卖或折价款在万通源宾馆缴纳欠税后优先受偿。

二审法院

万通源宾馆答辩时提出税收优先权，本案审理的系金融借款合同纠纷案件，行使税收优先权的主体应是税务机关，而税务机关既不是本案的当事人，也未参加本案诉讼，一审法院就欠税问题径行判决不当。在执行程序中，如果万通源宾馆欠税行为发生在本案所涉抵押物登记之前，税务机关可以主张税款优先权，参与最终的分配。判决撤销原判决第三项，改判为如万通源宾馆未能履行还款义务，平鲁农信社有权根据双方的抵押合同对抵押房屋的拍卖、变卖或折价款优先受偿。

案例 133：河南平禹煤电有限责任公司执行异议复议案[①]

【裁判要旨】

对执行法院冻结银行账户内的存款，判断其权利人应以登记在银行账户的名称为准，且法律并未规定对纳税人设立的专用纳税账户的款项法院不能强制执行。在被执行人不主动履行生效判决确定的还款义务情况下，执行法院执行冻结、扣划该款项符合法律规定。

---

① 河南省高级人民法院执行裁定书（2015）豫法执复字第 00123 号。

【涉税案情】

禹州市凡荣煤业有限公司（简称“凡荣公司”）诉河南平禹煤电有限责任公司（简称“平禹煤电公司”）侵权纠纷一案，河南省许昌市中级人民法院（简称“许昌中院”）于 2014 年 5 月 16 日作出判决，执行标的 2 637 万元。判决生效后，经凡荣公司申请于 2015 年 9 月 10 日在许昌中院立案执行。执行中，许昌中院冻结平禹煤电公司在禹州市农业银行营业部开设的账户存款 7 605 594.49 元。平禹煤电公司以该账户中的款项为其交纳的税款不应冻结为由，向许昌中院提出执行异议。许昌中院裁定驳回了平禹煤电公司执行异议，平禹煤电公司对许昌中院作出的裁定不服，向河南省高级人民法院（简称“河南高院”）申请复议。

【争议焦点】

平禹煤电公司（被执行人、申请复议人）

许昌中院冻结该公司在禹州市农业银行营业部开设的账户存款 7 605 594.49 元，系公司纳税专用账户中交纳的税款，根据税收优先权原则，许昌中院应当解除对该账户款项的冻结。

许昌中院（执行法院）

平禹煤电公司不能证明该院冻结其名下的银行账户中的存款系其所交纳的税款，且法院对该账户的冻结不会影响该公司依法纳税，裁定驳回了平禹煤电公司执行异议。

【裁判观点】

执行法院冻结银行账户内的存款，判断其权利人应以登记在银行账户的名称为准。本案中，许昌中院冻结的款项系平禹煤电公司账户下的银行存款，该款项的所有权人应为平禹煤电公司。且法律并未规定对纳税人设立的专用纳税账户的款项法院不能强制执行。本案执行中，在被执行人平禹煤电公司不主动履行生效判决确定的还款义务情况下，许昌中院执行中冻结、扣划该款项符合法律规定，裁定驳回其执行异议并无不当。申请复议人平禹煤电公司的申请复议理由不能成立，依照《民事诉讼法》第 225 条和《执行异议和复议规定》第 23 条第 1 款第 1 项之规定，裁定驳回申请复议平禹煤电公司的复议申请。

【案例评析】

上述案例争议的问题是：非税务机关当事人可否在民事纠纷中以税收优先权抗辩债权人的抵押权或提出执行异议？

2001年修订后的《税收征管法》第45条规定："税务机关征收税款，税收优先于无担保债权，法律另有规定的除外；纳税人欠缴的税款发生在纳税人以其财产设定抵押、质押或者纳税人的财产被留置之前的，税收应当先于抵押权、质权、留置权执行。纳税人欠缴税款，同时又被行政机关决定处以罚款、没收违法所得的，税收优先于罚款、没收违法所得。"根据该规定可以推导出如下履行顺位规则：履行顺位一：成立在先的税款缴纳义务→成立在后的附担保给付义务；履行顺位二：成立在先的附担保给付义务→成立在后的税款缴纳义务；履行顺位三：税款缴纳义务→无担保给付义务。[①]本条第一次在税收法律上确定了税收优先的原则。所谓税收优先的原则，是指税务机关在征收税款的工作中，遇到纳税人的财产不足以同时缴纳税款和偿付其他有关债务时，应优先征收税款的原则。[②] 此外，在一些特别法中也规定了税收的优先受偿顺序。如《企业破产法》第113条规定，破产财产在优先清偿破产费用和共益债务后，依照下列顺序清偿：（一）破产人所欠职工的工资和医疗、伤残补助、抚恤费用，所欠的应当划入职工个人账户的基本养老保险、基本医疗保险费用，以及法律、行政法规规定应当支付给职工的补偿金；（二）破产人欠缴的除前项规定以外的社会保险费用和破产人所欠税款；（三）普通破产债权。税收优先权制度存在的合理性虽受到部分学者质疑，但从2015年国务院法制办公布的《税收征管法修订草案（征求意见稿）》可以看出，该项制度短期内不会废止。

《税收征管法修订草案（征求意见稿）》（简称《征求意见稿》）第73条规定："税务机关征收税款，税收优先于无担保债权，企业破产法另有规定的除外；纳税人欠缴的税款发生在纳税人以其财产设定抵押、质押或者纳税人的财产被留置之前的，税收应当先于抵押权、质权、留置权执行。纳税人欠缴税款，同时又被行政机关决定处以罚款、没收违法所得的，税收优先于罚款、没收违法所得。税务机关应当对纳税人欠缴税款的情况定期予以公告。"第74条规定："纳税人未按照规定的期限缴纳税款，税务机关责令限期缴纳后仍未缴纳的，经设区的市、自治州以上税务局（分局）局长批准，税务机关可以以纳税人欠缴税款为限，对其不动产设定优先受偿权，并通知产权登记部门予以登记。纳税人缴清欠税后，产权登记部门才能办理产权变更手续。"《征求意见稿》第73条相比《税收征管法》第45条，唯一改动就是将第一款中的"法律"改为"企业破产法"。此外，《征求意见稿》新增第74条规定了税务机关对欠税人的不动产设定优先受偿权的制度，从而在第73条税收一般优先权的基础上，增加了税收特别优先权。

税收优先权只有在竞争性环境中才能凸显其意义。如果纳税人的财产充裕，足以

---

① 杨佩龙．论税款缴纳义务履行顺位的确定［J］．税务与经济，2020（1）．

② 国家税务总局征收管理司．新税收征收管理法及其实施细则释义［M］．北京：中国税务出版社，2002：165．

还清所欠的税款及其他普通债务，债权孰先孰后，对权利人而言没有任何意义。只是在财产有限，不能还清所有债务时，税收优先权的价值才会显现。按照现行法律，税收优先权可能通过以下四种方式发挥作用：第一，向法院申请参与财产分配，主张优先于其他债权人得到偿还。第二，作出税收处理决定，向法院申请执行。第三，税收行政强制执行。第四，破产清算程序。[①] 从税收征管法的规定来看，税务机关作为税收债权人享有许多行政权利，同时也享有一些原本为民法上的权利，如代位权、撤销权和优先权。由于税收优先权关系到社会各种利益的冲突与协调，因而有权行使税收优先权的主体应是拥有合法税收债权的税务机关。[②]

案例132尚处于当事人金融借款合同纠纷的审理阶段，尚未进入民事执行程序，且税务机关未主张税收优先权，故审理法院在案件审理和判决时无须考虑债务人万通源宾馆欠税清偿问题，一审法院径行判决欠税先于抵押权受偿，显属不当。万通源宾馆欠税行为如发生在涉案抵押物登记之前，税务机关可以主张税款优先权，参与最终的分配。案例133中，税务机关亦未主张税收优先权，故被执行人平禹煤电公司异议理由及对裁定驳回异议申请复议理由不能成立。

问题97：税收优先权产生的时间如何认定？

案例134：成都农村商业银行股份有限公司双流支行与四川省双流县地方税务局执行分配方案异议之诉案[③]

【裁判要旨】

欠税时间应当以纳税义务发生时间为准，当纳税人的纳税义务发生时间早于设立抵押权时，该税款优先于抵押债权。

【涉税案情】

成都农村商业银行股份有限公司双流支行（简称“农商银行”）下属的彭镇支行在2010年5月向江某、罗某某出借款项，成都双流棠中房地产开发有限公司（简称“棠中公司”）就该笔借款以自身所有的房屋向农商银行提供抵押担保。后因江某、罗某某未按期履行归还借款义务，农商银行向一审法院提起诉讼，一审法院于2014年4月15日作出判决，判决由江某、罗某某向农商银行归还借款本金和利息（含逾期利息和复利），农商银行对棠中公司的房屋享有最高额为借款本金的优先受偿权。该判决生效后，江某、罗某某未履行还款义务，农商银行向一审法院申请强制执行。

---

① 熊伟，王宗涛. 中国税收优先权制度的存废之辩［J］. 法学评论，2013（2）.

② 李桂英. 论税收优先权实现的方法与途径［J］. 现代财经，2002（9）.

③ 四川省成都市中级人民法院民事判决书（2016）川01民终10537号。

2009 年棠中公司被举报至四川省双流县地方税务局（简称“双流税务局”），该局对其 2007 年涉税情况进行检查后，于 2009 年 12 月 1 日作出《税务处理决定书》并送达给棠中公司。《税务处理决定书》确定棠中公司欠缴 2007 年印花税、企业所得税共计 1 280 902.32 元。之后，因棠中公司未履行缴清上述税款的义务，双流税务局从该司在农商银行的账户中扣缴了税款 130 227.6 元、滞纳金 66.59 元、罚款 682.8 元。2014 年 8 月 29 日，双流税务局向一审法院来函，要求一审法院协助执行棠中公司欠缴 2007 年的税款 1 150 674.72 元。

截至 2015 年 11 月 3 日，一审法院陆续受理以棠中公司为被执行人的案件 10 件（包括双流税务局来函要求行使税务优先权），涉及金额共计约 4 600 000 元。在执行过程中，棠中公司向农商银行提供抵押担保的上述房产被拍卖，拍卖款为 1 800 900 元，评估费为 6 000 元。一审法院遂制定了案件分配方案，确定双流税务局为第一顺序优先受偿人，优先受偿额为 1 150 674 元；农商银行为第二顺序优先受偿人，优先受偿额为 652 326 元。农商银行对此分配方案不服，提出书面意见，但被驳回，故提起诉讼，要求其抵押债权优先于税款。一审法院判断农商银行败诉，农商银行不服，提起上诉，二审法院判决驳回上诉、维持原判。

【争议焦点】

农商银行（一审原告、二审上诉人）

根据双流税务局作出的《税务处理决定书》载明的内容，并未对补缴企业所得税加收滞纳金及处以罚款，故其不属于《税收征管法》第 52 条第 3 款规定的偷税、抗税、骗税行为。棠中公司与农商银行早在 2008 年 3 月 21 日即形成金融借款法律关系，抵押权在 2008 年 3 月 13 日就已进行登记，双流税务局于 2009 年 12 月 1 日作出《税务处理决定书》并送达给棠中公司，限其 15 日内补缴税款。根据国家税务总局颁布的《欠税公告办法（试行）》第 3 条的规定，棠中公司只有在 2009 年 12 月 16 日之后仍存在未缴纳税款的行为，才构成法律意义上的欠税行为。

双流税务局（一审被告、二审被上诉人）

欠税指欠缴税款，是行政管理上的欠缴。双流税务局于 2008 年就核实欠缴税款金额，也一直在催缴，经查实欠缴的税款并不受追征期限制。关于抵押时间，一审法院已经查明为 2010 年 5 月，税收债权早于也优先于农商银行的债权。

【裁判观点】

农商银行在棠中公司所有房产设定抵押登记的时间为 2010 年 5 月，该事实已经成都市双流区人民法院民事生效判决确认。农商银行主张抵押登记时间为 2008 年 3 月 13 日，但其未向本院提交相应的证据予以证明，更无法推翻生效判决已经确认的事实，故确认其抵押登记时间为 2010 年 5 月。农商银行主张欠税行为发生的时间为 2009 年 12 月 16 日之后，但即使按其所认可的欠税时间依然是发生在棠中公司以其财产为农商银行的债权设定抵押之前。根据《税收征管法》第 45 条第 1 款之规定，纳税人棠中公司欠缴的税款应当先于农商银行享有的抵押权执行。

双流税务局在作出《税务处理决定书》时并未将棠中公司的欠缴税款的行为定性为"偷税、抗税、抗税"，故一审法院据此作出双流税务局对棠中公司少申报、少缴纳的税款具有无限期追征权利的认定不当。但根据《税收征管法》第 52 条第 1 款之规定，即使因税务机关的责任，致使纳税人少缴税款的，税务机关仍可在三年内要求纳税人补缴税款。棠中公司欠缴税款的期间为 2007 年度，双流县税务局于 2010 年 2 月 25 日作出《责令限期改正通知书》要求棠中公司补缴税款，亦在法律规定的三年期间内，并不影响本案的实体处理。

本案虽涉及物权法所规定的抵押优先权的问题，但同时涉及税收优先权，故一审法院适用《税收征管法》相关条文并无不当，且该条款与《物权法》并不冲突。

案例 135：国家税务总局南京江宁经济技术开发区税务局与吴某某、南京建维软件有限公司等案外人执行异议之诉案①

【裁判要旨】

建立税收公告制度，可以保障交易的安全，欠税公告不仅要公示纳税人一定时期的欠税金额，还要公示欠税的总额，欠税公告才能产生社会公信力。如果税收债权与私法债权发生竞合，税务机关须证明首次发布欠税公告的时间早于私法债权确认的时间，以此作为对抗善意第三人的条件，才能享有税收优先权。

【涉税案情】

2018 年 1 月 10 日，南京市中级人民法院（简称"南京中院"）作出执行裁定：冻结（划拨）被执行人南京建维软件有限公司（简称"建维公司"）、江苏华驰实业有限公司（简称"华驰公司"）、南京君泰置业有限公司（简称"君泰公司"）、南京瑞景房地产开发有限公司（简称"瑞景公司"）、南京立信投资管理有限公司（简称"立信公司"）、南京威士腾贸易实业有限公司（简称"威士腾公司"）、上海特姆实业有限公司（简称"特姆公司"）、马某、韩某、陈某、李某某的银行存款 5 亿元或查封（扣押）其同等价值的财产。2019 年 5 月 7 日，南京中院作出执行裁定：查封登记在刘某某、乔某某、李某某、谢某某、姜某名下的涉案不动产。2019 年 8 月 2 日起，南京中

---

① 江苏省南京市中级人民法院执行裁定书（2020）苏 01 执异 23 号。

院相继对上述查封房产进行拍卖变卖。

2014 年 10 月 28 日，江苏省南京地方税务局稽查局（简称“稽查局”）对瑞景公司作出税务处理决定、税务行政处罚决定。瑞景公司于 2014 年 10 月 30 日签署上述两税务文书送达回证。除本案所查封房产外，瑞景公司名下尚有 13 处不动产。

2019 年 1 月 11 日，国家税务总局南京江宁经济技术开发区税务局（简称“经开区税务局”）欠税公告（2019 年第 1 号）对区局确认的欠缴税款 200 万元以下的企业（单位）纳税人、以及欠缴金额 10 万元以下的个体工商户欠税予以公告（数据截止到 2018 年 12 月 31 日）。该公告所附附件中包含瑞景公司欠缴城市维护建设税 21 650 元、地方教育附加 4 330 元、个人所得税 3 980 元、教育费附加 12 990、企业所得税 941 480.87 元、印花税 4 394.6 元、营业税 433 000 元。

2019 年 12 月 14 日，瑞景公司向经开区税务局发函，称希望拍卖款中能偿还该公司尚欠的部分税款。2019 年 12 月 20 日，经开区税务局向南京中院发函申请拍卖款项实现税收优先权。经开区税务局于 2020 年 3 月 17 日向南京中院补充说明瑞景公司欠税情况。南京中院经审查认为经开区税务局提供的材料不足以证明已定期公告瑞景公司欠缴税款的情况，该局要求实现税收优先权的主张不能成立，经开区税务局遂提起本案异议。

南京中院认为，经开区税务局可向法院申请参与分配，但其不能享有优先受偿权，其异议请求不能成立。

【争议焦点】

经开区税务局（异议人）

瑞景公司系该局辖区内企业，且欠税金额高达 20 200 925.45 元，为避免国家税款流失，保证税收安全，根据《税收征管法》第 45 条及《江苏省高级人民法院执行异议复议审理指南（三）》第 33 条，主张对瑞景公司拍卖变现款项享有税收优先权。

【裁判观点】

《民事诉讼法解释》第 508 条规定，被执行人为公民或者其他组织，在执行程序开始后，被执行人的其他已经取得执行依据的债权人发现被执行人的财产不能清偿所有债权的，可以向人民法院申请参与分配。对人民法院查封、扣押、冻结的财产有优先权、担保物权的债权人，可以直接申请参与分配，主张优先受偿权。首先，税务机关申请参与分配必须同时满足以下条件：（1）主体条件。被执行人是公民或者其他组织，而非企业法人。如果被执行人是企业法人，应当适用破产程序。（2）申请期间。必须是执行程序开始后，执行终结前。（3）税务机关必须取得执行依据。税务机关必须提供《税务处理决定书》等生效法律文书，以确定税款债权。（4）被执行人全部财产不足以清偿所有债权。本案中，瑞景公司为企业法人，除本案所执行的七套房产外，其名下仍查询到不动产多达十三处，法院执行的七套房产中，仅一套经拍卖成交，经开区税务局向法院申请参与分配，并要求优先受偿，其目的是要求人民法院依据《税收征管法》第 5 条的规定履行税收征管协助义务，而非真正意义上在执行和破产程序中相似性质的参与分配。

建立税收公告制度，可以保障交易的安全，欠税公告不仅要公示纳税人一定时期的欠税金额，还要公示欠税的总额，欠税公告才能产生社会公信力。如果税收债权与私法债权发生竞合，税务机关须证明首次发布欠税公告的时间早于私法债权确认的时间，以此作为对抗善意第三人的条件，才能享有税收优先权。本案中，瑞景公司 2008 年开始欠缴税款，经开区税务局虽于 2014 年 10 月 28 日作出税务处理决定和税务行政处罚决定，但该局并未向瑞景公司执行或申请法院强制执行，仅提供证据证明其于 2019 年 1 月份首次对瑞景公司的欠缴税款进行公告。在本案房产拍卖成交后，经开区税务局才向法院申请实现税收优先权，而本案执行依据已于 2016 年 2 月生效，早于欠税公告的时间。在瑞景公司尚有可供执行的其他财产的情况下，经开区税务局不宜行使税收优先权，其只能在本案执行中，在拍卖、变卖价款清偿申请执行人的债权后，从剩余款项中清偿，或申请法院执行瑞景公司其他可供执行的财产。

【案例评析】

根据《税收征管法》第 45 条之规定，欠缴的税款发生于担保物权设置之前的，税收优先于担保物权。我国是以欠缴税款的“发生”时间作为基准，以此判别税收优先权与担保物权竞合时的效力顺序。因此，确定“欠缴的税款”发生时间成为判断是否产生税收优先权的关键。将“欠缴的税款”予以分解，则会产生“税款”的发生时间和“税款欠缴”的发生时间两个解释选项。① 对上述两个解释选项继续延伸，“欠缴的税款”发生时间常见四种判定标准。

第一种，欠税发生说。《国家税务总局关于贯彻〈中华人民共和国税收征收管理法〉及其实施细则若干具体问题的通知》（国税发〔2003〕47 号）第 7 条规定：“征管法第四十五条规定‘纳税人欠缴的税款发生在纳税人以其财产设定抵押、质押或者纳税人的财产被留置之前的，税收应当先于抵押权、质权、留置权执行’，欠缴的税款是纳税人发生纳税义务，但未按照法律、行政法规规定的期限或者未按照税务机关依照法律、行政法规的规定确定的期限向税务机关申报缴纳的税款或者少缴的税款，纳税人应缴纳税款的期限届满之次日即是纳税人欠缴税款的发生时间。”

---

① 李刚，郑晶晶．有关税收优先权的司法案例实证分析［J］．税务研究，2020（7）．

第二种，纳税义务发生说。“中国农业银行股份有限公司绍兴越城支行与绍兴金宝利纺织有限公司破产债权确认纠纷案”[①] 中，法院认为，“税收债权的发生时间应当以纳税人纳税义务发生时间来确定，该时间系法定时间，而不是由税务机关核定的纳税期限或欠税公告刊登时间以及处理决定作出时间来确定”。

第三种，税款核定说。为了平衡税收优先权与私法交易安全，税收优先权的产生时间不能以纳税义务产生时间为准，而应该以税款核定时间为准。[②]

第四种，欠税公告说。作为私法债务人的纳税人，其税收债务发生与否、金额多少，尤其是其欠税事实，通常不会主动告知其私法债权人，更遑论欲与之交易的第三人，以免影响交易的达成。因此，未经公示的税收债权享有优先权，只会使担保债权人处于无法预估的风险境地，未必能增强其债权的获偿可能性。[③]

《税收征管法》第45条第3款规定，“税务机关应对纳税人欠缴税款的情况定期予以公告”。通过欠税公告制度，可以提高税法的透明度和公开性，使其他与欠缴税款的纳税人发生业务往来的单位和人员，了解纳税人的欠税情况，明确自己的交易风险，从而维护公平竞争和正常的交易秩序。[④] 一般情况下，私法债权如需通过抵押加以保护，必须履行登记公示的程序，使第三人知悉其风险，并据以判断是否与债务人进行交易，如《民法典》第402条、第403条之规定。税款产生的时间由于税种的不同、纳税人情况的不同而不同，有按次计征、按月计征、按年计征、临时计征、定期计征等等，其产生的时间非常复杂，欠税的具体发生时间很难确定，让担保债权人承担专业的审查义务从根本上就不公平，而且税款的发生是针对纳税人的经营行为或收入的，欠税人的经营情况、收入情况，担保债权人根本无法知晓。[⑤] 编者认为，为保护与纳税人进行交易的相对方的债权安全性，宜以税务机关首次发布欠税公告作为享有税收优先权的条件。否则，由于欠缴税款成立时，税收优先权自动产生，没有任何登记或者公示程序，第三人无从查询或了解，因此，对第三人评估自己的交易风险会构成极大的障碍。特别是，当第三人自以为抵押、质押可以降低风险，从而为交易打下坚实的信用基础时，由于税收优先权以这种方式存在，将第三人的自信击得粉碎。[⑥] 案例134中，二审法院的司法建议书就指出，税务机关应加强和规范欠税的管理，及时公告欠税信息，依法加大税收强制执行的力度。[⑦]

---

① 浙江省绍兴市柯桥区人民法院民事判决书（2016）浙0603民初10874号。

② 熊伟，王宗涛．中国税收优先权制度的存废之辩［J］．法学评论，2013（2）．

③ 李刚，郑晶晶．有关税收优先权的司法案例实证分析［J］．税务研究，2020（7）．

④ 国家税务总局征收管理司．新税收征收管理法及其实施细则释义［M］．北京：中国税务出版社，2002：170．

⑤ 周旭日，朱剑媚：《税收优先权问题研究》，载中国法院网：https：//www.chinacourt.org/article/detail/2012/12/id/804547.shtml&quot，最后访问日期2021年1月10日。

⑥ 熊伟，王宗涛．中国税收优先权制度的存废之辩［J］．法学评论，2013（2）．

⑦ 李柯奇．税收优先权争议中若干问题的探讨［J］．税务经济研究，2018（1）．

问题98：民事执行程序中，金融机构能否以税务机关享有税收优先权为由扣划法院冻结账户内资金？

案例136：齐齐哈尔御龙商品混凝土股份有限公司与大庆三北环保设备集团有限公司、齐齐哈尔市市政工程建设指挥部执行异议复议案①

【裁判要旨】

税收优先权是受到担保债权限制的优先权，不是绝对的优先权。即使税务机关享有税收优先权，但对人民法院采取强制执行措施在先的执行标的物，金融机构也应当待税务机关通过与人民法院磋商、提出执行异议等方式确定优先权，且人民法院裁定解除强制执行措施后，方可协助税务机关实现税收优先权。金融机构擅自解冻被人民法院冻结的款项，致冻结款项被转移的，人民法院有权责令其限期追回已转移的款项。在限期内未能追回的，应当裁定该金融机构在转移的款项范围内以自己的财产向申请执行人承担责任。

【涉税案情】

2019年1月21日，齐齐哈尔铁路运输法院（简称“齐铁法院”）裁定冻结被执行人齐齐哈尔市市政工程建设指挥部（简称“工程指挥部”）在龙江银行铁锋支行（简称“龙江银行”）的存款22 777 323.92元，冻结期限一年。该存款为工程指挥部应付被执行人大庆三北环保公司的工程款。

2019年1月26日，国家税务总局齐齐哈尔市铁锋区税务局（简称“铁锋税务局”）向龙江银行送达了《税务事项通知书》，以大庆三北环保公司欠缴税款及滞纳金为由，要求龙江银行从其存款中扣缴税款，将税款划到国家金库齐齐哈尔市中心支库。

2019年1月31日，在齐铁法院未对冻结账户解冻的情况下，龙江银行依据铁锋税务局的《税务事项通知书》《扣缴税收款项通知书》将10 679 249.27元存款划至铁锋税务局的指定账户。致使齐铁法院已冻结的被执行人工程指挥部在龙江银行的存款22 777 323.92元减少了9 700 503.52元。

2019年1月21日，齐铁法院作出执行裁定，裁定复议人龙江银行在未追回的9 700 503.52元范围内，以自己的财产向申请执行人御龙公司承担责任。龙江银行不服提出执行异议，2019年7月20日，齐铁法院作出裁定，驳回龙江银行的执行异议请求。龙江银行不服法院裁定，向上级法院申请复议。上级法院裁定驳回复议申请，维持原裁定。

---

① 哈尔滨铁路运输中级法院执行裁定书（2019）黑71执复2号。

【争议焦点】

龙江银行（异议人、复议申请人）

龙江银行已对铁锋税务局的《扣缴税款通知书》真实性进行了审查，且税收优于普通债权，齐铁运输法院曲解和扩大适用了《商业银行法》的有关规定。龙江银行系根据铁锋税务局指令扣划税款，如当事人有异议应对税务机关提出行政诉讼，不存在擅自解冻问题。且在扣款前已经履行了对各查封法院的告知义务，其按照法律规定在自身职责范围内配合税务机关扣缴税款行为并无不当，不应承担税务机关行为产生的法律后果。

齐铁法院（执行法院）

税收优先权是受到担保债权限制的优先权，不是绝对的优先权。即使税务机关享有税收优先权，但是，对人民法院采取强制执行措施在先的执行标的物，龙江银行铁锋支行也应当待税务机关通过与人民法院磋商、提出执行异议等方式确定优先权，且人民法院裁定解除强制执行措施后，方可协助税务机关实现税收优先权。龙江银行漠视存款人的资金安全，怠于履行法定审查义务，擅自解冻人民法院冻结款项。

【裁判观点】

税收优先权是税收优先于普通债权，而不是税务机关查封程序优先于人民法院查封程序。本案中，齐铁法院查封在先，轮候的税务机关要求优先扣划税款，龙江银行应告知铁锋税务局与齐铁法院磋商，征求齐铁法院意见后协商解决，但该行却在执法机关没有协商结果的情况下，擅自协助查封顺序在后的铁锋税务局扣划非纳税义务人工程指挥部的存款，违反了《商业银行法》关于对不符合法律规定的查询、冻结、扣划有权拒绝的规定，属未尽到审查义务。龙江银行铁锋支行未尽到审查义务，擅自处置被人民法院冻结的款项，导致该款项被转移，在限期内未能追回，应按照《最高人民法院关于人民法院执行工作若干问题的规定（试行）》第 33 条规定，在转移的款项范围内以自己的财产向申请执行人承担责任。

【案例评析】

本案的争议问题在于：税务机关可否以税收优先权为由，通知金融机构将法院冻结账户内的存款划走？虽然《税收征管法》第 45 条对税收优先权作出了规定，但在司法实践中，“税收优先权”并非“绝对优先”，其依然受到一定的限制。

首先，就实体法而言，特定债权优于被执行人欠缴的税款，比如抵押权优先于之后产生的税款。因此，并非所有的税款都优于其他债权。其次，就程序法而言，由于税收优先权是基于《税收征管法》的规定，在《民事诉讼法》以及相关立法和司法解释中未有体现，因此在涉及税收优先权的民事司法实践中，对税收优先权仅适用于税收行政执法程序还是同时适用于民事司法程序的问题，观点不一。有观点认为，税收债权虽然名字有债权，然而其实质不过是形成的欠税，与税收强制、税务检查一样，都是行政法规定下产生的。这与一般意义上行政主体的民事行为是截然不同的，不属于民事上的债权，其权力的行使、处分需法律的授权。如果税务机关在税收债权中是债权人，可以当然的享有民法上债权人的权利，那么完全没必要在《税收征管法》中专门授权税务机关行使代位权与撤销权。①

在执行过程中，冻结被执行人银行账户是法院普遍使用的强制措施，目的是为了防范被执行人转移财产，保障债权的实现。对法院依法冻结的账户，在法院没有解除冻结的情况下，协助冻结的金融机构不得解除对账户的冻结。《执行若干问题的规定》第 26 条规定，金融机构擅自解冻被人民法院冻结的款项，致冻结款项被转移的，人民法院有权责令其限期追回已转移的款项。在限期内未能追回的，应当裁定该金融机构在转移的款项范围内以自己的财产向申请执行人承担责任。《民事诉讼法解释》第 189 条规定，诉讼参与人或者其他人擅自解冻已被人民法院冻结的财产的，人民法院可以适用民事诉讼法第 111 条的规定处理。《民事诉讼法》第 111 条规定，诉讼参与人或者其他人有妨害司法行为的，人民法院可以根据情节轻重予以罚款、拘留；构成犯罪的，依法追究刑事责任。龙江银行擅自解冻人民法院冻结款项，人民法院除了裁定其在转移的款项范围内以自己的财产向申请执行人承担责任外，还可按照妨害民事诉讼行为予以罚款、拘留，甚至追究其刑事责任。

问题 99：民事执行程序中，被执行人担保物拍卖税款是否优于担保债权？

案例 137：中国华融资产管理股份有限公司浙江省分公司与国家税务总局天台县税务局执行分配方案异议之诉案②

【裁判要旨】

执行程序中处置被执行人财产，实现产权转移应缴纳的相应税费，是为了全体债权人的共同利益，使申请执行人的债权能够得到清偿或部分清偿，属于实际执行费用，与执行过程中产生的评估费等相同，应当在债权分配前优先予以扣除。故该税款优于抵押担保债权，在分配时应先予扣除。

---

① 郑大世：《为什么税务局不能申请企业破产清算》，载税屋网：https：//www.shui5.cn/article/a7/106947.html，最后访问日期 2021 年 1 月 14 日。

② 浙江省台州市中级人民法院民事判决书（2019）浙 10 民终 2035 号。

【涉税案情】

浙江双健布业胶带有限公司（简称“双健公司”）向中国银行股份有限公司天台县支行（简称“天台中行”）借款 9 666 000 元，并将其名下的房屋抵押给银行。2013 年 8 月 29 日，因双健公司未按时归还借款，双健公司与天台中行达成调解协议，法院作出民事调解书确认债权。2014 年 6 月 16 日，中国华融资产管理股份有限公司浙江省分公司（简称“华融公司”）与中国银行股份有限公司浙江省分行（简称“浙江中行”）签订了《债权转让协议》，收购了天台中行对双健公司的债权以及从权利。之后，法院依法拍卖了双健公司名下的抵押房屋（交易过程中产生的税费依照税法等相关法律法规和政策的规定，由买卖双方各自承担），但取得的拍卖款不足以清偿全部债务。为此，国家税务总局天台县税务局（简称“天台县税务局”）就拍卖过程中产生的税费向执行法院申请参与分配，要求就该税款优先受偿。

执行法院支持了天台县税务局的请求，作出了财产分配方案。华融公司不服该方案提起诉讼，一审法院、二审法院均判决支持天台县税务局的请求。

【争议焦点】

华融公司（一审原告、二审上诉人）

《税收征管法》第 45 条第 1 款规定，“税务机关征收税款，税收优先于无担保债权，法律另有规定的除外；纳税人欠的税款发生在纳税人以其财产设定抵押、质押或者纳税人的财产被留置之前的，税收应当先于抵押权、质权、留置权执行”。该条规定是实践中处理税收与抵押权孰先孰后的指南。无论天台县税务局如何解释，其征收的转户税的实质就是交易环节产生的税费，由于该税费明显发生在抵押权设立之后，故该税收债权依法不享有优先于抵押权分配的权利，天台县税务局只能从被执行人双健公司没有设定抵押权的资产中予以优先受偿。

天台县税务局（一审被告、二审被上诉人）

涉案转户税款是在执行过程中为全体债权人的共同利益而支付的必要费用，旨在保障执行程序的顺利进行。等同于法院执行过程中产生的中介机构评估费、执行费等，属于执行费用的范畴，并不是普通债权，应当在债权分配前优先予以扣除，如果不支付涉案转户税款，无法完成过户，本案包括华融公司在内的所有债权人的利益便无法实现。

【裁判观点】

执行程序中对被执行人财产变现的处置行为应缴纳的税款，是在执行程序中处置被执行人财产、实现产权转移应缴纳的相应税费。执行过程中对被执行人财产变现的处置行为进行缴纳税款，目的是为了全体债权人的共同利益，使申请执行人的债权能够得到清偿或部分清偿，属于实际执行费用，与执行过程中产生的评估费等相同，应当在债权分配前优先予以扣除。故该税款优于担保物权，在分配时应先予扣除。

案例 138：保定国家高新技术产业开发区地方税务局执行异议复议案①

【裁判要旨】

民事执行方面的法律以及司法解释没有关于税收优先权可在执行程序中参加案款分配并优先实现的规定。涉案税务机关与案款分配行为不存在直接的、法律上的利害关系，其不具备《民事诉讼法》第 225 规定的利害关系人主体资格，依照《执行异议复议规定》第 2 条第 1 款的规定，对其异议申请，应当从程序上予以驳回。

【涉税案情】

北京市第四中级人民法院（简称“北京四中院”）在执行中航工业集团财务有限责任公司（简称“中航财务公司”）与中航惠腾风电设备股份有限公司（简称“中航惠腾公司”）金融借款合同纠纷一案中，于 2016 年 7 月 25 日委托北京产权交易所拍卖被执行人中航惠腾公司涉案不动产。2016 年 8 月，买受人耐斯电气有限公司以人民币 40 133 万元的最高价竞得，北京四中院得拍卖款 40 133 万元。后有五家法院分别向北京四中院提出分配案款的申请，该院作为主持分配的法院依法对拍卖款项进行分配，于 2017 年 1 月 3 日制作了案款分配方案，并依法向被执行人中航惠腾公司等进行了送达。

保定国家高新技术产业开发区地方税务局（简称“保定高新区地税局”）对财产分配提出书面异议。经审查，北京四中院裁定驳回保定高新区地税局所提异议申请。保定高新区地税局不服执行裁定，向北京市高级人民法院申请复议。北京市高级人民法院裁定驳回保定高新区地税局的复议申请，维持北京四中院执行裁定。

【争议焦点】

保定高新区地税局（异议人、复议申请人）

税收征税的优先权是一项基本法律原则，人民法院在司法活动中不仅应当主动配合税务机关维护该原则，而且也应当协助税务机关征收税款，保证税款的及时、足额征收。依照《税收征管法》第 50 条的规定，复议申请人有代位权，可以代替中航惠腾公司行使异议权，其既是本案利害关系人又是债权人，有权依法对执行行为提出异议。

① 北京市高级人民法院执行裁定书（2017）京执复 65 号。

北京四中院（执行法院）

根据《民事诉讼法》第225条的规定，当事人、利害关系人认为执行行为违反法律规定的，可以向负责执行的人民法院提出书面异议。该规定明确了提出执行行为异议的主体为当事人和利害关系人，本案所涉及的具体执行行为系按执行程序进行案款分配，案款分配的主体在法院实施拍卖这一执行行为前已经确定，即属于享有债权的民事主体。在法院实施的拍卖执行行为前，保定高新区地税局并非债权人，不属于案款分配中享有债权的民事主体。保定高新区地税局对法院执行的标的物没有提出民事权利主张，也非利害关系人。据此，法院认为本案异议人保定高新区地税局，既非本案的申请执行人和被执行人，亦不属于法律规定利害关系人，未在拍卖前对被执行人享有任何债权，其作为地方税款征收管理的行政执法主体，不属于《民事诉讼法》第225条所规定的当事人、利害关系人，无权就本院案款分配的执行行为提出异议。

【裁判观点】

民事执行方面的法律以及司法解释没有关于税收优先权可在执行程序中参加案款分配并优先实现的规定。故，本案中保定高新区地税局与北京四中院的案款分配行为不存在直接的、法律上的利害关系，其不具备《民事诉讼法》第225条规定的利害关系人主体资格，依照《执行异议和复议规定》第2条第1款的规定，对其异议申请，应当从程序上予以驳回。

【案例评析】

上述两案的涉税争议焦点是：被执行人财产在司法拍卖过程中形成的税费是否优先于担保物权。税收优先权的适用冲突主要集中在税收征管程序、民事执行程序和企业破产程序，这三个法律程序都涉及税收优先权与私法债权受偿顺序的冲突。因缺少统一且有说服力的适用规则，当税务机关主张税收优先权时，就会出现法律适用的困惑。①

税收优先权是保障国家财政收入的一项重要制度；担保物权则关注交易安全，重点保护债权人利益。当一项财产同时成为税收优先权和担保物权的行使对象时，两者哪个更优先便会产生冲突。随着法院对经济案件执行力度的增强，强制执行拍卖、变卖被执行人不动产的案件数量呈现增长态势，税务部门更多地介入到司法执行环节，在主张税收优先权的过程中，与相关方的涉税争议也日益显现。对于法院在执行程序中拍卖不动产，被执行人应承担的税款是否优先于拍卖物上的抵押权问题，有两种对立观点：一种观点认为，税收债权应落后于抵押权。拍卖抵押物而产生的税款在性质

① 李俊英，黄轶琛．税收优先权适用范围的法律规制研究［J］．税务研究，2020（5）．

上依然属于税收债权，因其产生于设定抵押权之后，故其清偿顺序应落后于抵押权。另一种观点认为，因拍卖而产生的应由被执行人承担的税款系为实现执行程序必须支付的费用，在性质上属于执行费，故优于抵押权。[①] 可类推适用破产费用的概括，《企业破产法》第 41 条规定："人民法院受理破产申请后发生的下列费用，为破产费用：（一）破产案件的诉讼费用；（二）管理、变价和分配债务人财产的费用；（三）管理人执行职务的费用、报酬和聘用工作人员的费用。"债务人财产的管理、变价和分配所需费用具体包括：（1）债务人财产保管费用。（2）债务人财产保养、维修费用。（3）债务人财产保险费。（4）债务人财产评估费用。（5）债务人财产的拍卖费用。（6）债务人财产变更权属过程应当支付的费用。（7）购买有关财务和支付票证费用。（8）债务人财产运输费用。[②] 上述两种观点分歧的核心在于拍卖抵押财产产生的税费在性质上属于税收债权还是执行费用。

在执行程序中处置被执行人财产的，交易双方按照税法规定各自缴纳相应的税费，出卖方（被执行人）缴纳所得税、增值税、城建税、教育费附加、地方教育附加、土地增值税、印花税等，买受方缴纳印花税、契税。以上各项税收并非过往欠税，而是在执行过程中为了全体债权人的共同利益，实现权属转移所产生的税费。这个环节中，税务部门作为独立第三方行使税收征管权，具有天然的优先权，并不与债权人的权利主张形成竞合。因为即便不是因司法执行原因，而是其他原因发生权属变更，税务部门也要征收相关税费。[③] 故编者认为，从性质上说，转移过户时应缴纳的交易税款属于附随于拍卖标的物拍卖变现的共益费用，交易各方须缴纳依法负担的全额税款，才能完成司法拍卖标的物过户交易，其效力优于担保物权，应当在分配拍卖价款前从拍卖价款中即时清偿予以优先扣除。司法拍卖程序中的成交款项并不直接等同于执行款，拍卖成交款在依法扣除因司法拍卖产生的交易税费等相关费用后的部分，才能作为执行款用于清偿包括抵押债权在内的各项执行债权。

司法实践中，有债权人尝试通过行政复议、行政诉讼途径，申请撤销税务机关在拍卖价款中优先扣划税款的行为。"南昌旅游集团三和置业有限公司与九江市人民政府行政纠纷案"[④] 中，九江市华龙房地产开发有限公司（简称"华龙地产"）未按期归还借款，南昌旅游集团三和置业有限公司（简称"三和置业"）诉至法院，江西省高级人民法院（简称"江西高院"）判决确定三和置业对华龙地产享有 8 000 万元本金及利息的债权，三和置业对抵押地块的拍卖、变卖价款有优先受偿权。后涉案抵押土地

---

① 李志刚．民商审判前沿：争议、法理与实务［M］．北京：人民法院出版社，2020：500.

② 本书编写组．中华人民共和国企业破产法释义及实用指南［M］．北京：中国民主法制出版社，2012：121－122.

③ 何凌．司法强制执行税收优先权问题研究［J］．经济研究参考，2018（53）．

④ 江西省高级人民法院行政判决书（2018）赣行终 873 号。

使用权被法院依法委托拍卖，浔阳区地税局向法院出具了《关于协助税收缴纳的函》，请法院协助将税款划转至国库账户。三和置业向九江市人民政府申请复议，请求撤销浔阳区地税局向法院出具的《关于协助税收缴纳的函》及查补、退税款的行政行为。九江市人民政府称上述函件系浔阳区地税局向法院请求协助执行的公文，且与三和置业不存在行政法上的利害关系，不属于行政复议受案范围，依法不能受理。三和置业后将九江市人民政府诉至法院，一审法院、二审法院均认为，三和置业不是上述征税行为的行政相对人，上述征税行为对三和置业不产生实际的权利义务影响，九江市人民政府认定三和置业与上述征税行为无利害关系故不予受理其复议申请并无不当，判决驳回三和置业诉讼请求。

问题100：民事执行程序中，被执行人财产净价拍卖税款是否应从拍卖款中优先扣划？

案例139：海南省乐东县地方税务局执行异议复议案[①]

【裁判要旨】

《拍卖竞买协议》约定："标的物按现状整体净价拍卖，产权过户过程中所发生买卖双方应缴纳的全部税、费、土地出让金等款项由买受人自行承担支付。"上述约定是双方当事人真实意思的表示，且未违反法律法规的规定，合法有效，应为法律所保护。依据该协议的约定，拍卖过程中产生的税费不应在涉案土地拍卖所得款项中扣除。

【涉税案情】

三亚承阳实业有限公司（简称"承阳公司"）申请执行海南省三亚市实业开发公司（简称"实业公司"）借款纠纷执行一案，2013年1月10日，三亚市中级人民法院（简称"执行法院"）裁定查封被执行人实业公司名下涉案土地使用权。同年7月1日，执行法院裁定拍卖上述土地。经委托，海南南方拍卖有限公司（简称"拍卖公司"）在2013年8月7日《海南日报》刊登《拍卖公告》，公告载明"标的物按现状净值拍卖"。海南海铭实业有限责任公司（简称"海铭公司"）等6家单位与拍卖公司签订了《拍卖竞买协议》参与竞买，其中协议第十条规定，"标的物按现状整体净价拍卖，产权过户过程中所发生买卖双方应缴纳的全部税、费、土地出让金等款项均由买受人自行承担支付"。同年9月5日，在拍卖会上，海铭公司以1 055万元竞得上述土地。2014年1月13日，执行法院裁定将上述土地使用权过户到海铭公司名下。

---

① 海南省高级人民法院执行裁定书（2015）琼执复字第8、9号。

2014年5月、9月、10月，海南省乐东县地方税务局（简称“乐东地税局”）多次向执行法院发函，请求执行法院协助该局优先从拍卖款中征收税款。执行法院函答复乐东地税局，内容为：拍卖上述涉案土地使用权采用净值拍卖的方式，所有过户税费由买受人承担，关于实业公司转让土地使用权的税款，由买受人承担，该部分税款本院不予协助。

2014年10月31日，执行法院作出《执行裁定书》，裁定主文第二项内容为：“将拍卖成交款1 055万元中的243 555.52元支付给乐东地税局，作为协助征收被执行人拖欠的税款。”乐东地税局、承阳公司均对该裁定第二项提出执行异议，执行法院裁定驳回乐东地税局、承阳公司对上述执行裁定第二项的执行异议。

乐东地税局不服执行法院作出的上述裁定，向海南省高级人民法院（简称“海南高院”）提出复议，海南高院裁定驳回复议申请。

【争议焦点】

乐东地税局（异议人、申请复议人）

因实业公司名下的土地使用权已被执行法院组织拍卖，且竞买人亦付清了全款，依据相关法律法规的规定，实业公司作为土地转让方乃是法定纳税人，应当依法缴纳因转让土地使用权所产生的营业税、土地增值税、印花税等。同时在竞买人签订的协议中虽有“标的物按现状整体净价拍卖，产权过户过程中所发生买卖双方应缴纳的全部税、费、土地出让金等款项均由买受人自行承担”的约定，但该约定属于民事债权债务承担的约定，而实业公司作为法定纳税人，承担的是法定的纳税义务，优先于民事约定，且不能被民事约定所转移，故本次竞拍产生的应由转让方实业公司缴纳的税款仍然应当由其承担。因此，执行法院应协助从拍卖款中予以优先扣划因拍卖实业公司名下的土地使用权所产生的“实业公司依法应缴纳的各项税款”。

执行法院

净值拍卖即拍卖成交价不包含转让时双方的一切税费，过户时所产生的上述一切费用由买受人承担。

【裁判观点】

《拍卖公告》载有“四、特别说明：标的物按现状净值拍卖”的内容，拍卖人南方拍卖公司作为甲方与竞买人海铭公司签订了《拍卖竞买协议》，其第十条约定“特别说明，标的物按现状整体净价拍卖，产权过户过程中所发生买卖双方应缴纳的全部税、费、土地出让金等款项由买受人自行承担支付”。上述《拍卖竞买协议》是协议双方当事人真实意思的表示，且未违反法律法规的规定，合法有效，应为法律所保护。依据该协议的约定，拍卖过程中产生的税费不应在涉案土地拍卖所得款项中扣除。净价拍卖作为使执行标的物价值实现最大化的一种拍卖方式，不仅在本省法院，而且在全国各地法院执行实践中已是一种通行的做法，在拍卖环节经常被采用。据此，乐东地税局关于从涉案土地拍卖款项中扣划土地拍卖交易环节产生的税费的协助请求不应得到支持。

【案例评析】

专题2第18讲中，编者已提及，在《网络司法拍卖规定》实施后，各地在司法拍卖公告中仍有买方承担全部税费的条款出现，且在司法实践中，大多数法院不支持对包税条款的执行异议。

编者认为，《拍卖公告》《拍卖竞买协议》均已约定，产权过户过程中所发生买卖双方应缴纳的全部税费等款项由买受人自行承担支付，该约定未违反法律、行政法规的强制性规定，合法有效。实业公司在产权过户过程中应缴纳税费不应在涉案土地拍卖所得款项中扣除。上述包税条款约定对税务机关没有拘束力，实业公司的纳税义务不因包税条款约定而转移，如海铭公司未按约定承担实业公司税款，乐东地税局可以根据法律规定对纳税义务人实业公司采取相应的行政措施。基于包税条款约定，实业公司可在实际缴纳税款后向海铭公司追索税款、资金损失等。

问题101：民事执行程序中，被执行人欠缴税款和私法债权竞合时，税收优先权如何适用？

案例140：南京银行股份有限公司南通分行与张掖市博金房地产开发有限公司金融借款合同纠纷执行异议复议案[①]

【裁判要旨】

法院优先税务机关查封被执行人财产，税务机关对被执行人欠缴的税款，发生在担保物权设立之前的，享有优先受偿权，但应经法定执行分配程序确认清偿数额及顺位，而不应在执行拍卖行为异议复议程序确认税收优先权。

【涉税案情】

南京银行股份有限公司南通分行（简称“南京银行”）与金双喜实业发展有限公司、启东金地房地产开发有限公司、张掖市博金房地产开发有限公司（简称“博金公司”）等金融借款合同纠纷一案，南通市中级人民法院（简称“南通中院”）于2014年11月27日作出民事调解书。依据该调解，南京银行与博金公司一致确认博金公司

① 江苏省高级人民法院执行裁定书（2018）苏执复142号。

为金双喜实业发展有限公司担保的债权本金为2 300万元、律师费用为20万元。双方一致同意：南京银行有权以博金公司提供房产及土地使用权折价或以拍卖、变卖该抵押物的价款优先受偿上述借款本金、律师费。

因博金公司未能履行上述法律文书所确定的义务，南京银行向南通中院申请强制拍卖、变卖博金公司抵押房产以清偿债务。2018年4月25日，南通中院通过淘宝网司法拍卖网络平台对上述房地产公示拍卖，并作出拍卖通知告知于2018年5月30日10：00至2018年5月31日10：00对已查封的涉案房产及土地使用权进行首次拍卖。2018年5月21日，博金公司及甘肃省张掖市甘州区地方税务局（简称“张掖地税局”）提出执行异议。

南通中院裁定驳回博金公司、张掖地税局的异议请求，博金公司、张掖地税局不服，向江苏省高级人民法院（简称“江苏高院”）申请复议。江苏高院裁定驳回张掖地税局的复议申请，维持南通中院执行裁定。

【争议焦点】

张掖地税局（利害关系人、异议人、复议申请人）

自博金公司2011年11月17日取得《商品房预售许可证》，开始预售商品房，产生纳税义务，至2014年4月30日，欠缴税款。在此期间，涉案财产并未给南京银行设定有效的最高额抵押，也未处于其他担保状态，根据《税收征管法》的规定，张掖地税局对在此期间产生的税款具有税收优先权。

南京银行与金双喜实业发展有限公司在债权期间仅发生过一笔债权，虽然南京银行与博金公司签订了最高额抵押担保合同，但并不符合“连续发生的债权”这一要件，其抵押行为只能认定为物权法上的“一般抵押”，一般抵押是在债权债务实际发生后才确定的，其抵押权在实际债权成立后才生效。故本案抵押权生效的时间是债权债务实际发生的时间，即2014年5月11日。请求立即停止对涉案房地产的拍卖并解除查封。

【裁判观点】

涉案房地产自2014年7月21日起已由南通中院查封，复议申请人张掖地税局于2017年9月18日对涉案房地产进行的查封属于轮候查封。在南通中院首查封仍然发生法律效力的前提下，张掖地税局的轮候查封尚未发生法律效力。南通中院作为涉案房地产的首查封法院，依照已经生效的执行依据确定的内容对查封财产进行评估、拍卖，合法有据，并无不当。

张掖地税局向南通中院执行机构提出了从涉案房地产拍卖价款中优先清缴被执行人欠缴税款的请求，南通中院执行机构应依法予以审查认定并作出回复。张掖地税局如对执行机构认定的是否予以优先清缴、优先清缴数额等内容有异议，可另行提出执行异议。本案中，张掖地税局在对南通中院拍卖行为提出异议的同时主张税收优先权，不属于本案中关于该拍卖行为异议复议审查的内容。

案例 141：中国房地产开发集团有限公司、广州市国营华安建筑开发公司合资、合作开发房地产合同纠纷执行异议复议案①

【裁判要旨】

执行法院向税务机关发函之目的是核实被执行人主张欠缴税费的事实，并非主动要求被执行人履行缴税义务。税务机关向执行法院发来《协助执行通知书》，其内容亦非常明确，即请求法院协助执行，故并不适用参与分配程序。人民法院在执行工作中依据《税收征管法》的规定予以协助执行并无不当。

【涉税案情】

广州市中级人民法院（简称“广州中院”）在执行申请执行人中国房地产开发集团有限公司（简称“中房集团公司”）与被执行人广州市国营华安建筑开发公司（简称“华安公司”）合作开发合同纠纷一案过程中，华安公司不服该院作出的（2003）穗中法执字第 469 号通知书（简称“469 号通知书”），向该院提出书面异议。

华安公司称广州中院向华安公司、广州市国营九佛农工商联合公司（简称“九佛农工商”）、广州市农工商联合总公司（简称“广州农工商”）发出的通知书侵害了其合法权益，请求撤销划扣其 4 550 315.6 元给中房集团公司的行为。

关于华安公司和中房集团公司合同纠纷一案，广州中院作出 96 号判决书，判令华安公司履行债务。上述判决生效后，因华安公司拒不履行债务，中房集团公司于 2003 年 4 月 22 日向广州中院申请强制执行。在执行过程中，因华安公司无可供执行的财产，该院于 2003 年 11 月 20 日裁定中止执行。2017 年 6 月 6 日，经中房集团公司申请，该院对（2003）穗中法执字第 1290 号案（简称“1290 号案”）代管款4 550 315.6元予以冻结。2018 年 10 月 30 日，经中房集团公司申请，该院向华安公司、九佛农工商、广州农工商发出通知书，告知 469 号执行案拟扣划上述已冻结的款项。该院依据华安公司提交的欠缴税款的复印件，向广州市黄埔区税务局九龙税务所（简称“九龙税务所”）征询意见，九龙税务所向该院发来《协助执行通知书》：华安公司截至 2014 年 11 月 30 日已核实欠缴税费 5 450 026.85 元。现根据《税收征管法》第 5 条、第 45 条的规定，特请该院协助该所征缴上述税款，优先从执行款项中划缴上述欠税及滞纳金。

① 广东省高级人民法院执行裁定书（2019）粤执复 242 号。

广州中院遂于2019年1月16日作出（2019）粤01执异5号执行裁定（简称“5号执行裁定”），裁定撤销该院作出的469号通知书。

中房集团公司不服5号执行裁定，向广东省高级人民法院（简称“广东高院”）申请复议，请求撤销5号执行裁定，另裁定将469号案已冻结的4 550 315.6元扣划给中房集团公司。广东高院裁定，驳回中房集团公司的复议申请，维持广州中法院5号执行裁定。

【争议焦点】

中房集团公司（申请执行人、复议申请人）

广州中院援引《税收征管法》第45条第1款规定将本案执行款优先用于清偿被执行人所欠税款，适用法律错误。上述条文规定税款优先于无担保债权，是指纳税人发生纳税义务时又有其他应偿还的债务，其未设置担保物权的财产不足以同时缴纳税款和清偿其他债务的，纳税人（未设置担保物权）的财产应该首先用于缴纳税款，即国家税收与一般债权同期竞合而不能同时实现时才具有优先受偿权。经检索，现行法律、行政法规及司法解释之中并没有关于“税收优先权可在执行程序中参加案款分配并优先”的任何规定。

华安公司作为被执行人，无权代替税务机关提出“税款优先受偿”的异议。若税务机关认为该划拨行为损害了国家的税收优先权，也应当由有权的税务机关作为利害关系人提出异议，绝非由异议人主张。

九龙税务所既非本案的当事人也非利害关系人，其作为地方税款征收管理的行政机关，不属于《民事诉讼法》第225条所规定的当事人、利害关系人，无权就本案的案款分配行为提出执行异议。广州中院仅凭九龙税务所发出的《协助执行通知书》就裁定该所对本案执行款享有优先受偿权，程序错误。九龙税务所发出《协助执行通知书》主张对执行款优先受偿，实质上是申请参与分配，广州中院应适用有关参与分配的法律规定裁决。九龙税务所对执行款主张优先受偿的，广州中院应通过执行分配异议及异议诉讼程序解决各个债权人之间债权清偿顺序及金额的实体权利争议，而不应依据执行异议、复议程序处理。

广州中院（执行法院）

华安公司欠缴税款，九龙税务所向该院发来《协助执行通知书》，要求协助征收华安公司所欠税款，请求优先从执行款项中扣划欠税及滞纳金。根据《税收征管法》第45条第1款之规定，华安公司所欠税款应优先于本案债权支付。

【裁判观点】

在本案执行中，执行法院向税务机关发函之目的是核实被执行人主张欠缴税费的事实，并非主动要求被执行人履行缴税义务。而税务机关向执行法院发来《协助执行通知书》，其内容亦非常明确，即请求法院协助执行，故并不适用参与分配程序。人民法院在执行工作中依据《税收征管法》的规定予以协助执行并无不当。

案例 142：四川省仁寿县双良房地产开发有限公司、攀枝花市元亨实业有限责任公司合资、合作开发房地产合同纠纷执行异议复议案[①]

【裁判要旨】

税务机关依据《税收征管法》第 45 条第 1 款规定，向执行法院发出《协助扣缴税款的函》，请求执行法院协助优先执行被执行人欠缴的税款及税收滞纳金，该请求实质为主张税收优先权。执行法院应当审查税务机关的请求是否符合法律规定，并作出是否支持其优先权的决定。执行法院在被执行人财产拍卖、变卖流拍后，直接作出《通知书》，将被执行人所有的剩余未变卖成功的房产移交税务机关处置，缺乏法律依据。

【涉税案情】

四川省仁寿县双良房地产开发有限公司（简称“双良公司”）与攀枝花市元亨实业有限责任公司（简称“元亨公司”）合资、合作开发房地产合同纠纷一案，四川省高级人民法院（简称“四川高院”）于 2018 年 3 月 30 日作出（2017）川民终 231 号民事判决（简称“231 号判决”），判决元亨公司返还双良公司投资款 4 758 475 元、赔偿双良公司损失 540 万元。

2019 年 6 月 18 日，国家税务总局攀枝花市东区税务局（简称“东区税务局”）向四川省攀枝花市中级人民法院（简称“攀枝花中院”）发出《关于协助扣缴税款的函》，请求该院在执行元亨公司财产时，协助其优先执行元亨公司 2006 年至 2019 年 6 月期间欠缴的税款和税收滞纳金。

双良公司申请恢复执行元亨公司合同纠纷一案，攀枝花中院于 2019 年 12 月 4 日作出《通知书》并向双良公司送达，《通知书》载明：“元亨公司位于某处共计 22 套商铺已拍卖出去了 4 套，剩余 18 套进行第二次拍卖后全部流拍，后变卖成功 4 套，其余 14 套流拍。东区税务局于 2019 年 6 月 18 日来函要求协助其优先执行元亨公司 2006 年至 2019 年期间欠缴的税款和税收滞纳金。因元亨公司涉案 14 套商铺变卖流拍，根据《税收征管法》第 45 条之规定，决定将上述商铺移交东区税务局处置，用于抵缴税款。特此通知。附房产清单。”双良公司不服，向攀枝花中院提出异议。

---

① 四川省高级人民法院执行裁定书（2020）川执复 69 号。

攀枝花中院于2019年12月30日作出执行裁定，驳回双良公司的异议请求。双良公司不服攀枝花中院上述执行裁定，向四川高院申请复议，四川高院裁定撤销攀枝花中院作出的上述执行裁定和《通知书》。

【争议焦点】

双良公司（申请执行人、复议申请人）

231号判决认定的事实是双良公司享有无税债权，不应计税。东区税务局的协助执行事项一旦被支持，实质上会使得元亨公司免于被追究逃避追缴欠税罪。东区税务局适用《税收征管法》第45条第1款属于适用法律不当，该局无权在双良公司应收执行案款中追缴元亨公司的欠税及滞纳金。执行依据生效后发生的被执行人元亨公司欠税金额不应由被执行人拍卖财产承担，本案执行先于东区税务局的征税行为。

攀枝花中院（执行法院）

经询问，双良公司认可其就元亨公司14套涉案不动产不享有担保物权。攀枝花中院认为，元亨公司欠缴税款的事实当事人均不持异议，该院决定移交涉案登记所有权人是元亨公司的14套商铺，双良公司陈述对上述房产不享有担保物权，该院依照《税收征管法》第45条规定将上述房产移交东区税务局处置符合法律规定，双良公司的异议理由不能成立。

【裁判观点】

税务机关依据《税收征管法》第45条第1款规定，向执行法院发出《关于协助扣缴税款的函》，请求执行法院协助优先执行元亨公司欠缴的税款及税收滞纳金。该请求实质为主张税收优先权。执行法院应当审查税务机关的请求是否符合法律规定，并作出是否支持其优先权的决定。但执行法院在被执行人财产拍卖、变卖流拍后，直接作出《通知书》，将元亨公司所有的剩余未变卖成功的房产移交税务机关处置，缺乏法律依据，应予纠正。

案例143：中国华融资产管理股份有限公司山西省分公司与潞城市亚晋焦化有限公司、山西华宝焦化集团有限公司执行异议复议案[①]

【裁判要旨】

《税收征管法》第45条第1款规定了税收优先权制度，但有关民事执行方面的法律以及司法解释并无关于税收优先权可在执行程序中参加案款分配并优先实现的规定。

① 山西省高级人民法院执行裁定书（2020）晋执复107号。

故税务机关与执行法院的案款分配行为不存在直接的、法律上的利害关系，其不具备《民事诉讼法》第225条规定的利害关系人主体资格，对税务机关的异议申请，应当从程序上予以驳回。

【涉税案情】

依据山西省长治市中级人民法院（简称“长治中院”）作出的《民事调解书》，被执行人潞城市亚晋焦化有限公司（简称“亚晋公司”）、山西华宝焦化集团有限公司应当偿还申请执行人中国华融资产管理股份有限公司山西省分公司借款本金及利息、迟延履行利息及案件受理费。2016年8月8日，因无财产可供执行，法院裁定终结执行。2018年恢复执行后，冻结亚晋公司的承兑汇票。国家税务总局长治市潞城区税务局（简称“潞城区税务局”）称，亚晋公司自2005年起于潞城区税务局开始发生欠税行为。潞城区税务局依法对亚晋公司的执行款享有优先执行权，现提出执行异议，请求优先执行所欠缴税款。

长治中院裁定驳回潞城区税务局的异议请求。潞城区税务局复议请求依法撤销长治中院执行裁定，优先执行被执行人所欠缴税款。山西省高级人民法院（简称“山西高院”）裁定撤销长治中法院执行裁定，驳回潞城区税务局异议申请。

【争议焦点】

潞城区税务局（异议人、复议申请人）

亚晋公司自2005年起于潞城区税务局开始发生欠税行为，截至2011年已发生欠缴税费共计28 837 037.6元。依照《税收征管法》第45条规定，潞城区税务局依法对亚晋公司的执行款享有优先执行权，现提出执行异议。请求优先执行所欠缴税款。

依据《税收征管法》第45条之规定，税收优先权已经法律明确，在执行程序中应参与分配并优先实现。此外，依据《行政强制法》第13条“行政强制执行由法律设定”和《税收征管法》第40条“从事生产、经营的纳税人、扣缴义务人未按照规定的期限缴纳或者解缴税款，纳税担保人未按照规定的期限缴纳所担保的税款，由税务机关责令限期缴纳，逾期仍未缴纳的，经县以上税务局（分局）局长批准，税务机关可以采取下列强制执行措施：（一）书面通知其开户银行或者其他金融机构从其存款中扣缴税款”之规定，税务机关自身亦由法律赋予了行政强制执行权，无须相应的生效法律文书来作为执行依据。

长治中院（执行法院）

异议人潞城区税务局不是执行案件的当事人，其作为利害关系人现提出异议，根据《民事诉讼法》第225条之规定：“当事人、利害关系人认为执行行为违反法律规定的，可以向负责执行的人民法院提出书面异议。”潞城区税务局提出在执行过程中优先将案款用于清偿税款系向执行法院提出的执行请求，且其针对该请求没有向人民法院提供法院作为执行依据的生效法律文书，故其异议不能成立。

【裁判观点】

路城区税务局非执行行为异议的适格主体，其以利害关系人身份向长治中院主张行政权于法无据，应驳回其异议申请。长治中院裁定驳回其异议请求，属适用法律不当，应予撤销。路城区税务局的复议理由不能成立，其复议请求法院不予支持。

案例144：国家税务总局丰城市税务局、石某某民间借贷纠纷执行异议复议案①

【裁判要旨】

税务机关在未向执行法院提交被执行人名下无其他财产可供执行的前提下，要求执行法院解除在先查封以满足其税收优先受偿权，不具有事实基础和法律依据。

【涉税案情】

湖北省黄冈市中级人民法院（简称“黄冈中院”）在执行石某某与丰城容国置业有限公司（简称“容国置业公司”）民间借贷纠纷一案中，于2018年4月11日作出执行裁定，划拨容国置业公司存款20 988 300元，并于次日向中国建设银行股份有限公司丰城市东方支行、中国农业银行股份有限公司丰城市支行送达《协助执行通知书》，分别划拨存款1 878 300元和19 110 000元。2018年9月17日，国家税务总局丰城市税务局（简称“丰城税务局”）书面致函黄冈中院，以税款应优先其他无担保债权执行为由，申请参与分配，请求优先执行欠缴税款。黄冈中院于2018年12月29日书面通知该局，不予受理其参与分配申请。丰城税务局不服，向黄冈中院提出执行异议，该院不支持丰城税务局的执行分配申请，裁定驳回异议请求。丰城税务局不服，向湖北省高级人民法院（简称“湖北高院”）申请复议，湖北高院裁定驳回丰城税务局的复议申请。

【争议焦点】

丰城税务局（异议人、复议申请人）

容国置业公司共欠缴税款11 020 245.50元，该公司的资产已因其他债务被不同法院查封，其剩余财产不足以清偿所欠税款，根据《税收征管法》第5条、第45条关于“各有关部门和单位应当支持、协助税务机关依法执行职务”和“税务机关征收税款，

① 湖北省高级人民法院执行裁定书（2019）鄂执复104号。

税收优先于无担保债权"的规定，该局有权从法院已划拨的款项中分配相应的税款，故该局申请参与分配符合法律规定。请求撤销不予分配通知，依法分配、优先执行欠缴国家税款。

黄冈中院（执行法院）

被执行人为公民或者其他组织，在执行程序开始后，被执行人的其他已经取得执行依据的债权人，以及对人民法院查封、扣押、冻结的财产有优先权、担保物权的权利人，发现被执行人的财产不能清偿全部债务时，可以申请参与分配。执行分配制度的功能在于当被执行人的财产不足清偿全部债务时，其他债权人在执行程序中得以概括执行、获得平等受偿的机会。当被执行人为企业法人时，有专门的破产清算程序保障全部债权平等受偿，故被执行人为企业法人的，其债权人发现被执行人的财产不能清偿全部债务时，可以申请破产清算，不适用执行分配程序。

【裁判观点】

首先，就丰城税务局提出申请的法律依据来说，《执行工作规定》第十一部分"多个债权人对一个债务人申请执行和参与分配"（第88条至第96条）之规定确立的一般性原则是，在被执行人为公民或其他组织的情形下，其财产不足清偿全部债务时，对被执行人已取得金钱债权执行依据的其他债权人可申请对该被执行人的财产参与分配；在被执行人为企业法人的情形下，其财产不足清偿全部债务时，应告知当事人依法申请被执行人破产。《民事诉讼法解释》在第508条至第511条规定中，进一步明确了上述基本原则。本案中的被执行人容国置业公司系企业法人，显然属于后一种情形。丰城税务局申请理由中所述《执行工作规定》第93条、第94条规定，是对被执行人为公民或其他组织的情形下参与分配程序的具体操作性规定，该局以此为据申请黄冈中院启动参与分配程序，显然是对上述整体性法律规定的错误理解，其申请缺乏法律依据。

其次，针对原丰城地税局、丰城国税局对黄冈中院划拨容国置业公司银行存款行为的执行异议和复议，发生法律效力的执行裁定已认定"丰城地税局、丰城国税局在未向黄冈中院提交容国置业公司名下无其他财产可供执行的前提下，要求黄冈中院解除在先查封以满足其税收优先受偿权，不具有事实基础和法律依据"。同理，丰城税务局并未向黄冈中院提交充分证据证明其提出"容国置业公司的剩余财产不足以清偿所欠税款"的事实主张，其申请亦缺乏事实依据。

根据民事执行方面的法律及司法解释规定，丰城税务局申请黄冈中院启动参与分配程序，没有事实和法律依据。

【案例评析】

2016年3月，最高人民法院在十二届全国人大四次会议上提出"用两到三年时间基本解决执行难问题”。2016 年 4 月，最高人民法院出台《关于落实“用两到三年时间基本解决执行难问题”的工作纲要》，坚持一切从实际出发，确定“基本解决执行难”的总体目标是实现“四个基本”，即被执行人规避执行、抗拒执行和外界干预执行现象基本得到遏制，人民法院消极执行、选择性执行、乱执行的情形基本消除，无财产可供执行案件终结本次执行的程序标准和实质标准把握不严、恢复执行等相关配套机制应用不畅的问题基本解决，有财产可供执行案件在法定期限内基本执行完毕。[①]伴随着民事强制执行工作力度的不断加大，通过司法拍卖、变卖或者依据确权判决裁定变更权属登记的执行案件快速增加，涉及税收债权与民事私法债权竞合的案件也越来越多。但由于现行法律所明确的税收优先权是基于《税收征管法》第 45 条之规定，在《民事诉讼法》和相关法律及司法解释中并无细化规定。因此，对民事司法实践的过程中对税收优先权应否亦适用于民事司法程序，税务机关、司法机关、理论界观点不一，甚至法院内部也存在不同意见，民事强制执行阶段税收优先权与私法债权实现之间效力冲突问题凸显。

概括上述案例，法院对税务机关在执行程序中是否享有税收优先权，有以下观点：观点一，税务机关向执行法院发来《协助执行通知书》，不适用参与分配程序，人民法院可在执行工作中依据《税收征管法》的规定予以协助执行；观点二，税务机关依据《税收征管法》的规定向执行法院发出《协助扣缴税款的函》，实质为主张税收优先权，执行法院应当审查税务机关的请求是否符合法律规定；观点三，税务机关与执行法院的案款分配行为不存在直接的、法律上的利害关系，其不具备《民事诉讼法》第 225 条规定的利害关系人主体资格，对其执行异议应予驳回；观点四，如被执行人欠缴税款发生在担保物权设立之前，税务机关享有优先受偿权，但应经执行分配程序确认清偿数额及顺位，而不应通过执行异议程序确认税收优先权；观点五，执行法院优先于税务机关冻结被执行人财产，且税务机关无证据证明被执行人名下无其他财产的前提下，税务机关对被执行人欠缴的税款，不享有税收优先权。

综合上述案例，编者认为，民事执行程序中涉税冲突典型问题包括以下方面：问题一，税务机关向执行法院发出《协助扣缴税款的函》，是否属于主张税收优先权？问题二，税务机关能否以利害关系人的身份通过执行异议程序确认税收优先权？问题三，税务机关能否经执行分配程序确认税收优先权？问题四，税务机关能否作为案外人提出异议，要求对被执行人的财产优先受偿？问题五，税务机关向执行法院申请优先受偿，但被执行人另有其他财产可供执行的，对税务机关申请应否支持？

《税收征管法》第 5 条规定，各有关部门和单位应当支持、协助税务机关依法执

---

① 《最高人民法院关于人民法院解决“执行难”工作情况的报告》，载中国法院网：https：//www. chinacourt. org/article/detail/2018/10/id/3542564. shtml，最后访问日期 2021 年 1 月 15 日。

行职务。司法实践中，税务机关多以此条款辩称发函请求执行法院协助扣缴税款属于协助执行行为。编者认为，首先控制财产的机关对该财产有处置权，没有法律规定税收强制程序优先于其他法律程序，税务机关请求执行法院优先执行被执行人欠缴税款，实质为主张税收优先权。

对于税务机关如何参与到已经开始的民事执行程序并主张税收优先权，法律并没有明确规定。从社会公平价值和维护市场交易秩序的角度上看，不能因为税收具备公益性价值，就一味强调其优先性，应考虑法律对经济行为的引导作用，合理对待税务部门与享有担保物权的第三人之间的冲突。① 在完善民事执行程序中税收债权的参与分配制度方面，首先应设立税务机关参与民事执行程序的衔接机制，即当税收债权与私法债权竞合时，税务机关应向法院移送执行或申请参与民事执行程序，由法院判断税收债权是否优先于私法债权受偿；其次，税务机关在参与民事执行程序前，应穷尽《税收征管法》所赋予的税收强制执行手段，在确定欠税纳税人已无其他可供执行的财产时，才能向人民法院提出申请参与民事执行程序；再次，在参与民事执行程序前，税务机关应当完成《税收征管法》《行政强制法》所规定的相关行政文书的送达；最后，法院把税收优先权纳入到民事执行程序中，在对债务人财产利益分配时，除法定可以得到优先受偿的税种与私法债权外，对其余税收债权与私法债权应公平保护。②

问题 102：企业破产程序中，税收优先权是否及于破产欠缴税款的滞纳金?

案例 145：国家税务总局大英县税务局、四川盛马化工股份有限公司破产债权确认纠纷案③

【裁判要旨】

《国家税务总局关于税收优先权包括滞纳金问题的批复》以及《税收征管法》中提及的税款优先权仅适用于普通税收征缴程序或者普通诉讼中的执行程序，对于滞纳金在企业破产重整程序中是否应当被认定为优先债权并无明确规定，应当适用《最高人民法院关于税务机关就破产企业欠缴税款产生的滞纳金提起的债权确认之诉应否受理问题的批复》，确定因欠缴税款产生的滞纳金属于普通破产债权。

【涉税案情】

四川盛马化工股份有限公司（简称“盛马公司”）系国家税务总局大英县税务局（简称“大英县税务局”）管理的纳税人，2018 年 5 月 29 日经一审法院裁定进入破产

---

① 何凌．司法强制执行税收优先权问题研究［J］．经济研究参考，2018（53）．

② 李俊英，黄轶琛．税收优先权适用范围的法律规制研究［J］．税务研究，2020（5）．

③ 四川省遂宁市中级人民法院民事判决书（2018）川 09 民终 1325 号。

程序。2018年11月7日，一审法院裁定大英新涛石油有限公司、大英诺曼石油化工有限公司、大英维涛石化装备技术有限公司、四川新英能源科技有限公司与盛马公司合并破产重整。债权申报过程中，经核实，盛马公司欠缴消费税、企业所得税、房产税、土地使用税等各种税款329 257 062.97元，滞纳金334 030 264.27元。破产重整期间，经一审法院许可，盛马公司继续营业，为了申领发票预缴增值税1 714 138.60元。大英县税务局申报税款债权329 257 062.97元，滞纳金334 030 264.27元。管理人审查认定税款235 682 234.45元，滞纳金334 030 264.27元，对申报中的税款93 574 828.52元不予确认，并将滞纳金列入普通债权。

一审法院确认缴税款产生的滞纳金系普通破产债权，大英县税务局不服，提起上诉，二审法院判决驳回上诉，维持原判。

【争议焦点】

大英县税务局（一审原告、二审上诉人）

《国家税务总局关于税收优先权包括滞纳金问题的批复》规定："按照《税收征管理法》的立法精神，税款滞纳金与罚款两者在征收和缴纳时顺序不同，税款滞纳金在征缴时视同税款管理，税收强制执行、出境清税、税款追征、复议前置条件等相关条款都明确规定滞纳金随税款同时缴纳。税收优先权等情形也适用这一法律精神，《税收征管法》第45条规定的税收优先权执行时包括税款及其滞纳金。"依据上述批复及《税收征管法》的规定，盛马公司少缴税款的滞纳金应属于优先债权。

盛马公司（一审被告、二审被上诉人）

对破产企业债权的确认应当优先适用企业破产的相关法律法规和司法解释，少缴纳税款的滞纳金根据最高人民法院司法解释的明确规定应依法确认为普通破产债权。

【裁判观点】

大英县税务局以《国家税务总局关于税收优先权包括滞纳金问题的批复》及《税收征管法》为依据主张滞纳金属于优先债权，但《国家税务总局关于税收优先权包括滞纳金问题的批复》以及《税收征管法》中提及的税款优先权仅适用于普通税收征缴程序或者普通诉讼中的执行程序，对于滞纳金在企业破产重整程序中是否应当被认定为优先债权并无明确规定，应当适用《最高人民法院关于税务机关就破产企业欠缴税款产生的滞纳金提起的债权确认之诉应否受理问题的批复》，确定本案中因欠缴税款产生的滞纳金属于普通破产债权。

【案例评析】

在破产实务中，税收滞纳金到底是应列入税款债权还是列入普通债权，长期存在争议。《国家税务总局关于税收优先权包括滞纳金问题的批复》（国税函〔2008〕1084号）规定："按照《中华人民共和国税收征收管理法》的立法精神，税款滞纳金与罚款两者在征收和缴纳时顺序不同，税款滞纳金在征缴时视同税款管理，税收强制执行、出境清税、税款追征、复议前置条件等相关条款都明确规定滞纳金随税款同时缴纳。税收优先权等情形也适用这一法律精神，《税收征管法》第四十五条规定的税收优先权执行时包括税款及其滞纳金。"税务机关在进行债权申报时，常根据上述文件将税收滞纳金等同于税款本身，认为税收滞纳金具有优先受偿性。

与税务机关的看法不同，法院破产债权确认之诉中，常会认定破产受理前欠缴税款的滞纳金为普通破产债权。依据一是《企业破产法》第113条第1款规定破产财产的清偿顺序时将第二清偿顺位只列出了破产企业所欠税款，没有提及滞纳金；依据二是《破产规定》（法释〔2002〕23号）规定人民法院受理破产案件后债务人未支付应付款项的滞纳金不属于破产债权。

2019年12月，国家税务总局制发了《国家税务总局关于税收征管若干事项的公告》（国家税务总局公告2019年第48号，简称48号公告），对破产清算程序中企业破产法与税法的部分争议事项进行规范，明确了滞纳金的普通破产债权性质。48号公告呈现出税收债权优先性逐步淡化的趋势，表面上看似乎是税收行政权对司法权作出了让步和妥协，实则是在尊重和坚持司法权中心主义原则基础上对"作为破产债权的税收债权"的进一步确认。[①] 48号公告政策解读稿明确，"根据企业破产法及《最高人民法院关于税务机关就破产企业欠缴税款产生的滞纳金提起的债权确认之诉应否受理问题的批复》（法释〔2012〕9号），破产企业在破产案件受理前因欠缴税款产生的滞纳金属于普通破产债权，与其他普通债权处于同等地位，按照比例进行分配受偿。为进一步方便破产企业、管理人、基层税务机关执行操作，48号公告明确税务机关申报的滞纳金、因特别纳税调整产生的利息按照普通破产债权申报"。[②]

在以后的破产实务中，管理人、税务机关需要能够厘清欠缴税款和欠缴税款产生的滞纳金的差异。在充分认识到欠税与税收滞纳金法律性质不同的基础上，做到债权人公平分配。

---

① 唐媛媛，王虹．破产清算程序中的税收债权问题——基于破产法与税法的冲突［J］．税务与经济，2020（4）．

② 《关于〈国家税务总局关于税收征管若干事项的公告〉的解读》，载国家税务总局网：http：//www. chinatax. gov. cn/chinatax/n810341/n810760/c5142108/content. html，最后访问日期2021年1月10日。

专题15 税收代位权与撤销权纠纷

问题103：税务机关行使代位权需要满足哪些条件？

案例146：国家税务总局满洲里市中俄互市贸易区税务局与满洲里市联众热电有限公司债权人代位权纠纷案①

【裁判要旨】

债权人行使代位权需符合以下四个条件：（1）债权人对债务人的债权合法且已届履行期；（2）债务人对次债务人的债权合法且已届履行期；（3）债务人怠于对次债务人行使权利且已对债权人造成损害；（4）债务人对次债务人的债权不具有人身专属性。本案的情形符合法律规定的行使代位权的条件，税务机关有权在债务人拖欠税款范围内向次债务人行使代位权，要求次债务人支付其欠付债务人的款项。

【涉税案情】

满洲里光明煤业有限责任公司（简称"光明煤业公司"）系国家税务总局满洲里市中俄互市贸易区税务局（简称"互贸区税务局"）辖区内的纳税人，因光明煤业公司拖欠2014年1月1日至2019年12月31日税款11 435 372.60元，互贸区税务局于2020年5月10日作出《税务事项通知书》，通知光明煤业公司限2020年5月23日前缴纳。光明煤业公司未按照《税务事项通知书》限定的日期缴纳税款，互贸区税务局于2020年5月25日作出《催告书》，催告光明煤业公司自收到《催告书》之日起十日内缴纳拖欠税款11 435 372.60元及滞纳金。光明煤业公司在收到《催告书》之日起十日内未履行缴纳税款及滞纳金的义务，互贸区税务局于2020年6月5日作出《税收强制执行决定书》，决定对光明煤业公司相当于应纳税款、滞纳金13 268 553.78元的商品、货物或者其他财产，予以查封（扣押），依法予以拍卖或者变卖，以拍卖或者变卖所得抵缴城市维护建设税、房产税、城镇土地使用税、个人所得税、资源税。经依法拍卖，光明煤业公司用拍卖款共缴纳税款59 650元。

满洲里市联众热电有限公司（简称"联众热电公司"）与光明煤业公司于2015年

---

① 内蒙古自治区满洲里市人民法院民事判决书（2020）内0781民初1433号。

12月1日签订《联众热电煤款结算合同》，其中关于结算方式作了如下约定：（1）第一种：以金额为限结算，具体是指双方所采购的煤数量累计达到2万吨，联众热电公司应在7个工作日向光明煤业公司结清本次煤款，起算金额为被告联众热电公司未向光明煤业公司结算的首单货款。（2）第二种：以时间为限结算，具体是指如果第一种方式约定的累计数量在60天内未达到，则以60天为限，联众热电公司应在60天期限届满之日向光明煤业公司结清本次煤款，起算日期为联众热电公司未向光明煤业公司结算首单货物的发货之日。签订合同后，光明煤业公司按照约定向联众热电公司供应煤炭。2018年11月7日，联众热电公司与光明煤业公司签订对账确认书，双方确认联众热电公司应付煤款4 476 980.80元，已付煤款1 700 000元，尚欠2 776 980.80元未付。2020年7月22日联众热电公司为光明煤业公司出具情况说明，再次确认未付金额2 776 980.80元。

互贸区税务局认为，光明煤业公司自2015年签订煤炭购销合同后一直不向联众热电公司主张权利，怠于行使到期债权，致使互贸区税务局的税收债权得不到实现。互贸区税务局依据《税收征管法》第50条、《合同法》第73条之规定依法行使代位权要求联众热电公司支付拖欠款项，遂诉请法院判令联众热电公司给付人民币2 776 980.8元，法院判决联众热电公司给付互贸区税务局2 776 980.8元。

【争议焦点】

互贸区税务局（原告）

光明煤业公司自2015年签订煤炭购销合同后一直不向联众热电公司主张权利，怠于行使到期债权，致使互贸区税务局的税收债权得不到实现。互贸区税务局依据《税收征管法》第50条、《合同法》第73条之规定依法行使代位权要求联众热电公司支付拖欠款项。

联众热电公司（被告）

请求法庭根据互贸区税务局所述的事实理由以及相关的法律规定，审核其诉讼主体资格是否成立。如果互贸区税务局的诉讼主体资格成立，请求法院予以公正裁决。

光明煤业公司（第三人）

对于互贸区税务局诉请及事实与理由没有意见。

【裁判观点】

互贸区税务局作为国家税务机关，有权就欠缴税款部分按照法律规定行使代位权，故其为本案适格原告。

债权人行使代位权需符合以下四个条件：（1）债权人对债务人的债权合法且已届履行期；（2）债务人对次债务人的债权合法且已届履行期；（3）债务人怠于对次债务

人行使权利且已对债权人造成损害；（4）债务人对次债务人的债权不具有人身专属性。根据联众热电公司与光明煤业公司的对账确认书和情况说明，可以确定约定的付款时间已届满，联众热电公司未向光明煤业公司支付煤款，且该笔煤款属于一般债权，不具有人身专属性。而光明煤业公司拖欠税款并在互贸区税务局作出《税务事项通知书》和《催告书》后仍未能履行纳税义务的情况下，并未通过诉讼或者仲裁等方式向联众热电公司主张拖欠的煤款，损害了国家税收利益。

综上，本案的情形符合法律规定的行使代位权的条件，互贸区税务局有权在光明煤业公司拖欠税款范围内，向联众热电公司行使代位权，要求联众热电公司向互贸区税务局支付其欠付光明煤业公司的煤款 2 776 980 元。

【案例评析】

我国 1999 年通过的《合同法》首次规定了代位权和撤销权制度，《民法典》合同编设置“合同的保全”专章对债权人代位权以及债权人撤销权予以完善。其中，第 535 条、第 536 条、第 537 条分别规定了债权人代位权、债权人代位保存权、债权人代位权行使效果。第 535 条规定：“因债务人怠于行使其债权或者与该债权有关的从权利，影响债权人的到期债权实现的，债权人可以向人民法院请求以自己的名义代位行使债务人对相对人的权利，但是该权利专属于债务人自身的除外。代位权的行使范围以债权人的到期债权为限。债权人行使代位权的必要费用，由债务人负担。相对人对债务人的抗辩，可以向债权人主张。”第 536 条规定：“债权人的债权到期前，债务人的债权或者与该债权有关的从权利存在诉讼时效期间即将届满或者未及时申报破产债权等情形，影响债权人的债权实现的，债权人可以代位向债务人的相对人请求其向债务人履行、向破产管理人申报或者作出其他必要的行为。”第 537 条规定：“人民法院认定代位权成立的，由债务人的相对人向债权人履行义务，债权人接受履行后，债权人与债务人、债务人与相对人之间相应的权利义务终止。债务人对相对人的债权或者与该债权有关的从权利被采取保全、执行措施，或者债务人破产的，依照相关法律的规定处理。”

对纳税人来讲，其应纳税款是一种应该向国家偿付的公债。从债权的角度看待税收，可能更接近税收的本来意义，也更易于被纳税人所接受，也更容易理解纳税人的权利与义务。[①] 税收债权实质是一种广义上的金钱债权，法律并未对债权人主体范围进行限制，税务机关可以对债务人的债权及其从权利提起代位权诉讼，这有利于国家税收的征缴。[②]《税收征管法》引入《合同法》中代位权、撤销权的概念，第 50 条规定：“欠缴税款的纳税人因怠于行使到期债权，或者放弃到期债权，或者无偿转让财

① 国家税务总局征收管理司．新税收征收管理法及其实施细则释义［M］. 北京：中国税务出版社，2002：182.

② 最高人民法院民法典贯彻实施工作领导小组．中华人民共和国民法典合同编理解与适用（一）［M］. 北京：人民法院出版社，2020：508.

产，或者以明显不合理的低价转让财产而受让人知道该情形，对国家税收造成损害的，税务机关可以依照合同法第七十三条、第七十四条的规定行使代位权、撤销权。税务机关依照前款规定行使代位权、撤销权的，不免除欠缴税款的纳税人尚未履行的纳税义务和应承担的法律责任。”税收代位权的行使是因为纳税人怠于行使自己的财产权利，以“不作为的方式”使自己的财产权益不当减少；而税收撤销权的行使是因为纳税人滥用权利以“作为方式”使自己的财产权益不当减少。[①]

我国在税收代位权制度上理论研究很“丰满”，税收实践很“骨感”。编者于2021年1月5日在“中国知网”以“税收代位权”为主题词检索，涉及学术期刊论文82篇、学位论文39篇、会议类文章10篇、报纸类文章1篇；而编者同日在“中国裁判文书网”以“税务”“代位权”为关键字进行检索，经筛选仅整理出34件税务机关行使税收代位权的案件，人民法院支持税务机关行使税收代位权的22件，判决驳回税务机关诉讼请求的1件，裁定不予受理的2件，裁定驳回起诉的3件，税务机关撤诉的6件。有学者形容，在立法上，我国税收代位权制度“粗”“绕”和“超”；从税收执法看，税务机关“怕”，行使程序“繁”，实施效率“低”；从司法角度观察，税收代位权制度“难”“生”“斥”。[②]

通说认为，税收代位权的行使应具备以下要件：（1）纳税人纳税义务确定且存在欠税事实。（2）纳税人对次债务人存在合法有效的到期债权，且到期债权非专属于纳税人自身的权利。（3）纳税人怠于行使权利。（4）对国家税收造成损害，主要是指妨碍税款征收、直接造成税收损失、无其他可执行的财产等。除了上述要件，有观点认为，为了最大化地保障纳税人和第三人的合法权益，解决国家税款征收中存在的问题，在追缴税款时，税务机关应当先采取其他税收保障措施，只有在纳税人没有财产和资金可供执行的情况下，才能对纳税人行使税收代位权、撤销权。[③] 编者认同此观点，税务机关通过行使自身的行政职权能保障税款时，没有必要且不得采取税收代位权这一方法。

本案中，光明煤业公司在互贸区税务局作出《税务事项通知书》和《催告书》后仍未能履行纳税义务，互贸区税务局依法强制执行，拍卖所得未能抵销光明煤业公司全部欠缴税款。在欠税事实已存在，而互贸区税务局采取其他税收保障措施无法实现税收债权的情形下，联众热电公司与光明煤业公司之间约定的付款时间届满，联众热电公司未支付煤款。且该笔煤款属于一般债权，不具有人身专属性，光明煤业公司并未通过诉讼或者仲裁等方式向联众热电公司主张拖欠的煤款，互贸区税务局依法向联众热电公司行使税收代位权的要件均已具备。

---

① 戴芳，孙程，李尚洁．论税法中代位权和撤销权的行使［J］．税务研究，2011（3）．

② 李桂英．检视我国的税收代位权制度［J］．税务与经济，2014（5）．

③ 戴芳，孙程，李尚洁．论税法中代位权和撤销权的行使［J］．税务研究，2011（3）．

问题 104：欠税纳税人与次债务人是否存在债权债务关系尚未确认，税务机关行使代位权条件是否成就？

案例 147：武义县地方税务局与浙江新亚休闲用品有限公司债权人代位权纠纷案[①]

【裁判要旨】

次债务人与欠税纳税人之间是否实际存在债权债务关系，如存在债权债务关系，则具体金额如何尚不明确。税务机关的证据尚不足以证明欠税纳税人对次债务人确实享有到期债权，税务机关提出代位权诉讼的条件尚不成就。

【涉税案情】

2012 年 7 月 26 日，武义县企业资金互助协会（简称“互助协会”）登记成立。互助协会章程规定：会员在县工商行政管理部门登记注册，具有独立法人资格，并纳入市区重点支持和保护的中小企业范围。浙江新亚休闲用品有限公司（简称“新亚公司”）所在地为永康市芝英镇。2012 年 8 月 21 日、2013 年 11 月 15 日，新亚公司先后向互助协会缴纳入会本金共计 700 万元。2014 年 8 月 4 日，新亚公司向互助协会借款人民币 600 万元，约定于 2014 年 8 月 10 日之前归还，逾期按日千分之五支付违约金。借款到期后，新亚公司未及时归还借款，互助协会也未通过诉讼或仲裁方式向新亚公司主张还款。

2012 年 1 月 1 日至 2014 年 7 月 31 日，互助协会欠武义县地方税务局（简称“武义税务局”）各项税费共计 7 298 439. 32 元，滞纳金 954 399. 78 元，合计 8 252 839. 1 元。为此，武义税务局向互助协会下达了《税务处理决定书》，但至起诉之日互助协会尚欠 632 326. 13 元税款（滞纳金）未缴纳。

武义税务局诉请法院判令新亚公司向其支付税款（滞纳金）632 326. 13 元，法院判决驳回武义税务局的诉讼请求。

【争议焦点】

武义税务局（原告）

就算新亚公司是会员，汇款 700 万元是入会的款项，但章程中也未约定如何退伙，应退多少，何时退款。

新亚公司（被告）

互助协会章程所载明的会员应为武义县域内的企业，新亚公司实质上不符合会员

---

① 浙江省永康市人民法院民事判决书（2016）浙 0784 民初 02668 号。

条件，虽然当时互助协会向新亚公司承诺会修改章程，但一直未修改章程，致使新亚公司交纳700万元本金却不能享受到会员的资格。另外原约定的资金操作模式未被遵守，故新亚公司向互助协会借回600万元，此后未归还。实质上，是互助协会尚欠新亚公司100万元本金，而非新亚公司欠互助协会款项。

【裁判观点】

互助协会的章程中明确规定会员应为武义县工商注册的企业，新亚公司并非属于武义县的企业，却实际向互助协会交付了入会本金700万元。而后，互助协会未对其章程进行修改，新亚公司与互助协会也未就新亚公司是否具有会员资格达成一致。《合同法解释（一）》第18条规定：在代位权诉讼中，次债务人对债务人的抗辩，可以向债权人主张。本案中，新亚公司对于向互助协会借款600万元予以认可，但提出抗辩称，该借款系因之前向互助协会交纳入会本金700万元，却不能享有会员权利，故要求互助协会退回已交纳的入会本金而形成的借款，故因该借款而形成的债务应与互助协会应当返还新亚公司的入会本金相抵销。然而互助协会章程中既未对退款问题作具体的约定，也未与新亚公司就返还款项达成具体协议，诉讼中也未到庭与新亚公司就双方债权债务进行清算，故新亚公司与互助协会之间是否实际存在债权债务关系尚不明确，如存在债权债务关系，则具体金额如何也不明确。上述情况表明，武义税务局的证据尚不足以证明互助协会对新亚公司确实享有到期债权，武义税务局提出代位权诉讼的条件尚不成就。

【案例评析】

《民事诉讼法》规定在民事诉讼中实行“谁主张谁举证”原则，如果当事人无法对自己的主张提供证据，应当承担举证不能的法律后果。税务机关在主张权利时应对代位权的符合条件提供充足证据，尤其是对“纳税人怠于行使对次债务人的到期债权”应提供相关证据予以证明。代位权诉讼最终要判决次债务人等向债权人履行债务人的债务，故既要对债权人债务人的债权进行认定，亦要对债务人对次债务人的债权作出判定，对两个债权的审查在区分已决和未决、债权发生原因、履行届期、债权确定性等方面的审查标准基本一致。[①] 两个债权如果已经判决书、裁定书、决定书、支付令、调解书、仲裁裁决、执行证书等生效法律文书确认，自属合法，在代位权诉讼中只需作形式审查；若当事人质疑债权合法性，应另行通过相关法律程序寻求救济。

依据《民法典》第535条之规定，“相对人对债务人的抗辩，可以向债权人主

---

① 最高人民法院民法典贯彻实施工作领导小组．中华人民共和国民法典合同编理解与适用（一）［M］．北京：人民法院出版社，2020：500.

张”，这意味着，债权人在行使代位权时，相对人不仅可以向债权人主张其自身所享有的抗辩，也可以对债权人主张其对债务人的抗辩。一般而言，相对人对债务人所享有的抗辩包括：权利不发生或消灭之抗辩、债权未到期或抵销的抗辩以及权利瑕疵的抗辩等。[①] 本案中，债务人互助协会与次债务人新亚公司之间是否实际存在债权债务关系尚不明确，如存在债权债务关系，具体金额如何也不明确，故武义税务局提交的证据不足以证明互助协会对新亚公司享有到期债权。

问题 105：第三人未按约定负担纳税人应缴税款，税务机关行使代位权条件是否成就？

案例 148：国家税务总局佛山市顺德区税务局与佛山市顺德区豪杰贸易有限公司债权人代位权纠纷案[②]

【裁判要旨】

受让方未按约定承担拍卖财产过户税费，税务机关向受让方追缴税款，系税务机关履行行政职权的行为，不属于人民法院受理民事诉讼的范围。

【涉税案情】

国家税务总局佛山市顺德区税务局（简称“顺德区税务局”）起诉称，2016 年 10 月 11 日，顺德区法院通过网络变卖的方式，强制执行佛山市顺德区永维服装实业有限公司（简称“永维服装公司”）某土地使用权，佛山市顺德区豪杰贸易有限公司（简称“豪杰贸易公司”）成功受让了涉案地块，并约定由受让方承担过户过程中涉及的一切相关税费和所需补交的相关税、费（包括但不限于土地增值税、契税、出让金以及房产及土地交易中规定交纳的各种费用）。因豪杰贸易公司未按约承担全部税费，涉案土地交易行为拖欠的税款为 7 452 268. 5 元，后永维服装公司以涉案税款依约应由豪杰贸易公司承担，而且其已无生产经营也无力向豪杰贸易公司追讨该笔税款为由拒不缴纳该笔税款。顺德区税务局诉至法院，请求判令豪杰贸易有限公司向顺德区税务局支付税款 7 452 268. 5 元及相应滞纳金。

【争议焦点】

顺德区税务局（起诉人）

永维服装公司不履行缴纳税款的法定义务，但又怠于行使其对豪杰贸易公司的债

① 王利明. 中国民法典释评 · 合同编 · 通则 [M]. 北京：中国人民大学出版社，2020：363.

② 广东省佛山市顺德区人民法院民事裁定书（2019）粤 0606 民初 8862 号。

权，已对国家税收造成了严重损害。根据《税收征管法》第50条关于“欠缴税款的纳税人因怠于行使到期债权，或者放弃到期债权，或者无偿转让财产，或者以明显不合理的低价转让财产而受让人知道该情形，对国家税收造成损害的，税务机关可以依照合同法第七十三条、第七十四条的规定行使代位权、撤销权”的规定，起诉人依法有权代位行使永维服装公司对豪杰贸易公司享有的债权。

【裁判观点】

根据《税收征管法》第5条的规定：“国务院税务主管部门主管全国税收征收管理工作。各地国家税务局和地方税务局应当按照国务院规定的税收征收管理范围分别进行征收管理。”据此，如何征收税款，向谁征收税款，系国家税务机关依法行使税收征收权的行为。本案的诉请为判令豪杰贸易公司向起诉人支付税款，顺德区税务局作为国家税务机关，向豪杰贸易公司追缴税款，系其履行行政职权的行为，不属于人民法院受理民事诉讼的范围。

【案例评析】

编者在专题2“包税合同纠纷”已论及，“司法拍卖中约定包税条款属于民法上意思自治的范畴，在合同当事人之间有效；该条款对税务机关无约束力，在税法上属于无效条款。当事人一方不履行包税条款义务或者履行包税条款义务不符合约定时，纳税义务人不能以包税条款为由拒绝缴纳税款”。豪杰贸易公司未按约定承担拍卖财产过户税费，因税费尚未实际发生，属于未决债权，永维服装公司对豪杰贸易公司不存在合法有效的到期债权，税务机关行使税收代位权自然无从谈起。编者认为，本案审理法院应判决驳回原告诉讼请求，判决的理由不应为“起诉人作为国家税务机关，向豪杰贸易公司追缴税款，系其履行行政职权的行为，不属于人民法院受理民事诉讼的范围”，应修改为“原告的证据尚不足以证明第三人对被告确实享有到期债权”。与本案情节类似的“深圳市福田区地方税务局与董某某债权人代位权纠纷案”①，税务机关要求未按约定履行税费负担义务的买受人代位履行义务，审理法院裁定不予受理，作出裁定的理由为“代位权提起的前提条件是债权人对债务人拥有到期债权。本案的诉讼标的为税，而税是国家依其行政管理职能向纳税义务人收取的费用，不属于普通债权性质，不属于提起代位权诉讼范畴”，编者认为法院亦应判决驳回原告诉讼请求。

参与拍卖的竞买人需要注意的是，在目前的税收征管实践中，由于拍卖标的所有权人或处分权人可能已进入破产清算程序，买受人按拍卖公告约定承担拍卖标的

---

① 广东省深圳市福田区人民法院民事裁定书（2012）深福法民三初字第590号。

过户税费后，可能无法取得发票及进行税前抵扣。《国家税务总局关于税收征管若干事项的公告》（国家税务总局公告2019年第48号）明确，人民法院指定管理人之日起，管理人可以按照企业破产法第二十五条规定，以企业名义办理纳税申报等涉税事宜。企业因继续履行合同、生产经营或处置财产需要开具发票的，管理人可以以企业名义按规定申领开具发票或者代开发票。买受人可依照上述规定，要求管理人开具或者代开发票。但在其他情形下，竞买人应对拍卖标的交易税费负担约定事先深入了解，充分考虑无法取得增值税专用发票作为进项抵扣条件下所导致税费成本的增加。

问题106：欠税纳税人未对次债务人申请强制执行生效判决，税务机关行使代位权条件是否成就？

案例149：国家税务总局大方县税务局与大方县自然资源局债权人代位权纠纷案[①]

【裁判要旨】

执行程序虽然是审判程序的继续和完成，但并不是民事诉讼的必经程序，并不能因为案件未进入执行程序而否认当事人已经提起诉讼主张权利的客观事实。

【涉税案情】

贵州永丰光大房地产开发有限公司（简称“永丰光大公司”）、大方县自然资源局建设用地使用权出让合同纠纷案[②]中，法院判决大方县自然资源局支付永丰光大公司因逾期交付涉案宗地产生的2012年6月10至2018年11月22日期间的违约金共计16 120 894.46元、2018年11月23日之后的违约金（以大方县自然资源局未交付部分土地的价格1 183 010.22元为基数，按日1‰的标准从2018年11月23日起计算至履行完毕未交付部分土地的交付义务之日止）。

国家税务总局大方县税务局（简称“大方县税务局”）诉至法院，请求判令大方县自然资源局履行代位清偿义务，向大方县税务局支付永丰光大公司所欠税款人民币5 305 566.80元及所欠税款滞纳金（2012年11月13日至实际清偿之日）。

一审法院裁定驳回大方县税务局的起诉，大方县税务局不服，提起上诉。二审法

① 贵州省大方县人民法院民事裁定书（2020）黔0521民初2363号、贵州省毕节市中级人民法院民事裁定书（2020）黔05民终4349号。

② 贵州省毕节市中级人民法院民事判决书（2019）黔05民初70号、贵州省高级人民法院民事判决书（2019）黔民终529号。

院驳回大方县税务局上诉，维持原裁定。

【争议焦点】

大方县税务局（一审原告、二审上诉人）

永丰光大公司拿到生效判决后，没有申请强制执行，推动诉讼程序进入下个环节，其诉讼程序没有完成，其不作为行为应当视为没有以诉讼方式主张到期债权。不以诉讼方式主张到期债权除主观因素外，还包括客观上不能主张，本涉案的债权已经被重庆市第三中级人民法院代位执行，客观上也导致永丰公司不能以申请强制执行的诉讼方式主张到期债权。

从《合同法解释（一）》第 11 条的立法目的来看，怠于行使到期债权是形式问题，致使债权人的到期债权未能实现的损害结果才是代位权行使的必要条件。虽然税收具有优先权，并明确大方县税务局可以采取税收强制措施，但这些措施只能适用于纳税人和扣缴义务人，不能适用于大方县自然资源局。若法院认为大方县税务局的税收代位权达不到条件，则大方县税务局将面临无法申请执行的情况，使国家税收流失。

【裁判观点】

本案系大方县税务局因永丰光大公司欠缴税款而提起的代位权诉讼，因永丰光大公司已提起诉讼，主张其与大方县自然资源局之间的债权，并且已经取得生效判决。因此，本案中并不存在永丰光大公司怠于主张到期债权的情形，本案代位权的行使并不符合法律规定。

执行程序虽然是审判程序的继续和完成，但并不是民事诉讼的必经程序，并不能因为案件未进入执行程序而否认当事人已经提起诉讼主张权利的客观事实。大方县税务局系国家税务机关，其征税行为系行政机关行政执法职务行为，大方县税务局在税收征收过程中具有强制执行权，且税收债权本身也具有优先性，故引发本案诉讼的原因系大方县税务局未按时履行职责所致，大方县税务局认为因本案代位权不能行使因而不能申请执行，将导致国家税收流失的上诉理由因违背《税收征管法》的规定，法院不予支持。

【案例评析】

民事执行权，也称强制执行权，是执行机关行使国家强制力，强制债务人履行义务，从而实现债权人依据生效法律文书所判定的民事权利的一种国家公权力。民事执行权的行使目的在于实现内容已经确定的民事权益。[①]《民事诉讼法》第 236 条规定：

---

① 肖建国．民事执行法［M］．北京：中国人民大学出版社，2014：20.

“发生法律效力的民事判决、裁定，当事人必须履行。一方拒绝履行的，对方当事人可以向人民法院申请执行，也可以由审判员移送执行员执行。调解书和其他应当由人民法院执行的法律文书，当事人必须履行。一方拒绝履行的，对方当事人可以向人民法院申请执行。”债务人怠于行使到期债权是税收代位权的必备要件之一，法律并未规定债务人取得生效判决后未申请强制执行属于怠于行使到期债权，故大方县税务局行使税收代位权的要素条件尚不符合，法院认定永丰光大公司不存在怠于主张到期债权的情形，对大方县税务局诉请不予支持。

问题 107：欠税纳税人已对其与次债务人的债务纠纷申请仲裁，税务机关行使代位权条件是否成就？

案例 150：邵阳市国税局与邵阳南方混凝土有限公司债权人代位权纠纷案①

【裁判要旨】

次债务人已就其与欠税纳税人的转让合同纠纷申请仲裁，且仲裁机构裁决次债务人支付欠税纳税人货款，欠税纳税人已申请人民法院执行，故认定欠税纳税人没有怠于行使到期债权或放弃到期债权，对税务机关诉请对次债务人享有税收代位权裁定不予受理。

【涉税案情】

邵阳市一品商品混凝土搅拌站从 2009 年 11 月至 2012 年 8 月少申报销售收入，累计偷逃增值税 4 573 905.88 元。2015 年 11 月，邵阳市双清区人民法院认定邵阳市一品商品混凝土搅拌站犯逃税罪，判处罚金 10 426 094.12 元，并另代扣逃税款4 573 905.88 元。2016 年 5 月，邵阳市双清区人民法院代扣税款入国库，但邵阳市一品商品混凝土搅拌站未缴纳因逃税而产生的滞纳金 4 020 044.33 元，现邵阳南方混凝土有限公司尚欠邵阳市一品商品混凝土搅拌站 1 700 余万元。邵阳市国家税务局诉请法院认定邵阳市国家税务局对邵阳南方混凝土有限公司享有税收代位权，判令邵阳南方混凝土有限公司向邵阳市国家税务局清偿税收滞纳金 4 020 044.33 元。

【裁判观点】

在邵阳市国税局与邵阳南方混凝土有限公司代位权纠纷案中，因次债务人邵阳南方混凝土有限公司已申请长沙仲裁委员会仲裁其与邵阳市一品商品混凝土搅拌站转让

① 湖南省邵阳市双清区人民法院民事裁定书（2017）湘 0502 民初 65 号。

合同纠纷，且长沙仲裁委员会裁决邵阳南方混凝土有限公司支付邵阳市一品商品混凝土搅拌站 17 689 342.45 元，邵阳市一品商品混凝土搅拌站已申请邵阳市中级人民法院执行，故法院认定债务人邵阳市一品商品混凝土搅拌站没有怠于行使到期债权或放弃到期债权，对邵阳市国家税务局诉请对邵阳南方混凝土有限公司享有税收代位权裁定不予受理。

【案例评析】

欠税纳税人怠于行使到期债权是税收代位权的行使要件之一，关于债务人“怠于行使”其权利的判断标准，《民法典》第 535 条并没有作出规定，但该条规定源于原《合同法》第 73 条，在解释上应当作相同解释，这也有利于防止债务人与次债务人之间达成通谋，即双方通过证明债务人已经向次债务人主张过权利来对抗债权人的代位权，这可能导致债权人代位权形同虚设。因此，“怠于行使”应当仅限于债务人在其权利到期后，能够通过诉讼或仲裁的方式主张权利，但一直未通过诉讼或仲裁的方式主张权利的行为。[①] 本案中，邵阳市一品商品混凝土搅拌站已申请法院执行生效裁决，故不存在怠于行使到期债权的情形。

当事人无法对自己的主张提供证据，应当承担举证不能的法律后果。税务机关在主张权利时应对代位权的符合条件提供充足证据，尤其是对“纳税人怠于行使对次债务人的到期债权”应提供相关证据予以证明。目前税务机关获取上述证据最常用的方式只有税务检查一种，即按照《税收征管法》第 54 条规定查阅纳税人账簿及相关资料、询问纳税人等，在此过程中，有可能出现纳税人与次债务人恶意串通隐瞒相关信息，使税务机关在执法过程中难以获取有效信息的情况。[②] 像本案中的纳税人与次债务人的债权是否已提请仲裁或诉讼等相关信息，税务机关也未获知。因此，在民事诉讼“谁主张谁举证”和“优势证据规则”原则下，税务机关要注重搜集行使税收代位权的充足证据。在实践中，如何确定税收代位权的行使对象、以及如何取得相关证据，应以全方位的执行调查工作为基础。首先，可以通过对欠税时间长、金额大、原因复杂、或资金情况与实际经营情况不符的企业进行实地调查，了解其经营状况、资金资产、债权债务等情况；其次，通过对企业到期债权人、财产受让人的执行调查，确定该企业是否有《税收征管法》第 50 条所列情形，并取得相关证据，履行诉讼程序。执行前的调查既是对相关方权利保护的有效手段，也是保证税收代位权诉讼能够顺畅运行的必要措施。[③]

---

① 王利明．中国民法典释评·合同编·通则［M］．北京：中国人民大学出版社，2020：361.

② 杜传华，谭相魁．税务机关行使税收代位权的有效路径探析［J］．税务研究，2019（11）.

③ 杨卫红．税收代位权行使中的权利保护探析［J］．西部财会，2012（3）.

问题 108：税务机关可否以欠税纳税人与关联方恶意串通出借款项为由诉请行使代位权？

案例 151：海南省国家税务局第二稽查局与海南运通航空进出口有限公司债权人代位权纠纷案[①]

【裁判要旨】

税务机关主张纳税人存在涉税违法行为，要求其补缴税款并处以罚款。该关系属于税收征管法律关系，不属于人民法院受理民事诉讼的范畴，税务机关可通过其他途径追索税款、滞纳金及罚款。

【涉税案情】

2013 年 11 月 7 日，海南省国家税务局第二稽查局（简称“海南国税第二稽查局”）向海南华塑石化有限公司（简称“华塑公司”）发出《税务检查通知书》，决定自 2013 年 11 月 7 日起对华塑公司 2011 年 1 月 1 日至 2012 年 12 月 31 日期间涉税情况进行检查。华塑公司于当日收到该《税务检查通知书》。2014 年 9 月 3 日，华塑公司向海南国税第二稽查局申请预缴 2013 年 3 月消费税退税款 1 000 万元。2014 年 9 月 9 日，海南国税第二稽查局向华塑公司发出《税务事项通知书》，同意华塑公司将部分查补税款 1 000 万元提前入库，并限于 2014 年 9 月 20 日前解缴入库。华塑公司于当日收到该《税务事项通知书》。2014 年 9 月 23 日和 2016 年 2 月 25 日，华塑公司分两次向海南国税第二稽查局补缴入库消费税（含滞纳金）共 6 847 314 元。2015 年 7 月 14 日，海南国税第二稽查局再向华塑公司发出《税务处理决定书》，认定华塑公司应补缴消费税 397 615 212. 47 元。同日，海南国税第二稽查局又向华塑公司发出《税务行政处罚决定书》，决定对华塑公司处以 198 807 606. 24 元的罚款。华塑公司于同月 20 日同时收到上述《税务处理决定书》和《税务行政处罚决定书》。

2014 年 8 月 4 日，华塑公司与海南运通航空进出口有限公司（简称“运通公司”）签订一份《借款合同》，约定：运通公司向华塑公司借款 2 930 万元；借款期限自 2014 年 8 月 5 日起至 2018 年 8 月 5 日止，如任何一方不同意续签借款合同，应于本合同期满一个月内以书面方式通知对方，否则，本合同到期后自动顺延一年。

海南国税第二稽查局诉请法院行使代位权要求运通公司支付税款 2 630 万元，一审法院判决海南国税第二稽查局诉求的代位权不能成立。海南国税第二稽查局不服，提起上诉，二审法院裁定撤销一审法院判决，驳回海南国税第二稽查局

---

① 海南省海口市中级人民法院民事判决书（2017）琼 01 民终 2890 号。

起诉。

【争议焦点】

海南国税第二稽查局（一审原告、二审上诉人）

海南国税第二稽查局认为运通公司作为与华塑公司关系密切的关联公司，在知晓华塑公司存在逃避、骗取巨额税款违法事实的情形下，接受其为逃避法定缴税义务而转出的巨额款项。华塑公司在发现无法以“货款”及其他事由掩盖转移资产后，假借经营需要与运通公司串通签订《借款合同》，将原本没有期限约定、可依法随时追索的不当借款期限延长，其阻止海南国税第二稽查局行使代位追索权的不正当行为，损害了国家税收权益。

运通公司（一审被告、二审被上诉人）

一审判决认定事实正确，请求二审法院维持一审判决。

华塑公司（第三人）

其意见与运通公司的意见一致。

【裁判观点】

一审法院

根据《合同法》和司法解释的规定，债权人行使代位权的前提条件是债务人享有到期债权。《税收征管法》第 50 条规定：“欠缴税款的纳税人因怠于行驶到期债权，或者放弃到期债权，或者无偿转让财产，或者以明显不合理的低价转让财产而受让人知道该情形的，对国家税收造成损害的，税务机关可以依照合同法第七十三条、第七十四条的规定行使代位权、撤销权。”该规定应当视为赋予税务机关作为权利主体在民事合同法律关系中的诉讼地位和诉讼权利，且《税收征管法》与《合同法》构成特别法与一般法的法律位阶关系，在两者发生法律冲突时，应优先适用特别法即《税收征管法》。本案中，虽然海南国税第二稽查局对华塑公司的债权合法，且华塑公司对运通公司享有的债权不是专属于华塑公司自身的债权。但根据运通公司与华塑公司之间订立的《借款合同》，华塑公司对运通公司享有的债权并未到期，更不存在华塑公司怠于行使到期债权及对海南国税第二稽查局造成损害的事实，海南国税第二稽查局也未能提供充分证据证明华塑公司对运通公司享有到期债权，其应当依法承担相应的不利后果。综上，海南国税第二稽查局诉求的代位权不能成立，并据此行使代位权要求运通公司支付税款 2 630 万元的主张，于法无据，应不予支持。海南国税第二稽查局向一审法院提交的“全国企业信用信息公示系统（海南）”等证据仅能够证明运通公司与华塑公司系关联公司，但并不足以证明其两者之间存在恶意串通，故应对海南国税第二稽查局该主张不予采纳。依照《税收征管法》

第 50 条、《合同法》第 73 条、《合同法解释（一）》第 11 条规定，判决驳回海南国税第二稽查局的诉讼请求。

二审法院

海南国税第二稽查局主张华塑公司存在涉税违法行为，要求其补缴税款并处以罚款。该关系属于税收征管法律关系。不属于人民法院受理民事诉讼的范畴，一审法院受理不当，本院应予驳回。海南国税第二稽查局可通过其他途径追索税款、滞纳金及罚款。因此其上诉请求没有事实和法律依据，法院不予支持。依照《民事诉讼法》第 170 条第 1 款第 2 项之规定，裁定撤销一审法院判决，裁定驳回海南国税第二稽查局的起诉。

【案例评析】

税收代位权的行使过程中涉及税务机关、纳税人以及纳税人的债务人，税收代位权的行使是由一系列行为组成的过程，因此，权利的保护也应贯穿于权利行使的各个环节，从启动条件性保护措施、执行程序性保护措施以及执行结果性保护措施等方面予以考量。启动税收代位权诉讼必须符合一定的条件，否则将造成对权利的损害。启动条件性保护措施包括：（1）纳税人存在欠缴税款的事实；（2）税务机关必须穷尽行政性征管措施；（3）必须纳税期限届满；（4）必须是怠于行使的到期债权；（5）必须是对国家税收债权造成了损害。[①]

虽然二审法院认为一审法院受理本案不当，裁定撤销一审法院判决，但编者对于一审判决书中对于《税收征管法》与《合同法》之间关系的说理深表认同，即“《税收征管法》与《合同法》构成特别法与一般法的法律位阶关系，在两者发生法律冲突时，应优先适用特别法即《税收征管法》”。《税收征管法》第 50 条列举了税收代位权行使的 4 种情形：怠于行使到期债权、放弃到期债权、无偿转让财产、以明显不合理的低价转让财产而受让人知道该情形。本案中，海南国税第二稽查局主张，华塑公司在发现无法以“货款”及其他事由掩盖转移资产后，假借经营需要与运通公司串通签订《借款合同》，将原本没有期限约定、可依法随时追索的不当借款期限延长，上述行为对海南国税第二稽查局造成损害。《民法典》第 5 条规定：“民事主体从事民事活动，应当遵循自愿原则，按照自己的意思设立、变更、终止民事法律关系。”民事主体从事民事活动时，基于平等法律地位，应当在对自身利益作出最佳判断，对自己行为后果有合理预见并愿意承担责任的前提下，自由表示其真实意思，自主决定是否行使民事权利、承担民事义务。华塑公司与运通公司签订《借款合同》，并无违法行为，且借款未届履行期，不符合《税收征管法》第 50 条所列举税收代位权行使的任一种

---

① 杨卫红．税收代位权行使中的权利保护探析［J］．西部财会，2012（3）．

情形，故税务机关行使代位权条件未成就。

问题109：税收代位权范围是否包括税收滞纳金、罚款？

案例152：济宁市地方税务局稽查局与宏图建设有限公司、李某某债权人代位权纠纷案①

【裁判要旨】

对纳税人存在不缴、少缴税款等违法行为，税务机关有权进行追缴，同时征缴税款滞纳金并对其处以一定数额或比例的罚款。税务机关作出的处理决定生效后，缴纳滞纳金和罚款成为纳税义务人因违法行为产生的附随法定义务，不履行该义务同样会给国家财产造成损失，故此，《税收征管法》第50条规定的“税款”应作扩大解释，既涵盖了税款本身，亦应包含滞纳金和罚款等内容。

【涉税案情】

2015年6月25日，济宁市地方税务局稽查局（简称“稽查局”）对第三人翟某作出《税务处理决定书》，认定第三人翟黎欠缴营业税等合计11 239 702.18元，自税款滞纳之日起至缴纳税款之日止，按日加收滞纳税款万分之五的滞纳金。同日，稽查局对第三人翟某作出《税务行政处罚决定书》，决定对第三人翟某因欠缴营业税、城建税、个人所得税三项合计欠税款11 122 032.85元按50%处以罚款5 561 016.43元。上述两份决定书于2015年6月25日送达给第三人翟某。因第三人未履行义务，稽查局通过强制执行，依法收回了第三人所欠的全部税款，尚有罚款5 561 016.43元及滞纳金5 673 945.94元未执行。

李某某与第三人翟某之间存在借贷关系，2009年9月7日至2013年4月25日共向第三人借款1 400万元，在借款期间共产生利息4 824 292.00元，李某某已偿还1 690.58万元。

稽查局向法院提出诉讼，请求判令李某某、宏图建设有限公司（简称“宏图公司”）向稽查局履行代位清偿义务，向稽查局支付第三人拖欠税款6 141 954元。

法院调查认为，在李某某与第三人之间多次发生的借贷关系当中，资金均系通过第三人本人或其实际控制的公司，向李某某或其亲属转款，还款亦主要是在上述账户之间进行，虽部分借据中加盖了宏图公司的公章，但借款资金并未进入该公司账户，亦未从该公司账户还款，宏图公司并非实际借款人。

法院判决李某某代第三人翟某向稽查局支付罚款和滞纳金4 853 659元。

---

① 山东省济宁市任城区人民法院民事判决书（2017）鲁0811民初8786号。

【争议焦点】

稽查局（原告）

因翟某未能及时朴交税款，稽查局依法对其名下资产进行了查封、拍卖等税收强制措施。现上述被查封资产已被全部执行拍卖，追缴到部分税款。截止到2017年3月21日剩余欠缴滞纳金5 673 945.94元，欠缴罚款5 561 016.43元，共计11 234 962.37元无法追缴。经查截止到2017年6月5日，李某某、宏图公司尚欠第三人翟某、山东丰泉经贸有限公司6 141 954元。现第三人怠于行使权利的行为，导致李某某、宏图建设有限公司与第三人之间的债务至今尚未清偿。为维护国家税收安全，避免税收损失，依据《税收征管法》第50条规定，特向法院提起诉讼，请求依法判令李某某、宏图建设有限公司向稽查局履行代位清偿义务。

宏图公司（被告）

宏图公司与第三人翟某之间不存在真实的民间借贷关系，第三人翟某并未向宏图公司借过任何款项，稽查局无权向宏图公司提起诉讼。

李某某（被告）

李某某与第三人翟某之间存在民间借贷关系，但双方之间约定的借款利率过高，超过法律规定的24%的利率不应得到支持。李某某所欠第三人翟某借款数额并非6 141 954元。2009年9月7日至2013年4月25日共向第三人翟某借款1 400万元，所欠本金已全部还清，仅欠付利息1 918 492元。又因李某某以山东万平科贸集团有限公司的名义向第三人翟某借款200万元，到期本息还款398万元，超付126万元，目前仅欠第三人翟某利息658 492元。

翟某（第三人）

第三人翟某及公司和李某某之间存在借贷关系，借了多少还款多少我都不清楚了，我的借贷当时打到两公司了，是和公司签订的借款合同，当时本金已经还清了，剩下的均是利息，利息欠多少不清楚了。第三人翟某的税款已经还清了，当时说的没有滞纳金和罚款，只说缴纳税款。

【裁判观点】

根据《税收征管法》第50条规定规定，对纳税人存在不缴、少缴税款等违法行为，税务机关有权进行追缴，同时征缴税款滞纳金并对其处以一定数额或比例的罚款。税务机关作出的处理决定生效后，缴纳滞纳金和罚款成为纳税义务人因违法行为产生的附随法定义务，不履行该义务同样会给国家财产造成损失，故此，《税收征管法》第50条规定的“税款”应作扩大解释，既涵盖了税款本身，亦应包涵滞纳金和罚款等内容，该条款适用于本案。

【案例评析】

税收代位权的行使范围是否包括税收滞纳金、罚款？回答这个问题，首先需要明晰税收滞纳金、罚款的性质。

税收滞纳金是世界各国普遍实行的一项税收征收管理制度。我国的税收征收管理制度对税收滞纳金也作了明确的规定。《税收征管法》第32条规定："纳税人未按照规定期限缴纳税款的，扣缴义务人未按照规定期限解缴税款的，税务机关除责令限期缴纳外，从滞纳税款之日起，按日加收滞纳税款万分之五的滞纳金。"对于税收滞纳金的性质问题，业内存在多种观点：

（一）行政处罚说

税收滞纳金是一种行政处罚，是税务机关对不按规定期限缴税的纳税单位或个人加收的罚款。这种观点的法律依据来源于《行政处罚法》。《行政处罚法》第3条规定，公民、法人或者其他组织违反行政管理秩序的行为，应当给予行政处罚的，依照本法由法律、法规或者规章规定，并由行政机关依照本法规定的程序实施。

（二）行政强制说

税收滞纳金是一种行政强制，是一种执行罚，是行政强制执行机关对拒不履行不作为义务或不可为他人代履行的作为义务的义务主体，课以新的金钱给付义务，以迫使其履行所负纳税义务。《行政强制法》第12条规定，行政强制执行的方式包括加处罚款或者滞纳金，划拨存款、汇款，拍卖或者依法处理查封、扣押的场所、设施或者财物，排除妨碍、恢复原状，代履行等。

（三）损害补偿与惩罚双重性质说

税收滞纳金既是纳税人、扣缴义务人因迟延履行或者不履行纳税义务给国家造成经济损失支付的损害赔偿金，也是对纳税人、扣缴义务人的一种惩罚。目前我国税收征管法上滞纳金制度的设计，似乎更倾向于这种理论。《税收征管法》第52条规定只有纳税人、扣缴义务人存在故意或者过失情况才能征收滞纳金，就是损害赔偿性质的重要体现，因为根据民法一般原理，损害赔偿一般以当事人的主观过错为前提。另一方面，《税收征管法》规定税收滞纳金征收率为按日万分之五，换算成年利率，相当于年利率18.25%，远远高于银行同期贷款利息水平，则是税收滞纳金具有惩罚性的重要现。[①]

（四）税收利息说

税款的征收实际上是一种公法上的债权债务关系，纳税人未缴税款征纳双方就形

---

① 赵滕．《税收征管法》修订中滞纳金制度的完善［J］．法制与社会，2018（10）．

成债权债务关系，这种债权债务关系是财产权之一种，可以用货币来衡量和评价。①《最高人民法院关于税务机关就破产企业欠缴税款产生的滞纳金提起的债权确认之诉应否受理问题的批复》（法释〔2012〕9 号）认为，应将欠税滞纳金视同利息处理。国家税务总局关于税收征管法有关条款规定的复函》（国税办函〔2007〕647 号）规定："滞纳金是纳税人因占用税款而应对国家作出经济补偿，属于国家税款被占用期间法定孳息，其性质是经济补偿性质的，本质相当于存款利息。略高于利息率是为了督促未履行法定义务的纳税人尽快履行法定义务，减少税款的损失。"财政部在答复全国人大代表建议中称："《税收征收管理法》所规定的滞纳金属于利息性质，在《税收征收管理法》修订过程中，我部会同税务总局等有关部门正在研究厘清税收利息与滞纳金的关系，并合理确定征收比例。"②《税收征管法修订草案（征求意见稿）》第 59 条规定："纳税人未按照规定期限缴纳税款的，扣缴义务人未按照规定期限解缴税款的，按日加计税收利息。税收利息的利率由国务院结合人民币贷款基准利率和市场借贷利率的合理水平综合确定。纳税人补缴税款时，应当连同税收利息一并缴纳。"第 60 条规定："下列期间，税收利息中止计算：（一）纳税人、扣缴义务人的财产、银行账户被税务机关实施保全措施或者强制执行措施，导致纳税人、扣缴义务人确实难以按照规定期限缴纳或者解缴税款的，从措施实施之日起至措施解除之日止；（二）因不可抗力，致使纳税人、扣缴义务人未按照规定期限缴纳或者解缴税款的，从不可抗力发生之日起至不可抗力情形消除之日止；（三）国务院税务主管部门确定的其他情形。非纳税人、扣缴义务人的过错，致使纳税人不能及时足额申报缴纳税款的，不加收税收利息。"《关于〈中华人民共和国税收征收管理法修订草案（征求意见稿）〉的说明》中称："将"滞纳金"更名为"税收利息"，利率由国务院结合人民币贷款基准利率和市场借贷利率的合理水平综合确定，以与行政强制法中的滞纳金相区别。"③ 在税收利息条款之外，《税收征管理法修订草案（征求意见稿）》单设了"滞纳金"条款，第 67 条规定："纳税人逾期不履行税务机关依法作出征收税款决定的，自期限届满之日起，按照税款的千分之五按日加收滞纳金。"

编者认为，税收利息说能够有效解决税收滞纳金制度在理论和实践中存在的各种争议，是税收滞纳金性质定位最合理的选择。第一，税收利息说在理论上有税收债务关系说的强力支撑，更能体现税收的本质，在实践上更易于税收行政执法的操作。第二，将税收滞纳金定位于税收利息，可以将税收滞纳金与《行政处罚法》《行政强制

---

① 樊勇，姚凯．税收滞纳金征收模式比较与我国优化方案设计［J］．税务研究，2015（4）．

② 《关于"优化税收征管支持经济发展"建议的答复（摘要）》，载财政部网站：http：//www.mof.gov.cn/zhuantihuigu/2014lh/2014rd/201602/t20160216_1698374.html，最后访问日期 2021 年 1 月 7 日。

③ 《税收征收管理法修订草案公开征求意见》，载国家税务总局网站：http：//www.chinatax.gov.cn/n840303/c1448892/content.html，最后访问日期：2021 年 1 月 7 日。

法》中的关于罚款、滞纳金的相关规定区别开来，实现与相关法律的衔接。第三，基于税收利息说，税收滞纳金的主要功能是对国家资金损失进行补偿，因此对滞纳金追征率的设置要以实际损失为基础，接近为保障债权人利益而加收的利息以补偿损失为目的，不宜设置过高。第四，税收利息说可以减轻税务机关举证责任，降低执法风险，提高行政效率。

本案中，人民法院在判定税收滞纳金是否也适用《税收征管法》第50条对于"欠缴税款"的范围时，作出了"缴纳滞纳金和罚款成为纳税义务人因违法行为产生的附随法定义务"的解释。税收代位权的理论依据，首先是基于税收属于公法之债，具有债的一般属性，当欠缴税款的纳税人发生怠于行使债权并有损国家税收债权的行为时，通过设立税收代位权制度，来保障国家税收债权的实现。税款追征对象是税债给付的对象，外延上应包括从政府和纳税人之间税债关系的发生到消灭过程中纳税人应依法缴纳的全部给付对象。根据我国现行《税收征管法》，税收保全及税收强制执行的金额包括应纳税款及滞纳金，取得的滞纳金款项计入税收收入。由此可知，在我国税收法律中滞纳金属于税款范畴。①

2019年12月，国家税务总局制发了《关于税收征管若干事项的公告》（国家税务总局公告2019年第48号，简称48号公告），取消欠税与滞纳金的"配比"缴纳要求。举例，A公司产生欠税200万元、滞纳金40万元，若A公司筹集120万元用于清缴欠税，根据"配比"要求，此120万元中用以缴纳税款的部分为100万元、用以缴纳滞纳金的部分为20万元。此次"清欠"后，A公司还有欠税100万元、滞纳金20万元，并按100万元欠税为基数继续按日加收0.5‰的滞纳金。48号公告对纳税人、扣缴义务人、纳税担保人应缴纳的欠税及滞纳金不再要求同时缴纳，可以先行缴纳欠税，再依法缴纳滞纳金。按照规定，上例中A公司可以先将120万元全部用以缴纳税款，这样"清欠"后A公司还有欠税80万元、滞纳金40万元，并按80万元为基数继续按日加收0.5‰的滞纳金。48号公告出台后，欠缴税款的纳税人不需要再像过去一样按比例拆分税款和滞纳金，可以先补缴欠税，再单独补缴滞纳金。应该说，虽然税务机关将税款和滞纳金的性质解释为类似本金和利息的关系，但在税收债务清偿时，却采取了异于民法中债的抵充顺序但有利于欠税纳税人的处理方式。《民法典》第561条规定："债务人在履行主债务外还应当支付利息和实现债权的有关费用，其给付不足以清偿全部债务的，除当事人另有约定外，应当按照下列顺序履行：（一）实现债权的有关费用；（二）利息；（三）主债务。"税务机关进一步优化税务执法方式，改善税收营商环境，用真金白银减税降费支持企业发展壮大可谓用心良苦。

至于罚款是否包含在税收代位权的范围之中，现行《税收征管法》对税收罚款的

① 杜爽，孙静．税款追征对象的理论探讨与现实选择［J］．税务研究，2017（6）．

保全及强制执行的法律规定不明确，且对税收罚款性质认定不清。但从税收收入统计的角度看，税务机关取得的税收罚款同滞纳金一起计入相应税种税收收入，收入处理方式上似乎又体现了税收罚款的“税款”属性。税收罚款的取得具有惩罚、阻吓纳税人违法行为的作用，属于税务机关代表国家实现税收债权的手段。根据税收债权理论，税收罚款的缴纳亦是纳税人履行税收债务的一部分，性质上税收罚款也应当属于“税款”范畴。[①] 故编者认为，税收罚款实质是税务机关代表国家实现税债权利的手段和工具，本质上应当属于税款的延伸，法律地位应当同税款一致，应纳入税收代位权的范围。

问题 110：欠税房地产开发企业以明显低价将商品房转让给第三人，税务机关可否提起撤销权之诉？

案例 153：浙江省瑞安市国家税务局与温州信燕房地产开发有限公司债权人撤销权纠纷案[②]

【裁判要旨】

欠缴税款的出卖人以明显低于市场价的价格，将房屋销售给第三人，对债权人造成损害，第三人作为出卖人监事，应当知晓该事实，故出卖人与第三人之间的房屋买卖合同予以撤销。

【涉税案情】

2009 年 7 月 22 日，温州信燕房地产开发有限公司（简称“信燕公司”）同第三人林某某签订了《商品房买卖合同》，将信燕公司开发建设的商品房，以单价每平方米 6 000元的价格出卖给第三人，约定第三人于订立合同之日支付价款 1 627 440 元，信燕公司于 2011 年 12 月 31 日前交付房屋。合同订立后，第三人未向信燕公司支付购房款，房屋已预登记在第三人名下。2010 年 6 月 12 日，受信燕公司委托，房屋评价机构出具评估报告，认定该房屋在 2009 年 6 月 30 日的市场价值为 11 000 元/平方米。

信燕公司系浙江省瑞安市国家税务局（简称“瑞安税务局”）辖区的纳税企业，2009 年第二、三、四季度，信燕公司向瑞安税务局出具三份纳税申报表，申报表记载该公司上述三季度的所得为 155 652 064. 73 元、165 755 123. 00 元、14 320 000 元，上述三季度的税款为 15 228 581 元，该款项尚未缴纳。

2010 年 12 月 16 日，第三人与深圳发展银行股份有限公司温州瑞安支行订立《最

---

① 杜爽，孙静．税款追征对象的理论探讨与现实选择［J］．税务研究，2017（6）．

② 浙江省瑞安市人民法院民事判决书（2014）温瑞民初字第 4176 号。

高额抵押担保合同》，约定以登记在第三人名下的包括涉案房屋在内的共计 11 处房产作为抵押物，为案外人温州信燕进出口贸易有限公司与上述银行订立的所有主合同项下债务的履行提供担保。

另外，在案外人平安银行股份有限公司诉温州信燕进出口贸易有限公司案中，法院判决若温州信燕进出口贸易有限公司未按期履行偿还义务，则平安银行股份有限公司温州瑞安支行有权以登记在林某某名下的包括涉案房屋在内的共计 11 处房产，在最高额 47 380 000 元折价或拍卖、变卖所得款中优先受偿。

【争议焦点】

瑞安税务局（原告）

信燕公司系瑞安税务局辖区的纳税企业，至今尚拖欠税款 15 228 581.24 元及滞纳金未缴纳。2009 年 7 月 22 日，信燕公司同第三人将开发建设的商品房，以单价每平方米 6 000 元的低价出让给第三人。瑞安税务局在审查信燕公司欠税情况中发现，温州德诚资产评估有限公司在 2010 年受信燕公司委托，就出卖给第三人的房屋进行资产价值评估。经评估确定，信燕公司出售给第三人的商品房，在出售给第三人期间其评估单价为 11 000 元，远远高于信燕公司同第三人之间的合同价格。另据瑞安税务局了解，第三人林某某系信燕公司监事，且其购房款通过向信燕公司借款形式进行所谓“支付”，但实际上至今尚未支付。综上所述，信燕公司同第三人恶意串通，以明显低价转让财产，对瑞安税务局向信燕公司征收的税款造成了损害。根据《税收征管法》第 50 条的规定，税务机关依法有权行使撤销权，且信燕公司同第三人的行为符合《合同法》第 74 条可撤销的情形，依法应予以撤销。

信燕公司（被告）

信燕公司未作答辩。

【裁判观点】

信燕公司在尚未清偿税款的情况下，与第三人协商以 6 000 元/平方米的价格转让房屋，低于当时市场价 11 000 元/平方米的 70% 即 7 700 元/平方米，对债权人造成损害。第三人作为信燕公司的监事，应当知晓该一事实，故信燕公司与第三人之间的房屋买卖合同予以撤销。

【案例评析】

通说认为，税务机关行使税收撤销权，需要具备以下要件：（1）纳税人存在欠缴税款的事实。根据《欠税公告办法（试行）》（国家税务总局令第 9 号）的规定，欠税是指纳税人超过税收法律、行政法规规定的期限或者纳税人超过税务机关依照税收法律、行政法规规定确定的纳税期限未缴纳的税款，包括：（一）办理纳税申报后，纳税人未在税款缴纳期限内缴纳的税款；（二）经批准延期缴纳的税款期限已满，纳税人未在税款缴纳期限内缴纳的税款；（三）税务检查已查定纳税人的应补税额，纳税人未在税款缴纳期限内缴纳的税款；（四）税务机关根据《税收征管法》第 27 条、第 35 条核定纳税人的应纳税额，纳税人未在税款缴纳期限内缴纳的税款；（五）纳税人的其他未在税款缴纳期限内缴纳的税款。（2）纳税人有滥用处分权的行为。在以明显不合理的低价转让财产时，还要求第三人必须具有主观上的恶意，如仅有纳税人的恶意，而第三人为善意时，税务机关不得行使撤销权。（3）纳税人的处分行为危害国家税收债权。危害国家税收的判断标准可采用“无资力”为标准，即纳税人存在欠缴国家税款，因其处分后剩余的财产对现有或以后的税款不能保证或难以保证，经税务机关责令提供纳税担保而无法提供担保，则构成对国家税收造成危害。[①]（4）税务机关穷尽其他追缴手段。只有在纳税人没有财产和资金可供执行的情况下，才能对纳税人行使税收代位权、撤销权。因为税收保全、强制执行等措施仅仅是针对纳税人产生作用，一般不会对第三人的民事行为造成影响。然而税收代位权、撤销权，却是通过对第三人权利的干涉，达到追缴欠款的目的。如果不严格限制其行使，必然会导致行政权力严重干预民事主体正常经济活动的现象。[②]

由于缺乏配套操作措施，2001 年以来，税收撤销权条款用者寥寥。在本案中，信燕公司在欠缴税款的情况下，同第三人恶意串通，以明显低价转让财产。瑞安税务局提供且法院予以采纳的证据包括：瑞安税务局组织机构代码证；信燕公司、第三人主体身份资格证明；信燕公司企业所得税年度纳税申报表、欠税公告；信燕公司、第三人之间商品房买卖合同；房屋建筑物评估报告书；证明信燕公司所欠税款在 2009 年就已经发生的纳税申报表、欠税公告。编者认为，虽然法院未予指出，瑞安税务局还应补充提供已穷尽其他追缴手段的证据，以证明行使税收撤销权的必要性。需要强调的是，税务机关向法院提起诉讼，请求撤销欠缴税款的纳税人滥用权利以“作为方式”使自己的财产权益不当减少的行为，其撤销的效力依判决撤销而发生，效力及于纳税人及第三人。纳税人的行为一经被撤销，视为自始无效。被撤销行为的受益人或受让人因该行为取得的财产，应返还或折价补偿给欠税人。《民法典》第 157 条规定：“民事法律行为无效、被撤销或者确定不发生效力后，行为人因该行为取得的财产，应当予以返还；不能返还或者没有必要返还的，应当折价补偿。有过错的一方应当赔偿对方由此所受到的损失；各方都有过错的，应当各自承担相应的责任。法律另有规定的，依照其规定。”

---

① 陈佳军. 行使税收撤销权应注意什么. 中国税务报，2013. 6. 24. 第 06 版.

② 戴芳，孙程，李尚洁. 论税法中代位权和撤销权的行使 [J]. 税务研究，2011 (3).

原《合同法》第 74 条规定："因债务人放弃其到期债权或者无偿转让财产，对债权人造成损害的，债权人可以请求人民法院撤销债务人的行为。债务人以明显不合理的低价转让财产，对债权人造成损害，并且受让人知道该情形的，债权人也可以请求人民法院撤销债务人的行为。撤销权的行使范围以债权人的债权为限。债权人行使撤销权的必要费用，由债务人负担。"《民法典》强化、完善了撤销权制度，增加了撤销权行使的情形，第 538 条规定："债务人以放弃其债权、放弃债权担保、无偿转让财产等方式无偿处分财产权益，或者恶意延长其到期债权的履行期限，影响债权人的债权实现的，债权人可以请求人民法院撤销债务人的行为。"第 539 条规定："债务人以明显不合理的低价转让财产、以明显不合理的高价受让他人财产或者为他人的债务提供担保，影响债权人的债权实现，债务人的相对人知道或者应当知道该情形的，债权人可以请求人民法院撤销债务人的行为。"鉴于《民法典》2021 年正式实施后，《合同法》同步废止，有必要扩大引导范围，将《税收征管法》第 50 条引用《合同法》第 73 条、第 74 条的规定调整为引用法律、行政法规的相关规定，堵塞以形式合法的民事行为损害国家税收的漏洞。

关于税收撤销权的除斥期间，《税收征管法》并没有作出明确的规定。有观点认为，由于这项规定是移用了民法中的相关制度，因此，在法律没有特别规定的情况下，理应按民法原理及有关规定处理，把五年期限视为除斥期间。[①] 即原《合同法》第 75 条和《民法典》第 541 条之规定，"撤销权自债权人知道或者应当知道撤销事由之日起一年内行使。自债务人的行为发生之日起五年内没有行使撤销权的，该撤销权消灭"。若知道或应当知道撤销事由，则从知道或应当知道撤销事由之日起满一年，税务机关没有行使税收撤销权的，其撤销权丧失；若不知道撤销事由的，则从行为成立之日起满五年，税务机关没有行使税收撤销权的，其撤销权丧失。国家税务总局征收管理司编写的《新税收征收管理法及其实施细释义》认为，"税务机关在 5 年内不行使撤销权的，撤销权消失"。[②]税收撤销权除斥期间的规定对于保护纳税人权利和稳定私法秩序颇为重要，期待未来《税收征管法》在修订中能予以完善。

---

① 张瑞淡，樊俊飞．税收撤销权制度探析．财税法论丛（第 9 卷）［M］．北京：法律出版社，2007：389－390.

② 国家税务总局征收管理司．新税收征收管理法及其实施细则释义［M］．北京：中国税务出版社，2002：183.

缩略语表

全称	简称
《中华人民共和国宪法》	《宪法》
《中华人民共和国民法典》	《民法典》
《中华人民共和国民法总则》	《民法总则》
《中华人民共和国民法通则》	《民法通则》
《中华人民共和国刑法》	《刑法》
《中华人民共和国物权法》	《物权法》
《中华人民共和国合同法》	《合同法》
《中华人民共和国公司法》	《公司法》
《中华人民共和国企业破产法》	《企业破产法》
《中华人民共和国政府采购法》	《政府采购法》
《中华人民共和国拍卖法》	《拍卖法》
《中华人民共和国劳动法》	《劳动法》
《中华人民共和国商业银行法》	《商业银行法》
《中华人民共和国劳动争议调解仲裁法》	《劳动争议调解仲裁法》
《中华人民共和国消费者权益保护法》	《消费者权益保护法》
《中华人民共和国税收征收管理法》	《税收征管法》
《中华人民共和国税收征收管理法修订草案（征求意见稿）》	《税收征管法修订草案（征求意见稿）》
《中华人民共和国行政强制法》	《行政强制法》
《中华人民共和国行政处罚法》	《行政处罚法》
《中华人民共和国个人所得税法》	《个人所得税法》
《中华人民共和国企业所得税法》	《企业所得税法》
《中华人民共和国契税法》	《契税法》
《中华人民共和国城市房地产管理法》	《城市房地产管理法》
《最高人民法院关于适用〈中华人民共和国民事诉讼法〉的解释》	《民事诉讼法解释》
《最高人民法院关于贯彻执行〈中华人民共和国民法通则〉若干问题的意见（试行）》	《民法通则意见》
《最高人民法院关于民事诉讼证据的若干规定》	《民事诉讼证据规定》
《最高人民法院关于审理民事案件适用诉讼时效制度若干问题的规定》	《民事诉讼时效规定》
《最高人民法院关于人民法院执行工作若干问题的规定（试行）》	《执行若干问题的规定》
《最高人民法院关于适用《中华人民共和国担保法》若干问题的解释》	《担保法司法解释》
《最高人民法院关于审理买卖合同纠纷案件适用法律问题的解释》	《买卖合同司法解释》

续表

全称	简称
《最高院关于审理商品房买卖合同纠纷案件适用法律若干问题的解释》	《商品房买卖合同司法解释》
《最高人民法院关于适用〈中华人民共和国合同法〉若干问题的解释（一）》	《合同法司法解释（一）》
《最高人民法院关于适用〈中华人民共和国合同法〉若干问题的解释（二）》	《合同法司法解释（二）》
《最高人民法院关于适用〈中华人民共和国公司法〉若干问题的规定（五）》（2020年修正）	《公司法解释（五）》
《最高人民法院关于人民法院网络司法拍卖若干问题的规定》	《网络司法拍卖规定》
《最高人民法院关于审理建筑物区分所有权纠纷案件具体应用法律若干问题的解释》	《建筑物区分所有权解释》
《最高人民法院关于适用〈中华人民共和国行政诉讼法〉的解释》	《行诉解释》
《最高人民法院关于审理行政协议案件若干问题的规定》	《行政协议司法解释》
《最高人民法院关于审理劳动争议案件适用法律问题的解释（一）》	《劳动争议司法解释（一）》
《最高人民法院关于审理企业破产案件若干问题的规定》	《破产规定》
《最高人民法院关于人民法院办理执行异议和复议案件若干问题的规定》	《执行异议和复议规定》
《最高人民法院关于印发修改后的〈民事案件案由规定〉的通知》	《民事案由规定》
《最高人民法院关于适用〈中华人民共和国民法典〉有关担保制度的解释》	《担保制度司法解释》
《第八次全国法院民事商事审判工作会议（民事部分）纪要》	《八民会纪要》
《全国法院民商事审判工作会议纪要》	《民商审判会议纪要》
《中华人民共和国增值税暂行条例》	《增值税暂行条例》
《中华人民共和国土地增值税暂行条例》	《土地增值税暂行条例》
《中华人民共和国契税暂行条例》	《契税暂行条例》
《中华人民共和国发票管理办法》	《发票管理办法》
《中华人民共和国发票管理办法实施细则》	《发票管理办法实施细则》
《中华人民共和国发票管理办法》（修改草案征求意见稿）	《发票管理办法》（征求意见稿）
《中华人民共和国土地增值税暂行条例实施细则》	《土地增值税暂行条例实施细则》
《中华人民共和国发票管理办法实施细则》	《发票管理办法实施细则》